WISO: Versicherungsberater

Thomas J. Kramer ist stellvertretender Redaktionsleiter von WISO.

Kai Dietrich ist seit 1992 WISO-Redakteur.

Thomas J. Kramer
Kai Dietrich

ZDF WISO

Versicherungs-berater

Campus Verlag
Frankfurt/New York

Alle Informationen wurden nach sorgfältigen Recherchen verfasst. Gesetzesänderungen seit Redaktionsschluss und Irrtümer vorbehalten. Weder die Autoren noch der Verlag haften für Schäden, die aus der Befolgung der in diesem Buch gegebenen Ratschläge resultieren.

Bibliografische Information der Deutschen Nationalbibliothek
Die Deutsche Nationalbibliothek verzeichnet diese Publikation in der Deutschen Nationalbibliografie. Detaillierte bibliografische Daten sind im Internet über http://dnb.d-nb.de abrufbar.
ISBN 978-3-593-39119-9

2., aktualisierte und überarbeitete Auflage 2010

Umschlaggestaltung: grimm.design, Düsseldorf
Umschlagmotiv: Getty Images
Satz: Publikations Atelier, Dreieich
Druck und Bindung: Beltz Druckpartner, Hemsbach
Gedruckt auf Papier aus zertifizierten Rohstoffen (FSC/PEFC).
Printed in Germany

Besuchen Sie uns im Internet: www.campus.de

Inhalt

Vorwort

Die Wahrscheinlichkeit, dass gerade Sie richtig versichert sind, ist relativ gering. Wahrscheinlicher ist dagegen Folgendes: Sie geben zu viel Geld für Versicherungen aus. Denn das ist, so schätzen Verbraucherschützer, bei der Mehrheit der Deutschen der Fall. Deshalb sind sie aber noch lange nicht ausreichend oder gut versichert.

Woran das liegt? Vor allem daran, dass sich die meisten Menschen mit dem Thema Versicherungen nur ungern befassen. »Da verlasse ich mich auf meinen Vertreter«, ist immer wieder zu hören. Gut möglich, dass Sie dann allerdings wirklich verlassen sind.

Rund eine halbe Million Menschen leben in Deutschland von der Vermittlung von Versicherungsverträgen. Sie erhalten dafür Provision. Die große Mehrheit davon (etwa 400 000 Vertreter) arbeitet jedoch nur für ein einziges Versicherungsunternehmen. Diese Vertreter wissen möglicherweise, dass ein Konkurrenzprodukt besser ist als das eigene – doch Sie haben nichts davon, wenn Ihr Vertreter auch zu dieser Gruppe gehört, denn er darf es Ihnen nicht anbieten.

Es geschehen noch Zeichen und Wunder: Nach »nur« 100 Jahren ist das Versicherungsrecht in Deutschland endlich zum ersten Mal durchgehend reformiert worden. Manches – nicht alles – ist für den Verbraucher besser geworden. So wird er bei der Lebensversicherung seit 2008 beispielsweise an den »stillen Reserven«, das heißt an den Wertsteigerungen beteiligt. Bei der Hausratversicherung führt Fahrlässigkeit nicht automatisch zum Verlust aller Leistungen. Und der Vertreter muss – schon seit Mai 2007 – seine Beratung dokumentieren und gegebenenfalls für Fehler geradestehen. Drei Beispiele für ein bisschen Fortschritt, der vielleicht wieder 100 Jahre halten muss …

Wir wollen mit diesem Buch dazu beitragen, dass Sie nicht zu der Mehrheit der unzureichend Versicherten in Deutschland zählen. Sie erfahren in diesem Buch daher:

- welche Versicherungen Sie brauchen und welche nicht,
- was diese Versicherungen leisten und was nicht,
- wer Sie darüber objektiv informiert und wer nicht,
- was Sie tun können, wenn die Versicherung nicht zahlt.

Viel Spaß wollen wir Ihnen nicht wünschen. Versicherungen machen keinen Spaß. Legen Sie trotzdem los! Denn es gibt zwei Dinge zu gewinnen: mehr Sicherheit und mehr (gespartes) Geld!

Frankfurt/Main, im Februar 2010
Kai Dietrich *Thomas J. Kramer*

Kundenfreundlicher – das neue Versicherungsrecht

Nach fast 100 Jahren war es am 5. Juli 2007 so weit: Der Bundestag beschloss eine umfassende Reform des Versicherungsvertragsgesetzes (VVG). Es gibt eine Reihe von Verbesserungen für die Kunden, auch wenn sich Verbraucherschutzorganisationen und auch wir von WISO weitergehende Veränderungen gewünscht hätten. Die neuen Regeln gelten für alle Versicherungsverträge, auch für alle Altverträge, die vor 2008 abgeschlossen wurden.

Die neuen Regelungen im Einzelnen

In diesem Kapitel stellen wir Ihnen die neuen Regelungen vor und erläutern Ihnen, was sie im Einzelnen für Sie bedeuten. Die Regelungen reichen von einer verbesserten Beratung mit Dokumentationspflicht über eine Vereinheitlichung des Widerrufsrechts bis hin zu Änderungen bei der Kapitallebensversicherung (zum Beispiel Anspruch auf Überschussbeteiligung).

Verbesserte Beratung und Information der Versicherungsnehmer

Sie als Kunde müssen seit 2008 besser als früher informiert werden, so sieht es die Verordnung über Informationspflichten bei Versicherungsverträgen (VVG-InfoV) vor. Die zwei wichtigsten Punkte sind: Sie bekommen ein »Produktinformationsblatt«, auf dem in Kurzform alle wesentlichen Informationen zusammengefasst sind, unter anderem die Art der Versicherung, die versicherten Risiken, die Leistungsausschlüsse und die Höhe der Prämie. Und: Bei Lebens-, Berufsunfähigkeits- und privaten Krankenversicherungen müssen die Versicherer ihre einkalkulierten Abschlusskosten in Euro und Cent angeben. (Mehr zu den Neuerungen und ggf. Aktualisierungen siehe im Internet auf der Seite des Bundesjustizministeriums unter www.bmj.bund.de)

Sie müssen als Kunde zukünftig auch besser beraten werden. So müssen Sie zum Beispiel vor dem Abschluss über die wesentlichen Vertragsbestimmungen und die allgemeinen Versicherungsbedingungen informiert werden. Das sogenannte Policenmodell, bei dem der Kunde erst nach Vertragsabschluss sämtliche Vertragsunterlagen erhielt, gehört damit der Vergangenheit an.

Der Vermittler muss das Beratungsgespräch dokumentieren, und er beziehungsweise das Unternehmen haftet dann auch für Schäden aus erwiesener Falschberatung.

Beispiel

Ein Kunde wünscht eine Vollkasko-Versicherung für ein nicht-europäisches Land. Der Vermittler vermittelt jedoch einen Vertrag, der nur in Europa gilt. Dann ist der Vermittler wegen Falschberatung schadenersatzpflichtig. Handelt der Vermittler als angestellter Vertreter eines Versicherungsunternehmens, ist dieses schadenersatzpflichtig.

Sie können allerdings auf die Beratung und Information verzichten. (Wir raten jedoch davon ab!) Das müssen Sie dann schriftlich erklären.

Vorvertragliche Anzeigepflichten

Als Kunde werden Sie in der Hinsicht besser gestellt, dass Sie nur solche Umstände angeben müssen, nach denen der Versicherer in Textform gefragt hat. Das Risiko einer Fehleinschätzung, ob ein Umstand risikoerheblich ist, liegt damit nicht mehr beim Kunden.

Beispiel

Ein Wohnungseigentümer gibt bei einer Hausratversicherung nicht an, dass sich im gleichen Haus ein Hotel befindet – und damit erhöhter Publikumsverkehr stattfindet. Nach einem Einbruch kann sich die Versicherung auf das Verschweigen des Hotels nur dann berufen, wenn sie zuvor nach der Existenz von Gewerbebetrieben im Haus gefragt hat. Ein Rücktritt vom Vertrag käme zudem nur in Betracht, wenn der Kunde die Existenz des Hotels vorsätzlich verschwiegen hätte.

Außerdem muss der Versicherer die Rückabwicklung innerhalb bestimmter Fristen geltend machen: drei Jahre bei der privaten Krankenversicherung, fünf Jahre bei allen übrigen Versicherungen oder zehn Jahre bei vorsätzlichem oder arglistigen Handeln des Kunden.

Direktanspruch in der Pflichtversicherung

Sie können Ansprüche jetzt auch direkt gegen Pflichtversicherungen Dritter stellen, wenn beim Pflichtversicherten nichts mehr zu holen oder dieser nicht auffindbar ist. Das gab es zuvor nur in der Kraftfahrzeughaftpflicht, wird jetzt aber auf alle Pflichtversicherungen ausgedehnt.

Beispiel

Jemand verliert einen Prozess, weil sein Anwalt Fristen versäumt hat. Doch beim Anwalt ist nichts zu holen, weil über sein Vermögen das Insolvenzverfahren eröffnet wurde. Der Geschädigte kann jetzt seinen Anspruch auf Schadenersatz direkt gegen die Berufshaftpflichtversicherung des Anwalts geltend machen.

Aufgabe des »Alles-oder-Nichts-Prinzips«

Bis 2008 erhielten Kunden bei einfachem fahrlässigem Verhalten zwar noch eine Versicherungsleistung, bei grob fahrlässigen oder vorsätzlichen Verstößen dagegen bekamen sie nichts. Jetzt bleiben einfache fahrlässige Verstöße weiterhin folgenlos, und bei vorsätzlichem Handeln springt die Versicherung auch weiterhin nicht ein. Bei grob fahrlässigen Verstößen kann die Leistung neuerdings aber je nach der Schwere des Verschuldens zwar gekürzt, aber nicht ganz gestrichen werden.

Beispiel

Der Bewohner verlässt für ein paar Stunden sein Haus, dabei verbleibt ein von der Straße nicht einsehbares Erdgeschossfenster in Kippstellung. Wird eingebrochen, ist dieses Verhalten als grob fahrlässig anzusehen. Bisher wurde in solchen Fällen von der Hausratversicherung nichts bezahlt. Zukünftig soll es abhängig vom Einzelfall eine Quote geben.

Einheitliches Widerrufsrecht

Unabhängig vom Vertriebsweg gilt ein einheitliches Widerrufsrecht. Es gilt nicht nur für Verbraucher, sondern auch für Handwerker und Freiberufler. Die Widerrufsfrist beträgt zwei Wochen, bei Lebensversicherungen 30 Tage. Die Frist beginnt erst zu laufen, wenn dem Kunden alle Vertragsbedingungen und Informationen übermittelt wurden. Da auch die bis dahin geltende Ausschlussfrist von einem Jahr gestrichen wurde, kann der Kunde theoretisch noch Jahre danach den Vertrag widerrufen, wenn ihm zum Beispiel nicht alle relevanten Informationen übermittelt wurden.

Keine Unteilbarkeit der Prämie mehr

Wird ein Vertrag während eines Versicherungsjahres durch die Versicherung beendet, etwa durch Kündigung oder Rücktritt wegen Zahlungsverzugs, hat sie auch nur Anspruch auf die Beiträge bis zu diesem Zeitpunkt. Früher konnte sie die Prämien bis zum Ende des Versicherungsjahres beanspruchen.

Wegfall der Klagefrist

Die Regelung, dass Kunden, deren Versicherung eine Leistung schriftlich abgelehnt hat, dagegen nur binnen sechs Monaten klagen können, entfiel. Seit dem 1. Januar 2008 gilt die normale Verjährungsfrist.

Änderungen bei der Kapitallebensversicherung

Für Lebensversicherungen bringt das neue Versicherungsrecht seit 2008 die meisten Änderungen (siehe dazu auch den Abschnitt »Kapitallebensversicherung« im Kapitel »Lebensversicherung« auf Seite 109). So haben Kunden beispielsweise Anspruch auf eine Überschussbeteiligung und auf eine mindestens 50-prozentige Beteiligung an den »stillen Reserven«. In einer Modellrechnung müssen zudem die zu erwartenden Leistungen verdeutlicht und der Rückkaufswert berechnet werden.

Die Abschlusskosten von Lebensversicherungen werden seit 2008 auf fünf Jahre verteilt. Davon profitieren alle Kunden, die in den ersten Jahren kündigen. Sie bekamen früher nahezu nichts von ihren eingezahlten Beiträgen zurück, da davon erst einmal die Abschlusskosten bezahlt wurden. Die Höhe der Abschluss- und Vertriebskosten müssen den Kunden außerdem vor Vertragsabschluss mitgeteilt werden.

Versicherungstest: Welche Versicherungen brauchen Sie?

Es gibt eine ganze Reihe von Versicherungen, die kein vernünftiger Mensch braucht. Ganz einfach deshalb, weil das Risiko überschaubar und die zu erwartenden Schäden nicht existenzgefährdend sind. Andere Versicherungen heißen Pflichtversicherung, wie etwa die Haftpflichtversicherung, dabei hat aber niemand die Pflicht, sie abzuschließen – obwohl die Haftpflichtversicherung dringend zu empfehlen ist. Oft werden Versicherungen auch aus Tradition von Eltern übernommen, andere in jungen Jahren hastig en bloc abgeschlossen. So stellt sich dann im Laufe der Zeit jeder einmal die Frage: Welche Versicherung brauche ich überhaupt? Und wenn diese Entscheidung getroffen ist: Welche Versicherungsgesellschaft ist denn wirklich vertrauenswürdig, günstig und im Schadensfall auch zahlungswillig?

Das auf jeden Fall Notwendige sollte immer versichert werden, denn es gibt durchaus Risiken, die ihre komplette Existenz bedrohen können. Ein Haus etwa ohne Brandschutzversicherung stellt einen solchen Fall dar oder auch ein Leben ohne Privathaftpflichtversicherung.

Solche unkalkulierbaren Risiken sollten Sie unbedingt absichern – dazu gehören auch alle möglichen Haftungsrisiken, das Risiko einer plötzlichen Berufsunfähigkeit oder eines unvorhersehbaren Unfalls. Weil sich solche Risiken eben nicht ausschließen und in ihrer Dimension auch nicht berechnen lassen, sollten Sie mit einer entsprechenden Versicherung Vorsorge treffen.

Bei durchaus kalkulierbaren Risiken wird der Schaden überschaubar. Wenn sie beispielsweise einen Koffer mit in den Urlaub nehmen, dessen Inhalt gerade mal 600 Euro wert ist, ist das Verlust- oder Diebstahlsrisiko überschaubar und kalkulierbar. Ein weiteres Beispiel ist etwa die Teil- oder Vollkasko-Versicherung für Ihr Auto: Wenn der Restwert Ihres 10 Jahre alten Wagens nur noch 2000 Euro beträgt, ist eine Vollkaskoversicherung ohne

Selbstbeteiligung für 1 000 Euro pro Jahr schon längst nicht mehr sinnvoll.

Die Prämienzahlungen einzelner teurer Versicherungen sind für sich genommen über das Jahr verteilt noch erträglich. Doch die Mehrausgaben aller Verträge zusammen können sich über Jahrzehnte zu einer deutlichen Finanzeinbuße summieren. Wer an teuren Versicherungen festhält, sorgt für viel Geld – bei seinen Versicherungsunternehmen. Auch unüberlegte oder häufige Wechsel sind da keine Lösung: Ihr Versicherungsagent verdient an jedem Abschluss, und seine Provision zahlen Sie als Verbraucher immer mit.

WISO rät

Achten Sie beim Abschluss von Versicherungen stets auf die Leistung *und* den Preis, denn bei gleichen Leistungen und Bedingungen haben die Versicherungen oft erhebliche Preisunterschiede. So vermeiden Sie spätere Versicherungswechsel.

Ihr persönlicher Versicherungsschutz

Für den bestmöglichen Versicherungsschutz gibt es kein einheitliches Patentrezept. Am besten sollten Sie je nach Lebensabschnitt und Lebenssituation zwischen eher notwendigen Verträgen und den eher weniger empfehlenswerten unterscheiden. Dann müssen Sie ganz persönlich nach den unterschiedlichen Lebensumständen kalkulieren und bewerten: Schauen Sie zuallererst auf das Alter, den Familienstand und den Beruf. Weiter wichtig sind dann die Wohnumstände: Sind Sie Vermieter, Mieter oder Hausbesitzer? Aber auch das Einkommen, die eigene Gesundheit, eventuell gefährliche Hobbys, häufige Auslandsreisen oder die Anzahl der Autos sind wichtig. Zwei Versicherungen sollten beziehungsweise müssen Sie aber auf jeden Fall haben: eine Haftpflichtversicherung und eine Krankenversicherung. Auf diese und auch auf weitere empfehlenswerte Versicherungen gehen wir nach dem folgenden Versicherungscheck noch genauer ein.

Der schnelle Versicherungscheck

Welche Versicherungen Sie tatsächlich brauchen, muss je nach Beruf, Lebenssituation oder Themenbereich individuell abgestimmt werden. Auf den folgenden Seiten finden Sie dazu die entsprechenden Kapitel. Dabei gibt es natürlich Überschneidungen. Die meisten von uns gehören daher gleichzeitig mehreren Kategorien an (etwa Mieter und Berufsanfänger). Vorab finden Sie aber noch eine kurze, allgemeine Übersicht der wichtigen und weniger wichtigen Versicherungen.

Wichtige oder sinnvolle Versicherungen

Versicherung	Wichtig für wen?
Krankenversicherung	unabdingbar für jeden
Pflegeversicherung	gesetzlich vorgeschrieben
Kfz-Haftpflichtversicherung	gesetzlich vorgeschrieben
Haftpflichtversicherung	sehr wichtig für jeden
Berufsunfähigkeitsversicherung	sehr wichtig für alle Berufstätigen
Wohngebäudeversicherung	sehr wichtig für Hausbesitzer
Hausratversicherung	wichtig für Wohnungsinhaber
Risikolebensversicherung	wichtig für Paare, vor allem mit Kindern
Unfall- und Kinderunfall-versicherung	wichtig für alle Erwachsenen und Kinder
Teilkasko-Versicherung	sinnvoll für mittelalte Autos
Vollkasko-Versicherung	nur für Neufahrzeuge sinnvoll
Versicherung für Bauvorhaben	von Fall zu Fall wichtig

Weniger wichtige Versicherungen

Versicherung	Wichtigkeit bzw. Alternative
Kapitallebensversicherung	nicht zu empfehlen; besser Versicherung und Geldanlage trennen und Familienversorgung über Risikolebensversicherung,
Ausbildungs- oder Aussteuer-versicherung	nicht zu empfehlen; besser eine Risikolebensversicherung und eigene Geldanlage
Sterbegeldversicherung	nicht zu empfehlen; besser das Geld selbst anlegen

Versicherung	Wichtigkeit bzw. Alternative
Krankentagegeldversicherung	wichtig nur für Selbstständige und Arbeitnehmer mit hohem Einkommen
Reiseversicherung	wichtig ist nur eine Auslandsreisekrankenversicherung
Stationäre Zusatzversicherung für das Krankenhaus	weniger wichtig
Rechtsschutzversicherung	weniger wichtig
Fahrradversicherung	nur bei Luxusfahrrädern empfehlenswert
Glasversicherung	meistens unsinnig
Kfz- Insassenunfallversicherung	völlig unsinnig, da gesetzlich abgedeckt
Private Arbeitslosigkeitsversicherung	unsinnig und zu teuer

Ein Muss: Haftpflichtversicherung

Es ist immer wieder überraschend, dass nur jeder dritte Deutsche eine Haftpflichtversicherung abgeschlossen hat. Diese wichtigste aller Versicherungen ist mit 50 oder 60 Euro im Jahr für jeden zu bezahlen und deckt unachtsam verursachte Schäden ab. Wer beispielsweise im Privatleben Schäden an Sachen oder Personen auslöst, der muss nicht nur für die Arzt- und Krankenhauskosten der beteiligten Personen aufkommen, sondern unter Umständen auch noch für bleibende Schäden zahlen, Schmerzensgeld entrichten oder sogar ein Leben lang für Pflegepersonal oder rollstuhlgerechte Einbauten aufkommen. Denn das Bürgerliche Gesetzbuch legt in § 823 für alle Bürger buchstäblich fest: »Wer vorsätzlich oder fahrlässig das Leben, den Körper, die Gesundheit, die Freiheit, das Eigentum oder ein sonstiges Recht eines anderen widerrechtlich verletzt, ist dem anderen zum Ersatz des daraus entstehenden Schadens verpflichtet.« Und insbesondere bei Personenschäden kann das weitreichende finanzielle Folgen haben.

Pflicht: Krankenversicherung

Als abhängig Beschäftigter sind Sie in Deutschland pflichtversichert. Wer selbstständig und daher pflichtversicherungsfrei ist, sollte sich auf jeden Fall privat krankenversichern. Denn wer kann schon in die Zukunft schauen und die eigenen Krankheiten voraussehen? Aber auch als Pflichtversicherter können Sie die Leistungen einer privaten Krankenversicherung als Zusatzversicherung in Anspruch zu nehmen.

Zusatzversicherungen

Seit 2004 dürfen gesetzliche Krankenkassen Zusatzversicherungen anbieten. Oft kooperieren sie dabei mit privaten Versicherungsunternehmen. Die Gruppenangebote der Kassen sind meist günstiger als die der privaten Konkurrenz. Eine Aufstockung der Leistungen durch eine private Zusatzversicherung ist grundsätzlich in allen Teilbereichen der gesetzlichen Krankenversicherung möglich. Ob und im welchem Umfang zusätzliche Absicherungen nötig sind, hängt in erster Linie von den Bedürfnissen jedes Einzelnen ab. Die zu zahlende Prämie ist wiederum abhängig von Eintrittsalter, Geschlecht, Leistungen und Gesundheitszustand.

Grundsätzlich können Sie alle Leistungen, die die privaten Versicherungsunternehmen anbieten, auch über Ihre gesetzliche Kasse abschließen. Im Wesentlichen sind das:

- ambulante Heilbehandlung,
- stationäre Heilbehandlung,
- Zahnzusatzversicherung,
- Heilpraktikerleistungen,
- Auslandskrankenversicherung,
- Kurkostenhilfe,
- Krankenhaustagegeld,
- Krankentagegeld,
- Pflegezusatzversicherung.

Vor allem die Zusatzleistungen im ambulanten und stationären Bereich werden »dazugekauft«. Diese Zusatzleistungen sind im ambulanten Bereich zum Beispiel:

- Arztbehandlung (ärztliche Beratungen, Hausbesuche, Untersuchungen, ambulante Operationen, Vorsorgeuntersuchungen, Sonderleistungen),
- psychotherapeutische Behandlungen (oft nur beschränkt versicherbar),
- Heilpraktikerbehandlung,
- Leistungen von Hebammen und Entbindungshelfern,

- Schutzimpfungen (für Auslandsaufenthalte nicht vorgesehen, aber im Rahmen einer Vollabsicherung mit angeboten),
- Arzneimittel (alle Medikamente, die aus der Apotheke bezogen und ärztlich verordnet sind),
- Heilmittel (Mittel, die der Anwendung der physikalischen Medizin dienen wie Bäder, Bestrahlungen, Krankengymnastik),
- Hilfsmittel (bei körperlichen Behinderungen, zum Beispiel Brillen, Hörgeräte, Krankenfahrstühle),
- Krankentransporte (zum Beispiel der Transport zum nächstgelegenen Arzt, aber maximal 100 Kilometer),
- Sehhilfen (nach Vorleistungen der gesetzlichen Krankenversicherung können sie bis zu 100 Prozent mitversichert werden).

Die Zusatzversicherungen der gesetzlichen Krankenkassen sind häufig günstiger als die der privaten Versicherer. Wir haben zwei Angebote – über eine stationäre Zusatzversicherung und einen Krankenhaustarif – von gesetzlichen Kassen und Privatversicherern herausgesucht, die zeigen, wie sehr sie sich unterscheiden, obwohl sie Partner sind:

Beispiel

Stationäre Zusatzversicherung: Hier kooperiert beispielsweise die Barmer Ersatzkasse (BEK) mit der HUK Coburg. Die monatlichen Kosten für einen Mann (30 Jahre) betragen bei der BEK 23,46 Euro und für einen 50-Jährigen 45,60 Euro. Der vergleichbare Tarif bei der HUK ist teurer: Die monatlichen Kosten für einen 30-Jährigen belaufen sich auf 25,03 Euro und für einen 50-Jährigen auf 47,92 Euro.

Krankenhaustarif: Bei der DAK kostet der monatliche Tarif für eine 30-jährige Frau 31,40 Euro (für 50-Jährige: 52,16 Euro). Der Partner hier ist die HanseMerkur Krankenversicherung. Bei ihr betragen die monatlichen Kosten (PS2G Tarif) für eine Frau (30 Jahre) 35,43 Euro beziehungsweise 56,19 Euro für 50-Jährige. Hier lassen sich im Jahr durch den Gruppentarif der DAK rund 48 Euro sparen.

Der Versicherte hat bei einer Heilbehandlung die freie Wahl zwischen öffentlichen oder privaten Krankenhäusern. Die Krankenhäuser müssen unter ärztlicher Leitung stehen, über diagnostische und therapeutische Möglichkeiten verfügen und Krankengeschichten führen. Falls eine Behandlung in einer gemischten Anstalt ansteht, muss der Versicherer eine schriftliche Kostenübernahme abgeben.

Ja: Hausratversicherung

Ihre Wohnung oder Ihr Haus stehen hoffentlich nicht leer. Ihre Möbel und sonstigen Einrichtungsgegenstände lassen sich gegen Feuer, Einbruchdiebstahl, Vandalismus, Leitungswasser, Sturm und Hagel versichern. Und auch gegen Elementarschäden wie Erdbeben, Erdrutsch oder Überschwemmungen gibt es Tarife. Sie sollten dies nutzen – vor allem, wenn Sie teure Möbel oder Wertgegenstände besitzen.

Sinnvoll: Berufsunfähigkeitsversicherung

Seit dem Jahr 2001 ist die gesetzliche Berufsunfähigkeitsrente abgeschafft. Die Rentenzahlungen beschränken sich seither auf eine sogenannte Erwerbsminderungsrente. Wer hier nicht auf einen großen Teil seines Einkommens verzichten möchte beziehungsweise den Gang zum Sozialamt meiden will, der sollte sich privat absichern. Bei der Berufsunfähigkeitsversicherung sind in erster Linie die Versicherungsbedingungen entscheidend. Man sollte nicht zu sehr auf den einzelnen Euro achten, da sich die Bedingungen der einzelnen Gesellschaften wirklich gravierend unterscheiden. Hier den falschen Anbieter zu wählen, kann fatale Folgen haben.

Wichtig für die Freizeit: Unfallversicherung

Bleibende Schäden nach einem schweren Unfall bedeuten oft hohe Kosten, etwa beim behindertengerechten Umbau der Wohnung oder des Autos. Die gesetzliche Unfallversicherung leistet jedoch nur dann, wenn es sich um einen Arbeitsunfall handelt – aber die meisten Unfälle geschehen in der Freizeit. Kurz: Beim Betriebssport sind Sie gesetzlich versichert, beim privaten Joggen im Wald nicht. Die gesetzliche Rentenversicherung hingegen leistet erst, wenn Sie für mindestens 60 Monate und davon 36 Monate ununterbrochen Beiträge eingezahlt haben. Eine private Unfallversicherung ist deshalb zu empfehlen. Sichern Sie sich aber bitte nur für den Invaliditätsfall ab! Zusätzliche Leistungen für kosmetische Operationen oder ein Krankenhaustagegeld kosten nur Geld und sind nicht erforderlich.

Die Unfallversicherung ist aber vor allem für alle nicht Berufstätigen wichtig, wie Schüler außerhalb der Schule, Hausfrauen und insbesondere Kinder außerhalb des Kindergartens. Aber auch Berufstätige, die wegen ihres Berufes oder infolge bereits bestehender gesundheitlicher Beeinträchtigungen nur schwierig oder gar nicht eine Berufsunfähigkeitsversicherung abschließen können, erhalten durch eine Unfallversicherung wenigstens einen gewissen Schutz. Eine private Unfallversicherung gilt weltweit.

Nur bei Familie: Risikolebensversicherung

Wenn Sie eine Familie haben oder andere Ihnen nahestehende Menschen wirtschaftlich von Ihnen abhängig sind, und Sie sonst keine Absicherung für den Todesfall haben – etwa über eine Kapitallebensversicherung – sollten Sie eine Risikolebensversicherung erwägen.

Eventuell: Krankentagegeldversicherung

Als Arbeitnehmer erhalten Sie bei Krankheit für mindestens sechs Wochen Ihr Gehalt weiterhin vom Arbeitgeber gezahlt. Danach gibt es für gesetzlich Krankenversicherte nur noch das Krankengeld. Dieses entspricht 70 Prozent des Bruttolohnes, aber maximal 90 Prozent des Nettolohnes. Die dadurch entstehende Einkommenslücke können Sie mit einer Krankentagegeldversicherung ausgleichen. Das ist vor allem für Selbstständige lohnend, denn so können Sie bei einer längeren Krankheit Lohnausfälle kompensieren. Für Berufsanfänger ist sie nicht notwendig.

Vielleicht: private Rechtsschutzversicherung

Sind Sie Schnellfahrer? Parken Sie oft falsch? Legen Sie sich schon mal mit Ihren Mitmenschen an? Sie sollten ehrlich zu sich sein und Ihr persönliches Risiko für hohe Anwalts- und Gerichtskosten abschätzen. Denn wenn man sein Recht durchsetzen möchte, kann das schon eine Stange Geld kosten. In diesen Fällen übernimmt die Rechtsschutzversicherung diese Kosten. Wer nicht so streitlustig ist, kann auf diese Versicherung verzichten, denn existenzbedrohlich sind die Risiken hier nicht.

Eventuell: Verkehrsrechtsschutzversicherung

Ein bisschen anders ist das beim reinen Verkehrsrechtsschutz: Bei Unfällen, bei Akteneinsicht nach dem Blitzen oder bei drohendem Führerscheinentzug geht ohne Anwalt gar nichts. Und für viele Menschen ist der Führerschein aus beruflichen Gründen unverzichtbar. Hier kann also eine Verkehrsrechtsschutzversicherung durchaus sinnvoll sein.

Überflüssig: Glasversicherung

Zusätzlich zu einer Hausratversicherung wird oft die Haushalt-Glasversicherung angeboten. Die Glasversicherung halten wir für nicht notwendig, da solche Schäden eher selten sind und sich meist auch im Rahmen von ein paar hundert Euro bewegen. Normalerweise können Sie dies aus eigener Tasche begleichen. Interessant ist die Glasversicherung lediglich für Hausbesitzer mit Wintergarten.

Unnötig: Krankenhaustagegeldversicherung

Es wird von den Vertretern oft als richtiges »Glück im Unglück« verkauft: ein wenig Geld, wenn man denn schon stationär behandelt wird. Aber Krankenhausaufenthalte sind erstens recht selten notwendig, und zweitens dauern sie meist auch nur wenige Tage. Und da Sie im Krankenhaus eher weniger Barmittel benötigen, betrachten wir eine Krankenhaustagegeldversicherung als unnötig.

Welche Versicherungen in welcher Lebenssituation?

Je nach Lebenslage sowie familiärer und beruflicher Situation sind Versicherungen unterschiedlich wichtig. Während beispielsweise für den Ernährer einer Familie eine Risikolebensversicherung wichtig ist, spielt sie für Singles keine Rolle. Im Folgenden zeigen wir Ihnen, wann welche Versicherungen für Sie wichtig sind.

Welche Versicherungen brauchen Sie als Single?

Singles haben einen etwas anderen Versicherungsbedarf als andere Bevölkerungsgruppen. Deswegen haben Versicherungsunternehmen in den letzten Jahren viele spezielle Angebote für Singles auf den Markt gebracht. In aller Regel sind diese etwas preisgünstiger als die normalen Angebote.

Für Singles könnte neben der obligatorischen Haftpflichtversicherung zum Beispiel auch der Abschluss einer Berufsunfähigkeitsversicherung sinnvoll sein. Gerade, wenn man noch jung und fit ist, denkt man zwar nicht daran, einmal wegen eines Unfalls oder einer Krankheit seinen Beruf nicht mehr ausüben zu können. Aber genau das ist das Risiko: Von der staatlichen Rente kann man am Anfang des Berufslebens noch nicht viel erwarten. Wer relativ frühzeitig diese Berufsunfähigkeitsversicherung abschließt, profitiert überdies von günstigen Versicherungskonditionen.

Eine sinnvolle Ergänzung kann auch eine private Unfallversicherung sein. Die zahlt bei Unfall zwar nur, wenn die Gesundheit dauerhaft beeinträchtigt ist. Hier sollte auf Zahlung schon bei geringer Invalidität geachtet werden und eine sogenannte Progression, die die Versicherungssumme vervielfacht: Bei 50 Prozent gibt es nicht 50 Prozent der Versicherungssumme, sondern etwa schon 100 Prozent oder sogar 200 Prozent, sodass bei vollständiger Invalidität deutlich höhere Summen – bis zu 1 000 Prozent der Versicherungssumme – zu erwarten sind.

Eine Krankentagegeldversicherung kann vor allem für Singles lohnend sein, die freiberuflich tätig sind, denn so können sie bei einer längeren Krankheit Lohnausfälle mildern. Aber auch für Angestellte, die bei langer Krankheit eingeschränkte Lohnfortzahlung bekommen, ist das eine Alternative. Denn das Krankengeld, dass Sie als gesetzlich Versicherter nach sechs Wochen Krankheit erhalten, entspricht nur 70 Prozent des Bruttolohnes, aber maximal 90 Prozent des Nettolohnes. Die dadurch entstehende Einkommenslücke können Sie so ausgleichen. Eine Risikolebensversicherung brauchen Sie als Single nur, wenn noch andere Menschen (etwa unterhaltspflichtige Kinder) wirtschaftlich von Ihnen abhängig sind. Bei einer günstigen Versicherungsgesellschaft kostet die auch wirklich nicht viel.

Welche Versicherungen brauchen Sie als Berufsanfänger?

Gerade am Anfang des Berufslebens ist ein spezielles Versicherungspaket unumgänglich. Dabei ist die eine oder andere Versicherung für Berufsanfänger sinnvoll – die andere nicht. Der Einstieg ins Berufsleben bringt mehr Freiheiten, fordert aber auch mehr Eigenschutz. Auch hier gilt: Sichern Sie sich finanziell nur gegen existenzbedrohende Gefahren ab. Verlassen Sie sich für solche Fälle nicht auf die staatlichen Systeme. Während der ersten Jahre Ihrer Berufstätigkeit haben Sie dort nämlich so gut wie gar keinen Schutz.

Eine Berufsunfähigkeitsversicherung ist für Berufsanfänger sehr empfehlenswert. Denn in den ersten fünf Jahren der Berufstätigkeit haben Sie überhaupt keinen Anspruch auf eine staatliche Rente wegen Berufsunfähigkeit. Wenn Sie so krank werden oder solch einen Unfall haben, dass Sie Ihren Beruf nicht mehr ausüben können, gibt es somit nicht mal einen Euro vom Rentensystem. Und auch in späteren Jahren sind die Leistungen aus der gesetzlichen Rentenversicherung bei weitem nicht ausreichend, um den normalen Lebensstandard zu halten. Wer bei Berufsunfähigkeit nicht auf einen Gutteil seines Einkommens verzichten möchte oder den Gang zum Sozialamt meiden will, der sollte privat Vorsorge treffen.

Eine Krankentagegeldversicherung ist für Berufsanfänger nicht sinnvoll. Bei Krankheit erhalten Sie für mindestens sechs Wochen Ihr Gehalt weiterhin vom Arbeitgeber gezahlt. Danach gibt es für gesetzlich Krankenversicherte nur noch das reduzierte Krankengeld. Das sollte am Berufsanfang aber ausreichen.

Welche Versicherungen brauchen Sie als Ernährer einer Familie?

Als Familienoberhaupt wird im Allgemeinen der Alleinverdiener bezeichnet. Und die Geburt eines Kindes ist nicht nur Grund zur Freude, sondern auch ein Fall für die Versicherung. Mit dem ersten Schrei ist das Neugeborene bereits krankenversichert – entweder gesetzlich oder privat. Da Kindern aufgrund ihrer geringeren Erfahrung und der längeren Reaktionszeit schneller ein Malheur passiert, sollte eine private Unfallversicherung für Kinder abgeschlossen werden. Eine Kinderinvaliditätsversicherung ist nicht ganz so preisgünstig, aber sinnvoll. Diese sichert zusätzlich die Folgen von Krankheiten ab – entweder mit einer einmaligen Entschädigung oder als lebenslange Rente.

Notwendige Versicherungen sind – egal, ob für eine Familie oder für Alleinerziehende – die Privathaftpflicht-, die Berufsunfähigkeits- und die Risikolebensversicherung. Eine private Auslandsreise-Krankenversicherung ist relativ preiswert und deckt bei Krankheit oder Unfall weitaus mehr Kosten ab als die gesetzliche Krankenversicherung. Sie übernimmt zum Beispiel die Kosten für einen notwendigen Rücktransport nach Deutschland. Bei teuren Reisen empfiehlt sich für eine Familie überdies eine Reiserücktrittsversicherung.

Welche Versicherungen brauchen Sie als Rentner?

Im Rentenalter ist ein deutlich verringerter Versicherungsschutz vonnöten. Notwendig ist weiterhin eine Privathaftpflichtversicherung, und zweckmäßig sind meist auch Hausrat- oder Wohngebäudeversicherung. Wer im Alter noch Tiere hat, für den ist eine Tierhalterhaftpflicht unverzichtbar. Da man als Rentner nicht mehr auf die Arbeitskraft angewiesen sein sollte, hoffentlich eine ausreichende Rente bezieht und sogar über Rücklagen verfügt, sind Berufsunfähigkeits- und Risikolebensversicherung überflüssig. Auch auf eine

Unfallversicherung kann verzichtet werden, zumal die Prämien im Alter hoch sind. Befürchtete Altersarmut oder ein hohes Pflegerisiko können mit einer Einmalzahlung in eine private Rentenversicherung beziehungsweise mit einer Pflegekostenversicherung abgesichert werden.

Welche Versicherungen brauchen Sie als Mieter?

Eine private Haftpflichtversicherung ist auch als Mieter unabdingbar. Von vielen Vermietern wird vor Abschluss des Mietvertrages der Nachweis einer Haftpflichtversicherung sogar verlangt – was auch durchaus vernünftig ist. Denn wenn es zum Beispiel durch das Verschulden des Mieters zu einem Wohnungsbrand kommt, sind schnell mehrere Hunderttausend Euro Schaden angerichtet, für die der Mieter haftet. Auch für viele andere Bereiche ist eine Haftpflichtversicherung anzuraten.

Mietverhältnisse enden nicht selten vor Gericht. Die Streitwerte, aus denen sich die Gerichtskosten und Anwaltsgebühren berechnen, sind meistens allerdings nicht sehr hoch. Wer möchte, kann sich gegen die Anwalts- und Gerichtskosten mit einer privaten Rechtsschutzversicherung absichern. Achten Sie dann aber darauf, dass der sogenannte Grundstücks- und Mietrechtsschutz mit enthalten ist. Bei kleineren Streitigkeiten (wie bei der Nebenkostenabrechnung) ist die Mitgliedschaft in einem Mieterverein oft die billigere Alternative. Eine Hilfe vor Gericht mit anwaltlicher Vertretung kann durch Mietervereine allerdings nicht gegeben werden.

Welche Versicherungen brauchen Sie als Hausbesitzer?

Wenn ein Wasserrohr bricht oder der letzte Sturm einen Schaden angerichtet hat, wenn Sie mit Haftpflichtansprüchen (zum Beispiel Schneeräumpflicht) konfrontiert werden oder wenn Sie Streitigkeiten mit Mietern befürchten, dann ist es gut, die eine oder andere Versicherung rund um Ihr Gebäude zu haben.

Jeder Hausbesitzer muss sein Eigentum zumindest für den Fall eines Feuers über eine Gebäudeversicherung absichern. Sie können Ihr Eigentum zusätzlich auch gegen Sturm, Hagel, Leitungswasser, Elementarschäden (Erdrutsch, Überschwemmung, Erdbeben) und Bruch der Außenverglasung absichern. Schäden am eigenen Gebäude werden meist sehr teuer. Daher sind gewisse Erweiterungen in der Gebäudeversicherung sicherlich sinnvoll. Bei Eigentumswohnanlagen wird die Gebäudeversicherung in der Regel durch die Hausverwaltung gestellt.

Wer sein Eigentum ausschließlich selbst bewohnt, ist mit einer Privathaftpflichtversicherung bereits ausreichend versichert. Doch Vermieter sollten darüber hinaus noch eine Haus- und Grundbesitzer-Haftpflichtversicherung erwägen. Diese kommt für Schäden wie herabfallende Dachziegel und viele andere Sachen auf.

Zusätzlich zu einer Hausratversicherung wird oft die Haushalt-Glasversicherung angeboten. Glasschäden sind aber selten und bewegen sich meist im Rahmen von ein paar hundert Euro. Eine Glasversicherung ist daher nur sinnvoll, wenn Sie einen Wintergarten oder ein Gewächshaus mit entsprechend teuren Glasflächen besitzen.

Welche Versicherungen brauchen Sie als Arbeitsloser

Versicherungen werden zur finanziellen Last, wenn die Arbeitslosigkeit kommt. Trotzdem sollte man auf eine Privathaftpflichtversicherung nicht verzichten. Sie sollte auch in dieser Lebenslage ein absolutes Muss für jeden bedeuten. Jedoch sollte man sofort testen, ob es diese Sicherheit nicht auch preiswerter gibt, als beim bisherigen Anbieter. Wahrscheinlich findet man, wenn man Jahre nicht gewechselt hat, eine bessere Lösung. Singles kostet der Schutz schon ab circa 40 Euro, Familien ab circa 50 Euro pro Jahr.

Auch ein arbeitsloser Haushalt enthält Möbel, Kleidung, Schmuck oder sogar noch Geld. Wenn durch Einbruch, Brand, Blitzschlag oder Ähnlichem Gegenstände zu Schaden kommen oder sogar völlig verschwinden, hilft nur eine Hausratversicherung. Eins ist aber auch klar: Je wertloser und älter die versicherten Gegenstände sind, desto eher kann man auf diese Versicherung verzichten.

Automatisch in der gesetzlichen Krankenversicherung (GKV) pflichtversichert sind alle Betroffenen für die Bezugsdauer von Arbeitslosengeld I, Arbeitslosengeld II oder Unterhaltsgeld. Die entsprechenden Beiträge übernimmt die Agentur für Arbeit und das heißt im Alltag, dass sich für bisher gesetzlich versicherte Personen wenig ändert. Anders ergeht es bisher Privatversicherten. Sie werden bei Arbeitslosigkeit wieder in der GKV pflichtversichert, mit der Einschränkung: Sie dürfen das 55. Lebensjahr noch nicht vollendet haben. Wer PKV-versichert und älter ist und in den letzten fünf Jahren vor der Arbeitslosigkeit nicht gesetzlich versichert war, darf nicht in die GKV zurück.

Verzichten könnten Arbeitslose zur Not auf Teile der Altersvorsorge: Bei Renten- oder Kapitallebensversicherungen kann man die Einzahlungen aussetzen oder beitragsfrei stellen. Vor dem Zugriff der staatlichen Stellen sicher sind nur die sogenannte Rürup-Rente oder auch die Riester-Rente. Genauso wie die Betriebliche Altersvorsorge, sind diese Verträge vor dem Zugriff bei längerer Arbeitslosigkeit (Hartz IV) geschützt. Auch Unfallversicherungen kann man teilweise beitragsfrei stellen.

Wer allerdings länger arbeitslos ist und das Arbeitslosengeld II (Hartz IV) bekommt, darf – bis auf wenige Ausnahmen – kein privates Vermögen mehr haben. Bezieher von Hartz IV können maximal 150 Euro pro Lebensjahr Vermögen behalten, dazu kommen noch 750 Euro für notwenige Anschaffungen. Sämtliche der so nicht geschützten Ersparnisse müssen bis auf diesen Freibetrag aufgebraucht werden, auch wenn sie eigentlich wie etwa in einer Lebensversicherung für die Altersvorsorge bestimmt waren. Auch wenn die sogenannten Rückkaufswerte einer Kapitallebensversicherungen höher liegen als in den Freigrenzen erlaubt, müssen die Verträge zumindest teilgekündigt und das Vermögen verlebt werden.

Darüber hinaus sind weitere 250 Euro pro Lebensjahr anrechnungsfrei, wenn sie in Altersvorsorgeverträgen stecken, die »hartzsicher« sind. Das sind sie dann, wenn der Vertrag bis zum Erreichen des Rentenalters nicht gekündigt, beliehen, verpfändet oder abgetreten werden darf.

WISO rät

Auch schon bestehende Renten- oder Lebensversicherungsverträge kann man mit der nachträglichen Aufnahme einer sogenannten Hartz-Klausel zugriffssicher machen. Natürlich gelten auch hier Höchstgrenzen.

Welche Versicherungen brauchen Sie als Student?

Vor allem eine private Haftpflichtversicherung ist Pflicht für jeden Studenten. Wenn das Studium direkt im Anschluss an den Schulabschluss startet, sind Studenten meist noch über den Versicherungsvertrag der Eltern mitversichert. Dies sollte sofort überprüft und auch schriftlich von der Versicherung bestätigt werden, um Missverständnissen vorzubeugen.

Weitere Versicherungen wie Hausratversicherung, eine Krankenzusatzversicherung und auch eine Rechtsschutzversicherung können sinnvoll sein, je nach Lebensweise, Vorerkrankungen oder vor allem Wohnsituation: Wer eigenständig wohnt, etwa in einer WG, sollte vor allem den Status der Hausratversicherung prüfen.

Tricky: Die Krankenversicherung

Sowohl die private als auch die gesetzliche Krankenversicherung bieten eigene Studententarife an. Diese Tarife sind in der gesetzlichen Kasse überall gleich hoch, bei der privaten Versicherung sind sie meist fast doppelt so teuer. Bei der gesetzlichen Kasse sind sie als Mitversicherung bei den Eltern organisiert, bei der privaten sind es elternunabhängige Einzelverträge. Beide Formen sind aber grundsätzlich an eine Immatrikulation an der Hochschule gebunden. Doch allerspätestens mit Abschluss des 14. Semesters oder mit Vollendung des 30. Lebensjahres ist das vorbei. Ausnahme: wenn der Typus der Ausbildung, oder spezielle familiäre (Behinderung/Schwangerschaft) oder persönliche Gründe (Mitarbeit bei Unigremien) die Überschreitung der Altersgrenze oder eine längere Studienzeit nachweislich rechtfertigen.

Zunächst die Regeln der GKV: Studenten sind dort als Familienmitversicherte über ihre Eltern oder über den Ehepartner beitragsfreies Mitglied der gesetzlichen Krankenversicherung. Eine solche Familienversicherung für Studenten in der Krankenkasse der Eltern besteht bis zum vollendeten 25. Lebensjahr. Studenten, die vor dem 25. Lebensjahr zur Bundeswehr oder zum Zivildienst herangezogen werden, bleiben für die dem Dienst entsprechende Zeit über das 25. Lebensjahr hinaus mitversichert.

Achtung!

Wenn Studenten über ein eigenes monatliches Einkommen von mindestens 400 Euro verfügen, können sie nicht mehr familienversichert sein! Gleiches gilt, wenn nur der Elternteil mit dem geringeren Einkommen der gesetzlichen Kasse angehört und der andere privat versicherte Elternteil monatlich mehr als 4050 Euro (2009) oder mehr als 48600 Euro im Jahr verdient.

Für diesen Fall der nicht mehr beitragsfreien Mitversicherung bieten sowohl die gesetzlichen als auch die privaten Krankenversicherungen Studenten sehr günstige Krankenversicherungstarife an.

Bei der privaten Krankenversicherung ist eine beitragsfreie Versicherung über die Eltern nicht möglich. Das System der privaten Krankenversicherung bietet für jeden Versicherten immer nur einen Einzelvertrag an: Auch die privaten Krankenversicherer bieten aber einen Studententarif an. Die Tarife sind aber oft teurer als bei der gesetzlichen Kasse. Für Fälle mit Wahlfreiheit können sich Studenten von der Beitragspflicht der gesetzlichen Versicherung befreien lassen und Privatversicherte werden.

Achtung!

Unter Umständen können Aushilfsbeschäftigungen von Studenten zu einer Sozialversicherungspflicht führen. Der große Unterschied: Es gibt zwei Arten der Beschäftigung, nämlich der während der Semesterferien und der in der Vorlesungszeit. Die Beschäftigung ausschließlich in den Semesterferien, wenn sie sechs Monate im Jahr nicht überschreitet, bleibt stets ohne Rücksicht auf die wöchentliche Arbeitszeit und die Höhe des Arbeitsentgelts versicherungsfrei.

Anders ist demgegenüber die Regelung bei Erwerbstätigkeit während der Vorlesungszeit: Hier ist nur eine Beschäftigung sozialversicherungsfrei, die auf höchstens zwei Monate festgesetzt ist. Dabei spielen die Höhe des Verdienstes und die Stundenzahl keine Rolle. Für Studenten, die aber regelmäßig eine Beschäftigung ausüben, gilt die sogenannte 20-Stunden-Grenze pro Woche. Eine Tätigkeit unter 20 Stunden wöchentlich ist sozialversicherungsfrei.

Weitere empfohlene Absicherungen

Studenten haben keine Ansprüche auf die gesetzliche Unfallversicherung, außer für sogenannte Wegeunfälle zur Uni oder FH. Bleibende Schäden nach einem Unfall können hohe Kosten auslösen, etwa für einen behindertengerechten Umbau der Wohnung oder des Autos. Also ist eine Unfallversicherung für Studenten angeraten. Auch den Abschluss einer Berufsunfähigkeitsversicherung sollte man überdenken, denn junge Menschen trifft eine Berufs- oder Erwerbsunfähigkeit besonders hart, da man erst Ansprüche aus der gesetzlichen Rentenversicherung hat, wenn man mindestens 5 Jahre lang Beiträge in die Versicherung eingezahlt hat. Berufs- oder Erwerbsunfähigkeitsversicherungen kann man meist ab dem Alter von 15 Jahren abschließen. Sie sollten hier die Versicherungsbedingungen genau prüfen. Denn die meisten Gesellschaften zahlen eine Berufsunfähigkeitsrente erst dann, wenn Sie mindestens 2/3 Ihres Studiums absolviert haben oder zumindest eine abgeschlossene Berufsausbildung in der Tasche haben. Ansonsten erhalten Sie erst eine Rente, wenn Sie erwerbsunfähig sind. Einige wenige Versicherungsgesellschaften bieten jedoch auch für Studenten spezielle Berufsunfähigkeitsversicherungen an.

Welche Versicherungen brauchen Sie als Selbstständiger?

Für Selbstständige und Freiberufler ist eine Krankentagegeldversicherung denkbar, die bei einer längeren Krankheit die eingeschränkte Lohnfortzahlung ergänzt. Eine sinnvolle Ergänzung kann auch eine private Unfallversicherung sein. Die zahlt bei Unfall zwar nur, wenn die Gesundheit daucrhaft beeinträchtigt ist. Hier sollte auf Zahlung schon bei geringer Invalidität geachtet werden und einer sogenannten Progression, die die Versicherungssumme vervielfacht: Bei 50 Prozent gibt es nicht 50 Prozent der Versicherungssumme, sondern etwa schon 100 Prozent oder sogar 200 Prozent, sodass bei vollständiger Invalidität deutlich höhere Summen – bis zu 1 000 Prozent der Versicherungssumme – zu erwarten sind.

Der WISO-Versicherungskosten-Check

Folgende Checkliste hilft Ihnen dabei auszurechnen, was Sie im Jahr an Versicherungen zahlen, was davon sinnvoll oder notwendig ist und was Sie bei einer Beschränkung auf das Notwendige sparen können.

Der Versicherungskosten-Check

Was zahle ich im Jahr?	jetzt	künftig
private Haftpflichtversicherung(en) Versicherungssumme: ____________		
Hausratversicherung versichert: Feuer/Leitungswasser/Einbruch Versicherungssumme: ____________ ausreichend? Ja/Nein		
Wohngebäudeversicherung versichert: Feuer / Leitungswasser / Sturm Versicherungssumme: ____________ ausreichend? Ja/Nein		
Unfallversicherung Summen: Mann Frau Kind Invalidität: ______ ______ ______ Unfalltod: ______ ______ ______ Progression: Ja/Nein Ja/Nein Ja/Nein		

Was zahle ich im Jahr?	**jetzt**	**künftig**
Berufsunfähigkeitsversicherung versicherte Monatsrente: ____________ zahlbar bis zum Alter: ____________		
Risikolebensversicherung Versicherungssumme: ____________ Laufzeit bis zum Alter: ____________		
Kapitallebensversicherung Versicherungssummen: ____________ Laufzeiten bis zum Alter: ____________ Beiträge steuerlich genutzt? Ja/Nein Gesamtlaufzeit auf 12 Jahre verkürzen? Versicherung beitragsfrei stellen, kündigen? Nach Auszahlung Nachforderungen stellen?		
Rechtsschutzversicherung versichert: Verkehr/Familie, Privat, Beruf/Miete		
Kfz-Versicherung (Haftpflicht, Kasko)		
Das zahle ich im Jahr an Versicherungsprämien		

Krankenversicherung

Eine Krankenversicherung ist für jeden ein Muss. Als abhängig Beschäftigter sind Sie in Deutschland automatisch pflichtversichert. Wenn Sie selbstständig sind, besteht diese Versicherungspflicht nicht, Sie sollten sich dann aber unbedingt privat versichern. Neben diesen Varianten gibt es auch noch zahlreiche Zusatzversicherungen. Auch als Pflichtversicherter können Sie diese Zusatzleistungen einer privaten Krankenversicherung in Anspruch nehmen. Was Sie bei der Krankenversicherung alles beachten müssen, erfahren Sie in diesem Kapitel.

Gesetzliche Krankenversicherung

In den gesetzlichen Krankenkassen sind insgesamt rund 90 Prozent der Bevölkerung in Deutschland versichert. Hauptaufgabe der gesetzlichen Krankenversicherung (GKV) ist es laut Sozialgesetzbuch, die »Gesundheit der Versicherten zu erhalten, wiederherzustellen oder ihren Gesundheitszustand zu bessern«. Die gesetzliche Krankenversicherung ist entstanden aus den sogenannten Hilfskassen. Die erste gesetzliche Grundlage war das Hilfskassengesetz vom 7. April 1876. Schon im Jahre 1881 verwirklicht Bismarck dann die Idee der Sozialversicherung, und zwei Jahre später, also 1883, war die Geburtsstunde der heutigen GKV, der Krankenversicherung der Arbeitnehmer.

Ein wesentliches Merkmal der gesetzlichen Krankenversicherung ist die Vielfältigkeit der Organisationsstrukturen. Es gibt acht Kassenarten und zurzeit noch 201 Krankenkassen, die bundesweit oder regional organisiert sind – durch Fusionen sinkt die Zahl jedoch. Es herrscht Wahlfreiheit der Patienten: Innerhalb der GKV kann jedes Versicherungsmitglied völlig frei von Berufs- oder Betriebszugehörigkeiten die Krankenkasse frei wählen. Träger der gesetzlichen Krankenversicherung sind die sieben Angestellten-

Krankenkassen, 15 Allgemeinen Ortskrankenkassen (AOK, regional), drei Arbeiter-Ersatzkassen, etwa 145 Betriebskrankenkassen (BKK, regional und bundesweit) und die 14 Innungskrankenkassen (IKK, regional und bundesweit). Außerdem gibt es neun Landwirtschaftliche Krankenkassen (regional), die Knappschaft-Bahn-See (bundesweit). Die Ausgaben der GKV (2008: rund 160,8 Milliarden Euro) machen mehr als die Hälfte der Gesamtausgaben im deutschen Gesundheitswesen aus. Die GKV stellt damit einen erheblichen Wirtschafts- und Wachstumsfaktor dar.

Alle gesetzlichen Krankenkassen sind Körperschaften des öffentlichen Rechts mit Selbstverwaltung, das heißt, sie verwalten ihre Geschäfte selbst nach den Regeln des Sozialgesetzbuches (SGB). Die Selbstverwaltung wird ausgeübt durch gewählte Vertreter der Versicherten und der Arbeitgeber, bei den Ersatzkassen nur durch Vertreter der Versicherten. Auf Bundesebene vertritt neuerdings ein Spitzenverband ihre Mitgliedskassen und deren Versicherte gegenüber der Politik, den Leistungserbringern und der Öffentlichkeit: der Spitzenverband Bund der Krankenkassen.

Die GKV

Das Prinzip der GKV ist das Solidaritätsprinzip:

- Die monatlichen Beiträge richten sich nach der Höhe des Arbeitsentgelts.
- Die medizinische Versorgung ist für alle gleich.
- Die Beiträge richten sich nicht nach individuellem Risiko.
- Es gibt einen Risikoausgleich zwischen krank und gesund.
- Es gibt einen Solidarausgleich zwischen alt und jung.
- Die Versicherten haben eine lebenslange Mitgliedschaft.

In der GKV besteht ein Rechtsanspruch auf Leistung nach dem Gesetz, die versicherten Leistungen werden nach dem Sachleistungsprinzip bezahlt. Das heißt: Die versicherte Person erhält eine Versichertenkarte zur Vorlage bei Arzt oder Klinik, dort wird unbar abgerechnet. Arbeitnehmer mit Gehalt unter der Jahreseinkommensgrenze (JAE) von 48 600 Euro (2009) sind automatisch pflichtversichert. Unter bestimmten Voraussetzungen besteht auch die Möglichkeit der freiwilligen Versicherung.

Das System der GKV basiert auf dem Solidarprinzip. Das bedeutet: Die Finanzierung der GKV erfolgt durch Beiträge, deren Höhe sich nach der

Leistungsfähigkeit des Einzelnen richtet. Dadurch gibt es im Grunde eine Umverteilung, sodass die wirtschaftlich besser gestellten für die wirtschaftlich schlechter gestellten Mitglieder mitbezahlen. Die Kassen bieten allen Versicherten unabhängig von Alter, Geschlecht, Gesundheitszustand und Einkommen die Leistungen, die sie benötigen. Nicht erwerbstätige Familienmitglieder sind zudem beitragsfrei mitversichert.

Der Beitrag für die Krankenversicherung richtet sich nach der Lohnhöhe des Versicherten bis zur sogenannten Beitragsbemessungsgrenze, einem Höchstbetrag. Arbeitgeber und Arbeitnehmer bringen diesen Beitrag gemeinsam auf. Alter, Geschlecht oder das gesundheitliche Risiko sind im Gegensatz zur privaten Krankenversicherung ohne Einfluss auf die Beitragshöhe.

Die Versicherten erhalten alle erforderlichen medizinischen und pflegerischen Leistungen in der Regel nach dem sogenannten Sachleistungsprinzip, also in Form von Sach- und Dienstleistungen, ohne dass sie für diese Leistungen unmittelbar bezahlen müssen.

Private Krankenversicherung

Mit der Definition der privaten Krankenversicherung (PKV) sind zumeist die Angebote der privaten Versicherungswirtschaft zur Versicherung gegen Krankheiten gemeint. Die privatrechtlich organisierten Krankenversicherungsunternehmen bieten in sehr unterschiedlicher Art und Weise eine Absicherung gegen Krankheitskosten. Größter Unterschied zu den gesetzlichen Krankenkassen: Die privaten Krankenversicherungsunternehmen nehmen nur Personen als Vertragspartner an, deren Bruttoeinkommen oberhalb der gesetzlichen Versicherungspflichtgrenze (2009: 48 600 Euro) liegt. Darüber hinaus können auch Selbstständige, Freiberufler und Beamte sich bei der PKV versichern.

Im Gegensatz zur GKV sind in der PKV die eigenen Familienmitglieder *nicht* kostenlos und automatisch mitversichert. Jeder Ehegatte oder jedes Kind muss sich mit einem eigenen Vertrag absichern, zum Teil auch unter ganz anderen Bedingungen als der Hauptgeldverdiener der Familie. Denn die Grundlage der Berechnung der Prämienhöhe ist ein persönliches Risikoprofil. Die monatlichen Beiträge der Versicherten in der PKV errechnen sich nach Eintrittsalter, Geschlechtszugehörigkeit, aktuellem Gesundheitszustand und den gewählten jeweiligen Versicherungsleistungen. Damit unterscheidet sich die PKV grundsätzlich von der gesetzlichen Krankenversicherung.

Ein anderer Unterschied für die Versicherten: In der PKV ist jeder Patient selbst Vertragspartner des Arztes, der Apotheke oder des Krankenhauses. Es gilt nicht das Sachleistungsprinzip – also Karte abgeben und sich ohne direkte Bezahlung behandeln lassen –, sondern das Kostenerstattungsprinzip. Der Versicherte schließt über jede Gesundheitsleistung vorher einen Vertrag und erhält eine an ihn gerichtete Rechnung für alle Leistungen, die er in Anspruch nimmt. Er tritt dann in geldliche Vorleistung und rechnet erst danach die angefallenen Krankheitskosten mit seiner Krankenkasse ab.

Seit dem GKV-Wettbewerbsstärkungsgesetz (GKV-WSG) wird allerdings sichergestellt, dass alle Bürgerinnen und Bürger in Deutschland einen umfassenden Gesundheitsschutz haben, das heißt: Es gibt ein Rückkehrrecht für alle ehemals privat Versicherten in einen Basistarif der letzten versichernden Kasse. Wer den Versicherungsschutz – aus welchen Gründen auch immer – verloren hat, wird wieder pflicht-krankenversichert. Dies gilt gleichermaßen in der gesetzlichen wie in der privaten Krankenversicherung.

Gesetzliche Krankenkassen können mit privaten Krankenversicherungsunternehmen kooperieren. Für die Versicherten der gesetzlichen Krankenkassen bedeutet das: Zu vergleichsweise günstigen Tarifen können sie Zusatzleistungen vereinbaren, die ihnen aus dem Leistungskatalog der gesetzlichen Krankenkassen ansonsten nicht zur Verfügung stehen.

Zusatzversicherungen

Die gesetzlichen Krankenkassen können ihren Versicherten seit einigen Jahren Zusatzversicherungen anbieten. Das sind Offerten privater Versicherungsunternehmen, bei denen die Krankenkassen besondere Konditionen aushandeln können. Das Angebot ist vielfältig und entspricht dem, was auch sonst von privaten Krankenversicherungen angeboten wird, etwa Zusatzversicherungen

- bei stationärer Behandlung,
- für Heilpraktikerbehandlungen,
- für Brillen und Kontaktlinsen,
- für Zahnersatz,
- für Auslandsreise-Krankenversicherungen oder
- für Krankentagegeld.

Manche Krankenkassen bieten auch Pakete an, die mehrere Leistungsbereiche umfassen. Dabei müssen Sie sich genau überlegen: Was brauchen Sie wirklich? Was können Sie über regelmäßige Rücklagen auch selbst ansparen? Prüfen Sie deshalb immer jeden einzelnen Baustein, aus dem sich die Zusatzversicherung zusammensetzt.

Es gibt auch Gruppenangebote vieler gesetzlicher Kassen zusammen mit Privatanbietern. Der dabei von Ihrer Krankenkasse ausgehandelte Gruppentarif ist in vielen Fällen günstiger als der von demselben Privatversicherer auf dem offenen Markt angebotene Normaltarif.

Achtung!

Bei einem Wechsel der gesetzlichen Krankenkasse können Sie solch einen Gruppentarif nicht mitnehmen. Gruppentarife lassen sich nicht ohne weiteres auf die eigene Person übertragen. Zum Teil gibt es Altersgrenzen (zum Beispiel 65 Jahre), sodass Ältere ausgeschlossen sind. Eine Gesundheitsprüfung kann zu Risikozuschlägen oder zur kompletten Ablehnung führen. Was Sie letztlich zahlen müssen, können Sie am besten über einen Probeantrag herausfinden.

Denken Sie daran: Vertragspartner ist der private Krankenversicherer. Ihre gesetzliche Krankenkasse ist nur der Vermittler. Das bedeutet: Bei Unstimmigkeiten müssen Sie sich allein mit dem privaten Versicherer auseinandersetzen. Lesen Sie die allgemeinen Vertragsbedingungen sowie die Informationen zu den jeweiligen Tarifen gründlich vor Vertragsabschluss durch. Bis zu 14 Tage nach Vertragsunterzeichnung können Sie übrigens noch ohne Angabe von Gründen vom Vertrag zurücktreten.

Wichtige Punkte, auf die Sie achten müssen

Preisvergleich Ein Unternehmen, das Männern besonders gute Angebote macht, bietet nicht zwangsläufig auch für Frauen oder Kinder günstige Tarife. Versichern Sie Ihre Familienmitglieder gegebenenfalls bei unterschiedlichen Gesellschaften.

Gesundheits-Check Auf den Versicherungsanträgen fragen die Gesellschaften in der Regel nach Krankheiten, Unfallfolgen sowie körperlichen oder geistigen Beeinträchtigungen. Beantworten Sie diese Fragen vollständig und korrekt. Wer da etwas verschweigt oder den Versicherer gar vorsätzlich täuscht, kann den Versicherungsschutz verlieren und erhält auch bei anderen Gesellschaften meist keinen Vertrag mehr.

Mogelpackung Meiden Sie sogenannte Optionstarife. Die Tarife begrenzen die Vertragsdauer auf wenige Jahre und verzichten dabei auf den Aufbau von Altersrückstellungen. Zwar locken sie mit besonders niedrigen Prämien, doch hinterher wird es umso teurer.

Zweibetttarif Wer nicht unbedingt Wert auf ein Einzelzimmer legt, der kann Geld sparen: Zweibettzimmer-Tarife sind deutlich günstiger.

Chefarzt Bei einigen Unternehmen wird die Wahlleistung Chefarzt erst mit einem gesonderten Tarifbaustein hinzugekauft. Achten Sie unbedingt darauf, dass diese wichtige Leistung bei Ihnen Vertragsbestandteil wird. Ihre Zusatzversicherung sollte auch Arzthonorare erstatten, die über den Höchstsatz (über 3,5 Prozent GOÄ) hinausgehen. Denn bei schwierigen Eingriffen ist es üblich, dass Spezialisten weit höhere Gebührensätze verlangen.

Wahlarzt Achten Sie beim Krankenhausaufenthalt darauf, dass Sie wirklich vom Chefarzt behandelt werden. Denn der Versicherungsschutz umfasst nur die ärztliche Wahlleistung, das heißt nur persönliche Leistungen des Chefarztes oder – in Ausnahmefällen – seines ständigen Vertreters.

Jünger gleich billiger Wer einen Zusatzschutz wünscht, sollte die Police schon in jungen Jahren abschließen. Denn je höher das Eintrittsalter, desto höher ist auch der Einstiegsbeitrag. Bei der Suche nach der neuen Versicherung empfehlen wir natürlich einen intensiven Preisvergleich.

Leistungsumfang Wichtig ist, dass Sie sich vor dem Abschluss über den zu versichernden Leistungsumfang klar werden. Es kommt bei der Auswahl darauf an, dass nur die Leistungen versichert werden, die Sie wirklich für wichtig halten.

Gesetzlich oder privat?

In Deutschland gibt es die bereits genannten zwei unterschiedlichen Krankenversicherungssysteme: die gesetzliche und die private Krankenversicherung. In der gesetzlichen Krankenversicherung (GKV) sind etwa 88,5 Prozent der Bevölkerung versichert, in der privaten Krankenversicherung (PKV) circa 9,1 Prozent. Die restlichen rund 2,4 Prozent der Bevölkerung sind entweder unmittelbar über den Staat (zum Beispiel über die freie Heilfürsorge für Bundeswehrsoldaten) oder aber gar nicht versichert.

Die GKV ist im Wesentlichen eine Versicherung der Arbeitnehmer und ihrer Familien; die Versicherung wird von den Orts-, Betriebs- und Innungskrankenkassen sowie von den Ersatzkassen, den Landwirtschaftlichen Krankenkassen, der Knappschaft-Bahn-See durchgeführt. Die Krankenkassen sind Körperschaften des öffentlichen Rechts mit Selbstverwaltung und erbringen ihre Leistungen nach dem Sozialgesetzbuch.

Die PKV versichert historisch begründet in erster Linie Selbstständige und Beamte, aber das ändert sich zunehmend. Die privaten Krankenversicherungsunternehmen sind entweder Aktiengesellschaften (AG) oder sogenannte Versicherungsvereine auf Gegenseitigkeit (V.V.a.G.). Ihre Versicherungsleistungen erbringen sie auf der Grundlage von Verträgen, die zwischen der Versicherung und jedem einzelnen Versicherten geschlossen werden.

In der folgenden Übersicht finden Sie die wesentlichen Unterschiede zwischen gesetzlicher und privater Krankenversicherung.

GKV und PKV im Vergleich

GKV	PKV
gesetzlich festgeschriebener, für alle Mitglieder einheitlicher und umfassender Versicherungsschutz	Versicherungsumfang ergibt sich aus dem gewählten Tarif bzw. den gewählten Einzeltarifen
Sachleistungsprinzip: keine Vorfinanzierung von Arzt- oder Krankenhausrechnungen, direkte Abrechnung zwischen Leistungserbringern und Krankenkasse; auf Wunsch auch Kostenerstattung möglich	Kostenerstattungsprinzip: Der Versicherte ist zahlungspflichtiger Vertragspartner der Leistungserbringer, die Versicherung prüft und erstattet die vertraglich vereinbarten Aufwendungen; je nach Versicherung ist auch die Erstattung unbezahlter Rechnungen möglich
Bei Versicherungsbeginn keine Überprüfung der Krankengeschichte; auch bestehende Vorerkrankungen sind ausnahmslos ohne Beitragszuschläge versichert	Bei Versicherungsbeginn Überprüfung des Gesundheitszustands; bei festgestellten Vorerkrankungen sind Leistungsausschlüsse, Risikozuschläge oder Ablehnung der kompletten Versicherung möglich

GKV	PKV
Einkommensabhängige Beiträge: Nach dem Solidarprinzip zahlen alle Mitglieder einen festen Prozentsatz ihres Einkommens an die Krankenkasse. Die Beitragsbemessungsgrenze lag 2009 bei einem monatlichen Einkommen von 3675,50 Euro (das entspricht 44100 Euro jährlich)	Risikoabhängige Beiträge: Versicherte zahlen Beiträge entsprechend ihres Alters, ihres Gesundheitszustandes bei Versicherungsbeginn, ihres Geschlechts und in Abhängigkeit vom gewählten Tarif
Kostenfreie Mitversicherung der nicht erwerbstätigen Ehepartner und Kinder, also ein Beitrag für die Versicherung der ganzen Familie	Für jedes Familienmitglied muss eine eigene Versicherung mit eigener Prämie abgeschlossen werden. Auch bei Familienangehörigen werden risikoabhängige Prämien verlangt
Gleiche Beiträge für Frauen und Männer	Bei sonst gleichen Voraussetzungen höhere Beiträge für junge Frauen gegenüber gleichaltrigen Männern
Mütter, deren Beschäftigungsverhältnis weiter besteht, erhalten bis 8 Wochen nach der Entbindung ihr Nettogehalt weiter und ein Mutterschaftsgeld von 13 Euro pro Tag für die 14-wöchige Schutzfrist sowie kostenfreien Versicherungsschutz in dieser Zeit; häufig Beitragsfreiheit auch während des Erziehungsurlaubs	Mütter erhalten ein Mutterschaftsgeld in Höhe von 210 Euro vom Bundesversicherungsamt; während der Schutzfrist und auch während des Erziehungsurlaubs müssen Versicherungsprämien in voller Höhe weitergezahlt werden!
Kassenwechsel: innerhalb der gesetzlichen Krankenversicherung in jedem Alter ohne Nachteile möglich	Wechsel zurück in die gesetzliche Krankenkasse grundsätzlich nicht möglich (Grundsatz: »Einmal privat, immer privat«); Wechsel zu einem anderen privaten Versicherungsunternehmen nur unter Verzicht auf die angesparte Altersrückstellung möglich (im fortgeschrittenen Alter de facto unmöglich)

Einmal privat – immer privat?

Wer einmal privat versichert ist, kommt nur schwer (wieder) in die gesetzliche Krankenversicherung. Selbstständig Tätige und Freiberufler, die sich privat versichern, haben unabhängig von ihrem Einkommen keine direkte Möglichkeit der Rückkehr in die gesetzliche Krankenversicherung. Für die Rückkehr von der PKV in die gesetzliche Krankenversicherung gibt es bestimmte Voraussetzungen.

Angestellte oder Arbeitnehmer sind bis zum 55. Lebensjahr automatisch wieder pflichtversichert und somit Mitglied einer gesetzlichen Krankenversicherung, wenn ihr Einkommen unter die Beitragsbemessungsgrenze sinkt. Übersteigt ihr Einkommen vor Ablauf von zwölf Monaten wieder die Beitragsbemessungsgrenze, können sie nur dann in der GKV bleiben, wenn sie in den letzten fünf Jahren bereits mindestens 24 Monate gesetzliches Kassenmitglied waren.

Weitere drei Rückkehrmöglichkeiten sind legal: Privat versicherte Arbeitnehmer reduzieren spätestens zwölf Monate vor dem Termin, zu dem sie sich zur Ruhe setzen wollen, ihre Arbeitsstunden so weit, dass ihr Gehalt unter der Jahresarbeitsentgeltgrenze liegt. Dann werden sie krankenpflichtversichert. Und wenn dann der Ruhestand erreicht und die Rente zugebilligt ist, führen sie die Versicherung freiwillig weiter – bis ans Lebensende.

Achtung!

Diese Möglichkeit geht nicht, wenn Sie sich früher einmal von der Versicherungspflicht »befreien« lassen haben. Eine solche Befreiung wird zum Beispiel auf Antrag ausgesprochen, wenn die Privatversicherungszeit im Studium endet oder wenn Ihr Verdienst früher bei einer der jährlichen Anhebungen der Versicherungspflichtgrenze unter den neuen Grenzwert gesunken ist, Sie aber Ihren privaten Krankenversicherungsschutz aufrechterhalten haben.

Eine weitere Möglichkeit: Ein Arbeitnehmer, der über der Jahresarbeitsentgeltgrenze verdient und deshalb krankenversicherungsfrei ist, hat einen Ehepartner, der einer gesetzlichen Krankenkasse angehört. Beendet nun der Arbeitnehmer sein Arbeitsverhältnis, so ist er ohne Einkommen. Dadurch wird er automatisch bei der Krankenkasse des Ehepartners »familienversichert« – und zwar kostenlos. Einen Monat später geht er wieder ein Arbeitsverhältnis ein, und sei es bei demselben Arbeitgeber. Da so ein Einkommen über der

Geringverdienergrenze erzielt würde, wäre damit die kostenfreie Familienversicherung beendet. Doch hat der Arbeitnehmer das Recht, sich – aufgrund der vorherigen Familienmitversicherung – freiwillig weiter zu versichern, und zwar unabhängig davon, wie lange die Mitversicherung bestanden hat.

Die dritte Variante: Der Arbeitnehmer gibt spätestens zwölf Monate vor Beginn seiner Altersrente sein Arbeitsverhältnis auf und meldet sich arbeitslos. Der Bezug des Arbeitslosengeldes begründet eine Pflichtversicherung in der gesetzlichen Krankenversicherung. Im Anschluss daran kann die Versicherung freiwillig aufrechterhalten werden.

Rückkehrrecht in die frühere Krankenversicherung

Seit dem 1. April 2007 gilt ein neu definierter Versicherungsschutz in der gesetzlichen Krankenversicherung: Die gesetzlichen Krankenkassen müssen bisher Nichtversicherte wieder aufnehmen und dürfen keinem Mitglied mehr kündigen.

Die unterschiedlichsten Ursachen führen nämlich für Hunderttausende zu einer Lebenssituation ohne Krankenversicherung. Selbstständige steigen oft wegen zeitweiser finanzieller Probleme aus der Privatversicherung aus; es gibt Ehefrauen, die es nach der Scheidung versäumt haben, sich selbst zu versichern; oder es gibt Kinder über 23 Jahre, die weder einen Job noch Anspruch auf Arbeitslosengeld II haben.

Seit der Gesundheitsreform 2007 ist Folgendes neu geregelt: Unabhängig von den Gründen des Versicherungsverlustes können alle Nichtversicherten wieder in die Krankenversicherung zurückkehren. Und für die Zukunft gilt: Keine Krankenkasse und keine Versicherung darf mehr kündigen, wenn Menschen in eine schwierige Lage geraten. Ein Grund für diese neue Gesetzeslage: Veränderte Arbeitsbedingungen haben in vielen Lebensläufen Dellen hinterlassen. Man wechselt von einem festen Job in die Selbstständigkeit, oder man macht vielleicht das eine oder andere Praktikum, um danach wieder in ein festes Arbeitsverhältnis zu kommen.

Versicherungsschutz für alle

Seit April 2007 erhalten also alle Bürger, die keinen Krankenversicherungsschutz haben, wieder Zugang zu einer Krankenversicherung. Ob man in die gesetzliche oder private Krankenversicherung kommt, hängt davon ab, wie man vorher versichert war. Es gibt eine Pflicht zur Versicherung für nicht krankenversicherte Personen, die der gesetzlichen Krankenversicherung (GKV) zuzuordnen sind. Vom 1. Juli 2007 bis zum 31. Dezember 2008 waren die Privatversicherungen gezwungen, Nichtversicherte, die der PKV durch Vorversicherungszeiten beizuordnen waren, in einen modifizierten Standardtarif aufzunehmen. Diesen gibt es jetzt nicht mehr. Die betroffenen Versicherten werden seit dem 1. Januar 2009 in den neu benannten Basistarif übernommen. Unter bestimmten Voraussetzungen beim Versicherungswechsel sind seitdem die Altersrückstellungen auf das neue PKV-Unternehmen übertragbar.

WISO rät

Wenn Sie bisher weder gesetzlich noch privat versichert waren, werden Sie in dem System versichert, dem Sie aufgrund der zuletzt ausgeübten Tätigkeit zuzuordnen sind. Wenn Sie zum Beispiel als Arbeiter oder Angestellter tätig waren, können Sie sich in der gesetzlichen Krankenversicherung versichern.

Ehemals GKV-Versicherte ohne Versicherungsschutz müssen wieder in ihrer ehemaligen gesetzlichen Krankenkasse oder deren Rechtsnachfolgerin versichert werden. Auch Auslandsrückkehrer, die der gesetzlichen Krankenkasse zuzuordnen sind, kommen in ihre Krankenkasse zurück. Für die Krankenkassen gilt ein sogenannter »Kontrahierungszwang«. Das bedeutet: Die gesetzlichen Krankenkassen sind verpflichtet, Nichtversicherte – egal, ob gesund oder krank – aufzunehmen. Sie dürfen solche Personen also nicht abweisen.

Gesetzliche Regelungen sollen sicherstellen, dass durch den Versicherungsbetrag niemand finanziell überbelastet wird: In der gesetzlichen Krankenkasse gilt ein prozentualer Beitrag, der sich an der Höhe des Einkommens bemisst. Und wer bedürftig ist, erhält Zuschüsse vom Arbeitsamt oder vom Grundsicherungsträger.

Achtung!

In der gesetzlichen Krankenversicherung besteht seit dem 1. April 2007 Versicherungspflicht. Wenn Sie sich zu spät, zum Beispiel erst im Krankheitsfall, versichern, müssen Sie nicht bezahlte Beiträge nachzahlen.

Um die Versichertengemeinschaft zu schützen, müssen »Nachzügler« diese Beiträge komplett nachentrichten. Wer Beiträge nicht zahlt, obwohl er dazu wirtschaftlich in der Lage ist, oder Beitragsschulden hat, erhält nur noch Leistungen für unaufschiebbare Behandlungen (zum Beispiel bei akuten Schmerzen sowie bei Schwangerschaft und Mutterschaft) und muss Säumniszuschläge zahlen. Wer nachweisbar die Beiträge nicht bezahlen kann, bei dem übernimmt – wenn er eine bedürftige Person ist – der Sozialhilfeträger die Kosten.

WISO rät

Informationen und Beratung bekommen Sie bei allen gesetzlichen Krankenkassen und bei den Verbraucherberatungen. Oder Sie wenden sich an das Bürgertelefon des Bundesgesundheitsministeriums. Hier erhalten Sie eine kompetente Beratung für Ihren konkreten Fall.

Ihre Rechte als Patient

Viele Patienten kennen ihre Rechte nicht oder nur unzureichend – das zeigt die tägliche Praxis. Die eigenen Rechte gegenüber Arzt, Klinik und Kasse zu kennen ist allerdings notwendig, um sie auch durchsetzen zu können. Wenn Versicherte besser über ihre Ansprüche informiert wären, könnten manche gerichtlichen Auseinandersetzungen vermieden werden. Was Sie deshalb über Ihre Rechte wissen sollten:

Arztwahl Jeder Versicherte hat das Recht auf freie Arztwahl.

Anamnese Vor der Behandlung muss der Arzt die umfassende Krankengeschichte durch intensive Befragung feststellen.

Aufklärung Der Arzt muss den Patienten über die Diagnose, die geplante Behandlung und ihre Risiken aufklären. Alternativen müssen aufgezeigt werden, damit der Patient Vor- und Nachteile abwägen und eine fundierte Entscheidung treffen kann.

Behandlungsfehler Verletzt der Arzt schuldhaft seine Pflichten, haftet er hierfür gegenüber dem Patienten mit Schadenersatz und Schmerzensgeld.

Einwilligung Der Patient muss der ärztlichen Behandlung immer zustimmen. Aus Beweisgründen wird die Einwilligung vor Operationen in der Regel schriftlich eingeholt – es sei denn, es handelt sich um einen Notfall.

Recht auf Einsichtnahme in die Krankenunterlagen Der Patient darf Aufzeichnungen des Arztes über Untersuchungsbefunde und Behandlungsmaßnahmen einsehen und auf seine Kosten fotokopieren.

Sorgfaltspflicht Der Arzt muss alles tun, um die Behandlung erfolgreich durchzuführen. Dazu gehören unter anderem eine Anamnese und eine exakte Diagnose des Krankheitsbildes. Die Behandlung muss dem Stand der medizinischen Wissenschaft entsprechen.

Dokumentationspflicht Der Arzt ist verpflichtet, die von ihm durchgeführten Behandlungen festzuhalten. Die Dokumentation muss so gestaltet sein, dass Dritte sie zur Information nutzen können. Sie muss den Krankheitsverlauf und die Behandlung aufzeigen und weiterführende Unterlagen (zum Beispiel Röntgenbilder oder Laborbefunde) enthalten.

Schweigepflicht Informationen über die Behandlung dürfen ohne Zustimmung des Patienten weder an die Krankenkasse oder den Arbeitgeber noch an außenstehende Dritte weitergegeben werden. Eine Ausnahme stellt die für die Krankenkassen bestimmte Arbeitsunfähigkeitsbescheinigung dar.

Haftung Nach dem BGB haftet der Arzt für ärztliche Kunstfehler, die er vorsätzlich oder fahrlässig verschuldet hat. Hierzu gehört neben fehlerhaft durchgeführten Operationen auch eine fehlerhafte Diagnose oder eine unzureichende Aufklärung über Behandlungsrisiken.

Auslandsreisekrankenversicherung

Als gesetzlich Versicherter sollten Sie bei einem Urlaub im Ausland unbedingt eine private Auslandsreisekrankenversicherung abschließen. Egal, wohin es geht, egal, wie lang die Reise dauert, denn: Der Versicherungsschutz der gesetzlichen Krankenkasse reicht in diesem Fall nicht aus. Klären Sie vor Urlaubsantritt, ob mit dem Reiseland ein Sozialversicherungsabkommen besteht. Ist dies nicht der Fall, leistet die Krankenkasse auch nichts. Wenn doch, leistet nur das gesetzliche Gesundheitssystem auf dem einheimischen

Niveau für Sie. Das entspricht aber oft nicht annähernd dem deutschen Standard. Also werden deutsche Urlauber im Ausland häufig wie Privatpatienten behandelt und es wird in bar kassiert.

Von den gesetzlichen Kassen werden auch innerhalb Europas die Behandlungskosten nicht immer voll erstattet. Ein weiterer Grund für eine Auslandsreisekrankenversicherung: Die Kosten für einen medizinisch notwendigen Rücktransport übernimmt die gesetzliche Krankenkasse grundsätzlich nicht. Und das wird dann richtig teuer.

WISO rät

Die Beiträge zur Auslandsreisekrankenversicherung können Sie steuerlich absetzen.

Auch für Privatversicherte ist die Auslandsreisekrankenversicherung sinnvoll. Sie kann im Leistungsfall während des Auslandsaufenthalts den vertraglich vereinbarten Selbstbehalt einsparen. Der medizinisch notwendige Rücktransport ist nur selten in der privaten Krankenvollversicherung enthalten.

Welche Leistungen sind versichert?

Eine Auslandsreisekrankenversicherung können wir Ihnen nur empfehlen, denn sie deckt zahlreiche Leistungen für den Fall der Fälle ab. Die folgende Übersicht zeigt die einzelnen Leistungen auf.

Leistungen der Auslandsreisekrankenversicherung

Ambulante und stationäre Behandlung:

- Information über die Möglichkeiten ärztlicher Versorgung
- Benennung von deutsch- und englischsprachigen Ärzten
- Erstattung der Behandlungskosten durch Ärzte und Fachärzte nach freier Wahl
- Bezahlung von ärztlich verordneten Arznei-, Heil-, und Verbandsmitteln
- Leistung für schmerzstillende Zahnbehandlung und einfache Zahnfüllungen

- Kostenübernahme für die Unterbringung im Krankenhaus
- Kostenübernahmeerklärung gegenüber dem Krankenhaus
- Kostenübernahme für Krankentransporte
- Kontaktherstellung zwischen den behandelnden Ärzten und dem Hausarzt

Krankenrücktransport:

- Organisation und Kostenübernahme von medizinisch notwendigen und verordneten Krankenrücktransporten

Bei Tod im Ausland:

- Organisation der Bestattung im Ausland oder die Überführung nach Deutschland und Übernahme der versicherten Kosten

Was ist nicht versichert?

Wer mit einer bestehenden Krankheit oder Diagnose ins Ausland startet, hat keinen Versicherungsschutz. Damit wollen die Versicherungsunternehmen teurem Medizintourismus vorbeugen. Für akute Krankheiten, die schon vor der Reise bestanden, sowie für vorsätzlich herbeigeführte Krankheiten und Unfälle leistet die Auslandsreisekrankenversicherung nicht.

Unterstützung im Schadenfall

In Notfallsituationen sollten Sie sich sofort telefonisch an die Notrufzentrale Ihrer Versicherung wenden. Sie erhalten dort im Schadenfall zumeist rund um die Uhr direkte Unterstützung. Neben der Benennung von Ärzten und Krankenhäusern im Ausland und Dolmetscherdiensten werden Arzt-zu-Arzt-Gespräche geführt, die medizinisch adäquate Versorgung überprüft und Krankenrücktransporte organisiert. Melden Sie unverzüglich den Schaden und klären Sie bei einer schweren Erkrankung oder einem notwendigen Krankenrücktransport den Ablauf mit Ihrer Versicherung. Kleinere Rechnungen können Sie vorab begleichen und später zur Kostenerstattung einreichen. Kosten für beispielsweise Krankenhausaufenthalte werden direkt von der jeweiligen Versicherung per Kostenübernahmeerklärung abgegolten.

Dauer des Versicherungsschutzes

Es gibt aus naheliegenden Gründen eine Zeitbeschränkung für den Auslandsschutz, damit nicht die Kurzurlauber etwa den ständig im Ausland Wohnenden die Versicherung finanzieren. Grundsätzlich gilt eine Auslandsreisekrankenversicherung für Urlaubsreisen maximal 42 Tage. Planen Sie eine Privat- oder Geschäftsreise von längerer Dauer, benötigen Sie entweder einen Jahresvertrag oder eine Police, bei der der Beitrag nach Reisedauer berechnet wird.

Achtung!

Schließen Sie nicht mehrere Einzelpolicen nacheinander ab, da diese nur dann gültig sind, wenn Sie nach jeweils 42 Tagen wieder nach Hause zurückkehren.

Krankentagegeldversicherung

Wenn ein Arbeitnehmer häufig lange Zeit arbeitsunfähig ist, hat er ein finanzielles Risiko. Dies gilt erst recht für Selbstständige. Bei normalen Arbeitnehmern endet die Lohnfortzahlung durch den Arbeitgeber in der Regel nach sechs Wochen, bei Selbstständigen und Freiberuflern verursacht eine Krankheit jedoch Einkommensverluste direkt ab dem ersten Tag.

Bei länger andauernder Arbeitsunfähigkeit zahlt die gesetzliche Krankenkasse ein von Betrag und Dauer her begrenztes Krankengeld. Dadurch entsteht im Vergleich zu Ihrem gewohnten Nettoeinkommen eine erhebliche finanzielle Lücke. Mit der Krankentagegeldversicherung können Sie krankheitsbedingte Einkommenseinbußen vermeiden. und Ihr Einkommen bedarfsgerecht und individuell absichern. Das gilt jedoch nur für eine vorübergehende Arbeitsunfähigkeit – bei Eintritt der Berufsunfähigkeit wird die Auszahlung der Leistungen gestoppt. Folgende Leistungen bietet Ihnen eine Krankentagegeldversicherung:

Die Leistungen einer Krankentagegeldversicherung

- Absicherung bis zur Höhe Ihres Nettoeinkommens möglich
- Anpassung bei steigendem Einkommen möglich

- Leistung bis zum Eintritt der Berufsunfähigkeit
- Auszahlung auch für Sonn- und Feiertage

Absicherung bis zur Höhe Ihres Nettoeinkommens

Als Arbeitnehmer erhalten Sie im Krankheitsfall von Ihrem Arbeitgeber eine Lohn- und Gehaltsfortzahlung, die meist nach 42 Tagen endet. Das daran anschließende Krankengeld der gesetzlichen Krankenkasse ist in Höhe und Dauer begrenzt, sodass bei längerer Krankheit eine erhebliche Einkommenslücke entstehen kann. Können Sie sich das leisten?

Diese Differenz zwischen Krankengeld und Ihrem üblichen Nettogehalt können Sie absichern. Bei Pflichtversicherten berechnet sich das Krankengeld nach dem Brutto- beziehungsweise nach dem Nettoeinkommen. Zugrunde gelegt werden 70 Prozent des Brutto- beziehungsweise maximal 90 Prozent des Nettoeinkommens. Der geringere der beiden Werte wird noch um die Arbeitnehmeranteile zur gesetzlichen Renten-, Arbeitslosen- und Pflegepflichtversicherung gekürzt und als Krankengeld ausgezahlt. Was Ihnen von Ihrer gesetzlichen Krankenkasse dann überwiesen wird, reicht häufig nicht aus, um Ihren Lebensstandard zu halten.

Beispiel

Sie haben ein regelmäßiges Nettoeinkommen von 1 075 Euro. Das Krankengeld (90 Prozent vom Nettoeinkommen) beträgt rund 968 Euro. Diesen Betrag kürzt die gesetzliche Krankenkasse noch um die Arbeitnehmerbeträge zur Sozialversicherung (13,85 Prozent von 968 Euro = 134 Euro). Überwiesen werden Ihnen von der Kasse dann noch rund 834 Euro. Ihre Einkommenslücke beträgt demzufolge 241 Euro.

Leistungsdauer

Die Auszahlung der Leistungen erfolgt bis zum Eintritt der Berufsunfähigkeit. Selbstverständlich können Sie Ihre Krankentagegeldversicherung bei steigendem Gehalt entsprechend anpassen. Unter bestimmten Voraussetzungen erfolgt diese Anpassung ohne erneute Gesundheitsprüfung und ohne Wartezeiten. Sie erhalten das vereinbarte Krankentagegeld für jeden Tag Ihrer Arbeitsunfähigkeit – auch für Sonn- und Feiertage.

Die Wahltarife der gesetzlichen Krankenkassen

Seit dem 1. April 2007 bieten die gesetzlichen Krankenkassen im Rahmen der Gesundheitsreform Wahltarife an, wie sie in der privaten Krankenversicherung schon lange üblich sind. Alle großen Krankenkassen nutzen diese Möglichkeit und haben bis zu 22 Wahltarife im Angebot – für Kranke und Gesunde. Hunderte von neuen Tarifen sind so auf den Markt kommen.

Laut Gesetz müssen alle gesetzlichen Krankenkassen Tarife anbieten, mit denen sich Versicherte für bestimmte Versorgungsformen oder Behandlungsprogramme entscheiden können. Im Gegenzug verzichten die Kassen auf Zuzahlungen oder bieten Beitragsprämien an. Früher durften die Kassen nur freiwillig Versicherten ein solches Angebot machen, jetzt können auch Pflichtversicherte wählen. Die Teilnahme ist freiwillig. Die Ausgestaltung der neuen Tarife ist von Kasse zu Kasse unterschiedlich.

Doch bisher reagieren die 70 Millionen gesetzlich Versicherten eher zurückhaltend auf die neuen Möglichkeiten. Die Tücke liegt im Detail: Das Angebot ist so vielfältig, dass die neuen Tarife vielen Versicherten auf den ersten Blick zu kompliziert erscheinen. Außerdem muss man sich drei Jahre an die jeweilige Kasse binden – und das will eben nicht jeder. Denn hebt die Kasse in dieser Zeit den Beitrag stark an, gibt es keine Wechselmöglichkeit. Ausnahmen gibt es nur bei Härtefällen aus finanziellen Gründen.

Ein weiterer Grund für die geringe Akzeptanz ist die verfehlte Werbestrategie: »Sie fühlen sich fit und möchten eigenverantwortlich Ihren Beitragssatz senken? Dann haben wir genau das Richtige für Sie.« So oder so ähnlich klingt die Werbung für die neuen Wahltarife. Diese Botschaften richten sich in erster Linie an Gesunde, viele fühlen sich daher schon von vorneherein ausgeschlossen. Wahltarife gibt es aber natürlich auch für diejenigen, die nicht gesund sind, etwa für chronisch Kranke.

Natürlich wollen die Kassen insbesondere auch denjenigen etwas bieten, die mit der privaten Krankenversicherung (PKV) liebäugeln und eventuell abwandern könnten. Die Errungenschaften der PKV – mehr Risiko, mehr Eigenverantwortung, Kontrolle der Arztrechnungen – gibt es seit Einführung der Wahltarife daher auch in der gesetzlichen Krankenversicherung.

Die Kassen belohnen ihre Versicherten zum Beispiel mit einer Beitragsrückgewähr für die Teilnahme an Programmen oder mit einer Geldprämie bei Selbstbehalt.Vorsorgeuntersuchungen schaden diesen Rabatten übrigens nicht. Hierunter fallen zum Beispiel Schutzimpfung, Krebsvorsorge, Gesundheits-Check oder Zahnvorsorge. Auch Untersuchungen und Behandlungen von Kindern bis zum 18. Lebensjahr wirken sich nicht negativ aus.

Belohnung: Beitrag zurück

Krankenkassen müssen spezielle Wahltarife für die Hausarztversorgung anbieten. Das heißt, Sie verpflichten sich, zur Behandlung immer zuerst zum Hausarzt zu gehen. Dafür gibt es dann meist die komplette Praxisgebühr zurück, insgesamt also 40 Euro im Jahr. So können nicht nur Gesunde, sondern beispielsweise auch chronisch Kranke sparen!

Daneben gibt es Behandlungsprogramme mit Bonuszahlungen etwa für Patienten mit Herzkrankheiten, Diabetes, Asthma oder Brustkrebs. Bei der Barmer gibt es sogar einen Bonus über die Erstattung von Zuzahlungen bis zu 150 Euro, wenn Sie an der sogenannten »Integrierten Versorgung« teilnehmen. Sie können also doppelt von den Wahltarifen profitieren: finanziell und gesundheitlich. Denn neben der Kostenersparnis lässt sich mit diesen Programmen auch die Versorgung der jeweiligen Beschwerden verbessern.

An den »Geld-zurück-Wahltarifen« können alle Kassenmitglieder teilnehmen. Einzige Ausnahme: Ihre Beiträge werden vollständig von Dritten getragen, etwa von der Bundesanstalt für Arbeit. Dann gibt es keine Erstattung.

Selbstbehalte: hohes Sparpotenzial

Wenn Sie sogenannte Selbstbehalte vereinbaren, können Sie mehrere Hundert Euro im Jahr als Prämie von Ihrer Kasse bekommen. Sie verpflichten sich dabei, die Kosten für ärztliche Behandlung, Arznei- und Heilmittel bis zu einem bestimmten Betrag selbst zu zahlen oder sogar auf Leistungen ganz zu verzichten (also weder zum Arzt zu gehen noch sich Medikamente verschreiben zu lassen). Diese Selbstbehalte liegen je nach Kasse, individuellem Einkommen und Einzeltarif zwischen 150 und 1200 Euro pro Jahr. Im Gegenzug kassieren Sie entweder vorher oder auch nachher eine Prämie – bis zu 600 Euro verspricht so manche Kasse.

Beispiel

Rüdiger D. ist bei der AOK Rheinland versichert, sein Jahreseinkommen beträgt 28000 Euro. Damit liegt er in der Tarifklasse 4, seine Prämie, die bei der AOK »Grundbonus« heißt, beträgt 190 Euro. Wenn er ohne Krankenhausaufenthalt, verordnete Medikamente und Heilmittel durchs Jahr kommt, kann er diesen Betrag komplett einstreichen. Wenn er jedoch ein Medikament oder eine Behandlung über die Versichertenkarte abrechnet, verringert sich sein Bonus um ein Viertel, in seiner Tarifklasse sind das 47,50 Euro. Rüdiger D. würde folglich am Ende des Jahres nur noch 142,50 Euro erhalten. Weitere Verordnungen reduzieren den Bonus noch mehr, ein Krankenhausaufenthalt würde ihn halbieren. Im teuersten Fall zahlt der Versicherte einen Selbstbehalt von jährlich 80 Euro aus eigener Tasche.

Die Nachteile dieses Modells liegen auf der Hand: Sie können die Prämie nur kassieren, wenn Sie nicht krank werden oder zumindest keine Leistungen mit Ihrer Versichertenkarte in Anspruch nehmen. Wenn Sie dagegen schwer oder dauerhaft erkranken, zahlen Sie drauf. Stellen Sie sich daher vorher folgende Fragen:

- Kann ich mein persönliches Erkrankungsrisiko für die nächsten drei Jahre abschätzen?
- Bietet mein individueller Gesundheitszustand wirklich die Möglichkeit, mit diesem Tarif Geld zu sparen?
- Welche Erkrankungen gab es in der Familie (Eltern, Großeltern)?
- Wie oft war ich in den letzten Jahren krank?
- Habe ich erhöhte Risiken (zum Beispiel Rauchen, Vorerkrankungen)?

WISO rät

Sparen Sie bei diesem Modell beim Arzt durch Barzahlung: Denn ein Rezept oder eine Krankschreibung kostet deutlich weniger als ein Monatsbeitrag.

Übersicht der Selbstbehalttarife

Übersicht	Wahltarife			
Krankenkasse	**Wahltarif**	**Prämie**	**Selbstbehalt**	**max. Risiko**
AOK Brandenburg	Selbstbehalttarif	600	480	120
AOK MV	Selbstbehalttarif	600	480	120
AOK Plus	Selbstbehalttarif	600	480	120

Krankenkasse	Wahltarif	Prämie	Selbst-behalt	max. Risiko
AOK Schleswig-Holstein	Selbstbehalttarif	600	480	120
BARMER	Tarif F200 Selbstbehalt	200	150	-50
BARMER	Tarif S100 Selbstbehalt	170	150	-20
BKK Herford Minden Ravensberg	Selbstbehalt	600	720	120
BKK exklusiv	Prämie+	600	750	150
BKK Hoesch	Wahltarif	600	750	150
IKK Baden-Württemberg und Hessen	»Chance Plus«	600	790	190
CITY BKK	Wahltarif – Selbstbehalt	600	790	190
BKK Demag Krauss-Maffei	Selbstbehalttarif	600	900	300
BKK Melitta Plus	Teilnahme ohne Mehrkosten	600	900	300
BKK Ost-Hessen	BKK GESUNDHEITS-PRÄMIE XXL (ambulanter und stationärer Selbstbehalt)	600	900	300
BKK Pfalz	ChancePLUS	600	900	300
BKK ZF & Partner	Selbstbehalt	600	900	300
IKK Hamburg	Selbstbehalt	600	900	300
BKK TUI	Selbstbehalt	600	960	360
Techniker Krankenkasse	TK-Tarif Selbstbehalt	600	960	360
BIG - Die Direktkrankenkasse	Selbstbehalt	600	1 000	400
BKK FTE	Selbstbehalttarif	600	1 000	400
Deutsche BKK	ProfiPlus	600	1 000	400

Krankenkasse	Wahltarif	Prämie	Selbstbehalt	max. Risiko
IKK Brandenburg und Berlin	Selbstbehalt	600	1000	400
TAUNUS BKK	Taunusflex	600	1000	400
BKK ESSANELLE	Selbstbehalttarife	600	1200	600
mhplus BKK	Fitcash Selbstbehalttarif	600	1200	600
sports direkt	Tarif 600	600	1200	600

Stand: 09/2009

Quelle: www.Krankenkasseninfo.de

Viele Kassen, viele Tarife

Die Wahltarife der gesetzlichen Krankenkassen sind sehr unterschiedlich, und auch nicht alle Krankenkassen bieten welche an. Im Folgenden stellen wir Ihnen die Tarife einiger ausgewählter Kassen vor.

Allgemeine Ortskrankenkasse Regional geht es für AOK-Versicherte unterschiedlich schnell: Während zum Beispiel die AOK Bayern schon Wahltarife anbietet, lassen sich die AOK Sachsen-Anhalt und die AOK Hessen mehr Zeit. Mit sieben Tarifen, nach Einkommen gestaffelt, ist das Angebot der AOK Rheinland-Pfalz transparent und übersichtlich. Jedes Mitglied, das sich für einen der Selbstbehalttarife entscheidet, erhält ein Guthaben (Bonus), das sich an seinem Einkommen orientiert. Kunden, die ein Jahr lang kein Kassenrezept bekommen und nicht ins Krankenhaus müssen, überweist die AOK im folgenden Jahr den vollen Guthaben-Betrag auf das Girokonto. Nur wenn Leistungen benötigt werden, verringert sich der Bonus für jedes Kassenrezept oder jeden Krankenhausaufenthalt um einen festen Betrag.

Barmer Die größte deutsche Kasse, die Barmer, bietet 18 Wahltarife an. Neben Angeboten für besondere Versorgungsformen wie Hausarzttarife, die alle Kassen künftig anbieten müssen, gibt es Angebote für kostenbewusste Kunden. Der Hauptausschuss hat die Wahltarife bereits verabschiedet, die formale Genehmigung durch die Aufsichtsgremien steht noch aus.

Deutsche Angestellten Krankenkasse Die Deutsche Angestellten Krankenkasse (DAK) bietet insgesamt 15 verschiedene Individual-Tarife an, mit denen der jeweilige Beitragssatz um bis zu 10 Prozent sinkt. Die Versicherten der bundesweit zweitgrößten Krankenkasse können zwischen freiwilligen Selbstbehalt-Tarifen, Beitragsrückerstattung, Gesundheitsprogrammen und Präventionsangeboten wählen. Wer keine oder nur geringe ärztliche Leistungen in Anspruch nimmt und sich gesundheitsbewusst verhält, bekommt hierfur Geld- und Sachprämien bis zur gesetzlich möglichen Höchstgrenze von bis zu 600 Euro im Jahr. Zusätzlich sind über Bonustarife Prämien von bis zu 150 Euro möglich. Ferner gibt es elf DAK-Zusatzschutz-Tarife, wie etwa Auslandsschutz oder Zahnersatz in Kooperation mit der HanseMerkur.

Techniker Krankenkasse Bei der Techniker Krankenkasse (TK) wird der gesetzliche Rahmen voll ausgeschöpft: Die TK hat fünf Gruppen mit neuen Wahltarifen eingeführt. Neben Tarifen für Chronikerprogramme, Hausarztmodelle und integrierte Versorgungskonzepte gibt es mehrere Selbstbehalttarife sowie die Möglichkeit der Beitragsrückzahlung. Die TK plant einen Tarif für Mitglieder, die die Kostenerstattung statt der Sachleistung im Sinne einer Höherversicherung bevorzugen: Wer sich dafür entscheidet, zahlt eine zusätzliche Prämie. Im Gegenzug erhöht die TK ihre Erstattungsbeträge. Ein Tarif für Arzneimittel der besonderen Therapierichtungen ist ebenfalls in der Planung.

Kaufmännische Krankenkasse Die Kaufmännische Krankenkasse (KKH) bietet Mitgliedern, die gesund sind und relativ wenige Leistungen in Anspruch nehmen, die Möglichkeit zum Selbstbehalt und zur Beitragsrückzahlung. Außerdem sollen chronisch Kranke, die an speziellen Behandlungsprogrammen teilnehmen und sich gesundheitsbewusst verhalten, einen Bonus bekommen.

Für die Krankenkassen, die bisher noch keine Wahltarife im Angebot haben, sollte der Gesetzesbeschluss ein Appell sein, diese nun umzusetzen. Einen zeitlichen Rahmen gibt es dafür aber nicht, heißt es beim Bundesministerium für Gesundheit. Hinzu kommt, dass sich die neuen Tarife selbst tragen sollen. Erst, wenn sich bestätigt, dass die Kassen mit den neuen Tarifen Einsparungen erzielen, kann man mit einer flächendeckenden Umsetzung rechnen, meinen Experten.

Wägen Sie bei der Tarifwahl sorgsam ab

Der Bundesverband der Verbraucherzentralen mahnt zu einem kritischen Umgang mit den neuen Spartarifen. »Wahltarife sind längst nicht für jeden Versicherten empfehlenswert«, sagt Verbandssprecher Carel Mohn. »Mit den vielfältigen Angeboten wird es für die Verbraucher unübersichtlicher.« Man müsse sehr genau vergleichen, was die jeweiligen Kassen anbieten. Auch die gesetzlichen Versicherer raten zu einem vorsichtigen Umgang: »Einem chronisch Kranken würde ich nicht raten, einen Selbstbehalt zu wählen«, sagt Jörg Bodanowitz, Pressesprecher der DAK.

Experten warnen vor einem übereilten Wechsel. »Wir raten sowohl den Kassen als auch den Versicherten zu einem sehr ehrlichen und abwägenden Umgang mit den neuen Tarifen«, sagt zum Beispiel Florian Lang, Sprecher des Bundesverbands der Betriebskrankenkassen. »Man kann sparen – es kann aber auch teuer werden. Das muss man offen und ehrlich sagen.«

Trotzdem: Es sind neue Möglichkeiten, die Sie sorgsam abwägen müssen – in der Privatversicherung tun das seit Jahren neun Millionen Versicherte. Bei gesunder Lebensweise bleiben solche Wahltarife durchaus kalkulierbar und eine lohnende Alternative für Kassenmitglieder.

Die Zeitschrift Ökotest hat im Mai 2007 Wahltarife getestet, und zwar ausschließlich Selbstbehalts- und Beitragsrückgewährtarife. Ergebnis: Das Sparpotenzial ist bei einigen Angeboten enorm. Versicherte können ihren Beitragsatz mit den Wahltarifen so weit senken, dass sie weniger zahlen als mit einem Wechsel zur derzeit günstigsten Kasse, so Ökotest. Solche niedrigen Beitragssätze sind vor allem dann zu erzielen, wenn Sie eine Kombination aus Selbstbeteiligung und Beitragsrückgewähr nutzen – ein Sparangebot, das allerdings bisher nur wenige Kassen anbieten (BIG, Techniker Krankenkasse und IKK Niedersachsen).

Besonders günstig sind laut Ökotest die Angebote folgender Kassen: Techniker Krankenkasse, BIG, AOK Sachsen, BKK Hoesch, BKK Medicus, IKK Baden-Württemberg und Hessen, Knappschaftskasse, Marquardt BKK und Salus BKK. Diese Kassen erreichten im Test in allen Tarifen immer den Rang eins. Die Spannweite der Beitragsätze, die durch neue Wahltarife Rang eins erreichen, ist relativ groß. Sie beginnt bei einem persönlichen Beitragssatz von 4,15 Prozent (BIG Select: SB 1 000) und endet bei 7,10 Prozent (HEKplus 75 und IKK OptiFlex 600).

Bei teuren Anbietern ist der Abschluss eines Wahltarifs nicht empfehlenswert, so Ökotest. Der persönliche Beitragssatz liegt bei der AOK Berlin und der AOK Saarland auch nach Ausnutzung der neuen Bonustarife teilweise über 8 Prozent!

Wenn Sie einen der neuen Wahltarife abschließen möchten, sollten Sie zunächst bei Ihrer derzeitigen Kasse nach Angeboten fragen. Es lohnt sich aber in jedem Fall auch, sich bei anderen Kassen umzuhören. Beachten Sie dabei immer, wie sich der finanzielle Vorteil eines Tarifangebotes zur Beitragsbelastung verhält. Prüfen Sie vor einem Einstieg in einen Wahltarif bei Ihrer Kasse, ob sich der Wechsel in eine deutlich günstigere Kasse nicht mehr lohnt.

WISO rät

Empfehlenswert ist eine neutrale Beratung, etwa durch unabhängige Verbraucher- oder Patientenberatungsstellen. Wenn Sie an einer chronischen Krankheit leiden, sollten Sie sich gründlich bei verschiedenen Kassen über Ihre speziellen Möglichkeiten informieren.

Ein Kassenwechsel kann sich lohnen

Jeder Arbeitnehmer unterhalb der Beitragsbemessungsgrenze ist normalerweise in der gesetzlichen Krankenversicherung pflichtversichert. Wer über der Verdienstgrenze liegt, arbeitslos oder selbstständig ist, für den gilt die Versicherungspflicht nicht. Zur Verfügung stehen für die Pflichtmitgliedschaft die Allgemeinen Ortskrankenkassen (AOK), die Ersatzkassen (Techniker, Barmer, DAK) oder die auch für Betriebsfremde geöffneten Betriebskrankenkassen (BKK) und Innungskrankenkassen (IKK). Dennoch müssen Sie nicht für immer in dieser einmal gewählten Kasse bleiben. Jeder gesetzlich Versicherte kann zum Beispiel in eine bundesweit geöffnete BKK wechseln.

Nehmen wir einmal an, Sie sind in einer der gesetzlichen Krankenkassen pflichtversichert, aber hören nicht nur von Privatpatienten, sondern auch von anderen gesetzlichen Kassen, dass diese auf der Leistungsseite deutlich mehr bieten. Das macht neugierig, und Sie haben das Gefühl, zu den Dummen zu gehören. Aber für alle diejenigen Pflichtversicherten, die in der Gesetzlichen bleiben müssen, gibt es dennoch eine Möglichkeit, andere Leistungen, wie etwa Raucherentwöhnungskurse oder Yogasitzungen bezahlt zu bekommen. Nämlich einfach durch den Wechsel zu einer anderen gesetzlichen Krankenkasse.

Zum 1. Januar 1996 wurde in der gesetzlichen Krankenversicherung die freie Kassenwahl für alle Arbeitnehmer eingeführt. Seitdem sind die Arbeiter auch in diesem Punkt den Angestellten gleichgestellt. Das bedeutet: Die Krankenkassen sind für alle geöffnet, egal, welchen Beruf man im Einzelnen ausübt und an welchem Ort man arbeitet oder wohnt. Das Gleiche gilt natürlich für alle Azubis. Das Berufsziel spielt keine Rolle mehr. Die Arbeitgeber können jeden Auszubildenden bei jeder beliebigen Kasse anmelden.

WISO rät

Die berufstätigen Ehepartner der Mitglieder können sich ebenfalls der gesetzlichen Krankenkasse anschließen.

Kündigen können Pflichtversicherte nahezu jederzeit, auch zum Beispiel bei einer Beitragserhöhung oder bei einem Arbeitgeberwechsel. Es gibt aber auch Einschränkungen, nämlich die Dauer der Kassenzugehörigkeit.

Achtung!

Sie können Ihre Krankenkasse nur wechseln, wenn Sie zuvor mindestens zwölf Monate bei der bisherigen Kasse versichert waren. Sie können also Ihr Wahlrecht nicht jede Woche neu ausüben, sondern sind zwölf Monate an die gewählte Krankenkasse gebunden.

Der Weg zur neuen Kasse

Darf eine neue Kasse Sie denn ablehnen? Nein! Keine gesetzliche Krankenkasse darf einen Aufnahmeantrag eines Wechslers aus einer anderen gesetzlichen ablehnen. Risikozuschläge, Gesundheits-Checks oder Wartezeiten wie in der Privatversicherung gibt es in der gesetzlichen Krankenversicherung nicht.

Die grundlegende Gesundheitsvorsorge sowie die notwendige medizinische Versorgung und finanzielle Absicherung bei Krankheit bieten alle gesetzlichen Krankenkassen. Ursprünglich hatten die Kassen die Aufgabe, nicht gesunde Menschen vor dem finanziellen Ruin zu bewahren. Doch das Leistungsangebot der Kassen wurde vor allem zu Zeiten des Wirtschaftswunders ständig erweitert. Der Grundsatz, dass Leistungen wirtschaftlich und zweckmäßig sein müssen, besteht zwar immer noch, doch heute steht die möglichst umfassende und kostenlose medizinische Behandlung für das Mitglied im Vordergrund.

Rund 95 Prozent der Krankenkassenleistungen sind im Sozialgesetzbuch festgeschrieben – diese Leistungen gibt es bei jeder Krankenkasse in demselben Umfang. Die restlichen 5 Prozent gehören zu den freiwilligen Mehrleistungen und werden in der Satzung der einzelnen Kasse geregelt. Zu den Satzungsleistungen gehören beispielsweise Krankengeldansprüche für Selbstständige oder besondere Zuschüsse zu Kuren.

WISO rät

Bei Mütterkuren, häuslicher Krankenpflege und Haushaltshilfen bestimmen die Kassen selbst, wie viel sie bieten. Wenn eines oder mehrere dieser drei Felder Sie betrifft: Informieren Sie sich darüber bei der Krankenkasse Ihrer Wahl, und lesen Sie die Satzung genau durch.

Wie gehen Sie nun beim Wechsel in eine neue leistungsstärkere Kasse vor? Das geht ziemlich einfach und schnell:

- Erstens: Sie suchen sich vor Ort, in Fachzeitschriften oder im Internet eine neue Kasse und beantragen die Mitgliedschaft. Dann erhalten Sie als Bestätigung eine Mitgliedsbescheinigung und die persönliche Versichertenkarte der neuen Krankenkasse.
- Zweitens: Kündigen Sie Ihrer alten Krankenkasse, am besten schriftlich.
- Drittens: Informieren Sie Ihren Arbeitgeber über den Kassenwechsel.

Ihr persönlicher Beitragsatz zur Krankenkasse wird anhand Ihres Einkommens berechnet, und zwar in Prozent. Die Krankenkassen bestimmen seit 2009 nicht mehr selbst über die Höhe ihres Beitragssatzes. Diesen bestimmt die Bundesregierung. Es gibt seitdem nur noch einen allgemeinen Beitragssatz, der für alle Krankenkassen mit Ausnahme der landwirtschaftlichen Krankenkassen gleich ist. Er beträgt seit Januar 2009 genau 14,6 Prozent. Der ermäßigte Beitragssatz für Versicherte ohne Krankengeldanspruch schlägt mit 14,0 Prozent zu Buche. Hinzu kommt in beiden Fällen nur für die Versicherten – also nicht für die Arbeitgeber – der sogenannte zusätzliche Beitragssatz von 0,9 Prozent.

WISO rät

Achten Sie bei der Wahl Ihrer neuen Kasse auch auf die Zahl der Geschäftsstellen. Wenn Sie gern mit einem Sachbearbeiter persönlich ein Problem besprechen, sind Sie möglicherweise bei einer Kasse mit einem breiten Geschäftsstellennetz besser aufgehoben. So haben Betriebskrankenkassen in der Regel nur einen Standort, große Ersatz- und Ortskrankenkassen sind dagegen vielerorts vertreten.

Denken Sie bei jedem Wechsel rechtzeitig daran, einer neuen Kasse beizutreten, um Lücken im Schutz zu vermeiden. Die Kündigung ist sofort wirksam.

Beachten Sie die Fristen

Ihre Kündigungsfrist in der GKV beträgt generell zwei Monate zum Monatsende. Gerechnet wird von dem Monat an, in dem die Kündigung erklärt wird. Das heißt: Eine Kündigung am 10. März beendet die Mitgliedschaft in der alten Kasse zum 31. Mai. Sie müssen jedoch innerhalb der Kündigungsfrist eine Mitgliedsbescheinigung bei der neuen Kasse vorlegen. Ansonsten ist kein Wechsel möglich.

Wenn Sie kündigen, dann machen Sie das schriftlich, und verlangen Sie eine schriftliche Bestätigung der alten Kasse. Danach beantragen Sie die Mitgliedschaft bei der neuen Krankenkasse. Von dieser erhalten Sie auch die Mitgliedsbescheinigung und die Versicherungskarte. Informieren Sie Ihren Arbeitgeber über den Kassenwechsel, und legen Sie diesem die neue Mitgliedsbescheinigung vor.

Nach einem Wechsel sind Sie für 18 Monate an die neu gewählte Kasse gebunden. Ausnahme: Erhöht die Krankenkasse den Beitragssatz innerhalb dieses Zeitraums, haben Sie ein Sonderkündigungsrecht. Sie können dann bis zum Ablauf des Kalendermonats, in dem die Beitragserhöhung wirksam wird, kündigen. Es gilt die allgemeine Kündigungsfrist von zwei Monaten zum Monatsende: Das heißt, bei einer Erhöhung des Beitragssatzes beispielsweise zum 1. Januar müssen Sie bis spätestens zum 31. Januar kündigen, ihre Mitgliedschaft endet dann am 31. März.

Durch einen Wechsel zu einer günstigeren Kasse profitieren nicht nur Sie, sondern auch Ihr Arbeitgeber in gleichem Maße. Wenn Sie die Krankenkasse wechseln möchten, dann sollten Sie auf jeden Fall vorher prüfen,

- ob der angegebene Beitragssatz noch gültig ist,
- welche zusätzlichen Leistungen die neue Kasse anbietet,
- wie gut die Kasse erreichbar ist (persönliche Beratung, telefonisch oder über das Internet).

Haftpflichtversicherung

Das kann schnell passieren: Eine unbedachte Bewegung, und Sie haben den hellen Teppich des Nachbarn mit Rotwein ruiniert. Oder Ihr Kind hat beim Radfahren einen Fußgänger angefahren. Im Alltagsleben gibt es viele Situationen, in denen wir aus Unachtsamkeit Schaden anrichten können. Meist enden solche Missgeschicke zwar glimpflich, doch wenn nicht Gegenstände beschädigt, sondern Personen verletzt werden, dann steigen die Kosten schnell in die Hunderttausende. Für solche Fälle sollten Sie eine Haftpflichtversicherung haben.

»Wer vorsätzlich oder fahrlässig das Leben, den Körper, die Gesundheit, die Freiheit, das Eigentum oder ein sonstiges Recht eines anderen widerrechtlich verletzt, ist dem anderen zum Ersatz des daraus entstandenen Schadens verpflichtet.« So steht es in § 823 im BGB. Fügt man also jemandem einen Schaden zu, so haftet man – auch dann, wenn es keine Absicht war – mit seinem gesamten privaten Vermögen, und zwar so lange, bis der gesamte Verlust inklusive Folgeschäden bezahlt ist.

Damit solche Schicksalsschläge keinen in den finanziellen Ruin reißen, gibt es die private Haftpflichtversicherung. Sie soll in erster Linie vor existenzbedrohenden Ansprüchen schützen, die durch die Verletzung eines Menschen, Schäden durch Feuer oder Wasser oder die häufigeren kleinen Unfälle des Alltags auf den Verursacher zukommen können.

Was leistet die Haftpflichtversicherung?

Hauptaufgabe der Haftpflichtversicherung ist der Schutz vor eventuellen Schadenersatzansprüchen, die Dritte gegen Sie erheben. Wenn Sie einen Schaden verursacht haben, prüft Ihre Haftpflichtversicherung zunächst, ob

Sie dafür überhaupt verantwortlich gemacht werden können. Wenn Sie tatsächlich verantwortlich und somit haftpflichtig zu machen sind, begleicht Ihre Haftpflichtversicherung den Schaden bis maximal zur Höhe der versicherten Deckungssumme. Die Zahlungen erhält direkt der Geschädigte.

Bei unberechtigten Schadenersatzansprüchen dagegen wehrt Ihre Haftpflichtversicherung die Schadenersatzansprüche ab. Sollte der angebliche »Geschädigte« daraufhin einen Rechtsstreit anstreben, führt die Haftpflichtversicherung für Sie den Prozess und trägt auch die Kosten hierfür. Sie wandelt sich dann sozusagen in eine Art »Rechtsschutzversicherung« um.

Was leistet die Haftpflichtversicherung nicht?

In einigen Fällen kommt die Haftpflichtversicherung nicht für Schäden auf, zum Beispiel für solche, für die der Gesetzgeber eine Haftung ausdrücklich ausklammert. Eine Privathaftpflicht kommt grundsätzlich nicht auf für Schäden, die ohne Ihr Verschulden zustande gekommen sind. Vereinfacht bedeutet das: Wenn etwas geschieht, ohne dass jemand etwas dafür kann, gibt es dafür auch keine Haftung. Schließlich wird im BGB ja eindeutig definiert, dass jemand nur dann haftet, wenn er anderen schuldhaft einen Schaden zufügt.

Folgendes ist ebenfalls von der Haftpflichtversicherung ausgeschlossen:

- Schäden, die aus einer beruflichen oder gewerblichen Tätigkeit entstanden sind;
- vorsätzlich herbeigeführte Schäden;
- Ansprüche von Angehörigen oder Lebenspartnern, die in demselben Haushalt wohnen oder in demselben Vertrag mitversichert sind;
- Schäden an geliehenen, gemieteten, gepachteten oder durch Eigenmacht erlangten Sachen (ausgenommen in der gemieteten Wohnung);
- Halter oder Hüter von Hunden, Pferden, wilden Tieren, Rindern oder sonstigen Reit- und Zugtieren, sowie Tiere, die zu landwirtschaftlichen oder gewerblichen Zwecken gehalten werden;
- Nutzung eines Kraftfahrzeugs (außer Arbeitsmaschinen bis zu 20 km/h oder andere Kraftfahrzeuge bis zu 6 km/h Höchstgeschwindigkeit);
- Glasschäden, sofern anderweitig versicherbar;
- Schäden an Heizungs- und Warmwasserbereitungsanlagen, Schäden an Elektro- und Gasgeräten;

- Abnutzungs- und Verschleißschäden;
- Vermietung von Wohneigentum;
- Ansprüche aus Bauvorhaben, sofern die Bausumme die Deckungssumme übersteigt;
- Geldstrafen und Bußgelder sowie vertragliche Verpflichtungen (zum Beispiel die Rückzahlung eines Darlehens);
- selbst erlittene Schäden.

Wenn Sie sich selbst versehentlich ein Malheur am eigenen Körper zugefügt haben, würde eine private Unfallversicherung leisten. Bei einem selbst verursachten Sachschaden an Ihrem Eigentum kommt die Hausratversicherung dafür auf.

Achtung!

Bei den verschiedenen Versicherungsunternehmen können in der Haftpflicht die Einschlüsse sowie auch die Ausschlüsse von Vertrag zur Vertrag abweichen, da es für die Haftpflichtversicherung Tausende von Tarifkombinationen mit jeweils unterschiedlichen Deckungsinhalten gibt.

Eine Haftpflichtversicherung leistet zwar für die meisten Gegebenheiten, doch einige Hobbys oder Ereignisse müssen entweder zusätzlich eingeschlossen oder über eine spezielle Haftpflichtversicherung abgesichert werden. Extra versichern müssen sich meistens:

- Windsurfer und Besitzer von Segelbooten;
- Führer von eigenen oder geliehenen motorgetriebenen Booten;
- Halter von Hunden und Pferden;
- Besitzer von motorgetriebenen Modellflugzeugen;
- Besitzer von Schusswaffen zu Jagdzwecken.

Sinnvolle Extras in der Haftpflichtversicherung

In den folgenden Abschnitten haben wir Ihnen diejenigen Extras zusammengestellt, die in einer Haftpflichtversicherung wirklich sinnvoll sind. Bei manchen Anbietern sind diese Zusätze bereits teilweise oder sogar schon ganz enthalten.

Allmählichkeitsschäden

Allmählichkeitsschäden sind Schäden, die über einen längeren Zeitraum schleichend passieren. Zum Beispiel eine tropfende Leitung im Keller. Leider sind solche Schäden nur dann versichert, wenn dies ausdrücklich in den Bedingungen steht oder extra vereinbart wurde.

Beispiel

Sie bauen Ihre neue Küche selbst ein und beschädigen mit dem Bohrer unbemerkt ganz leicht das Wasserrohr. Nach einiger Zeit entsteht an der Wand ein großer Wasserfleck. Die Überprüfung ergibt, dass ein neues Rohr für einige Tausend Euro benötigt wird.

Ähnlich verhält es sich mit dem leicht vor sich hin tropfenden Abfluss der Spüle. Dadurch können sich Fliesen lösen, manchmal bilden sich in der Wohnung des Nachbarn sogar Flecken oder es treten Schimmelpilze auf. Solche Schäden kommen in der Praxis ziemlich häufig vor, deshalb raten wir Ihnen zu einer Mitversicherung.

Ausfalldeckung (Schadenersatz)

Eine Ausfalldeckung ist ein sehr empfehlenswerter Zusatz in der Haftpflichtversicherung. So kann es zum Beispiel sein, dass Ihnen ein Unbekannter Schaden zufügt, der nicht ermittelt werden kann. Oder der Verursacher ist zwar bekannt, er kann den Schaden aber nicht ersetzen, da er nicht haftpflichtversichert und zudem noch pleite ist. Wenn Sie für solche Fälle aber eine Ausfalldeckung vereinbart haben, dann bekommen Sie von der eigenen Haftpflicht den entstandenen Schaden abzüglich einer vereinbarten Selbstbeteiligung ersetzt.

Gewässerschäden

Ein alter Lackeimer, ein Schädlingsbekämpfungsmittel oder sogar ein Altölkanister steht fast in jedem Haushalt oder jeder Garage. Solche gefährlichen Stoffe können schnell einmal auslaufen und so in den Boden oder ins Grundwasser gelangen – und dann droht schnell eine Verseuchung und die Behörden müssen unverzüglich die notwendigen Schutzmaßnahmen ergreifen. Die Reinigungs- und Entsorgungsarbeiten sind jedoch kostspielig und können schnell sechs- oder sogar siebenstellig werden. Besonders für Besitzer von Öltanks ist es daher wichtig, dass ihre Haftpflicht auch für Gewässerschäden aufkommt.

Regressverzicht bei Sozialversicherungsträgern

Wenn Sie zum Beispiel Ihren Gegenspieler beim Sport verletzen, kommt die Krankenkasse zunächst für alle Behandlungskosten auf. Später aber wird sie diese von Ihnen als Verursacher zurückverlangen (Regress). Damit Ihre Haftpflichtversicherung dann leistet, müssen Sie die Klausel »Regressverzicht bei Sozialversicherungsträgern« im Vertrag stehen haben. Übrigens: Bei Ehepartnern gehen die Sozialversicherungsträger nicht in Regress.

Schlüsselverlust

Besonders für Mieter gilt: Wenn Sie einen Schlüssel verlieren, kann es schnell teuer werden. Die meisten Mehrfamilienhäuser verfügen heutzutage nämlich über moderne Schließanlagen, Ihr Schlüssel passt dann gleichzeitig für die Haus- und Wohnungstür. Spätestens beim nächsten Umzug wird der Vermieter oder die Eigentümergemeinschaft nach dem fehlenden Schlüssel fragen. Meistens wird er dann den Schließzylinder für die Haustür und für Ihre Wohnungstür austauschen. Der mögliche Finder soll den Schlüssel schließlich nicht zu einem Einbruch nutzen können. Das Teure an der Sache ist nun, dass auch alle anderen Schlösser im Haus ausgewechselt werden müssen, da die anderen Hausbewohner den gleichen Schlüssel zur Haustür haben. Rechnungen in dreistelliger Höhe sind dann keine Seltenheit. Es lohnt sich also, diese Klausel mit in die Versicherung aufzunehmen.

Tierversicherungen

Der bei Hundebesitzern beliebte Satz »Der tut gar nix« stimmt leider nicht immer – nicht nur bei den vielerorts verbotenen Kampfhunden. Nach einer Beißstatistik von 93 Städten führen die Schäferhunde mit deutlichem Abstand vor den als Kampfhunde eingestuften Pitbulls. Auch von einem kleinen Dackel werden viele Menschen gebissen.

Für kleine Haustiere wie den Wellensittich, das Meerschweinchen oder die Katze benötigt niemand eine Tierhalterhaftpflicht. Was sie zernagen, zerkratzen oder ungeschickt bei anderen Leuten beflecken, deckt die Privathaftpflichtversicherung ab. Büßt ein Bekannter die Makellosigkeit seines Ledersofas ein, weil er so nett war, die Katze ein paar Tage zu hüten, steht die Haftpflichtversicherung für den neuen Bezug ein. Jeder Haushalt sollte eine solche Police besitzen, die man schon für weniger als 100 Euro Jahresprämie abschließen kann.

Hunde und Pferde sprengen jedoch den Rahmen der Privathaftpflicht. Als Halter dieser Tiere sollten Sie deshalb separat eine Tierhalterhaftpflichtversicherung abschließen. Zwar hat ein Dackel nicht die Kraft, lebensgefährliche Verletzungen beizufügen – ein Schmerzensgeld, die Kosten für eine Reinigung oder den Kauf einer neuen Hose kann er aber allemal verursachen. Schon für weniger als 100 Euro im Jahr können Sie dafür sorgen, dass dann eine Versicherung zahlt. Für Hundebesitzer gibt es Direktversicherer, die nur 75 Euro pro Jahr verlangen. Haben Sie einen Kampfhund, wird es für Sie etwas teurer: Eine Versicherung für Pitbull- oder Bullterrier kostet etwa 122 Euro im Jahr. Solche Tarife schützen Sie auch, wenn Sie versehentlich gegen Ihre Halterpflichten verstoßen. Wenn Sie mit Ihrem Hund oder Pferd verreisen, können Sie beim jeweiligen Ordnungsamt telefonisch abklären, welche Auflagen Sie beachten müssen.

Fremde Hunde hüten

Wenn Sie oder vielleicht auch Ihre Kinder manchmal auf den Hund der Nachbarn oder Verwandten aufpassen, übernehmen Sie die volle Haftung. Sollte der Hund sich etwa losreißen und auf die Straße laufen, sodass ein Autofahrer beim Ausweichmanöver in ein parkendes Fahrzeug fährt, werden Sie für alle Schäden in Regress genommen.

Fremde Pferde reiten

Gleiches gilt, wenn Sie ein fremdes Pferd reiten: Dann tragen Sie das Haftungsrisiko, und nicht der Besitzer. Sollte das Pferd zum Beispiel auf die Straße laufen, weil es vielleicht nicht richtig angebunden war, und dabei einen Unfall verursachen, müssen Sie für den entstandenen Schaden aufkommen.

Ausnahmen für Nutztiere

Für Nutztiere wie etwa Kühe oder Schafe gilt eine Ausnahme. Ihre Halter haften nur dann, wenn sie durch schuldhaftes Verhalten einen Schadenfall ermöglicht haben.

Beispiel

Ein Auto fährt in den Garten, weil plötzlich Kühe auf der Landstraße stehen. Sind die Tiere entlaufen, weil der Bauer versehentlich das Wiesengatter nicht geschlossen hat, haftet er beziehungsweise seine Betriebshaftpflicht. Wurde der Weidezaun aber von einem bei einem Sturm umgestürzten Baum platt gedrückt, muss er nicht haften.

Auch der Blindenhund, der für sein Herrchen unverzichtbar ist, ist von der Haftung ausgenommen. Nun könnte man sagen, mein Hund ist ein Wachhund und deshalb muss ich nicht haften. Falsch! Die Idee hatte schon jemand, und er unterlag vor Gericht (OLG Köln, Az.: 1U 51/98): Ein Wachhund ist demnach ein Luxustier.

Was tun im Versicherungsfall?

Wenn es zu einem Schadenfall kommt, sollten Sie folgende zwei Regeln unbedingt beachten:

- Geben Sie auf keinen Fall ein Anerkenntnis Ihrer Schuld ab!
- Leisten Sie auf gar keinen Fall eine Zahlung an den »Geschädigten«, schon gar nicht ohne vorherige Rücksprache mit Ihrer Versicherung.

Melden Sie den Schaden beim Versicherer innerhalb einer Woche an. Ihre Haftpflichtversicherung sendet Ihnen dann einen Fragebogen zu. Schildern Sie die Umstände, die zu dem Schaden führten, möglichst genau und immer wahrheitsgemäß.

Wenn der angeblich Geschädigte vorschnell eine gerichtliche Verfügung einleitet, sollten Sie dagegen sofort Einspruch erheben. Informieren Sie Ihre Versicherung umgehend darüber, und schicken Sie ihr die gerichtlichen Schriftstücke zu, damit entsprechende Gegenmaßnahmen veranlasst werden können. Wenn es zu einem Rechtsstreit kommt, übernimmt Ihr Versicherer die Prozess- und Regulierungskosten und vertritt Sie auch vor Gericht.

Abschluss und Kündigung einer Haftpflichtversicherung

Für die Kündigung einer Haftpflichtversicherung gibt es in der Regel eine Frist von drei Monaten zum Ablauf der Vertragszeit zu beachten. Ein Sonderkündigungsrecht gibt es für den Fall einer Beitragserhöhung ohne eine gleichzeitige Leistungserweiterung. Dann können Sie innerhalb eines Monats nach Eingang der Erhöhungsmitteilung zum Zeitpunkt der Erhöhung kündigen. Wurde bei Ihnen ein Schaden durch die Versicherung bezahlt, gilt ebenfalls die Einmonatsfrist zur Kündigung Ihrer Haftpflichtversicherung. Dies gilt allerdings nach einem Schadensfall auch als Kündigungsrecht für die Versicherung. Wer zu oft wegen Lappalien die Haftpflicht bemüht, muss auch mit einer solchen Kündigung vonseiten der Versicherung rechnen. Beim Zusammenziehen zweier bisher allein lebender Singles in eine gemeinsame Wohnung, kann der jüngere Vertrag mit sofortiger Wirkung gekündigt werden. Dann sollte allerdings zeitgleich der neue Lebenspartner schriftlich und per Namen in den nun gültigen Alleinvertrag miteingeschlossen werden. Auch dazukommende Kinder sollten der Versicherung namentlich bekannt gegeben werden.

Berufsunfähigkeitsversicherung

Rund 200 000 Arbeitnehmer trifft es jedes Jahr in Deutschland: Diagnose Berufsunfähigkeit. Schon bisher konnte die staatliche Unterstützung in Form von Berufsunfähigkeits- oder Erwerbsunfähigkeitsrenten für die Betroffenen kaum den bisherigen Lebensstandard sichern, und seit 2001 ist es noch weniger geworden. Besonders Berufstätige, die 1961 oder später geboren sind, müssen bei den Renten erhebliche Kürzungen hinnehmen. Und Berufseinsteiger erhalten überhaupt nichts. Eine private Zusatzabsicherung ist also wichtiger denn je, besonders dann, wenn größere finanzielle Verpflichtungen bestehen.

Das unterschätzte Risiko

Gegen das Risiko Berufsunfähigkeit hilft aber doch eine Unfallversicherung, meinen viele Berufstätige. Das ist leider falsch! Rund 90 Prozent aller Fälle von Berufsunfähigkeit sind Folge einer Krankheit, nicht eines Unfalls. Die Krankheitsursachen sind vielfältig: psychische Erkrankungen, Rückenbeschwerden, Krebserkrankungen, Herz-Kreislauf-Schwäche, Schlaganfall oder auch Depressionen, um nur die wichtigsten zu nennen. Dieses Risiko kann nur eine Berufsunfähigkeitsversicherung (kurz: BU-Versicherung) abmildern.

Die staatlichen Leistungen bei Berufsunfähigkeit

Eine Horrorvision: Gestern noch eine hoch bezahlte Führungskraft – morgen vielleicht noch in demselben Unternehmen, aber in der Pförtnerloge? Für Jüngere ist Derartiges nicht mehr undenkbar, seit die Reform der Invalidenrente beschlossen wurde. Denn dadurch wurde eine drastische Absenkung der staatlichen Leistungen für alle Berufstätigen Wirklichkeit, die zum 1. Januar 2001 noch keine 40 Jahre alt waren.

Die alte Regelung bis Ende 2000

Die alte Regelung sah so aus: Musste jemand aus Gesundheitsgründen seinen bisherigen Beruf aufgeben, brauchte er nur Angebote zu akzeptieren, die seiner Position und Qualifikation entsprachen. War er auch da nur zu weniger als 50 Prozent einsetzbar und wurde das per Gutachten bestätigt, bekam er eine staatliche Rente wegen Berufsunfähigkeit (BU-Rente). Wer darüber hinaus nicht mehr in der Lage war, drei Stunden pro Tag einer leichten Tätigkeit nachzugehen, hatte Anspruch auf die höhere Erwerbsunfähigkeitsrente (EU-Rente). Auch wenn BU-Rentner keine für sie passende leichte Tätigkeit finden konnten, erhielten sie oftmals eine EU-Rente.

In Zahlen: Die EU-Rente entsprach etwa der Rente, die der Invalide bei Fortführung seines Berufes mit 60 Jahren erhalten hätte. Die BU-Rente belief sich auf rund zwei Drittel dieses Wertes. Dass schon bei dieser Regelung niemand Reichtümer ansammeln konnte, zeigt die Tatsache, dass im Jahr 2000 eine monatliche EU-Rente im Durchschnitt gut 800 Euro betrug, eine BU-Rente nur gut 600 Euro.

Die neue Erwerbsminderungsrente

Seit der Reform werden beide Rentenarten zusammengefasst: in der sogenannten Erwerbsminderungsrente (EM-Rente). Für alle nach dem 2. Januar 1961 Geborenen ist in einer Art Stufenplan festgelegt, wer wann wie viel Geld bekommt. Die ganze EM-Rente erhält nur noch derjenige, der wie früher bei der EU-Rente nicht mehr in der Lage ist, für drei Stunden täglich einem leichten Job nachzugehen.

Dabei entspricht die EM-Rente mit Abstrichen etwa der alten EU-Rente, also dem Betrag, den der Invalide bei einem Renteneintritt im 60. Lebensjahr erhalten hätte. Wer noch mehr als drei, aber weniger als sechs Stunden täglich arbeiten kann, hat Anspruch auf die halbe EM-Rente. Er kann auf die volle EM-Rente hoffen, wenn sich keine leichte Tätigkeit für ihn findet. Wer aber vom Gutachter noch für fit genug gehalten wird, sechs Stunden täglich durchzuhalten, erhält – nichts!

Für die Erwerbstätigen, die vor dem 2. Januar 1961 geboren sind, gibt es »Vertrauensschutz«, das heißt, im Prinzip bleibt es bei der alten, besseren Regelung. Aber nur im Prinzip, denn auch hier wird gekürzt: Statt der alten

BU-Rente gibt es nun die halbe EM-Rente. Das ist weniger als vorher, denn wie gesagt: Die BU-Rente betrug ja immerhin etwa zwei Drittel der alten EU-Rente.

Für Selbstständige gibt es hingegen eine Verbesserung: Auch sie können bei absoluter Erwerbsunfähigkeit eine EM-Rente bekommen – früher war das nicht möglich. Doch ansonsten bedeutet die Reform eine drastische Verschlechterung für die Betroffenen.

So schützen Sie sich privat gegen die Berufsunfähigkeit

Es gibt zwei Varianten für eine private Absicherung: eine eigenständige Versicherung oder eine Zusatzversicherung zur Lebens- oder Leibrentenversicherung. Im Fall dauernder Berufsunfähigkeit erhalten Sie dann eine vorher festgelegte Monatsrente bis zum ebenfalls festgelegten Ablauf der Versicherung. Zudem entfällt eine weitere Beitragszahlung.

Schließen Sie eine Berufsunfähigkeitsversicherung am besten nur separat oder in Verbindung mit einer Risikolebensversicherung ab. Manchmal ist die Kombination nicht teurer als die separate Berufsunfähigkeitsversicherung.

Weniger günstig ist hingegen die Verbindung mit einer Kapitallebensversicherung oder einer privaten Rentenversicherung. In diesem Falle verteuert sich die Prämie erheblich. Diese Kombinationen werden allerdings gern von Vertretern angeboten, weil damit besonders hohe Provisionen zu verdienen sind.

WISO rät

Wenn Ihnen ein Vertreter eine Kombination von BU- und Kapitallebens- oder Rentenversicherung mit dem beliebten Argument anpreist, dass Sie damit auch für Ihr Alter vorsorgen können, sagen Sie ihm, dass Sie Versicherung und Geldanlage lieber trennen möchten!

Wie hoch sollten Sie abschließen?

Die Frage, die Sie sich stellen sollten, lautet: Was ist, wenn ich morgen berufsunfähig werde? Welches Vermögen beziehungsweise welche Schulden sind vorhanden oder zu tilgen? Welche regelmäßigen Geldflüsse sind zu erwarten?

Um den Bedarf einigermaßen genau ermitteln zu können, müssen Sie sich die Mühe machen, Einnahmen und Ausgaben gegenüberzustellen, die nach Eintritt einer Berufsunfähigkeit anfallen würden. Dabei helfen Ihnen die beiden folgenden Übersichten. Die wichtigsten (monatlichen) Ausgaben sind:

Monatliche Ausgaben

Ausgabenposten	Ausgabensumme
Miete bzw. Hypothekenrate	
Lebensunterhalt inklusive Auto	
laufende Kredite	
Schulkosten der Kinder	
Versicherungen	
gegebenenfalls Unterhalt	
gegebenenfalls Sparpläne	

Dagegen stellen Sie die Einnahmen, die nach einer Berufsunfähigkeit verfügbar wären. Dazu könnten gehören:

Monatliche Einnahmen

Einnahmenposten	Einnahmensumme
staatliche Erwerbsminderungsrente bzw. Beamtenpension	
betriebliche Versorgungsrente	
(Mehr-)Einkommen des Ehepartners	
Einkünfte aus Vermietung/ Verpachtung	
Einkünfte aus Sparplänen/ Wertpapieren	
Auszahlung Lebensversicherung	
Erbe	

Die Differenz beider Summen ergibt Ihre persönliche Versorgungslücke. Idealerweise schließen Sie daher eine BU-Versicherung über diese Summe ab, zum Beispiel als monatliche Ratenzahlung. Allerdings wollen die Versicherer oftmals nur bis zu Dreiviertel des vorigen Nettoverdienstes absichern.

Wenn Sie eine bestimmte Summe an verfügbarem Kapital als monatlichen Zufluss umrechnen wollen, können Sie die Summe als groben Anhaltspunkt mit 0,004 oder 0,005 multiplizieren.

Beispiel

Nehmen wir an, Sie könnten notfalls Aktien im Wert von 20000 Euro verkaufen. 20000 mal 0,005 ergibt dann 100 Euro als monatlichen Zufluss. Wenn Sie älter sind, können Sie auch 0,006 als Faktor wählen.

Was kostet eine Berufsunfähigkeitsversicherung?

Die Kosten einer BU-Versicherung, also die Höhe Ihres Versicherungsbeitrages, hängen von verschiedenen Faktoren ab. Die wichtigsten sind folgende:

- die Höhe der gewählten BU-Rente (wie in dem vorherigen Kapitel ausgerechnet);
- die Risikogruppe, der Ihr Beruf von der Versicherung zugeordnet wird;
- Ihr Geschlecht, da Frauen wegen einer höheren Lebenserwartung meist mehr zahlen müssen;
- das Alter, bis zu dem die BU-Rente höchstens gezahlt wird;
- das gewählte Versicherungsunternehmen;
- Ihr Eintrittsalter;
- Ihr Gesundheitszustand;
- falls vereinbart, eine Karenzzeit (also die Zeit, in der das Unternehmen noch nicht zahlen muss).

Wenn Sie die Höhe der BU-Rente errechnet haben, hängen die Kosten also von den oben genannten Faktoren ab, auf die Sie keinen Einfluss haben oder die vom Versicherer vorgegeben werden. In dem folgenden Beispiel zeigen wir Ihnen, wie viel eine kombinierte Risikoleben- und BU-Versicherung kostet.

Beispiel

Ein 30-jähriger Mann mit normaler Risikobewertung (zum Beispiel kaufmännische Tätigkeit), der 50000 Euro für die Hinterbliebenen versichert

(Risikolebensversicherung) und 1 000 Euro Monatsrente bei Berufsunfähigkeit erhalten will, zahlt bis zum Alter von 65 Jahren ab 450 Euro pro Jahr bei sehr günstigen Unternehmen. Eine 30-jährige Frau zahlt meist rund 50 Euro mehr pro Jahr. Bei teuren Unternehmen kostet es gut und gern das Doppelte. Arbeitet der Mann in einer hohen Risikoklasse (siehe die Übersicht weiter unten), kostet ihn der gleiche Versicherungsschutz schon bei einem günstigen Unternehmen ab 900 Euro im Jahr.

Wie bei Haftpflicht-, Unfall- und Risikolebensversicherung können Sie übrigens auch den Beitrag zur Berufsunfähigkeitsversicherung im Rahmen der Sonderausgaben als sonstige Vorsorgeaufwendungen steuerlich geltend machen, nicht aber als Werbungskosten.

Die Risikoeinstufung

Die Höhe der Prämie hängt in erster Linie vom Beruf ab und dem Risiko, berufsunfähig zu werden. Viele Anbieter teilen die Berufsgruppen in vier Risikoklassen auf. Angehörige der Risikoklasse 1 zahlen am wenigsten, jene der Risikoklasse 4 am meisten. Und manche Berufe wie Zirkusartist sind kaum versicherbar.

Die Risikoklassen

Risikoklasse 1 (gering): Dazu gehören beispielsweise Ärzte, Wirtschaftsprüfer und Rechtsanwälte.

Risikoklasse 2 (normal): Das können Bankkaufleute oder Sachbearbeiter sein.

Risikoklasse 3 (erhöht): Dazu zählen zum Beispiel Verkäufer und Handwerker.

Risikoklasse 4 (hoch): In dieser Gruppe sind unter anderem Dachdecker und Friseure.

Karenzzeit – ja oder nein?

Bei fast allen Anbietern kann der Kunde eine sogenannte Karenzzeit vereinbaren und bis zu 15 Prozent der Prämie sparen. In der Karenzzeit, zum Beispiel die ersten sechs Monate einer Berufsunfähigkeit, wird trotz festgestellten Anspruchs noch keine Berufsunfähigkeitsrente ausgezahlt. Das kann sich für diejenigen lohnen, die in der Anfangszeit noch anderweitige Ansprüche haben, zum Beispiel aus einer Krankentagegeldversicherung.

Achtung!

Das Risiko ist jedoch hoch. Je länger die Karenzzeit dauert, desto größer ist die Gefahr, dass Sie wieder berufsfähig werden und dann kein Geld mehr bekommen. Schlecht, wenn Sie dann schon Ihren Job verloren haben und keinen neuen finden.

Prüfen Sie die Versicherungsbedingungen

Wichtiger als die Höhe des Beitrags sind noch die Versicherungsbedingungen. Wählen Sie deshalb nicht einfach das günstigste Angebot aus, sondern prüfen Sie ganz genau die Bedingungen.

Der größte Haken bei der Berufsunfähigkeitsversicherung ist folgender: Nicht jeder Beruf wird bei jedem Unternehmen versichert. Und wenn doch, dann weiß der Versicherte im Fall des Falles noch nicht, ob die Versicherung wirklich zahlen wird. Denn es gibt immer noch Unternehmen, die den Versicherten auf eine annehmbare andere Berufstätigkeit verweisen (abstrakte Verweisungsklausel). Bedingung: Der neue Beruf darf keine deutlich geringeren Kenntnisse und Fähigkeiten erfordern. Ein Bezug zum bisherigen Beruf ist aber ebenso wenig notwendig wie ein vorhandener Arbeitsplatz. Das kann im Extremfall bedeuten, dass Sie trotz Versicherung keine Arbeit und kein Geld haben. Eine echte Mogelpackung also. Doch die meisten Versicherer – und das ist erfreulich – haben Tarife im Programm, bei denen auf die abstrakte Verweisungsklausel verzichtet wird.

Achtung!

Achten Sie darauf, dass in den Versicherungsbedingungen nicht die abstrakte Verweisungsklausel steht. Fragen Sie unbedingt nach Tarifen, die auf diese Klausel verzichten!

Worauf sollten Sie achten?

Um keinen Fehler zu machen, der Sie später teuer zu stehen kommen könnte, sollten Sie die Konditionen genau prüfen. Sie sind wichtiger als ein möglicherweise günstiger Monatsbeitrag. Denn was nützt der, wenn im Falle des Falles nicht gezahlt wird? Die folgenden neun Bedingungen sollte Ihre BU-Versicherung erfüllen.

Keine Verweisung auf andere Berufe Der Versicherer erklärt explizit, dass er die vereinbarte BU-Rente zahlt, wenn Sie zumindest zu 50 Prozent berufsunfähig sind – es sei denn, Sie arbeiten tatsächlich in einem konkreten anderen Beruf und haben ein entsprechendes Einkommen.

Keine Verzögerung Der Versicherer zahlt bereits dann, wenn der ärztliche Gutachter Ihnen eine Berufsunfähigkeit von einem halben Jahr prognostiziert.

Rückwirkende Zahlung Der Versicherer zahlt BU-Renten auch rückwirkend bis zu drei Jahren. Das kann wichtig sein, wenn die Berufsunfähigkeit nicht gleich feststellbar war oder Sie zunächst nicht mit einer dauernden Berufsunfähigkeit gerechnet haben.

Faire Gesundheitsfragen Der Versicherer fragt in verständlicher Weise einen angemessenen Zeitraum ab: Krankenhausaufenthalte höchstens aus den letzten zehn Jahren, Arztbesuche und Krankheiten (bis auf Aids) maximal die letzten fünf Jahre. Seit 2008 müssen Sie nur die Angaben zu den Vorerkrankungen machen, nach denen Sie in Textform gefragt werden. Die früher oft gestellten allgemeinen Fragen (»Waren Sie krank?«) sind seither unzulässig. Das begrenzt Ihr Risiko einer Falschbeantwortung.

Rücktritt vom Vertrag Der Versicherer begrenzt den Zeitraum, wegen unabsichtlich falscher Gesundheitsangaben Ihrerseits vom Vertrag zurücktreten zu können, möglichst auf weniger als fünf Jahre. Er verzichtet auf den Rücktritt oder die Erhöhung von Beiträgen bei schuldlos falschen Angaben. Seit dem 1. Januar 2008 müssen die Versicherer mögliche Verletzungen der »vorvertraglichen Anzeigepflicht« innerhalb von fünf Jahren geltend machen, spätere Einwände sind zwecklos.

Beitragsfreistellung Bei Kombination mit einer Risikolebensversicherung entfällt bei Zahlung einer BU-Rente die Beitragszahlung auch für die Risikopolice.

Nachversicherungsgarantie Sie haben die Möglichkeit, Ihre BU-Rente ohne erneute Gesundheitsprüfung aufzustocken, weil zum Beispiel Ihre laufenden Ausgaben gestiegen sind

Beitragsstundung Sie haben die Möglichkeit, während der Prüfung des Versicherers, ob Berufsunfähigkeit vorliegt, die Beiträge zu stunden.

Weltweite Geltung Der Versicherungsschutz ist nicht räumlich eingeschränkt, sondern gilt weltweit.

Die Versicherungsdauer sollte bei der Berufsunfähigkeitsversicherung mindestens bis zum 60. Lebensjahr vereinbart werden. Das bedeutet auch, dass die vereinbarte Rente bis zu diesem Zeitpunkt läuft – also nicht lebenslang und auch nur so lange, bis die Arbeitsfähigkeit wiederhergestellt ist, eventuell auch in einem Verweisungsberuf.

Normalerweise zahlt der Versicherer eine BU-Rente, wenn eine Berufsunfähigkeit ab 50 Prozent erreicht ist. Zwar gibt es auch andere Regelungen wie die sogenannte Staffelregelungen, die Teilzahlungen zum Beispiel schon ab 25 Prozent Berufsunfähigkeit vorsehen. Die volle Rente gibt es dann erst, wenn beispielsweise 75 Prozent Berufsunfähigkeit erreicht sind. Allerdings hat sich gezeigt, dass es bei diesen Regelungen oft Streit mit den Anbietern gibt. Die klare 50-Prozent-Regelung ist daher vorzuziehen.

Nicht zu lange warten!

Warten Sie nicht zu lange mit dem Abschluss einer solchen Versicherung, denn gewöhnlich können sich nur gesunde Personen versichern. (Für die Angaben zur Gesundheitsprüfung siehe auch den Abschnitt »Risikolebensversicherung« ab Seite 104.)

Haben Sie bereits gesundheitliche Probleme, und geben Sie diese wahrheitsgemäß an, gibt es drei Möglichkeiten:

- Das Unternehmen bietet Ihnen den Vertrag zu einem höheren Beitrag an.

- Es schließt eine Leistung aus, wenn diese Erkrankung zur Berufsunfähigkeit führen sollte.
- Das Unternehmen lehnt die Annahme ab, sodass Sie weitere Angebote anfordern müssen.

Alle Fälle sind jedoch besser als der Schock, dass ein Unternehmen die Leistung verweigert, weil Sie falsche oder gar keine Angaben zu einer Vorerkrankung gemacht haben.

Absicherung für Hausfrauen, Studenten und Azubis

Hausfrauen beziehungsweise Hausmänner erhalten zwar für ihre Arbeit in der Regel kein Geld. Doch was ist, wenn diese Arbeitskraft fehlt? Dann muss möglicherweise eine bezahlte Haushaltshilfe eingestellt werden. Auch Studenten und Auszubildende verdienen oft noch wenig oder gar nichts. Dennoch können auch sie erwerbsunfähig werden. Viele Unternehmen bieten diesen Gruppen oft auch nur Erwerbsunfähigkeitspolicen an, die eine Rentenzahlung bis maximal 1 000 Euro pro Monat vorsehen. Später, nach Abschluss des Studiums oder der Ausbildung, kann der Vertrag dann in eine »normale« BU-Versicherung umgewandelt werden oder leistet dann »automatisch« auch bei Berufsunfähigkeit.

WISO rät

Achten Sie darauf, dass es in Ihrem Vertrag möglich ist, nach dem Studium oder der Ausbildung ohne neue Gesundheitsprüfung die BU-Rente zu erhöhen.

Absicherung für Beamte

Als Beamter können Sie eine BU-Versicherung für den Fall der Dienstunfähigkeit abschließen. Allerdings sollte auch hier keine Verweisung möglich sein, deshalb muss die Police so ausgestaltet sein, dass sie bereits bei Dienstunfähigkeit in der bisherigen Tätigkeit zahlt! Der Vertrag muss eine »Dienstunfähigkeitsklausel« enthalten, die regelt, dass die Berufsunfähigkeit bereits bei Versetzung in den Ruhestand oder Entlassung »wegen allgemeiner Dienstunfähigkeit« gegeben ist.

WISO rät

Halten Sie in den Bedingungen fest, dass der Versicherer die Gesundheitsprüfung durch den Dienstherrn anerkennt und keine eigene Gesundheitsprüfung unternimmt.

BU-Schutz ausbauen – wie geht das?

Wer seinen bereits bestehenden Vertrag aufstocken will, sollte zunächst bei seinem Versicherer anfragen. Im Idealfall wird das Anliegen akzeptiert – ohne erneute Gesundheitsprüfung. Wenn nicht, sollten Sie auch noch von anderen Anbietern Angebote für den aufzustockenden Rentenbetrag einholen – zumal sich bei den Bedingungen in den vergangenen Jahren manches zum Besseren gewandelt hat.

Es ist meist günstiger, den alten Vertrag zu behalten und einen neuen nur über die Differenz abzuschließen. Neuere Verträge sehen oft die Möglichkeit der nachträglichen Änderung der BU-Rente oder der Laufzeit bereits vor.

Mögliche Alternativen zur Berufsunfähigkeitsversicherung

Zu der privaten Berufsunfähigkeitsversicherung gibt es auch noch einige Alternativen, die wir Ihnen kurz vorstellen möchten:

Policen zum Schutz gegen Erwerbsunfähigkeit Eine preisgünstige Alternative scheint – auf den ersten Blick – die Police zum Schutz gegen Erwerbsunfähigkeit zu sein. Auch hier wird die Zahlung einer bestimmten monatlichen Rente vereinbart. Doch Achtung: Selbst bei vorliegender Berufsunfähigkeit muss noch lange nicht Erwerbsunfähigkeit vorliegen. Die Hürde für die Zahlung liegt also deutlich höher. Eigentlich lohnt sich eine solche Police nur für Personen, die wegen einer Vorerkrankung keinen BU-Schutz bekommen sowie für nicht Berufstätige wie Studenten und Hausfrauen, denn diese würden auch bei einer BU-Versicherung erst eine Rente erhalten, wenn sie nahezu erwerbsunfähig sind.

»Dread-Disease«-Versicherung Eine abgespeckte Version einer BU-Versicherung: Sie greift nur dann ein, wenn bestimmte »schlimme« Krankheiten eintreten. Diese können sein: Krebs, Schlaganfall, Aids, Herzinfarkt, Multiple Sklerose, Blindheit oder Parkinson, um nur einige Beispiele zu nennen. Sie hat einen großen Vorteil: Den oft eintretenden Streit bei einer normalen BU-Versicherung, ob eine mehr als 50-prozentige Berufsunfähigkeit gegeben ist, gibt es hier naturgemäß nicht. Der Nachteil dieser Police ist aber ihre Einschränkung. So ist zum Beispiel die Hauptursache von Berufsunfähigkeit, nämlich psychische Erkrankungen, mit dieser Versicherung nicht abzudecken.

Grundfähigkeiten-Versicherung Eine andere abgespeckte Variante der BU-Versicherung ist die sogenannte Grundfähigkeiten-Versicherung. Sie zahlt, wenn eine der Kardinalfähigkeiten des Menschen der Kategorie A für mindestens ein Jahr verloren gegangen ist (sehen, sprechen, ertasten, Orientierungssinn). Oder wenn man mindestens drei Fähigkeiten der Kategorie B verliert (hören, gehen, stehen, greifen, Autofahren, heben, Treppensteigen). Auch hier sind aber psychische Erkrankungen nicht versichert.

Was tun im Versicherungsfall?

Der Versicherungsfall tritt ein, wenn – so eine typische Formulierung – »der Versicherte infolge Krankheit, Körperverletzung oder Kräfteverfalls, die ärztlich nachzuweisen sind, voraussichtlich für die Dauer von mindestens sechs Monaten außerstande ist, seinen Beruf, wie er vor Eintritt der Krankheit, Körperverletzung oder des Kräfteverfalls beschaffen war, auszuüben«. Eigentlich eine klare Sache, doch im Versicherungsfall ist – im Gegensatz zu vielen anderen Versicherungen – Streit mit dem Unternehmen vorprogrammiert. Der kann vielleicht vermieden werden, wenn Ihr Versicherer Einstufungen zum Beispiel staatlicher Stellen akzeptiert, wie Pflegebedürftigkeit in einer bestimmten Pflegestufe, die Bewilligung einer Erwerbsminderungsrente der staatlichen Rentenversicherung oder festgestellte Dienstunfähigkeit für Beamte.

Zunächst einmal müssen Sie Ihre Versicherung so bald wie möglich informieren. Das Unternehmen wird von Ihnen folgende Dokumente anfordern: eine genaue Darstellung des Leidens, eine möglichst genaue Beschreibung Ihrer derzeit ausgeübten Berufstätigkeit und Position, einen oder mehrere Arztberichte, in denen neben dem Befund auch eine Prognose über die Dauer des Leidens und der damit verbundenen Berufsunfähigkeit steht, sowie bei Pflegebedürftigkeit eine Stellungnahme der Pflegeeinrichtung. Da Sie bereits mit Ihrer Unterschrift sowohl Ihre Ärzte, Krankenhäuser und Ihre Krankenversicherung von der Schweigepflicht befreit haben, kann Ihr Versicherer weitere Informationen von dort einholen.

Abschluss und Kündigung einer Berufsunfähigkeitsversicherung

Der Abschluss einer Berufsunfähigkeitsversicherung gehört zu den schwierigsten Abschlüssen in der Versicherungsbranche. Wenn Sie hier Fehler machen, stehen Sie im Falle der Berufsunfähigkeit möglicherweise ohne Geld da. Daher kann man Interessierten nur raten, professionelle und unabhängige Hilfe beim Ausfüllen des Antrages in Anspruch zu nehmen. Das bieten Verbraucherberatungen und unabhängige Versicherungsberater an. Auch zu Versicherungsmaklern können Sie gehen – bedenken Sie allerdings, dass diese nur bei Abschluss des Vertrages Geld verdienen.

Umgekehrt glauben die BU-Versicherer oftmals, sie sollen »ausgenommen« werden, und versuchen, sich dagegen mit hohem Aufwand zu wappnen. Das liegt vor allem daran, dass die beiden häufigsten Gründe von Berufsunfähigkeit – nämlich psychische Erkrankungen und Rückenleiden – oftmals praktisch nicht nachweisbar sind. Auch der Arzt muss dem Patienten im Prinzip glauben, denn »sehen« kann er diese Erkrankungen oft nicht. Das Misstrauen ist daher auch auf Unternehmensseite groß – vielleicht nicht ganz zu Unrecht.

Das führt dazu, dass die Unternehmen außerordentlich detailliert nach gesundheitlichen Vorerkrankungen ausfragen, oft nach zehn Jahre zurückliegenden. Sie sollten das nicht akzeptieren, sondern nur Unternehmen wählen, die sich auf fünf Jahre beschränken.

Probeanträge stellen

Alle Unternehmen führen eine gemeinsame »schwarze Liste«, auf die Sie bereits geraten können, wenn Sie von einem Unternehmen als Interessent abgelehnt wurden! Vor allem, wenn bei Ihnen bereits Vorerkrankungen vorliegen, könnte das ein Problem werden. Sie sollten versuchen, das zu vermeiden, indem Sie sogenannte »Probeanträge« stellen. Das geht so: Sie fordern von mehreren Unternehmen Ihrer Wahl Antragsformulare an, über die Sie vor dem Verschicken das Wort »Probe« schreiben.

Das hat zwei Vorteile: Erstens sind Sie nicht an Ihre Anträge gebunden und haben plötzlich mehrere Versicherungsverträge abgeschlossen, obwohl Sie doch nur einen haben wollten. Umgekehrt ist jedes Unternehmen, das Ihnen ein Angebot zuschickt, an dieses Angebot aber einige Zeit gebunden.

Zweitens, und das ist fast noch wichtiger: Da praktisch alle Unternehmen nachfragen, ob es bereits eine Ablehnung eines anderen BU-Anbieters gegeben hat, hätten Sie sonst das Problem, möglicherweise weitere Ablehnungen zu kassieren. Mit der parallelen Aussendung mehrerer Probeanträge aber umgehen Sie diese wenig nette Frage – denn Sie wurden ja noch nicht abgelehnt.

Insgesamt ist die derzeitige Situation rund um die Absicherung gegen Berufsunfähigkeit äußerst unbefriedigend. Der Staat hat sich mit der Neuregelung von 2001 und den Mini-Erwerbsunfähigkeitsrenten für die nach 1960 Geborenen aus seiner Schutzfunktion für Berufsunfähige weitgehend verabschiedet. Die privaten Anbieter, die diese Lücke füllen sollen, sind aber meist Aktionären verpflichtet und nicht dem Gemeinwohl. Zunächst einmal ist die Absicherung verhältnismäßig teuer, und im Leistungsfall wird dann bei jedem Kunden zäh versucht, nicht zu zahlen. Das führt dazu, dass viele Kunden, oft schwer erkrankt, vor Gericht versuchen müssen, die ihnen zustehende BU-Rente einzuklagen – wenn sie denn überhaupt die Prozesskosten auslegen können.

Kündigung

Bei der jährlichen Zahlungsweise ist die Kündigung immer zum Ende des Versicherungsjahres möglich. Nicht immer gibt es Fristen. Wer in kürzeren Abständen Beiträge zahlt, kann auch meist mit Monatsfrist zu diesen Zahlungsterminen kündigen.

Achtung!

Eine Kündigung sollten Sie sich gut überlegen. Sie sind älter geworden, und jeder neue Vertrag würde eine neue Gesundheitsprüfung erfordern. Dadurch wird ein Neuabschluss fast immer teurer, und möglicherweise drohen Ihnen nun sogar Ausschlüsse!

Unfallversicherung

Ein Unfall kann jeden treffen, und zwar überall – während der Arbeitszeit, zu Hause, im Urlaub. Die Statistik spricht eine deutliche Sprache: Rund acht Millionen registrierte Unfälle ereignen sich pro Jahr in Deutschland. Anders ausgedrückt: Alle vier Sekunden verunglückt ein Mensch. Die gesetzliche Unfallversicherung zahlt jedoch nur dann, wenn der Unfall beispielsweise im Kindergarten, in der Schule, in der Universität oder jeweils auf dem Weg dorthin passiert. Für Unfälle im privaten Bereich und in der Freizeit sollten Sie daher eine private Unfallversicherung abschließen.

Was leistet die private Unfallversicherung?

Ob bei einem Unfall ein finanzieller Schutz besteht, hängt bei der gesetzlichen Unfallversicherung vom Zeitpunkt und vom Ort des Unfalls ab. Die gesetzliche Unfallversicherung schützt Kinder nur im Kindergarten, Schüler nur in der Schule und Studenten nur in der Universität beziehungsweise in allen diesen Fällen auf dem Weg dorthin oder von dort nach Hause. Schon bei Umwegen kann es Probleme geben. Berufstätige sind am Arbeitsplatz oder auf einer Dienstfahrt durch die Unfallversicherung des Arbeitgebers abgesichert.

In der übrigen Zeit hilft die gesetzliche Unfallversicherung nicht oder reicht nicht aus. Auch Personen, die keine Schüler oder nicht berufstätig sind wie zum Beispiel Hausfrauen, genießen keinen Schutz. Hier kann nur eine private Unfallversicherung vor den möglichen finanziellen Auswirkungen eines Unfalls schützen. Die meisten Unfälle ereignen sich ohnehin im häuslichen Bereich und in der Freizeit. Und selbst wenn die gesetzliche Unfallversicherung zahlt: Die Summen sind eher bescheiden.

Für wen ist eine private Unfallversicherung wichtig?

Sinnvoll ist eine solche Police für:

- Kinder
- Jugendliche und junge Erwachsene in der Ausbildung
- Schüler und Studenten
- Hausfrauen und Hausmänner
- Selbstständige und Freiberufler
- Rentner
- Menschen mit bestimmten Risikoberufen wie Sprengmeister
- Menschen, die aufgrund von Erkrankungen keine oder nur eine sehr teure Berufsunfähigkeitsversicherung bekommen

Für Berufstätige ist die private Unfallversicherung allenfalls ein Zusatzschutz zu der viel wichtigeren Berufsunfähigkeitsversicherung, denn als Absicherung gegen Berufsunfähigkeit ist eine Unfallversicherung nur bedingt geeignet. Schließlich ist nur jede zehnte Berufsunfähigkeit die Folge eines Unfalls. Verglichen mit einer Berufsunfähigkeitsversicherung hat eine Unfallversicherung allerdings zwei Vorteile: zum einen die höhere Sicherheit, dass der Versicherer wirklich zahlt; zum anderen ist sie deutlich billiger.

Wie viel zahlt die Unfallversicherung?

Eine Unfallversicherung zahlt – gestaffelt nach dem Grad der Invalidität – den vorher vereinbarten Einmalbetrag. Die volle Versicherungssumme plus eventueller Progression wird jedoch nur bei 100 Prozent Invalidität gezahlt. Das ist zum Beispiel der Fall, wenn jemand durch einen Unfall komplett das Augenlicht verliert. Wenn eine dauernde Behinderung von »nur« 70 Prozent ermittelt wird, werden auch nur 70 Prozent fällig. Die Invalidität muss auch noch ein Jahr nach dem Unfall bestehen und von einem Arzt bescheinigt werden. Deshalb wartet die Versicherung erst einmal ab, bis sie zahlt, und hofft in dieser Zeit auf Abheilung.

Eine sogenannte »Gliedertaxe« (siehe Übersicht auf der nächsten Seite) führt auf, welchen Invaliditätsgrad der Verlust bestimmter Gliedmaßen bedeutet. Die Übersicht zeigt zugleich, wie viel die Versicherung bei Verlust bestimmter Gliedmaßen zahlt.

Die Gliedertaxe

Arm	im Schultergelenk	70 %
	bis oberhalb des Ellenbogengelenks	65 %
	unterhalb des Ellenbogengelenks	60 %
Hand	im Handgelenk	55 %
Finger	Daumen	20 %
	Zeigefinger	10 %
	anderer Finger	5 %
Bein	über der Mitte des Oberschenkels	70 %
	bis Mitte des Oberschenkels	60 %
	bis zur Mitte des Unterschenkels	50 %
Fuß	im Fußgelenk	40 %
Zehen	große Zehe	5 %
	andere Zehe	2 %
Augen	beide Augen	100 %
	ein Auge	50 %
Ohr	Gehör auf beiden Ohren	60 %
	Gehör auf einem Ohr	30 %
Geruchssinn		10 %
Geschmackssinn		5 %

Quelle: Gesamtverband der Deutschen Versicherungswirtschaft e. V.

Der Verlust eines Daumens zum Beispiel bedeutet eine 20-prozentige Teilinvalidität. Folglich werden auch nur 20 Prozent der Versicherungssumme gezahlt. Fehlen mehrere Gliedmaßen, werden die Grade zusammengezählt, bis zu maximal 100 Prozent. Die komplette Gliedertaxe ist in den Versicherungsbedingungen aufgeführt. Sie weicht mitunter von den Musterbedingungen des Gesamtverbandes der Deutschen Versicherungswirtschaft (GDV) ab, manche Unternehmen zahlen auch mehr. Besondere Bedingungen gibt es bei manchen Versicherern für Angehörige von Heilberufen oder Musikern. Da werden beim Verlust eines Fingers auch mal 60 oder sogar 100 Prozent Invalidität angenommen. Manche Anbieter zahlen in bestimmten Tarifen auch für kosmetische Operationen.

Lässt sich der Grad der Invalidität nicht feststellen, wird zugrunde gelegt, inwieweit die körperliche und geistige Leistungsfähigkeit durch den Unfall auf Dauer beeinträchtigt ist.

Achtung!

Gebrechlichkeit als Ursache eines Unfalls wirkt leistungsmindernd, das heißt, es wird weniger gezahlt. Gar nicht gezahlt wird gewöhnlich bei dauernd Pflegebedürftigen oder Geisteskranken – sodass sich in diesen Fällen der Abschluss einer Unfallversicherung erübrigt.

Wie viel kostet eine Unfallversicherung?

Die Kosten einer privaten Unfallversicherung ergeben sich in erster Linie aus der vereinbarten Versicherungssumme. Die Versicherungssumme für den Fall der Invalidität können Sie nach Alter und Bruttojahreseinkommen nach folgender Faustregel berechnen: mit 30 Jahren das fünffache Jahreseinkommen, mit 40 Jahren das vierfache und mit 50 Jahren das dreifache.

In der privaten Unfallversicherung werden zwei Gefahrengruppen unterschieden: In der Gefahrengruppe A finden sich alle Männer mit »nicht körperlich tätigen« Berufen (zum Beispiel kaufmännische Tätigkeit) sowie alle berufstätigen Frauen. In der – teureren – Gefahrengruppe B finden sich die Männer wieder, die körperlichen (zum Beispiel Handwerker) oder gar gefährlichen Berufen nachgehen. Für besonders gefährliche Berufe werden zusätzlich Risikozuschläge verlangt.

Beispiel

Wenn Sie beispielsweise eine kaufmännische Tätigkeit ausüben und zur Gefahrengruppe A gehören, kosten bei einem günstigen Versicherer 200 000 Euro Versicherungssumme für den Fall der Vollinvalidität (mit 225 Prozent Progression, siehe weiter unten) und mit 25 000 Euro Todesfallleistung jährlich rund 145 Euro.

Gefahrengruppe B: Hier ist die gleiche Versicherungssumme von 200 000 Euro, 25 000 Euro Todesfallleistung und 225 Prozent Progression ab einem Jahresbeitrag in Höhe von etwa 220 Euro zu bekommen. Noch günstiger sind jeweils die Angebote für Mitglieder beim Bund der Versicherten.

Achtung!

Wenn Sie den Beruf wechseln, müssen Sie das dem Unternehmen unverzüglich mitteilen. Unter Umständen ändert sich dadurch Ihre Gefahrengruppe. Auch Versicherte, die zum Wehrdienst eingezogen werden, müssen dies dem Versicherer anzeigen.

Was bedeutet Progression?

Ohne Progression erfolgt die Invaliditätsleistung prozentual nach dem Grad der Invalidität. Wenn Sie eine Progression vereinbaren, heißt das, dass Sie ab einem bestimmten Invaliditätsgrad progressiv mehr Geld erhalten als laut Versicherungssumme fällig wäre.

Beispiel

Bei einer Invaliditäts-Grundsumme von 100000 Euro würden bei einer Progression von 225 Prozent und einer Vollinvalidität 225000 Euro fällig. Das entspricht etwa einer Monatsrente zwischen 1000 und 1200 Euro.

Grundsätzlich ist die Progression zu empfehlen. Am Markt finden sich Tarife mit bis zu 500 Prozent Progression. Aber: Manche Unternehmen bieten spürbare Steigerungen in der Auszahlungssumme erst bei sehr hohen Invaliditätsgraden an. Das fällt dann unter die Kategorie »Mogelpackung«, denn die meisten schweren Unfälle haben einen Invaliditätsgrad von »nur« 30 bis 50 Prozent zur Folge. Achten Sie daher darauf, dass die Progression bereits bei einem Invaliditätsgrad von 25 oder 26 Prozent beginnt und spürbar ansteigt. Ansonsten wäre es sinnvoller, eine höhere Versicherungssumme abzuschließen.

WISO rät

Wenn Sie über eine ausreichende Berufsunfähigkeitsversicherung (siehe dort) verfügen, können Sie auf die Progression verzichten: Denn die BU-Versicherung zahlt gewöhnlich ab einer Berufsunfähigkeit von 50 Prozent – das ist auch eine Art Progression zur Unfallversicherung.

Ist eine Dynamik sinnvoll?

Manche Unternehmen bieten auch den Abschluss einer »dynamischen« Steigerung der Versicherungssumme an. Das verteuert natürlich entsprechend die Jahresbeiträge. Zudem nimmt der Bedarf aus Versicherungszahlungen mit steigendem Alter eher ab als zu, zumal auch Gehalt, eigenes Vermögen und Rentenansprüche mit dem Alter gewöhnlich zunehmen.

WISO rät

Zusammenfassend können wir Ihnen daher empfehlen: vernünftige Progression ja, Dynamik nein. Besser ist, von Beginn an eine höhere Summe zu vereinbaren.

Spezielle Unfallversicherungen

Wenn hier von der privaten Unfallversicherung gesprochen wird, meinen wir die allgemeine Unfallversicherung. Daneben gibt es noch weitere spezielle Unfallversicherungen:

Freizeitunfallversicherung Die Freizeitunfallversicherung leistet nur für Unfälle außerhalb des Berufs.

Insassenunfallversicherung Die Insassenunfallversicherung soll die Insassen eines Autos schützen, ist aber überflüssig.

Spezielle Verkehrsmittelunfallversicherung Spezielle Verkehrsmittelunfallversicherungen versichern die Folgen der Benutzung bestimmter Verkehrsmittel, wie zum Beispiel Flugzeugreisen.

Reiseunfallversicherung Die Reiseunfallversicherung versichert Unfälle nur auf Reisen, ist aber ebenfalls überflüssig, wenn man die allgemeine Police besitzt.

Kinderunfallversicherung Die Kinderunfallversicherung versichert Unfälle von Kindern, zum Teil auch Krankheiten. Umfassender sind noch die Kinderinvaliditätsversicherungen (siehe Seite 98).

Unfallzusatzversicherung zur Lebensversicherung Eine Unfallzusatzversicherung zur Lebensversicherung bietet erhöhte Leistungen bei einem Unfalltod. Besser ist jedoch eine gute Risikolebensversicherung.

Unfallversicherung mit Prämienrückgewähr Die Unfallversicherung mit Prämienrückgewähr ist eine allgemeine Unfallversicherung plus Sparvorgang. Tatsächlich werden gewöhnlich nur die Sparanteile zurückgezahlt – meist mit mäßiger Verzinsung.

Weitere (mögliche) Leistungen der Unfallversicherung

Zusätzlich zu den generellen Leistungen einer privaten Unfallversicherung können Sie beim Vertragsabschluss weitere Leistungen vereinbaren. Hier sind die wichtigsten aufgelistet.

Übergangsleistung Sie können eine Übergangsleistung vertraglich festlegen (auf beispielsweise 10 000 Euro), die als eine Art Vorschuss für die Zeit dient, bis die Gesellschaft Ihre Ansprüche auf die Versicherungsleistung geprüft hat. Sie wird fällig, wenn Sie nach einem halben Jahr noch zu mehr als 50 Prozent beeinträchtigt sind.

Todesfallleistung Innerhalb einer Unfallversicherung können Sie auch für den Todesfall eine Versicherungssumme vereinbaren. Wenn der Versicherte im ersten Jahr nach dem Unfall an dessen Folgen stirbt, erhalten die Hinterbliebenen die vereinbarte Todesfallsumme. Der Abschluss der Todesfallsumme ist oft die Bedingung dafür, dass bereits innerhalb eines Jahres während des Heilverfahrens die Invaliditätsleistung gezahlt wird.

Krankentagegeld Ähnlich wie bei der Krankenversicherung können Sie auch bei der Unfallversicherung zusätzlich ein Krankentagegeld abschließen – mit einem gravierenden Nachteil: Das Geld bekommen Sie nur nach einem Unfall! Deshalb ist es besser, eine Tagegeldversicherung über die Krankenversicherung abzuschließen. Der Schutz gilt dann nicht nur bei Unfällen, sondern auch bei Krankheiten (siehe auch Kapitel »Krankenversicherung«).

Krankenhaustagegeld Ein vereinbartes Krankenhaustagegeld (sowie ein eventuell vereinbartes Genesungsgeld) wird für jeden Tag einer unfallbedingten stationären Krankenhausbehandlung gezahlt. Besser ist jedoch auch hier die Versicherung eines Krankengeldes über eine Krankenversicherung, denn das wird nicht nur bei stationärem Krankenhausaufenthalt und nicht nur bei Unfällen gezahlt.

Unfallrente Eine Unfallrente wird – sofern vereinbart – zusätzlich zu oder statt der einmaligen Versicherungssumme gezahlt. Meist wird sie aber erst ab einem Invaliditätsgrad von mindestens 50 Prozent gezahlt, dann allerdings ein Leben lang.

Weitere Leistungen, wie etwa die Erstattung von Bergungskosten, von Kosten einer kosmetischen Operation oder von Kurkosten nach einem Unfall, sind mitunter beitragsfrei mit eingeschlossen. Wenn nicht, fragen Sie nach den Zusatzkosten dafür, bevor Sie unterschreiben!

Was leistet die Unfallversicherung nicht?

Um sich richtig zu verhalten oder um sich keine falsche Hoffnung auf einen finanziellen Ausgleich zu machen, ist es wichtig, dass Sie auch die Fälle kennen, die vom Versicherungsschutz ausgeschlossen sind. Die Unfallversicherung zahlt grundsätzlich nicht bei

- Unfällen infolge Trunkenheit oder einer Schlägerei,
- Infektionen, Vergiftungen oder Selbstmord,
- Unfällen, die durch Schlaganfall, Epilepsie oder andere Krampfanfälle hervorgerufen werden und den gesamten Körper ergreifen,
- Unfällen, die dem Versicherten beim Begehen einer vorsätzlichen Straftat zustoßen,
- Unfällen durch Teilnahme an Rennen mit Motorfahrzeugen aller Art oder sonstigen riskanten Sportarten (wie zum Beispiel Drachenfliegen),
- Unfällen durch Krieg, Kernenergie sowie innere Unruhen, wenn der Versicherungsnehmer aufseiten der Unruhestifter tätig war.

WISO rät

Das Unfallrisiko bei riskanten Sportarten – wie zum Beispiel Drachenfliegen – können und sollten Sie bei Bedarf zusätzlich versichern.

Unfallversicherung für die Generation 50plus

Die Generation 50plus wird eine immer bedeutendere Kundengruppe für Unternehmen der Versicherungs- und Investmentbranche. Sie ist finanzstark und abgesichert, zudem aktiv und vorsorgebewusst. Dies weiß auch die Versicherungsbranche und bietet mehr und mehr spezielle Senioren-Unfallversicherungen an.

Tatsache ist, dass wir immer älter werden, aber gleichzeitig bleiben nur wenige im Alter gesund. Die Statistik ist eindeutig: Ab dem 55. Lebensjahr leben nur noch 14 Prozent der Menschen beschwerdefrei, ab 70 Jahren sinkt dieser Anteil auf 7 Prozent. Unstrittig passieren die meisten Unfälle in der Freizeit und im Haus, und das ist auch bei Senioren so. Zudem möchten fast alle in den eigenen vier Wänden alt werden. Die häufigsten Verletzungen, wie etwa Knochenbrüche oder Gehirnerschütterungen, zieht sich ein älterer Mensch dabei meist durch Stürze zu. Aber auch kleinere Blessuren haben oft monatelange Folgen, und die langwierige Beeinträchtigung der Geschädigten hat auch Kosten zur Folge. Viele glauben, die Pflegeversicherung springe dann ein. Aber so einfach ist das nicht!

Zählen Sie nicht auf die gesetzlichen Versicherungen

Die gesetzliche Unfallversicherung zahlt nur in begrenztem Umfang, und ob Sie überhaupt einen Leistungsanspruch haben, hängt von verschiedenen Faktoren ab, beispielsweise davon, ob sie während einer Berufstätigkeit oder auf dem Weg dorthin verunglücken. Dies dürfte bei Senioren meist auszuschließen sein.

Die gesetzliche Pflegeversicherung hilft bei Unfällen zunächst gar nicht. Erst wenn die Pflegebedürftigkeit voraussichtlich mindestens sechs Monate überschreitet, darf die gesetzliche Pflegeversicherung zahlen.

Direkte Krankheitskosten wie etwa den Rettungswagen, Arztbesuche oder einen Klinikaufenthalt bezahlen die Krankenkassen. Aber die Leistungen der gesetzlichen Krankenversicherung reichen bei einer dauernden Invalidität nicht aus, um den gewohnten Lebensstandard aufrechtzuerhalten. Private Vorsorge ist deshalb notwendig und wichtig.

Vielleicht haben Sie irgendwann einmal eine private Unfallversicherung abgeschlossen und gehen davon aus, dass diese auch bei Unfällen im Alter noch greift. Die meisten klassischen Unfallversicherungen enden aber automatisch mit 65, 70 oder 75 Jahren – und dies wird oftmals erst nach einem

Schadensfall bemerkt. Wer also ins »goldene« Lebensalter kommt, muss sich gegen Unfälle anders versichern.

Assistance-Leistungen als Angebot

Bei manchen Versicherungsunternehmen enden Unfallversicherungen automatisch ab einem bestimmten Lebensalter des Kunden, bei anderen Gesellschaften wiederum werden die Beiträge drastisch angehoben. Als Ausweg bleibt in solchen Fällen oft nur eine Senioren-Unfallversicherung. Diese sind zwar nicht preiswert, haben dafür aber ein breites Leistungsspektrum zu bieten. Immer mehr Angebote für Seniorenversicherungen drängen auf den Markt. Aber was macht sie so speziell? WISO hat sich verschiedene Angebote angesehen und untersucht.

Diese Versicherungen für Ältere bieten über die klassische Geldzahlung bei einem Unfall, Invalidität oder Krankenhausaufenthalt hinaus sogenannte »Assistance-Leistungen«. Damit sind Hilfen für den Alltag nach einem Unfall gemeint, die sonst keine gesetzliche Versicherung bei Senioren übernimmt. Eine Seniorenversicherung könnte enthalten: Waschen und Pflegen der Wäsche einmal pro Woche, Reinigen der Wohnung einmal pro Woche, tägliches Mittagessen, einmal pro Woche Einkauf und Besorgungen (zum Beispiel Bank), Begleitung zu Arzt und Behörden, die Organisation von Haustierbetreuung, die Gartenpflege und Schneeräumdienst.

Es gibt auch Anbieter, die darüber weit hinausgehen. So bieten beispielsweise der Volkswohlbund mit der »Unfall 60plus« und die Stuttgarter Versicherung mit der »UnfallRente 50 plus« Assistance-Leistungen in Kooperation mit dem Malteser Hilfsdienst (MHD) an. Das schützt nicht nur vor den finanziellen Folgen eines Unfalls, sondern hilft auch, den Lebensstandard in der gewohnten Umgebung zu sichern. Die Leistungen des MHD werden deutschlandweit bis zu sechs Monate lang nach dem Unfall erbracht. Und sie werden nicht nur über den MHD organisiert, sondern dann von der jeweiligen Sachversicherung bezahlt.

Die Assistance-Leistungen umfassen folgende Punkte:

- telefonisches Erstgespräch
- Pflegeschulung für Angehörige einmalig
- Hausnotrufdienst
- Leistungen der Grundpflege bis zu 4 Wochen
- Mahlzeitendienst, auch für den Partner
- Pflegeberatung einmalig

- Reinigung der Wohnung wöchentlich
- Vermittlung von Pflegehilfsmitteln
- Besorgungen und Einkäufe bis zweimal wöchentlich
- Tag- und Nachtwache bis 48 Stunden
- Waschen/Pflegen der Wäsche und Kleidung wöchentlich
- Vermittlung einer Tierbetreuung
- Begleitung bei Arzt-/Behördengängen bis zu 4 Wochen
- Vermittlung einer Beratung bei Umbau von Wohnung/Kfz
- Fahrdienst zu Arzt/Behörden bis zweimal wöchentlich
- Hilfe- und Pflegeleistungen auch für pflegebedürftige Partner/Verwandte ersten Grades
- Fahrdienst zur Krankengymnastik oder zu Therapien bis zweimal wöchentlich

Eine solche Seniorenpolice mit Hilfeleistungen ist für Sie sinnvoll, wenn Sie im Ernstfall keine Hilfe durch Verwandte oder Bekannte bekommen können oder wollen.

Achtung!

Achten Sie in Ihren Versicherungsbedingungen darauf, dass der Versicherer die erforderlichen Hilfen direkt erbringt oder bezahlt und nicht nur vermittelt (und somit nicht finanziert)!

Prüfen Sie die Versicherungsbedingungen

Beim Versicherungsabschluss kommt es auf das Kleingedruckte an. So sind zum Beispiel Unfälle, die durch Schlaganfall oder Herzinfarkt verursacht wurden, bei einigen Versicherern ausgeschlossen. Genauso ist der Oberschenkelhalsbruch manchmal außen vor. Also achten Sie beim Abschluss darauf, dass Ihre Seniorenunfallversicherung auch Unfälle durch Schlaganfall, Bewusstseinsstörungen, Herzinfarkt oder auch Alkohol mitversichert. Es sollte ausdrücklich im Vertrag stehen, dass der Leistungsfall dadurch ausgelöst wird. Auch der Oberschenkelhalsbruch sollte als Unfall gelten. Manche Versicherungen zahlen Versicherten, die einen Oberschenkelhalsbruch erleiden, nur ein einmaliges Schmerzensgeld. Dies ist manchmal jedoch nicht ausreichend, da es nur etwa 500 Euro beträgt.

Bestenfalls werden die Sofortleistungen in Höhe der vereinbarten Versicherungssummen bei folgenden unfallbedingten Verletzungen gezahlt:

- Oberschenkelhalsbruch
- Querschnittslähmung nach Schädigung des Rückenmarks
- Amputation mindestens eines ganzen Fußes oder einer ganzen Hand
- Erblindung
- Hochgradige Sehbehinderung beider Augen (Sehschärfe nicht mehr als ein Zwanzigstel)

Als Unfall werden bei einigen Policen auch anerkannt: Erfrierungen, Zeckenbisse, tauchtypische Gesundheitsschäden und Gesundheitsschädigungen durch Gase oder Dämpfe.

Auf die Anrechnung von Vorerkrankungen sollte die Versicherung verzichten, ebenso auf ein Versicherungshöchstalter. Einige Anbieter versichern auch Zusatzleistungen immer beitragsfrei mit, beispielsweise:

- Bergungskosten bis 10 000 Euro
- Rehamaßnahmen bis 1 500 Euro
- Sofortleistung in Höhe der zehnfachen vereinbarten Unfall-Rente (ab Alter 75, fünffache Unfallrente)
- Unfallpflegerente in Höhe der vereinbarten Unfall-Rente

Die Zahlungen werden nach Invaliditätsgrad klassifiziert geleistet. Geld sollte dabei möglichst ab einer Behinderung von 20 Prozent fließen, und nicht erst ab 50 Prozent. Schauen Sie ins Kleingedruckte!

WISO rät

Ihre monatliche Rente sollte ab 50 Prozent Invalidität 1 000 Euro betragen. Oder Sie erhalten stattdessen eine Kapitalzahlung von 50 000 Euro Minimum. Am besten sind Kombinationen wie die folgende: Bei kleineren Unfällen wird ein einmaliger Betrag ausgezahlt, bei einem Invaliditätsgrad von 50 Prozent gibt es zudem eine lebenslange monatliche Rente.

Eine reine Verrentung der Invaliditätssumme bei einem Unfall nach Überschreiten des 65. Lebensjahres ist nicht zu empfehlen. Besser ist es, wenn die Kapitalleistung garantiert ist, auch wenn Sie schon 90 Jahre oder älter sind.

Bei älteren Menschen werden häufig Vorerkrankungen bei der Ermittlung des unfallbedingten Invaliditätsgrades berücksichtigt. Dies bedeutet, dass der für die Auszahlung relevante Prozentsatz geringer ausfällt als ohne

Vorerkrankung. Bei einer Seniorenunfallversicherung sollten Sie darauf achten, dass auf diese Anrechnung von Vorerkrankungen verzichtet wird.

Pflegekostenleistungen

Der Eintritt eines Pflegefalles ist ein besonders schwerwiegender Lebenseinschnitt. Werden Sie als der Versicherte nach einem Unfall pflegebedürftig und ist eine Invaliditätssumme versichert, sollte eine zusätzliche Pflegekostenleistung durch die Versicherung erbracht werden. Diese Zusatzleistung sollte folgenden Anteil an versicherten Invaliditätssumme ausmachen:

- bei Pflegestufe 1: 10 Prozent
- bei Pflegestufe 2: 20 Prozent
- bei Pflegestufe 3: 30 Prozent

Die Leistungsunterschiede im WISO-Vergleich

Für eine Seniorenunfallversicherung zahlt eine 70-jährige Frau zwischen 61,40 und 561,83 Euro Beitrag im Jahr, ein Mann gleichen Alters zwischen 61,40 bis 543,12 Euro. Doch woher kommen diese gewaltigen Unterschiede? Es kommt auf die Leistungsseite an! In diesem Fall auf die speziellen ein- oder ausgeschlossenen Leistungsfälle oder auch auf die Modalitäten der Auszahlung.

Die eine Versicherung hat den Oberschenkelhalsbruch als Auslöser des vollen Leistungspaketes im Angebot, eine andere Versicherung zahlt dafür nur einmalig 500 Euro Schmerzensgeld. Solche Beispiele machen die großen Unterschiede nachvollziehbar. So zahlt die eine Police beispielsweise die Assistance-Leistungen nur für 100 Tage, die andere nötigenfalls für ein Jahr, die dritte zahlt diese Leistungen gar nicht, sondern vermittelt sie nur.

Sehr unterschiedlich sieht es auch beim Einschluss des Herzinfarktes, des Schlaganfalls oder von Bewusstseinsstörungen aus: Auch hier gibt es Angebote, die gar nicht zahlen, und Angebote, bei denen diese Vorfälle den vollen Leistungsanspruch auslösen. Andere Anbieter wiederum sichern diese Fälle nur gegen Aufpreis und eine weitere Zusatzversicherung ab.

Die Auszahlungsweise variiert ebenfalls sehr stark: Die einen zahlen nur direkte Kapitalleistungen, die andern nur eine Rente, die dritten mischen die Auszahlungsformen je nach Alter. Es ist ein großer Unterschied, ob ein Anbieter ab 1 Prozent Invalidität zahlt, ab 20 Prozent oder eben erst ab 50 Prozent festgestelltem Grad der Behinderung.

Die Rentenzahlungen sind teilweise gestaffelt: So zahlen einige Unternehmen bei höherem Behinderungsgrad automatisch deutlich höhere Renten. Einige bieten bei einem Invaliditätsgrad von mindestens 90 Prozent eine Verdoppelung der monatlichen Unfallrente, bei 100 Prozent Invaliditätsgrad sogar eine dreifache monatliche Unfallrente bis maximal 3000 Euro monatlich. Andere bieten von vorneherein eine Dynamisierung, eine Progression der Auszahlung je nach Grad der Behinderung bis zu 350 Prozent der verein barten Versicherungssumme.

Eine Besonderheit gibt es bei der Volksfürsorge: Hier findet nicht, wie bei allen anderen, die Leistungsermittlung nach einer »Gliedertaxe« statt, sondern nach einem eigenen »Grundfähigkeiten-Katalog«. Gezahlt wird bereits, wenn bestimmte Grundfähigkeiten nicht mehr selbstständig ausgeführt werden können – wie Laufen, Essen oder Anziehen.

Nicht zuletzt unterscheiden sich die Angebote bei den Assistance-Leistungen gewaltig: Während bei einigen durch den Malteser Hilfsdienst oder die Johanniter-Unfallhilfe bis zu einem Jahr die komplette Bandbreite der Hilfe organisiert und finanziert ist, beschränken sich andere Angebote auf 100 Tage oder auf die bloße Organisation und Vermittlung – also *nicht* auf die Finanzierung – der Hilfsdienste. Auch andere Zusagen sind sehr unterschiedlich: Gerade die Begleitung bei Fahrten zum Arzt oder Behörden, oder Einkaufen und Waschen sind bei einigen Angeboten nicht zu finden. Die besten Versicherer zahlen hier zusätzlich für Pflegekräfte und sogar für Personen zur Unterhaltung und Geselligkeit mehrmals die Woche.

Bei einigen Anbietern kann man nur bis zum 70., bei anderen sogar bis zum 88. Lebensjahr abschließen. Einige Angebote laufen lebenslang, andere sind auf das 95. Lebensjahr begrenzt.

Quintessenz: Es hilft nichts, Sie müssen sich die Versicherungsbedingungen penibel anschauen und vergleichen, die eigenen Bedürfnisse definieren und erst dann entscheiden. Wenn die Qualität des Angebots stimmt, wählen Sie ruhig einen mehrjährigen Vertrag, denn Sie sparen gegenüber einem Einjahresvertrag, da die Beiträge je nach Versicherer dann um etwa 5 bis 15 Prozent geringer sind.

WISO rät

Sie erhalten Beitragsrabatte, wenn Sie den Vertrag als Ehepaar gemeinsam abschließen.

Und egal, bei welchem Anbieter Sie letztlich einen Vertrag abschließen: Beantworten Sie bei einem Neuvertrag die Fragen zu Ihrer Gesundheit und früheren Unfällen immer korrekt, sonst kann die Versicherung die Leistung verweigern!

Manchmal günstiger: Altverträge

Eine schon bestehende normale Unfallversicherung ist oft preisgünstiger als ein Senioren-Spezialtarif, selbst wenn Sie im höheren Alter Beitragszuschläge zahlen müssen. Behalten Sie eine bestehende »normale« Unfallversicherung – vor allem dann, wenn Sie vom Versicherer keine organisierten Hilfeleistungen benötigen, da Sie zum Beispiel eine große Familie um sich herum haben.

WISO rät

Durchleuchten Sie Ihre bisherige Police. Eine gute Unfallversicherung sollte mindestens eine Versicherungssumme von 100 000 Euro, sowie mindestens eine 225-prozentige Progression haben und nicht deutlich mehr als 200 Euro im Jahr kosten. Am besten sollte Ihr Versicherungsunternehmen die Unfallversicherung unbegrenzt vom Alter zu Normalkonditionen fortführen.

Fazit: Eine Seniorenunfallversicherung kann sinnvoll sein. Nach einem Unfall könnten Umbauten in der Wohnung oder am Auto notwendig werden. Es ließe sich auch mit der Leistung aus der Unfallversicherung eine zusätzliche Pflege bezahlen, denn Verwandte sind nicht immer in der Nähe.

Unfall- und Invaliditätsversicherung für Kinder

Besonders wichtig ist die Unfallversicherung für Kinder. Denn ein schwerer Unfall kann für die Eltern fatale finanzielle Folgen haben: Sie müssen vielleicht ein Leben lang für den Unterhalt des Kindes aufkommen. Auch wenn die gesetzliche Unfallversicherung zahlt, zum Beispiel nach einem Unfall in der Schule, sind die monatlichen Renten viel zu gering.

Eine Kinderunfallversicherung sollte daher nicht zu niedrig abgeschlossen werden. Um bei Vollinvalidität weitere 1 000 Euro Rente zu erzielen, die von der Kaufkraft her abgesichert sind (Inflationsausgleich), benötigen Sie eine Versicherungssumme von 200 000 Euro. Mit einer 225-prozentigen Progression kostet diese Absicherung für Ihr Kind bei günstigen Unternehmen rund 100 Euro im Jahr. Empfehlenswert ist auch die Vereinbarung einer Todesfallsumme von mindestens 10 000 Euro, da bei schweren Unfällen im ersten Jahr zunächst nur diese Summe ausgezahlt wird.

Invaliditätsversicherungen

Doch sind bei Kindern meist nicht Unfälle, sondern Krankheiten Ursache von Behinderungen – oft schon angeboren. Immer mehr Versicherer bieten daher umfassendere Kinderinvaliditätsversicherungen an, die nicht nur bei Unfällen, sondern auch bei krankheitsbedingten Behinderungen Schutz bieten sollen. Im Prinzip ist die Idee gut, allerdings wappnen sich viele Versicherer gleich wieder mit vielen Leistungsausschlüssen. Das fängt damit an, dass meist erst ab einem Behinderungsgrad von 50 Prozent gezahlt wird. Immerhin: nach einem BGH-Urteil vom September 2007 müssen die Versicherer für angeborene Behinderungen sowie Geburtsschäden zahlen, ein Ausschluss ist unwirksam (AZ.: IV ZR 252/06). Ebenso ist für das erste Lebensjahr meist kein Versicherungsschutz erhältlich (Ausnahmen, soweit bekannt: Barmenia sechs Wochen nach Geburt, DEVK nach zehn Wochen). Nicht gezahlt wird oft auch bei Entwicklungsstörungen und psychischen Erkrankungen.

Und dennoch: Die Idee ist gut und richtig. *Finanztest* prüfte im Januar 2007 insgesamt 22 Kinderinvaliditätsversicherungen. Die Beiträge reichen von 60 bis 471 Euro pro Jahr. Die Leistungen reichen von einer Monatsrente von meist 1 000 Euro bis zu einmaligen Kapitalabfindungen (bis maximal 350 000 Euro) je nach Schwere der Behinderung – oder einer Kombination von beidem.

Das Wichtigste: Fünf Anbieter waren dabei, die auch schon vor dem BGH-Urteil zahlten, wenn die Ursache der Invalidität eine angeborene Krankheit ist. Die Voraussetzung ist, dass die Versicherung abgeschlossen wurde, bevor die Krankheit bekannt war. Dabei handelt es sich um die Anbieter R+V, HUK-Coburg, DEVK (bekamen die Note »gut«) sowie Schweizer National und die Barmenia (beide »befriedigend«). Die R+V Kinderversicherung schließt die wenigsten Risiken aus, nämlich nur Unfall- oder Krankheitsfolgen durch Rauschgiftkonsum, vorsätzliche Straftaten, Schädigung durch Eltern als Versicherungsnehmer, Krieg sowie Kernenergie.

Was tun im Versicherungsfall?

So bitter die Situation für Sie auch ist: Zuerst einmal müssen Sie klären, ob der Unfall auch für die Versicherung ein Unfall ist. In den allgemeinen Versicherungsbedingungen heißt es dazu: »Ein Unfall liegt vor, wenn der Versicherte durch ein plötzlich von außen auf seinen Körper wirkendes Ereignis unfreiwillig eine Gesundheitsschädigung erleidet.« Dazu zählt auch ein Muskelriss beim Sport. Kein Unfall im Sinne der Versicherung sind gewöhnlich jedoch Gesundheitsschäden durch Umwelteinflüsse oder Verletzungen infolge psychischer Probleme, Selbstverstümmelung, Selbstmordversuch oder Kriegshandlungen.

Liegt ein Unfall vor, wartet die Versicherung erst einmal ab. Erst nach Ablauf eines Jahres wird gezahlt, wenn bis dahin die volle körperliche oder geistige Leistungsfähigkeit nicht wieder hergestellt ist. Auch muss es sich um eine absehbar dauerhafte Beeinträchtigung handeln.

Um die Leistungen des Versicherers zu erhalten, müssen Sie Folgendes beachten:

- Konsultieren Sie unverzüglich einen Arzt und unterrichten Sie die Versicherung über den Unfall.
- Füllen Sie die Unfallanzeige wahrheitsgemäß und unverzüglich aus. Je schneller der Versicherer unterrichtet ist, desto schneller kommen Sie auch an Ihr Geld.
- Spätestens sieben Monate nach Unfalleintritt haben Sie Anspruch auf Übergangsgeld, welches Sie unter Vorlage eines ärztlichen Attests begründen. Endet der Unfall tödlich, ist dies dem Versicherer innerhalb von 48 Stunden zu melden.

Abschluss und Kündigung einer Unfallversicherung

Bei der Unfallversicherung schließen Sie gewöhnlich zwei Versicherungssummen ab: die Versicherungssumme für den Fall der Invalidität und die Todesfallsumme. Wichtig ist vor allem die erste, die für eine dreiköpfige Familie folgendermaßen aussehen könnte:

Beispiel

Ein kompletter Familienschutz (Familie mit einem Kind) könnte so aussehen: Der Mann (Verdiener) ist mit 200000 Euro versichert, die Frau mit 100000 Euro und das Kind mit 200000 Euro. Das kostet bei einer günstigen Versicherung in der Gefahrengruppe A und 225-Prozent-Progression etwa 350 Euro pro Jahr.

WISO rät

Faustregel für die Versicherungssumme: Ein 30-jähriger Ernährer der Familie sollte sich mit dem Fünffachen des Bruttojahreseinkommens absichern; 50-Jährige noch mit dem Dreifachen. Wählen Sie Policen, die Sie jährlich kündigen können!

Sie sollten aber auch eine Todesfallleistung abschließen, jedoch nur in geringer Höhe, maximal 25000 Euro. Die »richtige« Todesfallabsicherung schließen Sie besser über eine ausreichende Risikolebensversicherung ab, denn die leistet auch bei Tod durch Krankheit.

Auf weitere Leistungen als Zusatz zur Unfallversicherung können Sie dagegen gut verzichten: beispielsweise Krankentagegeld, Übergangsentschädigung, Genesungsgeld oder Bergekostenersatz. Diese Extras bringen nicht viel, verteuern die Prämie aber spürbar.

Auch bei Unfallversicherungen lohnt der Preisvergleich: Teure Unternehmen verlangen für die gleiche Leistung oft doppelt so viel. Besonders günstige Tarife für die Unfallversicherung gibt es beim Bund der Versicherten (BdV, Adresse siehe am Ende des Buches), der für seine Mitglieder sogenannte Gruppenversicherungen vermittelt.

Vorsicht bei Vertretern: Überteuerte Unfallversicherungen gehören zu den Versicherungsarten, die von Versicherungsvertretern besonders gern verkauft werden, weil dort hohe Provisionen winken. Das heißt für Sie: Lassen Sie doppelte Vorsicht walten, unterschreiben Sie nicht gleich, sondern vergleichen Sie mehrere Angebote. Fast immer gibt es woanders die gleiche Leistung für weniger Geld. Der BdV hat in einigen Prämien zur Unfallversicherung bei teuren Gesellschaften Kosten- und Gewinnanteile von bis zu 80 Prozent ermittelt, bei der Kfz-Insassenunfallversicherung sogar von bis zu 90 Prozent.

Lebensversicherung

Die finanzielle Absicherung der Familie oder des Ehepartners im Falle des eigenen Todes – das ist für die meisten das Motiv, eine Lebensversicherung abzuschließen. Leider denken dabei immer noch zu viele Bundesbürger an eine Kapitallebensversicherung statt richtigerweise an eine reine Risikolebensversicherung. Nicht zuletzt deshalb, weil die Kapital-Police von den Unternehmen viel lieber verkauft und beworben wird, denn sie bindet den Versicherten oft langfristig und mit hohen Beiträgen an die Gesellschaft. Daneben gehen wir noch auf die private Rentenversicherung ein, die mehr eine Kapitalanlage als eine Versicherung ist und an deren Ende die Auszahlung der »Versicherungssumme« plus einer möglichen Überschussbeteiligung steht.

Mehr als die Hälfte der unter 40-Jährigen in Deutschland hat überhaupt keine Absicherung, um Hinterbliebene zu versorgen. Viele andere haben zwar eine Kapitallebensversicherung, doch ist die darin enthaltene Todesfallsumme viel zu niedrig, um Hinterbliebene ernsthaft absichern zu können. Ein Betrag von 25 000 oder 50 000 Euro reicht hierfür nämlich bei weitem nicht aus. Wer bei der Kapitallebensversicherung mehr will, muss allerdings tief in die Tasche greifen – zu tief gerade für junge Familien. Unsere Empfehlung ist daher die Risikolebensversicherung (siehe das Kapitel weiter unten), denn auch von staatlicher Seite ist im Todesfall nicht viel zu erwarten.

Die staatliche Versorgung: Witwen- und Waisenrente

Eheleute genießen einen Grundschutz durch die gesetzliche Rentenversicherung – durch die sogenannte Witwenrente. Sie wird geleistet, wenn der/die Verstorbene mindestens fünf Jahre lang gesetzlich versichert war und die oder der Hinterbliebene nicht wieder geheiratet hat. Auf diese Mindestversicherungszeit, auch Wartezeit genannt, werden unter anderem Beitragszeiten, Kindererziehungszeiten oder auch Ersatzzeiten wie zum Beispiel Kriegsgefangenschaft angerechnet. Die Wartezeit gilt bereits als erfüllt, wenn der Tod des Ehegatten wegen eines Arbeitsunfalls oder während des Wehr- oder Zivildienstes eingetreten ist. Für Berufsanfänger gilt die Wartezeit ebenfalls als erfüllt. Als Berufsanfänger in diesem Sinne gelten alle Versicherten, die innerhalb der ersten sechs Jahre nach Ende der Ausbildung gestorben sind und innerhalb der letzten zwei Jahre ein Jahr Pflichtbeiträge geleistet haben.

Unterschieden wird zwischen der »großen« und der »kleinen« Witwenrente. Die große Witwenrente gibt es, wenn

- der Rentenempfänger das 45. Lebensjahr vollendet hat,
- ein waisenrentenberechtigtes Kind unter 18 Jahren erzogen wird,
- für ein behindertes Kind gesorgt werden muss oder
- die Witwe/der Witwer vermindert erwerbsfähig ist.

Die große Witwenrente beträgt nach dem alten Hinterbliebenenrecht (siehe unten) 60 Prozent der Rente wegen voller Erwerbsminderung des verstorbenen Ehegatten. Wer die oben genannten Voraussetzungen nicht erfüllt, hat aber immer noch Anspruch auf die »kleine Witwenrente«. Hier gibt es 25 Prozent der Rente wegen voller Erwerbsminderung des verstorbenen Ehegatten. Sie fallen unter das alte Hinterbliebenenrecht, wenn Sie vor dem 1. Januar 2002 geheiratet haben und der ältere Partner von Ihnen am 1. Januar 2002 bereits 40 Jahre alt war, oder wenn Ihr Ehepartner vor dem 1. Januar 2002 verstorben ist.

Neues Hinterbliebenenrecht

2002 wurde ein neues Hinterbliebenenrecht eingeführt, dass diejenigen Eheleute betrifft, die 1962 oder danach geboren sind und nach 2002 geheiratet haben. Hier wird zusätzlich verlangt, dass die Ehe mindestens ein Jahr bestanden haben muss. Die kleine Witwenrente wird auf zwei Jahre befristet, die große Witwenrente beträgt nur noch 55 statt 60 Prozent. Zum Ausgleich wird ein Zuschlag wegen Kindererziehung geleistet. Ehepaare können sich zudem für das sogenannte Rentensplitting entscheiden. Dadurch teilen sie die in ihrer Ehe erworbenen Ansprüche auf eine Rente aus der gesetzlichen Rentenversicherung gleichmäßig auf. Im Todesfall des Ehegatten hat der hinterbliebene Partner dann keinen Anspruch auf Witwenrente. Ab 2012 wird die für die große Witwenrente maßgebliche Altersgrenze des Rentenempfängers von 45 Jahren schrittweise bis zum Jahr 2029 auf 47 Jahre angehoben.

Waisenrenten

Kleine Rentenzahlungen gibt es auch für Kinder, deren Eltern beziehungsweise Elternteil verstorben sind. Eine Halbwaisenrente wird geleistet, wenn die Waise noch einen unterhaltspflichtigen Elternteil hat und der Verstorbene mindestens fünf Jahre gesetzlich versichert war. Die Wartezeit kann sich ähnlich wie bei den Witwenrenten durch Anrechnungszeiten verkürzen. Eine Vollwaisenrente wird geleistet, wenn die Waise keinen unterhaltspflichtigen Elternteil mehr hat und beide Verstorbene mindestens fünf Jahre gesetzlich versichert waren. Berechtigt sind die leiblichen Kinder, Stief- und Pflegekinder, die im Haushalt der Verstorbenen lebten, sowie Enkel und Geschwister, die entweder im Haushalt lebten oder überwiegend von dem oder den Verstorbenen materiell abhängig waren.

Die Halbwaisenrente beträgt 10 Prozent der Rente wegen voller Erwerbsminderung des Versicherten, die Vollwaisenrente 20 Prozent. Sie erhöht sich um Zuschläge aus rentenrechtlichen Zeiten des oder der Verstorbenen. Gezahlt wird die Waisenrente mindestens bis zur Vollendung des 18. Lebensjahres, darüber hinaus höchstens bis zur Vollendung des 27. Lebensjahres bei Schulausbildung oder Berufsausbildung, bei Ableistung eines freiwilligen sozialen oder eines freiwilligen ökologischen Jahres oder bei Vorliegen einer Behinderung, sofern bestimmte Einkommensgrenzen nicht überschritten werden. Waisenrenten werden grundsätzlich nicht bar ausgezahlt, sondern nur auf ein selbst benanntes Konto überwiesen.

Risikolebensversicherung

Sie sehen: Der Staat sorgt sich um Hinterbliebene, aber große Sprünge sind damit nicht zu machen. Gerade, wenn finanzielle Verpflichtungen wie laufende Abzahlungen zu tätigen sind, reichen die staatlichen Hinterbliebenenrenten bei weitem nicht aus. Eine ausreichende Versorgung von Hinterbliebenen ist für die meisten nur mit einer Risikolebensversicherung möglich. Doch ausgerechnet bei der Risikolebensversicherung sind viele Deutsche sehr zurückhaltend. Sie kostet, verglichen mit den Beiträgen für eine Kapitallebensversicherung, nur ein Zehntel oder noch weniger. Einen vernünftigen Schutz gibt es schon für weniger als 10 Euro im Monat. Allerdings:

Nach Ablauf der Versicherung gibt es im Erlebensfalle im Gegensatz zur Kapitallebensversicherung keine Auszahlung.

Für Berufstätige, die ihre Familie absichern wollen, empfiehlt sich möglicherweise eine Kombination von Risikolebensversicherung und Berufsunfähigkeitszusatzversicherung beim gleichen Unternehmen. Beide zusammen kosten oft nicht mehr als eine eigenständige Berufsunfähigkeitsversicherung (siehe auch weiter oben im entsprechenden Kapitel).

Wer braucht eine Risikolebensversicherung?

Bedarf für eine Risikolebensversicherung haben vor allem 30- bis 50-jährige Ernährer einer Familie, da die Rentenansprüche in diesem Alter noch zu niedrig sind, um die Familie im Todesfall ausreichend zu versorgen. Der Abschluss einer solchen Versicherung kann allerdings auch für Ledige oder Kinderlose sinnvoll sein. Denn wer weiß, ob später – als Ehepartner oder Familienernährer – noch die für den Abschluss notwendige Gesundheit vorhanden ist! Daher ist es in der Regel besser und einfacher, sich in jüngeren Jahren zu versichern.

Höhe der Versicherungssumme und Laufzeit

Als Faustregel für die Versicherungssumme gilt: Ein 30-Jähriger sollte seine Familie mit dem Fünffachen des Bruttojahreseinkommens absichern, ein 50-Jähriger noch mit dem Dreifachen.

In jungen Jahren sollten Sie längere Laufzeiten wählen. Wenn Sie noch unter 40 Jahre alt sind, schließen Sie also nicht nur einen Zehnjahresvertrag ab, denn Bedarf besteht meist bis zum 55. und oft auch bis zum 60. Lebensjahr. Die Laufzeit sollte in jedem Fall so lang sein, wie mögliche Hinterbliebene noch nicht durch ein eigenes Einkommen oder Vermögen abgesichert sind. Wenn Sie älter als 40 Jahre sind, können Sie dagegen kürzere Laufzeiten wählen, da die Prämien dann immer teurer werden.

So können Sie Geld sparen

Vergleichen Sie die Kosten einer Risikolebensversicherung bei den verschiedenen Anbietern: Eine Versicherungssumme von 150 000 Euro, auf das Endalter von 60 Jahren abgeschlossen, kosten einen 30-jährigen Mann (Nichtraucher) bei einem billigen Direktversicherer etwa 210 Euro im Jahr, einen Raucher etwa 300 Euro. Eine 30-jährige Frau (Nichtraucherin) könnte sich bei gleicher Summe und Laufzeit schon für rund 150 Euro Jahresbeitrag versichern, als Raucherin würde sie etwa 200 Euro zahlen. Da Frauen statistisch eine höhere Lebenserwartung als Männer haben, zahlen sie weniger.

Achtung!

Schummeln beim »Nichtrauchen« nützt nichts. Medizinisch ist es möglich, auch gelegentliches Rauchen noch Tage später zweifelsfrei nachzuweisen! Und wer häufiger raucht, kann dies bei einer gründlichen Untersuchung schon gar nicht verbergen.

Bei einem teuren Unternehmen können die genannten Beträge jeweils mehr als doppelt so hoch sein.

WISO rät

Bei einer Risikolebensversicherung ist die Faustformel ganz einfach: Die Billigste ist die Beste! Das gesparte Geld können Sie auch als Zusatzeinkommen betrachten – und zwar steuerfrei!

Besonders günstig laut Bund der Versicherten sind folgende Unternehmen: Asstel, Cosmos Direkt, Dialog, Europa, Hannoversche Leben, HUK Coburg, HUK 24, Interrisk, Karstadt-Quelle, Legal & General, Ontos und WGV.

Der Bund der Versicherten (Adresse am Ende des Buches) hat mit der »Hannoverschen Leben« eine Risikolebensversicherung entwickelt, bei der die Beiträge zunächst niedrig beginnen und mit zunehmendem Lebensalter immer höher werden. Vorteil: Schon in jungen Jahren gibt es für wenig Geld hohen Hinterbliebenenschutz. Und: Bei einer vorzeitigen Kündigung gehen keine Beitragsanteile »für später« verloren. Sie können bei dieser Variante also auch ab einem Eintrittsalter von 40 Jahren risikolos längere Laufzeiten wählen und sollten dies auch tun.

Was bedeutet Beitragsverrechnung?

Auch Risikolebensversicherer brauchen ein »Sicherheitspolster«. In der Vergangenheit haben sie im Schnitt mehr Beiträge eingenommen, als sie auszahlen mussten, und das ist auch weiterhin so. Diese Überschüsse werden verzinslich angelegt. Hinzu kommt, dass in den vergangenen Jahrzehnten die Lebenserwartung immer weiter zugenommen hat – gut für die Lebensversicherer. An diesen Überschüssen beteiligen die Unternehmen auch die Kunden, wenn auch in unterschiedlichem Ausmaß.

Gewöhnlich geschieht das durch Tarife mit »Beitragsverrechnung«. Dadurch sinkt die eigentlich fällige monatliche Rate um bis zu 60 Prozent. Die Höhe der Absenkung kann aber nicht auf die gesamte Laufzeit garantiert werden. Die Todesfallsumme bleibt gleich. Dieses Modell ist das Standardmodell, es wird von rund 90 Prozent aller Unternehmen angeboten und ist gewöhnlich auch für den Kunden das Beste.

Eine Variante der Überschussverrechung stellt das »Bonussystem« dar: Bei gleichbleibendem Beitrag wird die Todesfallleistung höher. Dieses Modell hat jedoch einen Nachteil: Die Beiträge für Sie sind höher als bei der Überschussverrechnung, und von der höheren Auszahlung – deren genaue Höhe Ihnen niemand garantiert – profitieren höchstens Ihre Nachkommen.

Vertrag auf zwei Leben

Wenn Sie als Ehepaar eine Risikolebensversicherung abschließen möchten, ist eine sogenannte Risikoversicherung auf zwei Leben preisgünstiger als ein eigenständiger Vertrag für jeden. Die Versicherung zahlt dann nur einmal die vereinbarte Summe, nämlich wenn einer der Ehepartner während der Versicherungslaufzeit verstirbt. Die Versicherung auf zwei Leben ist auch für Lebensgemeinschaften, Geschäftspartner und sogar für fremde Dritte möglich.

Risikolebensversicherungen lassen sich oft auch gut mit einer Berufsunfähigkeitsversicherung (siehe dort) kombinieren. Mitunter ist diese Kombination nicht oder nur unwesentlich teurer als eine eigenständige Berufsunfähigkeitsversicherung.

Restschuldversicherung

Unabdingbar, wenn nicht schon von der Bank gefordert, ist eine Risikolebensversicherung, wenn der Bau oder Kauf einer Immobilie finanziell abgesichert werden soll. Sie können dabei besondere Tarife wählen, bei denen Beiträge und Versicherungssumme entsprechend der fallenden Restschuld sinken – eine sogenannte Restschuldversicherung. Im Todesfall können die Hinterbliebenen das Bankdarlehen dann mit der Versicherungsleistung tilgen.

WISO rät

Wenn die Bank, bei der Sie den Finanzierungskredit aufnehmen, auch gleich eine Restschuldversicherung anbietet, prüfen Sie, ob diese auch wirklich zu den günstigen gehört!

Denn eine solche Restschuldversicherung können Sie sich als Darlehensnehmer überall besorgen. Selbst, wenn es in diesem konkreten Fall um die Absicherung eines Bankdarlehens geht, brauchen Sie sich nicht an das Angebot des Bankenberaters zu halten. Vielmehr sollten Sie sich nach dem billigsten Anbieter umschauen.

Zwei Arten von Restschuldversicherungen lassen sich unterscheiden: Bei der einen sinkt die Versicherungssumme konstant um einen bestimmten Betrag, Jahr für Jahr – mit dem Nachteil allerdings, dass es dann zwischenzeitlich zu Unterdeckungen für die Restschuldsumme kommen kann. Denn beim Hypothekendarlehen gibt es üblicherweise keinen linearen Verlauf der Restschuld. Das bedeutet: Eine solche Versicherungsform sollte man nur wählen, wenn es nicht auf jeden Euro ankommt.

Mehr zu empfehlen ist daher eine Restschuldversicherung, bei der die Versicherungssumme jährlich der Restschuld angepasst wird. Dafür muss der Versicherer genau wissen, wie hoch die Gesamtlaufzeit des Darlehens ist, über welchen Nominalzins es abgeschlossen wurde und wie der Tilgungsplan im Einzelnen aussieht.

Trotz sinkender Restschuld kann es bei dieser Versicherungsform durchaus sein, dass die monatlichen Beiträge zunächst etwas ansteigen. Dafür gibt es eine einfache Erklärung: Je älter der Versicherungsnehmer wird, umso mehr steigt aus Sicht des Versicherers das Todesfallrisiko. Dafür sinkt aber zum Ende des Versicherungsvertrages hin der Beitrag deutlich ab.

Achtung!

Restschuldversicherungen als Absicherung gegen Arbeitslosigkeit oder Tod werden von Banken gern auch bei gewöhnlichen Ratenkrediten mitverkauft. Dagegen ist nichts einzuwenden, solange die Kosten dafür im Rahmen bleiben. Doch Verbraucherschützer haben festgestellt, dass oftmals der Effektivzins und damit die Kosten durch eine solche Versicherung enorm ansteigen, bis auf 40 Prozent des Nettokreditbetrages. Und das, ohne dass der Bankkunde dies mitbekommt. Zwar ist der Abschluss einer solchen Versicherung freiwillig, doch ohne diese gibt es bei jeder zweiten Bank keinen Ratenkredit, hat der Verbraucherzentrale Bundesverband bei Befragungen festgestellt. Im Zweifelsfall sollten Sie also mindestens ein zweites Angebot einholen und gegebenenfalls die Angebote bei einer Verbraucherberatung prüfen lassen!

Auch die Beiträge für eine Risikolebensversicherung lassen sich in der Einkommensteuererklärung oder im Lohnsteuerjahresausgleich in der Rubrik »Sonderausgaben« steuermindernd geltend machen.

Kapitallebensversicherung

Etwa 96 Millionen Lebensversicherungen haben deutsche Sparer abgeschlossen, davon sind etwa zwei Drittel Kapitallebensverträge. Die Kapitallebensversicherung, auch nur »Lebensversicherung« genannt, ist geradezu zum Synonym für »Versicherung« schlechthin geworden. Kein anderes Produkt der Finanzbranche wird folglich mehr beworben. Dabei wird sie als eine ideale Kombination von Familien- und Altersvorsorge, als Geldanlage mit hoher Rendite dargestellt, die zudem noch steuerlich begünstigt sei. Und immer wieder wird betont: Die Überschüsse kämen fast ausschließlich den Kunden, also den Versicherten, zugute. Dieser positive Eindruck hat sich auch bei den meisten Bürgern verfestigt.

Kritiker der Lebensversicherung sehen das Produkt und seine Anbieter weniger rosig, als es die Werbung darstellt. Von hohen Renditen könne keine Rede sein, ebenso wenig von einer treuhänderischen Verwaltung der Beiträge. Die Überschüsse seien beliebig manipulierbar, und die Steuervorteile kämen nur bei einer Minderheit überhaupt zum Tragen. Insofern sei die Lebensversicherung weder als Familienvorsorge noch als Altersvorsorge ein geeignetes Instrument.

Die Kapitallebensversicherung ist eine Risikoversicherung auf das Leben, gekoppelt mit einem Sparvertrag. Einmal abgeschlossen, braucht sich der Versicherte um nichts mehr zu kümmern. Monatlich zahlt er seine Beiträge und erhält diese plus Zinsen am Ende der Laufzeit – oft 20 oder 30 Jahre – ausgezahlt. Kommt es zur Auszahlung der Versicherungssumme, kann sich der Begünstigte das Geld auf einen Schlag auszahlen lassen. Er kann aber auch jetzt noch vereinbaren, dass stattdessen eine Rente gezahlt wird. Zusätzlich gibt es einen Hinterbliebenenschutz: Stirbt der Versicherte während der Laufzeit, erhalten die Hinterbliebenen eine garantierte Versicherungssumme plus einer unbekannten Überschussbeteiligung.

Der Löwenanteil der zu zahlenden Prämie geht in den Sparvertrag. So hat die Kapitallebensversicherung denn auch weniger mit Versicherung, sondern mehr mit Geldanlage zu tun. Eine Geldanlage, die dem Versicherten subjektiv das Gefühl gibt, eine gute Altersvorsorge abgeschlossen zu haben. Dass das meist nicht so ist, dazu später.

Der Garantiezins und was dahintersteckt

Ihr Beitrag, den Sie monatlich oder jährlich für die Kapitallebensversicherung zahlen, geht zum Teil für Risiko- und Verwaltungskosten drauf. Bei nicht wenigen der rund 100 Anbieter kostet der Risikoschutz bis zu 15 Prozent der Prämie. Für Verwaltungs- und Abschlusskosten werden bis zu 20 Prozent des Beitrags verwendet, mitunter auch mehr. Nur der Rest, also beispielsweise 65 oder 70 Prozent, bleibt für den Sparanteil, also für die eigentliche Kapitalbildung. Dieser, und nur dieser, wird bei Verträgen, die nach 2007 abgeschlossen wurden, mit 2,25 Prozent verzinst – das ist garantiert. Ältere Verträge laufen noch mit einer besseren Verzinsung.

Deutsche Versicherer sind gesetzlich nicht dazu verpflichtet, ihren Kunden die Verwendung der Beiträge aufzuschlüsseln, und nur wenige tun es freiwillig. Sie als Kunde erfahren deshalb in der Regel nicht, wie viel von Ihrem Beitrag für Verwaltungs- und Abschlusskosten des Versicherers oder für die Risikobeiträge verwendet werden und wie viel in den Spartopf fließt. Verbraucherschützer fordern seit langem mehr Transparenz. Immerhin: die Unternehmen müssen seit 2008 die Höhe der Abschluss- und Vertriebskosten nicht nur dem Kunden mitteilen, sondern auch auf fünf Jahre verteilen. Das ist wichtig für den Rückkaufswert im Falle einer frühen Kündigung des Vertrages durch den Kunden.

Je höher die Kosten Ihrer Kapitallebensversicherung für Vertrieb, Risikoschutz und Verwaltung sind, desto geringer ist Ihr Sparanteil. Und bedenken Sie: Schließen Sie den Vertrag bei einem Versicherungsvermittler ab, erhält dieser eine Provision. Dieses Geld muss auch erst einmal mit Ihrem Sparanteil wieder erwirtschaftet werden.

WISO rät

Bleiben Sie hartnäckig und fragen Sie Ihren Vermittler oder die Versicherung vor Abschluss eines Vertrages, wie viel Prozent Ihres Beitrags für welche Leistungen verwendet werden.

Der Überschussanteil ist nicht garantiert

Die Kapitallebensversicherung ist eine Geldanlage mit Unsicherheitsfaktor: Denn erst, wenn dem Versicherten die Ablaufleistung (Versicherungssumme plus Überschüsse) ausgezahlt wird, kann er sich die tatsächliche Rendite dieser Anlage ausrechnen – wenn er dann noch lebt. Gewöhnlich ist es etwa das Doppelte der vereinbarten Summe, manchmal mehr, mitunter auch viel weniger. Das liegt daran, dass die Versicherung versucht, das Geld möglichst ertragreich anzulegen und den Kunden an den dabei erzielten Überschüssen beteiligt. Allerdings ist nicht von vornherein abzusehen, wie sich die Börse und die Zinsen entwickeln. Daher kann auch der Überschuss nicht garantiert werden. So führten die Kursrückgänge 2002 und erneut 2008 dazu, dass viele Versicherungen ihre Zusagen hinsichtlich des garantierten Ertrags und der zu erwartenden Überschussanteile deutlich reduzieren mussten. Der Kunde wird nur an den Überschüssen beteiligt, die eine Gesellschaft am Jahresende nach Abzug aller Kosten erzielt hat – und die können vorher nicht garantiert werden.

Die Reform des Versicherungsvertragsgesetzes

Bei den Prospektangaben der Versicherer handelt es sich lediglich um Prognosen und unverbindliche Angaben des Versicherers, denn den Überschussanteil oder auch einen Mindestbetrag an einer Überschuss- beziehungsweise Gewinnbeteiligung kann er nicht garantieren. Zwar ist das Unternehmen verpflichtet, 90 Prozent des jährlichen Unternehmensgewinns an seine Versicherten weiterzugeben. Doch dieser Gewinn lässt sich nach unten drücken – im Zweifel bis auf null. Immerhin: Durch die Reform des Versicherungsvertragsgesetzes (VVG) müssen die Gesellschaften ihre Versicherten seit dem 1. Januar 2008 an den »stillen Reserven«, also an den Wertsteigerungen ihrer Kapitalanlagen, beteiligen. Das könnte für die Kunden höhere Renditen bedeuten. Doch klar ist auch: Nur die Versicherungssumme ist als Ablaufleistung garantiert und Ihnen sicher.

Für Kapitallebensversicherungen brachte die Reform des Versicherungsrechts 2008 folgende wichtige Änderungen, von denen die Kunden profitieren.

Die Änderungen seit 2008

- Jeder Kunde hat Anspruch auf eine Überschussbeteiligung.
- Jeder Kunde hat Anspruch auf mindestens eine 50-prozentige Beteiligung an den »stillen Reserven«, also an den noch nicht realisierten Gewinnen aus Kapitalanlagen. Die Versicherer müssen die stillen Reserven offenlegen und den Kunden jährlich über den auf ihn entfallenden Teil informieren. Diese Regelung gilt seit 2008 auch für alle laufenden Altverträge, jedoch nur für die Restlaufzeit.
- Jeder Kunde hat Anspruch auf einen Rückkaufswert bei Kündigung. Der Rückkaufswert wird nach dem Deckungskapital und nicht mehr nach dem unklaren Zeitwert berechnet. Diese Neuregelung gilt nur für Neuverträge seit dem 1. Januar 2008.
- Die Abschlusskosten von Lebensversicherungen werden zwingend auf fünf Jahre verteilt. Davon profitieren alle Kunden, die in den ersten Jahren kündigen. Sie bekamen bisher nahezu nichts von ihren eingezahlten Beiträgen zurück, da davon – häufig in den ersten zwei Jahren – erst einmal die Abschlusskosten bezahlt wurden. Jeder Kunde hat vor Abschluss Anspruch auf eine ausführliche schriftliche Information, unter anderem sollen die wichtigsten Punkte auf einem Blatt zusammengefasst werden.
- Jeder Vertreter muss den Kunden beraten und die Beratung dokumentieren.
- Dem Kunden muss vor Vertragsabschluss die Höhe der Abschluss- und Vertriebskosten mitgeteilt werden.

Wie finden Sie den richtigen Anbieter?

Besonders wichtig ist beim Abschluss einer Kapitallebensversicherung die Wahl der richtigen Gesellschaft, denn die Überschussbeteiligung und damit die Rendite war zwischen den einzelnen Unternehmen in der Vergangenheit sehr unterschiedlich. Damit ist auch in Zukunft zu rechnen. Eine Kapitallebensversicherung hat gegenüber anderen Geldanlagen zudem einen großen Nachteil: Sie sollte aus Renditegründen unbedingt bis zum Ende durchgehalten werden und ist somit unflexibel – ein weiterer wichtiger Grund für eine sorgfältige Auswahl des Versicherers. Zeitschriften wie *Finanztest*, *Capital* oder auch der Branchendienst *map-report* (www.map-report.de) veröffentlichen immer wieder Bewertungen von Lebensversicherungsunternehmen und sind so eine gute Hilfe bei der Suche nach der besten Versicherung.

Wenn Sie eine Kapitallebensversicherung abschließen wollen, sollten Sie die Renditeversprechen der Vertreter nicht unbedingt für bare Münze nehmen. Fragen Sie auch nach der Vergangenheitsrendite. Diesen auch für die Zukunft oft realistischeren Wert vergleichen Sie dann sowohl mit anderen Lebensversicherungen als auch mit anderen Formen der Geldanlage, zum Beispiel Aktienfonds.

Holen Sie vor Abschluss mehrere Angebote ein, und vergleichen Sie diese. Vor allem Direktversicherer sind interessant, denn diese sind in der Regel kostengünstiger. Machen Sie den Unternehmen genaue Vorgaben zu Todesfallsumme, Monatsbeitrag und Laufzeit. Vorbildlich ist es, wenn der Versicherer Ihnen dann eine vollständige Übersicht über den Ablauf der Versicherung mit Rückkaufswerten und Todesfallleistungen vorlegt – vor Abschluss natürlich.

Wie hoch sollten Sie die Versicherungssumme wählen?

Wie der Name schon sagt, sollte man von einer Lebensversicherung »leben« können – entweder im Erlebensfall man selbst oder sonst die Hinterbliebenen. Eine Versicherungssumme von 50 000 Euro ist da schon die unterste Grenze. Verrentet ergibt diese Summe vielleicht 1 000 Euro im Monat, kann also bestenfalls ein Zusatzeinkommen sein. Sie sollten daher eher schon Summen von 100 000 Euro oder darüber wählen.

Gar nicht wenige Menschen schließen aber Verträge mit geringeren Summen ab. Der Grund ist einfach: Sie können sich keine höheren Monatsbeiträge leisten, und der Vertreter möchte trotzdem zum Abschluss kommen. Eine Summe von 25 000 oder 50 000 Euro reicht sicher nicht aus, um eine Familie ausreichend zu versorgen. Sind Sie erwerbstätig und haben Sie einen Ehepartner oder eine Familie zu versorgen, dann sollte Ihre Versicherungssumme so bemessen sein, dass Ihre Hinterbliebenen angemessen versorgt sind. Denn sonst ist ein monatlicher Beitrag hinausgeschmissenes Geld!

WISO rät

Mit einer Risikolebensversicherung (siehe oben) können gerade junge Ernährer Hinterbliebene viel besser und preiswerter absichern als mit einer Kapitallebensversicherung!

Wie hoch ist die Auszahlung?

Kapitallebensversicherungen werden oftmals auf viele Jahre Laufzeit abgeschlossen, in Deutschland meist über knapp 30 Jahre. Doch wissen Sie, was in 30 Jahren ist? Viele Menschen wissen es offensichtlich nicht, denn sie steigen vorher aus. Im Schnitt werden Kapitallebensversicherungen nicht einmal die zwölf Jahre lang gehalten, die für eine steuerliche Begünstigung der Erträge notwendig wären, sondern nur acht Jahre. Wer aber vorher aussteigt, erzielt nicht die vom Vertreter versprochenen Summen – im Gegenteil, meist hat er mehr eingezahlt als herausgeholt.

Aber auch für den, der durchhält, gilt: die Renditen von Lebensversicherungen sind meistens – nicht immer – unterdurchschnittlich. Mit der früher erzielten Rendite von 5 bis 6 Prozent ist es schon länger vorbei. Und auch der Steuervorteil ist nicht mehr so hoch wie früher. Das liegt an der Neuregelung der Ertragsbesteuerung 2005 und auch an der Einführung der Abgeltungsteuer 2009.

Abgeltungsteuer seit 2009

Seit dem 1. Januar 2009 gilt eine einheitliche Abgeltungsteuer von 25 Prozent plus Solidaritätszuschlag plus eventuell Kirchensteuer auf Zinsen, Dividenden und Kursgewinne aus Wertpapieranlagen, sofern sie die Zinsfreibeträge überschreiten. Die Zinsfreibeträge liegen seit 2007 bei 801 Euro (Ledige) und 1 602 Euro (Verheiratete) im Jahr. Bezüglich der Kapitallebensversicherung sind folgende Fälle zu unterscheiden.

Vertragsabschluss vor 2005:

Die Erträge sind steuerfrei, sofern

- der Vertrag 12 Jahre oder länger läuft,
- ein Mindesttodesfallschutz von 60 Prozent der Versicherungssumme besteht,

- mindestens 5 Jahre lang Beiträge gezahlt wurden.

Die Erträge sind nicht steuerfrei, wenn zum Zeitpunkt der Auszahlungen die obigen Voraussetzungen nicht erfüllt waren, eine steuerschädliche Vertragsänderung vorgenommen wurde oder die Versicherung steuerschädlich zur Sicherung eines Darlehens eingesetzt wurde. In diesen Fällen greift die Abgeltungsteuer.

Vertragsabschluss ab 2005:

Bei Verträgen, die ab dem 1. Januar 2005 abgeschlossen wurden und die mindestens 12 Jahre lang laufen, und bei denen der Sparer bei Beendigung mindestens 60 Jahre alt sein wird, muss nur die Hälfte des sogenannten fiktiven Ertrags versteuert werden, allerdings mit dem persönlichen Steuersatz (das sogenannte Halbeinkünfteverfahren). Das kann frühestens 2017 eintreten – 12 Jahre nach 2005. Fiktiv deshalb, weil der Staat nicht genau nachrechnet. Der Ertrag ist genau der Betrag, der über den eingezahlten Beiträgen liegt.

Beispiel

Herr Müller ist 62 Jahre alt und erhält nach zwölf Jahren von seiner Lebensversicherung vor Steuern 50000 Euro. Eingezahlt hat er über die Jahre 32000 Euro. Macht also eine »fiktive Gewinnbeteiligung« von 18000 Euro. Der Fiskus fordert nun Einkommensteuer aus der Hälfte, also aus 9000 Euro. Bei einem persönlichen Steuersatz von 33 Prozent muss Herr Müller 3000 Euro Steuern zahlen. Ihm bleiben also noch 47000 Euro.

Verträge, die nach 2005 abgeschlossen wurden, aber vor Ablauf der 12 Jahre oder vor dem Alter von 60 Jahren ausgezahlt werden, sind abgeltungsteuerpflichtig. Das gilt auch für den vorzeitigen Verkauf von Lebensversicherungen. Die Einzahlungen wären steuerlich absetzbar, wenn die Sonderausgaben nicht – wie fast immer – schon durch die Beiträge zur Sozialversicherung aufgebraucht sind.

Lebensversicherungen und Inflation

Eine Geschichte aus dem Fundus der Gothaer Lebensversicherung: Am 3. November 1927 schloss ein Notar aus Salzwedel eine Lebensversicherung über 30000 Reichsmark ab. Fällig wurde die Versicherung 18 Jahre später, am 3. November 1945. Sie wurde auch ausgezahlt; leider war das Geld aber kurz nach Kriegsende nicht mehr das Papier wert, auf dem es gedruckt war. Ein krasser Fall – und heute zum Glück so nicht mehr vorstellbar. Doch er wirft ein Licht auf ein Phänomen, das heute bei Lebensversicherungen kaum mehr Beachtung findet: die Inflation.

Oft bringen Vertreter das Argument, dass die Überschussbeteiligung die Versicherungssumme noch verdoppeln würde. Das mag nach einer Laufzeit von 25 oder 30 Jahren durchaus stimmen. Allerdings hat die Inflation in dieser Zeit an der Kaufkraft genagt. Unterm Strich bekamen in der Vergangenheit daher viele Kunden nach der Kaufkraft berechnet gerade so viel heraus, wie die Zahl in ihrer Police damals wert war. Das heißt: Eine echte Wertsteigerung hatte für diese Kunden nicht stattgefunden – im Gegensatz zu vielen Anlegern, die in Sachwerte wie Aktien oder Immobilien investiert hatten! Dafür war aber auch das Risiko, Geld zu verlieren, deutlich geringer.

Wer heute eine normale Lebensversicherung abschließen will, für den gilt: Kurze Laufzeiten sind die besten Laufzeiten. Wer glaubt, durchhalten zu können, und wer in der Steuererklärung bei den Sonderausgaben noch Raum hat für Versicherungsbeiträge, für den kann sich eine Kapitallebensversicherung sogar lohnen. Die steuerliche Mindestdauer von zwölf Jahren sollte allerdings auch die maximale Dauer sein.

Für Singles eigentlich überflüssig: der Todesfallschutz

Ist der Hinterbliebenenschutz bei vielen abgeschlossenen Kapitallebensversicherungen eher zu mager, kann er für andere Kunden sogar überflüssig werden. Denn Kapitallebensversicherungen werden häufig auch abgeschlossen, obwohl überhaupt keine Hinterbliebenen zu versorgen sind – von Singles nämlich. Als Single sollten Sie deshalb genau überlegen, wie hoch die Wahrscheinlichkeit ist, dass Sie in den nächsten Jahren eine Familie zu versorgen haben. Ist sie gering, dann verschenken Sie einen Teil des eingezahlten Kapitals.

Fondsgebundene Lebensversicherung

Im Unterschied zu der normalen Kapitallebensversicherung findet bei der fondsgebundenen Lebensversicherung (manchmal auch »Fondspolice« genannt) eine Trennung von Sparanteil und Kostenanteil der Prämie statt – ein Vorteil für Sie als Versicherten! Der Sparanteil wandert nämlich in ein Sondervermögen, in den Fonds eben. Dieses Sondervermögen ist für das Unternehmen unantastbar, kann also nicht mehr zum Ausgleich von Zusatzkosten oder dergleichen verwendet werden.

Normalerweise können Sie je nach Angebot des Unternehmens zwischen Aktien-, Renten- und Immobilienfonds wählen. Bei manchen Versicherern ist der Fonds jedoch festgelegt.

Sie sind bei der Wertentwicklung allerdings wie ein normaler Fondssparer auch an die Wertentwicklung des Fonds gebunden, und damit an die Fähigkeit des Fondsmanagements, Ihre Gelder möglichst ertragreich zu verwenden.

Achtung!

Sie können in eine Zwickmühle kommen: Wenn Sie aus einer fondsgebundenen Lebensversicherung vorzeitig aussteigen wollen, weil sich der zugrunde liegende Fonds schlechter als erhofft entwickelt, sollten Sie das nur machen, wenn Sie sich bester Gesundheit erfreuen. Denn bei einem Neuabschluss wird auch eine erneute Gesundheitsprüfung fällig!

Damit wird ein weiterer Unterschied zu einer »normalen« Lebensversicherung deutlich: Die Sicherheit, bestimmte Renditen zu erzielen, ist gerade bei Lebensversicherungen auf Aktien- wie auch Immobilienfondsbasis deutlich geringer! Insofern ist eine Fondspolice auch nur bedingt zur Altersvorsorge geeignet, da Sie im schlechten Fall deutlich weniger erhalten können als erwartet. Sie können aber das Risiko verteilen, indem die Sparrate auf mehrere Fonds aufgeteilt wird. Es sollte sich dabei allerdings nicht ausschließlich um Aktienfonds handeln, denn wenn der Aktienmarkt am Ende der Laufzeit im Keller ist, lässt das Ihre Fondspolice auch nicht viel besser dastehen.

WISO rät

Bevor Sie eine fondsgebundene Lebensversicherungspolice unterschreiben, prüfen Sie folgende Alternative: Schließen Sie den Todesfallschutz über die gleiche Summe mit einer Risikolebensversicherung ab und zahlen Sie die eingesparten Prämien in einen Fonds-Sparvertrag ein, zum Beispiel bei einer Bank oder einer renommierten Fondsgesellschaft.

Kapitallebensversicherung und Hartz IV

Eine Kapitallebensversicherung ist nicht »Hartz-IV-sicher«, wie oft geglaubt wird. Für Hartz-IV-Empfänger gibt es aber grundsätzlich einen Freibetrag für Vermögenswerte, zu denen auch eine Lebensversicherung zählt. Dieser Freibetrag setzt sich zusammen aus einem Grundfreibetrag und einem Altersvorsorgefreibetrag.

Grundfreibetrag Der Grundfreibetrag beträgt 200 Euro pro Lebensjahr – mindestens aber 4 100 Euro, maximal jedoch 13 000 Euro. Großzügiger sind die Grenzen für Arbeitslose, die 1947 oder früher geboren sind: Der Grundfreibetrag beträgt für diese Personen 520 Euro pro Jahr, maximal jedoch 33 800 Euro.

Altersvorsorgefreibetrag Ein zusätzlicher Altersvorsorgefreibetrag von 200 Euro pro Jahr wird angerechnet, wenn der Vertrag nicht vor Erreichen der Rente in Anspruch genommen werden kann.

Andererseits soll aber auch kein Vermögen verschleudert werden. Wenn der Rückkaufswert mehr als 10 Prozent unter den bereits gezahlten Prämien liegen würde, braucht der Vertrag nicht verkauft zu werden.

Achtung!

Ältere Arbeitslose müssen ihre Lebensversicherungen nicht immer verkaufen, bevor sie Hartz IV erhalten. Im Mai 2009 entschied das Bundessozialgericht, dass diese zwangsweise Auflösung der privaten Altersvorsorge eine „besondere Härte" darstellen könne.

Eine 59-jährige Ladeninhaberin hatte nach langjähriger Selbstständigkeit wegen einer Krebserkrankung Hartz IV beantragt. Das Jobcenter verlangte aber, dass die Frau zuvor ihre Lebensversicherungspolicen in Höhe von 80 000 Euro verkaufen müsse. Die Frau argumentierte dagegen, dass ihre gesetzliche Rente nur 257,10 Euro im Monat betragen würde, weil sie während ihrer langjährigen Selbstständigkeit keine Beiträge zur gesetzlichen Rentenversicherung gezahlt hatte. Das Bundessozialgericht urteilte, dass die Auflösung der Policen eine unzulässige Härte bedeuten kann. Maßgeblich sei, ob die Versicherungen, wie hier, nachweislich zur Altersvorsorge gedacht gewesen seien, auch wenn eine vorzeitige Verwertung möglich gewesen wäre (Az.: B 14 AS 35/08 R).

Mit der Lebensversicherung das eigene Haus finanzieren?

Nicht wenige Hausfinanzierungen in Deutschland werden mit Kapitallebensversicherungen gestaltet. Das scheint auf den ersten Blick eine gute Idee: Statt selbst zu tilgen, tilgt die Lebensversicherung das Hypothekendarlehen am Ende der Laufzeit auf einen Schlag. Doch der Schuss ist in der Vergangenheit nicht selten nach hinten losgegangen: Nach dem Crash 2001/2002 wurden die versprochenen Renditen nicht erbracht, gleichwohl wurde das Darlehen in voller Höhe fällig.

Auch das Zinserhöhungsrisiko nach Ablauf der Zinsbindung traf beziehungsweise trifft die volle Darlehenssumme, da bis dahin nichts getilgt wurde. Mancher Hausbesitzer musste schon, wenn er denn konnte, hohe fünfstellige Beträge nachschießen – oder das Haus (mit Verlust) verkaufen. Insofern: Hände weg von dieser Finanzkonstruktion!

Private Rentenversicherung

Die WISO-Redaktion erreichen immer wieder Briefe von Zuschauern mit nur einem Thema: Protest gegen eine immer geringere Monatsrente aus der abgeschlossenen privaten Rentenversicherung! Der Tenor ist immer gleich: Damals hatte der Vertreter doch ganz andere Höhen versprochen, die zunächst auch kamen, dann aber nicht mehr. In der Tat kam und kommt es seit den Krisen der Kapitalmärkte bei vielen Rentenversicherungen zu deutlichen Kürzungen. Schmerzlich, aber ganz legal! Denn die Privatrente besteht gewöhnlich aus einem garantierten Anteil und einem nicht garantierten aus der Überschussbeteiligung. Und eben dieser wurde nicht selten um 20 Prozent oder im Extremfall sogar ganz gekürzt.

Wer dennoch sicher ist, dass er übervorteilt wurde, sollte zu einem Fachanwalt gehen und die Berechnung überprüfen lassen. Der Vorgang zeigt überdeutlich, dass man vollmundigen Versprechungen von Vertretern gerade bei Versicherungen mit gesundem Misstrauen begegnen sollte.

Eine private Rentenversicherung ist eigentlich keine Versicherung im klassischen Sinne, da kein Risiko versichert wird. Es sei denn, man sieht das »Altwerden in Armut« bereits als Risiko an. Sie ist ein reiner Sparvorgang beziehungsweise eine einmalige Kapitalanlage, an deren Ende die Auszahlung der »Versicherungssumme« plus einer möglichen Überschussbeteiligung steht. Das kann als monatliche Rente erfolgen oder – falls ein Kapitalwahlrecht vereinbart wurde – auch als Einmalzahlung. Wird die

Einmalzahlung gewählt, gelten die gleichen Steuerregeln wie bei einer Kapitallebensversicherung (siehe oben).

Wenn sofort oder zu einem vereinbarten Zeitpunkt eine monatliche Rente gezahlt wird, kann man die private Rentenversicherung auch als Wette auf ein langes Leben ansehen. Denn je länger Sie leben, desto länger kassieren Sie. Bei frühem Tod dagegen haben Sie möglicherweise viel Geld ohne Gegenleistung eingezahlt.

Immerhin ist bei den meisten Unternehmen die sogenannte Beitragsrückgewähr üblich: Bei Tod vor Vertragsende werden die bis dahin eingezahlten Beiträge plus eventueller Überschüsse an die Erben ausgezahlt. Wer nichts hinterlassen will und dies dem Unternehmen mitteilt, bekommt im Gegenzug von der Gesellschaft üblicherweise eine höhere Rente ausgezahlt (Vertrag ohne Beitragsrückgewähr).

Für die Zeit der Rentenzahlung gibt es meist eine Garantiezeit, beispielsweise fünf oder zehn Jahre. Das heißt, für eine Reihe von Jahren wird die Rente in jedem Fall gezahlt. Ist der Rentenempfänger vorher verstorben, geht die garantierte Rente an die vom Verstorbenen bestimmten Erben – bis zum Ablauf dieser Zeitspanne. Statt der weiteren Rentenzahlung ist auch die Vereinbarung einer einmaligen Kapitalauszahlung möglich.

Allerdings können Sie auf diese Garantiezeit auch verzichten. Das ist immer dann sinnvoll, wenn Sie keine Erben haben oder nichts vererben wollen. Durch die fehlende Garantie sollte sich dann natürlich Ihre Rente erhöhen. Das war in der Vergangenheit aber nicht immer der Fall. Fragen Sie danach!

Wenn Sie Ihren Lebenspartner mitversichert haben, geht nach Vertragsende und nach Ihrem Tod die Rente auf den Lebenspartner über.

Die Rentenlücke schließen

Mit der privaten Rentenversicherung wird heute vor allem auch deshalb erfolgreich geworben, weil die gesetzliche Rentenversicherung oft nicht mehr ausreicht, um den angestrebten Lebensstandard im Alter zu sichern. Die private Rentenversicherung soll die Lücke stopfen, die Vater Staat aufgerissen hat. Der Vorteil ist ihre bequeme Handhabung: Man überweist seine Monatsraten – oder wenn ein genügend großer Betrag aus früheren Ersparnissen, einer Erbschaft oder Abfindung vorhanden ist, auch eine Einmalzahlung – und braucht sich ab sofort um nichts mehr zu kümmern. Nach Ablauf der Police, meist ab dem 65. Lebensjahr, wird das Geld ausgezahlt.

Aufgeschobene Rente oder Sofortrente?

Die gängige Police besteht aus zwei Phasen: aus der Aufschubphase, in der durch Beiträge Geld eingezahlt wird, sowie aus der Auszahlungs- oder Rentenbezugsphase. Der Kunde hat gewöhnlich das Wahlrecht, entweder die Summe als monatliche Rente ausgezahlt zu bekommen oder als einmalige Kapitalabfindung. Meist muss er sich fünf Jahre vor Ablauf der Aufschubphase entscheiden, welche Auszahlung erfolgen soll. Damit wollen die Unternehmen verhindern, dass sich schwerkranke Kunden noch unmittelbar vor dem Auszahlungstermin für die (hohe) Einmalzahlung entscheiden, während nur die Gesunden die Rente wählen. Die Rentenzahlung erfolgt nämlich lebenslang, auch wenn sie schon längst die früher eingezahlten Beiträge übersteigt – sie ist eben eine Wette auf ein langes Leben.

Die Alternative zur aufgeschobenen Rente ist die Sofortrente: Hier gibt es keine Phase der Beitragszahlung, sondern es wird ein (größerer) Einmalbetrag eingezahlt. Die Rente erhält man dann entweder sofort oder ab einem vereinbarten Termin ausgezahlt. Hier wird die Rente ebenfalls lebenslang gezahlt, auch wenn es mehr sein sollte, als zu Beginn eingezahlt wurde. Die Sofortpolice kann gewöhnlich nicht mehr gekündigt werden.

Hinterbliebenenrente

Wenn der Versicherte verstorben ist, gibt es nach Ablauf der vereinbarten Garantiezeit nichts mehr für die Hinterbliebenen. Um ihnen dennoch einen gehobenen Lebensstandard zu sichern, ist in Anlehnung an die staatliche Hinterbliebenenrente die Vereinbarung einer lebenslangen Hinterbliebenenrente auch bei der privaten Rentenversicherung möglich. Meist wird ebenso wie bei der staatlichen Rente eine Zusatzversorgung von 60 Prozent der Bezieherrente gewählt – das verteuert allerdings den Vertrag.

Dynamische Rente

Im Gegensatz zur »normalen« beziehungsweise konstanten Rente gibt es auch noch die »dynamische« und »teildynamische« Rentenauszahlung. Bei der dynamischen Auszahlung steigt die Rente von Jahr zu Jahr um einen bestimmten Prozentsatz. Wie viel dabei herauskommt, ist allerdings nicht garantiert, nur die jeweils erreichte Rentenhöhe wird auch zukünftig ausgezahlt. Die Rentenhöhe ist im Gegensatz zur konstanten Rente in den ersten Auszahlungsjahren niedriger und steigt dann an.

Die teildynamische Rente kann man als Mischform von konstanter und dynamischer Rente bezeichnen. Auch bei der teildynamischen Rente ist die Steigerungsrate nicht garantiert, nur die jeweils erreichte Rentenhöhe wird auch in den kommenden Jahren gezahlt.

Auszahlungshöhe unsicher

Wie viel Geld wird Ihnen letztlich ausgezahlt? Wie bei der Kapitallebensversicherung werben die Unternehmen – und ihre Vertreter – mit Renditen, die wegen des fehlenden Todesfallschutzes noch höher sein sollen als bei anderen Anlagen. Doch wie schon zu Beginn gesagt, ist das keinesfalls sicher.

Dass versprochene Überschussbeteiligungen zurückgeschraubt werden, hat neben der Kapitalmarktkrise noch einen zweiten Grund: die steigende Lebenserwartung. Und da sie immer weiter ansteigt, hat die private Rentenversicherung ein dauerhaftes Problem. Denn was die Versicherten erfreut, bringt die Unternehmen in die Klemme: Ein längeres Leben der Versicherten heißt für die Unternehmen, dass sie länger Rente zahlen müssen als vor Jahren oder Jahrzehnten einkalkuliert. Die damals zugrunde gelegten sogenannten Sterbetafeln haben zum Zeitpunkt der Auszahlung keine Gültigkeit mehr. Die Folge: Immer wieder erleben Privatrentenempfänger, dass ihnen das Unternehmen lapidar mitteilt, die monatliche Auszahlung müsse aufgrund neuer Berechnungen gekürzt werden.

Mitunter trifft Sie diese Mitteilung sogar schon in der Phase der Beitragszahlung. Selbst, wenn Sie als Beitragszahler eine einmalige Auszahlung vereinbart haben, sind Sie vor einer Kürzung nicht sicher. Sie werden Opfer der ungünstiger gewordenen Gesamtkalkulation der Gesellschaft.

Leider sind die Gesellschaften bis heute nicht verpflichtet, steigende Lebenserwartung oder den medizinischen Fortschritt in irgendeiner Form für Planrechnungen zu berücksichtigen. Erst die Veröffentlichung neuer Sterbetafeln zwingt die Unternehmen zu einer Reaktion – und stellt Sie dann vor vollendete Tatsachen. Kalkulieren Sie daher schon beim Abschluss einer privaten Rentenpolice eine mögliche Absenkung der prognostizierten Auszahlung mit ein!

Während die Rentenkürzung aufgrund steigender Lebenserwartung ein spezielles Problem der privaten Rentenversicherung ist, gibt es ansonsten Parallelen mit der Kapitallebensversicherung – zum Beispiel die Undurchsichtigkeit der Prämienverwendung. Sie erfahren gewöhnlich nicht, wie viel von Ihrer Prämie wirklich in den Ansparvorgang geht. Fragen Sie danach!

WISO rät

Schauen Sie sich die aktuellen Testvergleiche aus verschiedenen Fachzeitschriften wie *Capital* oder *Finanztest* an. Lassen Sie sich von den Unternehmen, die im Test am besten abschneiden, unverbindliche Angebote schicken.

Private Rentenversicherungen sind nicht von der im Kapitel »Kapitallebensversicherung« erwähnten Abgeltungssteuer betroffen. Es bleibt hier bei der sogenannten Ertragsbesteuerung.

Ausbildungs- und Sterbegeldversicherung

Die Ausbildungsversicherung wird von Eltern oder Großeltern für ihre Kinder beziehungsweise Enkel abgeschlossen. Es handelt sich um eine kleine Lebensversicherung, die im Todesfall der Eltern oder Großeltern die festgelegte Summe zahlt, im Erlebensfall die Garantiesumme plus ungesicherte Überschüsse. Der Vorteil ist auch hier, dass man sich nach Abschluss um nichts mehr kümmern muss. Gravierend ist aber der Nachteil, nämlich eine geringe Rendite, die noch geringer wird, wenn die Großeltern Einzahler sind, weil dann der Todesfallschutz teurer ist.

Ähnlich verhält es sich mit Sterbegeldversicherungen. Sie sind wohl die teuerste Variante einer Kapitallebensversicherung. Zu den hohen Todesfallkosten kommen noch wegen der geringen Summen (meist um die 5 000 bis 10 000 Euro) hohe Kosten für Abschluss und Verwaltung. Wer seine Nachkommen nicht mit den Kosten für die Beerdigung belasten will, sollte beizeiten selbst sparen, statt in eine Sterbegeldversicherung einzuzahlen.

Was tun im Versicherungsfall?

Der Versicherungsfall ist bei der Lebensversicherung der Todesfall der versicherten Person. Die Hinterbliebenen müssen den Todesfall der Versicherung unverzüglich melden. Unverzüglich heißt innerhalb von 48 Stunden, damit bei ungeklärten Todesfällen eine Obduktion möglich ist. Die Versicherung braucht von den Hinterbliebenen folgende Dokumente: das Original des Versicherungsscheines, Original oder beglaubigte Kopie der Sterbeurkunde, ärztliches oder amtliches Zeugnis über die Todesursache sowie den Nachweis der letzten Beitragszahlung. Liegt der Versicherungsschein nicht vor, muss eine Verlusterklärung beim Versicherer angefordert werden.

Abschluss und Kündigung einer Lebensversicherung

Beim Abschluss einer Lebensversicherung gibt es wenig zu beachten. Das Wichtigste ist, dass Sie bei einem Unternehmen unterschreiben, das schon in der Vergangenheit renditestark war und/oder geringe Abschluss- und Verwaltungskosten verbrauchte. Was natürlich keine Garantie für die Zukunft ist! Zahlen dazu liefert unter anderem das Branchenmagazin »Map-Report« unter www.map-report.de, Auszüge daraus finden sich immer wieder in Zeitschriften wie *Stern*, *Capital* und so weiter. Außerdem wichtig bei einer Kapitallebensversicherung: Vereinbaren Sie möglichst nicht länger als zwölf Jahre Laufzeit. Wichtig ist aber vor allem die korrekte Beantwortung der Gesundheitsfragen.

Wichtig: die Gesundheitsfragen

Vor Abschluss eines Vertrags bekommen Sie einen Fragebogen mit den Gesundheitsfragen. Verschweigen Sie hier keine Vorerkrankungen, Arztbesuche oder Klinikaufenthalte im von der Versicherung bestimmten Zeitraum – meist sind das die letzten fünf Jahre. Der Versicherer bewertet das Verschweigen als Verstoß gegen die »vorvertragliche Anzeigepflicht« und ist im Falle des Falles von der Leistung frei. Die Unternehmen haben übrigens Zugriff auf Ihre Patientendaten, denn Sie müssen Ihre Ärzte und Ihre Krankenversicherung von der Schweigepflicht gegenüber dem Unternehmen entbinden.

In der Vergangenheit haben Versicherer ihren Kunden immer wieder vorgeworfen, wichtige Umstände verschwiegen zu haben, was nicht selten zum Rechtsstreit führte. Hier hat der Gesetzgeber für mehr Klarheit gesorgt. Seit dem 1. Januar 2008 brauchen Sie nur die Umstände anzugeben, nach denen Sie ausdrücklich schriftlich gefragt werden.

Sollten Sie über einen Versicherungsvertreter abschließen, bestehen Sie darauf, dass er alle Vorerkrankungen im Detail in das Antragsformular einträgt. Es soll Vertreter geben, die Kunden dazu überreden, Vorerkrankungen als »unwichtig« wegzulassen oder zu bagatellisieren. Damit ist zwar der Abschluss der Police einfacher, doch im Falle des Falles haben Sie dann viele Beiträge gezahlt, aber erhalten trotzdem keinen Versicherungsschutz.

Verzichten Sie deshalb auch nicht auf das Beratungsprotokoll, welches das Gespräch mit dem Vertreter dokumentiert und von ihm unterschrieben wird. So haben Sie bei Unstimmigkeiten einen Beweis mehr in der Hand.

Kündigung einer Risikolebensversicherung

Man kann eine Risikolebensversicherung vorzeitig kündigen, und zwar jederzeit zum Ende des laufenden Versicherungsjahres. Dieses Recht bezahlt man allerdings mit den vorher höheren Beiträgen, die auf eine längere Laufzeit ausgerichtet waren und nun verloren sind. Das Versicherungsunternehmen hat dagegen grundsätzlich nur die Möglichkeit, bei Zahlungsverzug Ihrerseits zu kündigen.

Ganz allgemein sollte man zwar eine vorzeitige Kündigung in Erwägung ziehen, wenn man ein günstigeres Angebot eines anderen Unternehmens vorfindet. Aber Vorsicht: Dann wird auch eine erneute Gesundheitsprüfung fällig. Ist das Ergebnis schlecht, drohen Zuschläge oder sogar eine Ablehnung der Versicherung.

Kündigung einer Kapitallebensversicherung

Es ist kein Problem, vorzeitig aus einer Kapitallebensversicherung auszusteigen – Sie erleiden allerdings praktisch immer Verluste. Doch je nachdem, welchen Ausstieg Sie wählen, können Sie diese in Grenzen halten.

Die Kündigung einer Lebensversicherung ist jedes Jahr möglich. Sie schreiben – am besten per Einschreiben – den Versicherer unter Angabe der Versicherungsscheinnummer an und erklären die Kündigung zum nächstmöglichen Termin. Das ist alles. Die komplexere Frage ist, ob die Kündigung auch sinnvoll ist und welche Alternativen es gibt. Darauf gehen wir im Folgenden ein.

WISO rät

Bevor Sie kündigen, sollten Sie sich vom Versicherer den Rückkaufswert ermitteln lassen. Und wenn Sie kündigen, um bei einem anderen Unternehmen einen besseren Vertrag zu unterschreiben, müssen Sie dafür gesund sein.

Die meisten Kunden, die kündigen, erleben die böse Überraschung erst, wenn sie auf dem Kontoauszug sehen, wie viel ihnen der Versicherer tatsächlich überwiesen hat. Schätzungsweise wird jeder zweite Vertrag vorzeitig beendet, meistens durch Kündigung. Viele Versicherte müssen dann erleben, dass sie nicht einmal die über Jahre eingezahlten Beiträge wieder zurückbekommen, von einer Verzinsung oder von »Überschussanteilen« ganz zu schweigen. Der Versicherte wird Opfer einer internen Kalkulation der Unternehmen: Viele ziehen die Kosten, insbesondere die Provision für den Vertreter, von den ersten Jahresbeiträgen des Versicherten ab (die sogenannte »Zillmerung«). So bleibt zunächst wenig übrig, was das Unternehmen für den Kunden auf die hohe Kante legen konnte. Hinzu kommen sogenannte Stornokosten, die die Unternehmen für die vorzeitige Beendigung geltend machen. Entsprechend mager ist die Ausbeute, selbst nach zehn Jahren Laufzeit. In den letzten Jahren gab es nach diversen Klagen vor dem BGH einige Urteile, die diese Situation verbessern sollen.

BGH-Urteile vom 9. Mai 2001

Schon in Urteilen vom 9. Mai 2001 hatte der BGH nach einer Klage des Bundes der Versicherten entschieden, dass bestimmte Klauseln zur Vertragskündigung, zur Beitragsfreistellung und zu den Abschlusskosten unwirksam seien (Az.: IV ZR 121/00 und IV ZR 138/99). Der Grund: Die Klauseln seien zu unverständlich, kein Kunde könne die ungünstigen Folgen einer Kündigung erkennen. In der Folge ersetzten die betroffenen Versicherer die unwirksamen Klauseln zwar durch neue, inhaltlich änderte sich aber nicht viel. Die Kosten für die Vertreter wurden meist weiterhin in den ersten Jahren abgezogen, erst danach begann ein Ansparvorgang.

BGH-Urteile vom 12. Oktober 2005

Auch dagegen klagte der Bund der Versicherten, woraufhin weitere BGH-Urteile vom 12. Oktober 2005 folgten (Az.: IV ZR 162/03, IV ZR 177/03 und IV ZR 245/03). Die Versicherer kassierten nicht nur eine Rüge für ihr Verhalten, auch nach dem 9. Mai 2001 einfach so weiter gemacht zu haben wie bisher. Sie wurden zudem verpflichtet, bei einer vorzeitigen Kündigung mindestens die Hälfte des »ungezillmerten Deckungskapitals« als beitragsfreie Versicherungssumme oder als Rückkaufswert auszuweisen. Das bedeutet: Zwar dürfen bei einer Kündigung Verwaltungskosten und Todesfallschutzkosten abgezogen werden, vom Rest aber erhält der Kunde mindestens die Hälfte zurück, bevor die Vertreterkosten abgezogen werden. Fast noch wichtiger: Es darf kein Stornoabzug vorgenommen werden! Was dem Kunden dann übrig bleibt, ist immer noch wenig, aber viel mehr als früher. Leider gelten diese BGH-Urteile nur für Kapitallebensversicherungsverträge, die zwischen dem 29. Juli 1994 und Herbst 2001 abgeschlossen wurden und bereits gekündigt beziehungsweise beitragsfrei gestellt wurden oder in Zukunft noch werden. Eine Ausweitung der Rechtsprechung auf neuere Verträge halten Experten aber für wahrscheinlich, nachdem das Landgericht Hamburg am 20. November 2009 ähnlich für Verträge nach 2001 entschieden hat (Az.: 324 O 1116/07, 1136/07, 1153/07).

Kunden, die nach den BGH-Urteilen ihr ehemaliges Unternehmen angeschrieben hatten, erlebten unterschiedliche Reaktionen. Etliche Unternehmen – wie Marktführer Allianz Leben – zahlten ohne Murren einen »Nachschlag«, wenn die Bedingungen der BGH-Urteile erfüllt waren. Andere wiederum weigerten sich hartnäckig mit dem Verweis auf eine angebliche Verjährung. Verbraucherschützer sind aber der Meinung, dass eine Verjährungsfrist erst mit den neuen Urteilen, also ab dem 12. Oktober 2005 zu laufen begonnen haben könne. Auch hier wird wohl erst ein höchstrichterliches Urteil Klarheit schaffen können. Eine andere Klarstellung gab es schon: Der BGH hat am 26. September 2007 entschieden, dass die Grundsätze seines Urteils vom 12. Oktober 2005 auch auf die *fondsgebundene Lebensversicherung* anzuwenden sind (AZ.: IV ZR 321/05). Somit haben Verbraucher, die eine fondsgebundene Police des betreffenden Zeitraums gekündigt oder beitragsfrei gestellt haben, möglicherweise noch Anspruch auf Erstattung von Stornoabzügen und höhere Rückkaufswerte!

Mehr Geld seit 2008

Auch durch die Reform des Versicherungsvertragsgesetzes gibt es seit 2008 bei der Kündigung der Lebensversicherung eine Besserstellung des Kunden: Die Versicherer sind dann verpflichtet, ihre Abschlusskosten auf die ersten fünf Jahre zu »verteilen«. Gut für die Kunden, die sich schon nach kurzer Zeit wieder von ihrem Vertrag trennen möchten: Sie erhalten jetzt einen größeren Teil ihrer Beiträge als früher.

Beitragsfrei stellen?

Da der Rückkaufswert oft erschreckend gering ist, kann es besser sein, stattdessen den Vertrag beitragsfrei zu stellen. Das bedeutet, dass Sie nach entsprechender Mitteilung an den Versicherer ab sofort keine Prämien mehr zahlen müssen. Die Versicherung behält das bisher eingezahlte Sparkapital. Dadurch sinkt die Versicherungssumme, die dann zum vereinbarten Vertragsende zuzüglich Überschussanteilen ausgezahlt wird.

Laufzeit verkürzen?

Statt Kündigung oder Beitragsfreistellung gibt es auch noch die Möglichkeit, die Laufzeit des Vertrages zu verkürzen. Der Vorteil: Es wird ein reguläres Ende der Versicherung erreicht. Das ist in der Regel günstiger als der Rückkaufswert. Die Nachteile: Wenn der Zinsfreibetrag schon ausgeschöpft ist, verlangt das Finanzamt mehr Kapitalertragssteuer bei der Auszahlung, weil die Verkürzung vom Fiskus meist als Neuabschluss angesehen wird. Es sei denn, die Restlaufzeit geht über zwölf Jahre oder länger. Und auch eine Verkürzung beendet nicht sofort die Versicherung, meist läuft der Vertrag noch bis zu zwei Jahre.

Weitere Alternativen zur Kündigung

Fast alle Versicherungsgesellschaften bieten für kurzfristige finanzielle Notlagen weitere Alternativen zur Kündigung an: zum Beispiel Beitragsstundungen, Herabsetzen der Versicherungsprämie durch Reduzierung des Versicherungsschutzes, Vergabe eines Policendarlehens oder Teilauszahlung. Informieren Sie sich daher auch über diese Möglichkeiten, wenn Sie über eine Kündigung nachdenken.

Wenn Sie ein paar Monate nach Abschluss des Vertrages erkennen, dass Sie einen Fehler gemacht haben und nun wieder aussteigen wollen, kann eine weitere Alternative sinnvoll sein: aufheben statt kündigen. Der Grund: fehlende Information. Niemand würde ein Auto kaufen, wenn er von diesem nur die Farbe und die Marke kennt. Es ist eine Selbstverständlichkeit, dass der Autohändler über wichtige Details wie zum Beispiel Motorleistung, Benzinverbrauch, Kilometerleistung, Vorschäden und manches mehr informiert. Das Gleiche darf und soll der Verbraucher eigentlich auch von einem Lebensversicherer erwarten dürfen – und zwar vor Vertragsabschluss. Für Verträge ab 2008 ist die Information vor dem Vertragsabschluss nach dem neuen VVG klar gesetzlich vorgeschrieben. Insofern würde dann dieser Grund – mangelnde Information – für eine Vertragsaufhebung vermutlich entfallen.

Lebensversicherung kündigen oder nicht?

Um richtig zu entscheiden, sollten Sie folgende Informationen vom Versicherer einholen:

- Wie hoch ist der Rückkaufswert zum jetzigen Zeitpunkt?
- Wie hoch wird bei Beitragsfreistellung die Auszahlung nach regulärem Ablauf sein?
- Wie hoch ist die Versicherungssumme und voraussichtliche Auszahlung nach einer bestimmten Laufzeitverkürzung (nicht unter zwölf Jahren Gesamtlaufzeit)?

Lassen Sie sich bei der Auskunftserteilung zu diesen Fragen nicht abwimmeln. Die Gesellschaften sind verpflichtet, dem Kunden diese Auskünfte zu erteilen. Falls Sie den Vertrag zwischen 29. Juli 1994 und Herbst 2001 abgeschlossen haben sollten, verweisen Sie das Unternehmen auf die BGH-Rechtsprechung vom 12. Oktober 2005 (kein Stornoabzug sowie Mindestrückkaufswert, siehe oben). Mit den Daten gehen Sie dann zu einem unabhängigen Versicherungsberater beziehungsweise zu einer Verbraucherberatung.

Verkauf der Lebensversicherung

Wenn Sie einen schon älteren Vertrag haben, aus dem Sie aussteigen wollen, weil Sie zum Beispiel das Geld brauchen, aber mehr als den oft geringen Rückkaufswert haben wollen, dann können Sie auch versuchen, Ihre Versicherungspolice zu verkaufen. In Deutschland begann 1999 die Firma Cash.life mit dem Aufkauf »gebrauchter« Policen, mittlerweile sind ein gutes Dutzend Anbieter im Geschäft.

Das Prinzip ist denkbar einfach: Der Aufkäufer kauft dem Versicherungsnehmer seine Police ab (denn niemand ist verpflichtet, seine Kapitallebensversicherung nur an den Originalversicherer zurückzugeben, sprich: zu kündigen). Der Aufkäufer zahlt die fälligen Raten weiter und erhält dafür am Ende der Laufzeit die Auszahlungssumme, die sogenannte Ablaufleistung. Der Todesfallschutz des Versicherungsnehmers bleibt aber in fast allen Fällen weiter erhalten, wenn auch gekürzt um die Auszahlung des Aufkäufers. Die Aufkäufer bieten potenziellen Aussteigern ein Kaufpreisangebot, das meist zwischen 3 und 5 Prozent über dem Rückkaufswert des Versicherers liegt. Die Police muss allerdings Bedingungen hinsichtlich Rückkaufswert und Restlaufzeit erfüllen.

Hier ein Überblick über die verschiedenen Käufer »gebrauchter« Lebensversicherungen:

Aufkäufer und Vermittler von Lebensversicherungen

Unternehmen	Mindestrückkaufswert	max. Restlaufzeit
Ageros	5000 Euro	keine
Agis	15000 Euro	20 Jahre
Cash.life	10000 Euro	15 Jahre
CFI Fairpay	ab 10000 Euro	keine
GAP Management	5000 Euro	20 Jahre
Geno Fonds 24	5000 Euro	20 Jahre
Life Bond	5000 Euro	keine
Life Capital	5001 Euro	20 Jahre
Lifefinance	10000 Euro	25 Jahre
Life-Services	ab 10000 Euro	15 Jahre
Partner in Life	5000 Euro	20 Jahre
Policen direkt	10000 Euro	keine
Policenkauf 24	7500 Euro	keine
SP Capital	2000 Euro	keine

(Adressen siehe Anhang des Buches)

Auch Rentenversicherungen werden von einigen Anbietern aufgekauft. Dagegen nehmen die Aufkäufer in der Regel keine Direktversicherungen an, oft auch keine Fondspolicen. SP Capital wirbt jedoch damit, jede Anfrage ab 2000 Euro Rückkaufswert zu prüfen und ein Angebot zu erstellen.

Jeder Aufkäufer benötigt zur Angebotsstellung eine Kopie des Originalversicherungsscheins, eine Vollmacht, mit der die Gesellschaft Fragen zu Ihrer Police vom Versicherer einholen kann, und außerdem einen ausgefüllten Fragebogen (der meist auf der Internetseite des Anbieters abgerufen werden kann), unter anderem mit Angaben zur Person, Anschrift und Bankverbindung.

In der Regel dauert die Vertragsübertragung ein paar Wochen. Nach spätestens drei Monaten erhalten Sie auch den vereinbarten Auszahlungsbetrag vom Aufkäufer überwiesen. Mitunter ziert sich allerdings der Versicherer, sodass es auch länger dauern kann, bis Sie Ihr Geld haben. Verhindern kann der Versicherer den Verkauf aber letztlich nicht.

Verkauf: Gewinn oder Verlust?

Nun stellt sich die Frage, wer an dem Geschäft verdient. Einer jedenfalls nicht: Sie. Sie machen weiterhin Verlust, wenn auch nicht so viel wie bei einer Kündigung. Und Sie behalten den Todesfallschutz, wenn auch nicht mehr in voller Höhe. Und seit 2009 kommt noch die fällige Abgeltungsteuer hinzu. Sie soll aber nur auf die Differenz von (höherem) Rückkaufswert und der (niedrigeren) Summe der eingezahlten Beiträge fällig werden.

Gewinner ist der Aufkäufer, weil der Rückkaufswert in den ersten Jahren durch hohe Nebenkosten (wie zum Beispiel Provisionskosten) belastet wird, während die am Kapitalmarkt erzielten Erträge erst am Ende gutgeschrieben werden – dann also, wenn der Aufkäufer bereits in den Besitz der Police gekommen ist. Diese sogenannte Renditedifferenz bei Kapitallebensversicherungen wird völlig legal ausgenutzt. Faktisch übernimmt der Aufkäufer also von den Versicherern das lukrative Stornogeschäft und profitiert dabei zusätzlich von der steuerlichen Begünstigung lang laufender Kapitallebensversicherungen.

Beleihung von Lebensversicherungen

Alternativ bieten sowohl Versicherungsunternehmen wie auch Aufkäufer die Beleihung von Lebensversicherungen an. Meistens ist eine Beleihung bis zu 90 Prozent, mitunter auch bis zum kompletten Rückkaufswert möglich. Voraussetzung ist, dass die Police nicht schon als Sicherheit bei einer Bank hinterlegt wurde.

Die Vorteile gegenüber dem Verkauf sind: Sie vermeiden Verluste, die Sie sonst auch beim Verkauf der Police erleiden. Zudem werden oftmals günstigere Zinsen als bei normalen Verbraucherkrediten gewährt. Außerdem entfällt eine sonst übliche Bonitätsprüfung. Verbraucherschützer bemängeln allerdings, dass sich der Kunde eigentlich sein eigenes Geld leiht und dafür auch noch Zinsen zahlen muss.

Haus- und Wohnungsversicherungen

Hausrat- und Wohngebäudeversicherungen sollen vor den finanziellen Folgen schützen, die durch den teilweisen oder ganzen Verlust der Einrichtung oder sogar des ganzen Hauses entstehen können. Sie können sich gegen Schäden durch Feuer, Einbruchdiebstahl, Vandalismus, Leitungswasser, Sturm und Hagel versichern. Und auch gegen Elementarschäden wie Erdbeben, Erdrutsch oder Überschwemmungen gibt es Versicherungen. Was wann sinnvoll ist, erfahren Sie in diesem Kapitel.

Hausratversicherung

Hausratversicherungen erfreuen sich großer Beliebtheit in Deutschland. Zwar sind die tatsächlich gemeldeten Schäden meist eher gering. Die Angst davor, zum Beispiel nach einem Wohnungsbrand völlig ohne Einrichtung dazustehen, bewegt jedoch etwa drei Viertel aller Haushalte dazu, eine Hausratversicherung abzuschließen. Das liegt wohl auch daran, dass diese Versicherung relativ günstig ist: Im Schnitt zahlen Sie dafür knapp 100 Euro im Jahr.

In welchen Fällen zahlt die Versicherung?

Brände stehen mit etwa 40 Prozent an der Spitze der Schadensursachen, gefolgt von Einbrüchen (gut 30 Prozent) und Leitungswasserschäden (20 Prozent). Gezahlt wird auch für Schäden durch direkten Blitzschlag, Vandalismus, Sturm, Hagel und – was zum Glück selten ist – Flugzeugabstürze.

Doch die Versicherung zahlt nicht immer: Fällt zum Beispiel die brennende Zigarette auf den Teppich, ist das kein Brand im Sinne der Versicherungsbedingungen. Entzündet die gleiche Zigarette allerdings den Vorhang, der daraufhin in Flammen aufgeht, muss die Versicherung zahlen.

Bei Einbrüchen verlangt die Versicherung, dass zum Beispiel Einbruchsspuren zu sehen sind. Wer Tür oder Fenster offen stehen lässt und Einbrecher geradezu »einlädt«, läuft Gefahr, leer auszugehen. Allerdings gibt es hier neuerdings eine Verbesserung für die Versicherten: Galt früher das »Alles-oder-Nichts-Prinzip«, das heißt der Schaden wurde entweder ganz oder gar nicht ersetzt, ist es heute möglich, auch bei fahrlässig verursachten Einbruchsschäden einen Teil der Schadenssumme erstattet zu bekommen. Seit 2008 ist diese verbraucherfreundliche Teilzahlungsregelung Gesetz und damit für alle Versicherer verbindlich, als Teil des reformierten Versicherungsvertragsgesetzes (VVG).

Bei Leitungswasserschäden wird gezahlt, wenn Frisch- oder Abwasserrohre leck sind und einen Schaden verursacht haben. Wasserschäden durch einen Rückstau aus der Kanalisation sind hingegen nicht versichert. Weiterhin wird gezahlt, wenn die Waschmaschine, Geschirrspülmaschine, Zentralheizung, Klimaanlage, Wärmepumpe oder Solaranlage undicht ist. Grundsätzlich gilt, dass das Wasser aus einer undichten Leitung gekommen sein muss. Das schließt die Haftung für zum Beispiel Wasserschäden nach einer Reinigung aus. Und wichtig ist zudem, dass die Regulierung nur für Schäden in Ihrer Wohnung gilt.

WISO rät

Für die Schäden, die durch das durchsickernde Wasser in einer Wohnung unter Ihnen entstehen, kommt Ihre Hausratversicherung nicht auf! Dafür brauchen Sie eine Privathaftpflichtversicherung (siehe auch dort)! Allerdings erhält der geschädigte Mieter von Ihrer Haftpflicht nur den Zeitwert. Sofern er eine eigene Hausratversicherung hat, sollte er besser diese in Anspruch nehmen, denn die muss den Neu- beziehungsweise Wiederbeschaffungswert zahlen! Das gilt analog auch dann, wenn ein anderer Mieter bei Ihnen einen Wasserschaden verursacht: Statt seiner Haftpflicht nehmen Sie lieber Ihre Hausratversicherung in die Pflicht!

Überschwemmungsschäden durch über die Ufer tretende Flüsse sind ebenfalls nicht versichert – diese können Sie möglicherweise mit einer Elementarschadenpolice abdecken.

Was leistet die Versicherung?

Gezahlt wird grundsätzlich der Neuwert der betroffenen Gegenstände. Bei technischen Geräten wird der Neupreis eines »nach Art und Güte« gleichwertigen Gerätes zugrunde gelegt. Falls es nur noch deutlich leistungsfähigere Geräte als Ihr altes im Handel gibt (zum Beispiel Computer), kann die Versicherung einen Abschlag abziehen.

Die zu ersetzenden Gegenstände können auch in der angrenzenden Garage gewesen sein. Das dort stehende Auto ist allerdings nicht hausratversichert, ebenso wenig andere Motorfahrzeuge, die versicherungspflichtig zugelassen werden, wie Motorräder, Mopeds oder Mofas. Falls sich die Garage nicht direkt am Haus befindet, ist jedoch auch das dort befindliche Inventar nicht versichert.

Versichert sind alle normalerweise im Hause befindlichen Gebrauchsgegenstände, die nicht fest eingebaut sind: Möbel, Bücher, Instrumente, Küchengeräte oder Werkzeug. Außerdem alle von Ihnen an- oder eingebauten Sachen wie Lampen, Einbauküche, Badewanne, Duschkabine und Ähnliches. Stammen diese fest eingebauten Gegenstände jedoch vom Vermieter, müsste dieser sie in einer Wohngebäudeversicherung absichern. Zum versicherten Hausrat gehören übrigens auch Haustiere wie Hunde, Katzen oder Zierfische sowie ausgeliehene oder noch nicht bezahlte Gegenstände.

Falls Ihre Wohnung zum Beispiel durch einen Brand unbewohnbar wurde, zahlt Ihnen die Versicherung maximal 100 Tage Unterbringung in einem Hotel. Es darf allerdings nicht mehr als ein Tausendstel der Versicherungssumme am Tag kosten. Auch die möglicherweise notwendige Auslagerung der Wohnungseinrichtung gehört zur Versicherungsleistung.

Problemfall Fahrräder

Sind Fahrräder versichert? Die Antwort ist: jein. Wer noch ganz alte Policen von vor 1984 hat, ist gut dran, denn hier ist jeder Fahrraddiebstahl versichert. In neuen Verträgen ist ein Fahrrad jedoch nur dann gegen Diebstahl oder Brand versichert, wenn es in der Wohnung oder dem abgeschlossenen Keller steht. Ist das Rad dagegen draußen, wird es kompliziert: Versichert ist es dann meist nur noch gegen eine Zusatzprämie (kostet zwischen 15 und 30 Cent pro 1 000 Euro Versicherungssumme) und auch nur dann, wenn es

- abgeschlossen war,
- der Diebstahl tagsüber zwischen 6 und 22 Uhr passierte,

- entweder in Gebrauch war oder sich in einem gemeinschaftlichen Fahrradabstellraum befand.

Der Ersatz ist auf maximal 500 Euro begrenzt. Wer ein teureres Rad besitzt, kann möglicherweise gegen einen Mehrbeitrag den Schutz auf 5 Prozent der Versicherungssumme erhöhen. Wegen der zunehmenden Fahrraddiebstähle wird es jedoch immer schwieriger, eigenständige Fahrradversicherungen abzuschließen.

Was leistet die Versicherung nicht?

Innerhalb der eigenen Wände gibt es neben den bereits erwähnten Ausschlüssen noch weitere: Schäden an elektrischen Geräten, die durch Überspannung (zum Beispiel »indirekter« Blitzeinschlag über die Stromleitung) oder Kurzschluss verursacht werden, sind manchmal versichert, manchmal aber auch nicht. Glasbruch ist nicht versichert, ebenso wenig der Schaden durch ein heißes Bügeleisen. Auch für Schäden durch Erdbeben, Kernenergie oder innere Unruhen gibt es keinen Versicherungsschutz.

Ein ausschließlich beruflich genutzter Raum muss extra versichert werden. Haben Sie einen Untermieter in Ihrem Haus, ist dessen Hausrat nicht über Ihre Police versichert. Und eigentlich selbstverständlich: Wer vorsätzlich Schäden am Hausrat verursacht, bekommt keinen Ersatz von der Versicherung. Auch bei grob fahrlässig verursachten Schäden zahlen die Versicherer nicht (mit der Ausnahme weniger Anbieter, die auch dann zahlen).

Was allerdings »grob fahrlässig« im Einzelfall heißt, wurde und wird nicht selten vor Gericht entschieden: So handelt jemand nach herrschender Auffassung grob fahrlässig, wenn er mit brennender Zigarette im Bett einschläft und einen Brand verursacht. Wer aber die Waschmaschine anstellt und dann einkaufen geht, handelt nach richterlicher Auffassung nicht immer grob fahrlässig, auch wenn in dieser Zeit ein Leitungswasserschaden entsteht (OLG Koblenz, Az.: 10 U 1124/99). Hier gehen die Urteile aber auseinander.

Sonderregeln für Wertgegenstände

Für Bargeld, Wertpapiere, Antiquitäten, Schmuck, Münzen, Sparbücher oder Briefmarken gibt es in der Regel nur 20 Prozent der Versicherungssumme, bei einzelnen Anbietern auch 30 Prozent. Bei Bargeld oder Wertsachen auch nur dann, wenn sich diese Gegenstände in einem eingemauerten Safe oder in einem mindestens 200 Kilogramm schweren Tresor befunden haben. Ansonsten gelten meist folgende Obergrenzen: für Bargeld 1000 Euro, für Wertpapiere 2500 Euro, für Schmuck 20000 Euro. Allerdings ist es meist möglich, gegen einen Aufpreis höhere Grenzen zu vereinbaren. Wer auf Nummer sicher gehen will, schließt eine gesonderte sogenannte Valorenversicherung ab, die dann eine 100-prozentige Deckung für alle Wertsachen auch außerhalb der eigenen vier Wände übernimmt. Sie ist natürlich deutlich teurer als eine Hausratversicherung.

Was kostet eine Hausratversicherung?

Eine Hausratversicherung ist nicht überall gleich teuer. Je nachdem, wo Sie wohnen, ist sie teurer oder billiger. Auf dem Land kostet die Versicherung für eine 80-Quadratmeter-Wohnung etwa 60 Euro im Jahr, in großen Städten das doppelte, so die Zeitschrift *Finanztest*. Der Grund dafür ist, dass in Städten häufiger eingebrochen wird. Laut Statistik besonders oft in Hamburg, Köln und Frankfurt am Main – hier gilt in einigen Stadtvierteln die höchste Tarifzone. Obwohl Hausratversicherungen preiswert sind, lohnt sich auch hier der Vergleich, denn teure Versicherer verlangen die doppelte bis dreifache Summe.

Eines ist auf jeden Fall sicher: Ihre Hausratversicherung wird nahezu jedes Jahr etwas teurer. Denn die Versicherungssumme wird automatisch an den Preisindex für Ver- und Gebrauchsgüter angepasst, und das bedeutet fast immer auch einen höheren Beitrag.

Auch auf Reisen versichert

Außerhalb der eigenen vier Wände samt Garage gibt es Hausratschutz auch auf Reisen. Die versicherten Gegenstände dürfen sich jedoch nicht länger als drei Monate im Jahr außerhalb der versicherten Wohnung befinden. Versichert sind zum Beispiel die Sachen im verschlossenen Hotelzimmer oder im verschlossenen Umkleideraum einer Turnhalle. Versichert ist auch der Hausrat am Zweitwohnsitz der eigenen Kinder, solange diese noch den ersten Wohnsitz zu Hause haben. Diese sogenannte weltweite Außenversicherung ist gewöhnlich auf 10 Prozent der Versicherungssumme begrenzt, die Obergrenze bewegt sich zwischen 5000 und 10000 Euro.

Die Voraussetzungen für vollständigen Ersatz

Ob die Versicherung tatsächlich den Hausratschaden vollständig ersetzt, hängt von zwei Dingen ab: von den erbrachten Nachweisen, dass es die benannten Dinge tatsächlich gegeben hat, sowie von einer ausreichend hohen Versicherungssumme.

Für die Nachweise sollten Sie Ihren Hausrat fotografieren oder filmen sowie Rechnungsbelege aufbewahren. Dann sollten Sie eine Liste anfertigen, worauf steht, in welchem Raum sich welche Dinge befinden, sowie das Kaufdatum und den Preis. Formulare für diese Auflistung gibt es beim Versicherungsunternehmen. Natürlich ist es gut, wenn diese Liste samt Nachweisen auch nach einem Wohnungsbrand noch da ist.

WISO rät

Verwahren Sie die Liste besonders sicher, entweder in einer feuerfesten Stahlkassette oder besser noch außerhalb der Wohnung, zum Beispiel auf Ihrem Bürocomputer oder in einem Bankschließfach.

Die zweite wichtige Voraussetzung ist eine ausreichend hohe Versicherungssumme. Sie ergibt sich, wenn Sie die Liste aufgestellt, die Gegenstände mit ihrem Wiederbeschaffungswert beziffert und diese Zahlen addiert haben. Das macht Arbeit, erspart aber im Falle des Schadensfalles empfindliche Einbußen. Diese Liste muss natürlich bei größeren Neuanschaffungen (neues Sofa oder neue Einbauküche) aktualisiert werden. Ist der Wert des Hausrats im Laufe der Zeit deutlich angestiegen, sollte die Versicherung informiert und die Versicherungssumme angepasst werden. Das ist häufig auch nach Erbschaften der Fall. Sonst droht Unterversicherung!

Beispiel

Nehmen wir an, Sie haben eine Hausratversicherung über 30 000 Euro abgeschlossen. Tatsächlich ist Ihr Hausrat aber schon über 50 000 Euro wert. Das hätte nicht nur bei einem vollständigen Verlust die Konsequenz, dass Sie zu wenig ersetzt bekommen. Auch bei einem Teilverlust, zum Beispiel nach einem Einbruch, bekämen Sie den Schaden immer nur anteilig ersetzt, in diesem Falle drei Fünftel des Schadens.

Für Bequeme: die pauschale Absicherung

Wenn es Ihnen zu mühsam ist, den Wert des Haurates ständig zu überwachen, um eine Unterversicherung zu vermeiden, und wenn Sie über einen

»durchschnittlichen« Hausrat verfügen, haben Sie die Möglichkeit, eine pauschale Absicherung zu vereinbaren: Hier wird die Quadratmeteranzahl der Wohnung mit zurzeit 650 beziehungsweise 700 Euro multipliziert. Das hat zwei Vorteile: Erstens weniger Arbeit für den Versicherungsnehmer und zweitens die Sicherheit, dass die Versicherung auf die sogenannte »Einrede der Unterversicherung« verzichtet.

Auch die Unternehmen finden diese Methode gut: Sie müssen nicht mehr alles nachprüfen. Wer allerdings deutlich über dem Durchschnittswert liegt, schaut mit dieser Methode im Schadensfall natürlich in die Röhre. Und wer deutlich darunter liegt, bezahlt zu hohe Beiträge. Aber für die meisten Fälle ist die Pauschale wohl die beste und bequemste Lösung.

Wohngebäudeversicherung

Bezahlt eine Hausratversicherung die Schäden an Gegenständen innerhalb einer Wohnung oder eines Hauses, steht die Wohngebäudeversicherung für Schäden am Gebäude selbst ein. Hier drohen gewöhnlich drei verschiedene Gefahren: Feuer, Sturm und Leitungswasserschäden. Sie können diese Gefahren einzeln versichern oder alle zusammen. Da Sie als Hauseigentümer ständig mit dem Risiko leben, dass Ihr Haus durch Feuer, Sturm oder Leitungswasser stark beschädigt oder sogar vernichtet wird, sollten Sie unbedingt diese Versicherung abschließen.

WISO rät

Versichern Sie die drei Hauptrisiken Feuer, Sturm und Leitungswasser in einem Paket mit sogenannter Grunddeckung. Bauen Sie neu, schließen Sie die Versicherung gleich zum Baubeginn ab, dann ist auch der Rohbau gegen Feuer versichert.

Wollen Sie den Rohbau auch gegen Sturm versichern, brauchen Sie zusätzlich eine Bauleistungsversicherung (siehe auch Seite 141 f.). Prüfen Sie darüber hinaus, ob Sie je nach Wohnort eine Elementarschadenversicherung brauchen. Sie deckt die finanziellen Folgen von Überschwemmungen, Lawinen, Erdbeben und Erdrutschen ab. Leider wird diese Police nicht überall angeboten.

Was leistet die Versicherung?

Eine Wohngebäudeversicherung ersetzt bei einem Totalschaden das Haus, das heißt, sie zahlt den Preis, den es kostet, das Haus am alten Standort wieder aufzubauen. Dazu gehören auch mindestens 5 Prozent Entschädigung für Abbruch- und Aufräumarbeiten. Da die Preise ständig steigen, spricht man auch vom »gleitenden Neuwert«. Die Bedingung ist, dass das Haus innerhalb von drei Jahren wieder errichtet wird, ansonsten gibt es nur den oft deutlich niedrigeren Zeitwert. Kommt es zu einem kompletten Neubau, zahlt die Versicherung je nach Bauphase eine Teilzahlung.

Doch eine komplette Zerstörung ist die Ausnahme, weit häufiger sind Teilschäden am Gebäude. Hier bezahlt die Versicherung gewöhnlich dann, wenn sie nach vorheriger Absprache eine »Reparaturkosten-Übernahmeerklärung« abgegeben hat oder nach erfolgter Reparatur die Rechnung erhält.

Wie so oft, kommt es auch bei der Wohngebäudeversicherung genau auf die Schadensursache an. Gezahlt wird bei

- Feuerschäden durch Brand, Blitzeinschlag, Explosion oder Flugzeugabsturz;
- Sturmschäden ab Windstärke 8 (entspricht 63 km/h), dazu gehören auch Schäden durch umgestürzte Bäume oder durch eingedrungenen Regen;
- Schäden durch Hagelschlag;
- Leitungswasserschäden durch defekte Leitungen von Frisch- oder Abwasser, auch durch Frost verursacht. Auch die Instandsetzung der Leitungen im Haus ist versichert, bei guten Versicherern auch die Abwasserleitungen. Gute Versicherer übernehmen auch Schäden an Fußbodenheizungen oder durch auslaufende Wasserbetten oder Aquarien.

Gewöhnlich sind Aufbauten wie Antennen sowie Nebengebäude wie Gartenhäuschen oder Garage mitversichert. Ist das Haus unbewohnbar, zahlt die Versicherung ein Jahr lang die ortsübliche Miete – entweder für die Ersatzbleibe oder auch für die entgangene Miete, wenn Sie Vermieter des Hauses sind. Meist gehört zur Police auch noch der Ersatz von Einbruchschäden am Haus.

Weitere Zusatzabsicherungen sind möglich: Überspannungsschäden durch Blitzschlag, Aufräum- und Abbruchkosten nach Elementarschäden, Glasbruch, Rückstauschäden, Aufräumkosten bei umgestürzten Bäumen oder auch Schäden an Terrasse, Briefkasten oder Gartenlampen. Ob und was Sie brauchen, hängt von der individuellen Wohnsituation und Ihrem persönlichen Risikoempfinden ab. Sie müssen sicher nicht alles versichern.

Was leistet die Versicherung nicht?

Nicht versichert sind natürlich vorsätzliche Schäden (zum Beispiel Brandstiftung). Früher waren auch grob fahrlässige Schäden (zum Beispiel Brand durch einen nicht abgestellten Herd oder eine brennende Kerze) nicht versichert. Durch den Wegfall des »Alles-oder-Nichts-Prinzips« seit 2008 können Sie in solchen Fällen aber hoffen, wenigstens einen Teil des Schadens ersetzt zu bekommen. Der grob fahrlässig herbeigeführte Schaden durch einen Miteigentümer innerhalb einer Wohneigentümergemeinschaft ist hingegen versichert, wenn Sie die Klausel »Wohneigentum« vereinbart haben.

Nicht versichert sind normalerweise Überspannungsschäden am Gebäude durch Blitzeinschlag, ein Kaminbrand sowie ein Löscheinsatz der Feuerwehr und die eventuell dadurch entstehenden Entsorgungskosten. Wie beim Hausrat ist auch am Wohngebäude ein Schaden durch einen Kernenergieunfall oder durch innere Unruhen nicht abgesichert.

Was kostet eine Wohngebäudeversicherung?

Die Kosten einer Wohngebäudeversicherung richten sich nach dem Wert des Hauses, der Bauart, dem Standort und nach dem gewählten Versicherer. Es gibt mehrere Bauartklassen: Massivhäuser sind am billigsten, dann folgen Fertig- beziehungsweise Holzhäuser und am teuersten sind Häuser mit Reetdach. Die Standorte werden gewöhnlich in vier Tarifzonen unterteilt: Stürmische Standorte wie die Küstenregionen sind teurer als andere, außerdem wird nach Leitungswasserqualität differenziert.

Nach einem Vergleich von *Finanztest* zahlt man bei günstigen Versicherern zwischen 150 und 200 Euro für die Standardabsicherung Feuer/Sturm/Leitungswasser eines Hauses in Dresden (Baujahr 1980, 134 Quadratmeter mit Keller, Neuwert 235 000 Euro). Für ein gleichwertiges Haus in Hannover kam die Zeitschrift sogar teilweise auf knapp 100 Euro. Ist das Haus neu, können Sie zwischen 10 und 25 Prozent Rabatt abziehen. Selbstbeteiligungen, die bei anderen Versicherungen durchaus sinnvoll sind, sollten Sie wegen zu geringer Ersparnis nicht vereinbaren.

WISO rät

Um eine mögliche Unterversicherung zu vermeiden, sollten Sie die Ermittlung der korrekten Versicherungssumme lieber dem Versicherer überlassen. Dann zahlen Sie zwar im Zweifelsfall etwas zu viel, im Schadenfall haben Sie aber die Sicherheit, dass Sie alles ersetzt bekommen.

Wenn Sie in späteren Jahren erhebliche Um- oder Anbauten durchführen, die den Wert des Gebäudes deutlich steigern, müssen Sie dies dem Versicherer melden. Denn sonst droht wieder Unterversicherung! Auch wenn die Umgebung Ihres Hauses gefährlicher wird, zum Beispiel durch eine neue Tankstelle, müssen Sie dies ebenfalls melden, denn sonst riskieren Sie Ihren Versicherungsschutz!

Sie können auch später selbst überprüfen, wie viel Sie im Totalschadenfall bekommen würden: Die meisten Versicherer rechnen zurück auf den »Versicherungswert 1914«. Das ist der Wert, den Ihr Haus theoretisch im Jahre 1914 in Mark gehabt hätte. Diesen Wert multiplizieren Sie mit dem sogenannten gleitenden Neuwertfaktor (erfahren Sie von Ihrem Versicherer). Dieser Faktor berücksichtigt die Preissteigerungen seit 1914 und ändert sich jedes Jahr. Das Ergebnis ist die Summe, die Sie maximal bekommen würden.

Achtung!

Verwechseln Sie die Wohngebäudeversicherung nicht mit der Haus- und Grundbesitzerhaftpflichtversicherung! Letztere versichert Schäden, die Dritte durch Ihr Haus oder Grundstück erleiden. Während beim selbstbewohnten Eigenheim die Privathaftpflicht genügt, sollten Sie als Vermieter oder Bewohner einer Eigentumswohnung über einen solchen Abschluss nachdenken (siehe auch das Kapitel »Haftpflichtversicherung«)

Versicherung von Bauvorhaben

Bei einem Neubauvorhaben sollten Sie bereits vor Baubeginn eine Wohngebäudeversicherung abgeschlossen haben. Dann haben Sie bereits eine Feuerrohbauversicherung mit abgeschlossen. Die Rohbauversicherung ist meist für ein Jahr beitragsfrei, wenn die eigentliche Wohngebäudeversicherung für drei Jahre abgeschlossen wird.

Doch damit ist der Rohbau nur gegen Brand, Blitzschlag oder Explosion abgesichert. Viel häufiger treten jedoch Sturmschäden an Neubauten auf. Dafür brauchen Sie die Bauleistungsversicherung. Sie deckt auch Schäden durch Vandalismus und oft auch Hochwasser ab. Prüfen Sie, ob auch Diebstahl abgesichert ist, sonst sollten Sie das zusätzlich versichern. Eine Bauleistungsversicherung kostet bei einer Bausumme von 250 000 Euro einmalig rund 300 Euro.

Und nicht zuletzt: Eine Baustelle stellt immer auch eine Gefahrenquelle dar. Dagegen sollten Sie unbedingt eine Bauherrenhaftpflichtversicherung abschließen. Sie gilt von Baubeginn bis zur Bauabnahme und kostet bei einer Bausumme von 250 000 Euro einmalig etwa 100 Euro. Ist Ihr Bauvorhaben nur klein, reicht vielleicht Ihre private Haftpflichtversicherung aus. Ob das so ist, steht im Kleingedruckten Ihrer Haftpflicht.

Vermutlich werden Sie als Bauherr schon bald Post von der Bau-Berufsgenossenschaft bekommen. Die will wissen, ob Sie private Bauhelfer auf Ihrem Bau beschäftigen. Private Helfer müssen Sie innerhalb einer Woche dort anmelden und gegen Unfälle versichern.

Was tun im Versicherungsfall?

Ist der Schaden eingetreten, heißt es zunächst Ruhe bewahren, denn Sie müssen an mehreren Fronten nahezu gleichzeitig aktiv werden. Zunächst müssen Sie sofort Ihre Versicherung informieren. Am besten zunächst telefonisch, anschließend auch schriftlich.

Achtung!

Informieren Sie Ihre Versicherung am gleichen, spätestens am folgenden Tag nach Kenntnis des Schadens. Eine Woche sollten Sie nicht warten, denn das könnte ein Ablehnungsgrund sein.

Bei Einbruch, Raub, Vandalismus, Brand oder Explosion müssen Sie ebenfalls sofort die Polizei informieren und den Schaden anzeigen. Denken Sie daran, eine Liste der Gegenstände mitzunehmen, die gestohlen oder verbrannt sind. Diese Liste müssen Sie, am besten zusammen mit Nachweisen wie Kaufbelegen oder Bedienungsanleitungen sowie einer Bestätigung der polizeilichen Anzeige, auch spätestens nach zwei Tagen an die Versicherung schicken.

Sind EC- oder Kreditkarten, Sparbücher oder Wertpapiere gestohlen worden, sollten Sie umgehend Ihre Bank anrufen, um Sperren zu veranlassen.

Abschluss und Kündigung einer Hausrat- und Wohngebäudeversicherung

Hausratversicherungen können als Einjahres- oder Mehrjahrespolicen (meist drei, früher auch fünf Jahre) abgeschlossen werden. Um flexibler zu sein, sollten Sie die Einjahrespolice wählen. Sie verlängert sich dann Jahr für Jahr.

Für die Kündigung einer Hausratpolice gibt es zwei Möglichkeiten: einmal die »ordentliche« Kündigung zum Ablauf des Vertrages. Dafür müssen Sie spätestens drei Monate vorher schriftlich gekündigt haben, am besten per Einschreiben. Zum anderen können Sie auch »außerordentlich« kündigen, nämlich

- nach einem Schaden,
- nach einer Beitragserhöhung,
- im Todesfall durch die Angehörigen,
- nach einem Umzug in einen anderen Ort, wenn sich dadurch Preis und Leistung ändern.

In allen Fällen der außerordentlichen Kündigung müssen Sie innerhalb eines Monats aktiv werden. Die gleichen Möglichkeiten der Kündigung hat auch der Versicherer.

Bei Wohngebäudepolicen sollten Sie zunächst eine Dreijahresversicherung abschließen. Sie enthält meist ohne Extrabeitrag eine Feuerrohbauversicherung. Rechtzeitig vor Ablauf sollten Sie prüfen, ob Sie gegebenenfalls zu einem günstigeren Anbieter wechseln.

Die Kündigung ist nicht ganz so einfach wie bei der Hausratpolice. Die Kündigungsfrist beträgt zwar meist ebenfalls drei Monate, doch Sie sollten spätestens fünf Monate vor Ablauf der Frist aktiv werden. Denn Ihre finanzierende Bank will dabei ein Wörtchen mitreden (es sein denn, Ihr Haus ist schuldenfrei).

So ist die richtige Reihenfolge: Holen Sie zunächst konkrete Angebote für eine neue Wohngebäudeversicherung ein. Dann senden Sie eine Kopie dieser Angebote zusammen mit der Bitte um eine schriftliche Einverständniserklärung an Ihre Bank. Liegt die Einverständniserklärung vor, senden Sie diese zusammen mit der schriftlichen Kündigung an Ihren Altversicherer, natürlich per Einschreiben. Ihr Versicherer könnte auch noch einen aktuellen Grundbuchauszug von Ihnen verlangen. Alle Dokumente müssen jedoch spätestens einen Monat vor dem eigentlichen Kündigungstermin beim Altversicherer vorliegen! Erst dann schließen Sie eine neue Wohngebäudeversicherung ab.

Autoversicherung

Die Versicherung für das eigene Auto kann eine gehörige Stange Geld im Jahr kosten. Ein zwingender Bestandteil der Autoversicherung ist erstens die Kfz-Haftpflichtversicherung, die für jeden Autobesitzer gesetzlich vorgeschrieben ist. Eine Kaskoversicherung (Fahrzeugversicherung) ist nicht gesetzlich vorgeschrieben und dient vorwiegend dem wirtschaftlichen Schutz des Fahrzeugs. Sie sollte daher vor allem bei neueren Autos abgeschlossen werden. Es gibt eine Teilkasko- oder eine Vollkaskoversicherung zur Auswahl. Eine Insassenunfallversicherung hingegen ist meist überflüssig. Die Prämien für diese Versicherungen sind nicht billig, ein Vergleich der eigenen Prämien mit den leistungsgleichen Konkurrenzangeboten ist daher unbedingt anzuraten, denn da lassen sich leicht mehrere hundert Euro im Jahr sparen. Weiteres Sparpotenzial bringen neue Tarife oder sogenannte weiche Rabattmerkmale wie die Garagennutzung oder Kilometerzahl.

Kfz-Versicherung: Womit fahren Sie am besten?

Zunächst gilt: Wer ein Kraftfahrzeug auf öffentlichen Verkehrswegen bewegen will, muss eine Haftpflichtversicherung abschließen, die für Personen- und Sachschäden aufkommt, die durch den Betrieb des Fahrzeugs verursacht werden. Zusätze wie Kasko- oder Insassenunfallversicherung sind freiwillig.

Solange ein ausreichender Versicherungsschutz gewährleistet ist, gibt Ihnen der Gesetzgeber allerdings die Möglichkeit, sich den Versicherer selber auszusuchen und die für Sie jeweils günstigsten Tarife zu wählen – natürlich innerhalb der Typklasse, in die Ihr Auto fällt, denn die ist vorgegeben. Damit gibt Vater Staat Ihnen als Autobesitzer aber nicht nur einen gewissen

Spielraum, sondern auch die Qual der Wahl. Denn in den vergangenen Jahren haben die Versicherungsunternehmen wegen der hohen Schadenssummen nicht nur die Prämien stark erhöht, sie haben auch eine immer größere Vielfalt von Tarifen und Risikogruppen geschaffen. Dabei sind die Unternehmen höchst unterschiedlich vorgegangen. Das Ergebnis ist, dass es nicht nur eine Vielzahl von Rabatten gibt, sondern auch höchst unterschiedliche Prämien für ein und denselben Autotyp.

Das bedeutet, dass Sie oft sehr viel Geld sparen können, wenn Sie sich nach dem für Sie jeweils günstigsten Versicherer erkundigen. Das gilt nicht nur beim Abschluss der Versicherung für einen neu gekauften Wagen, sondern auch während der Laufzeit eines schon abgeschlossenen Vertrages. Falls Sie nicht gleich beim ersten Mal ins Schwarze getroffen haben oder die Konditionen sich ändern, können Sie durch einen Wechsel des Versicherers die Kosten oft spürbar senken.

Achtung!

> Beim Wechsel müssen Sie auf den richtigen Zeitpunkt achten: Bei der Kfz-Versicherung ist der 30. November eines jeden Jahres die letzte Möglichkeit, den Vertrag ordentlich zu kündigen (siehe dazu auch weiter unten im Kapitel »Abschluss und Kündigung einer Autoversicherung«).

Viele Versicherungsunternehmen bombardieren die Autobesitzer rund um diesen Termin mit Werbung zum Wechsel. Doch auch bei einer Prämienerhöhung oder einem Schadenfall ist die außerordentliche Kündigung des Versicherungsvertrages möglich.

Die Versicherungsbedingungen sind für den Verbraucher mittlerweile unübersichtlich. Es gibt Rabatte, Typklassen und Berufstarife in schier unendlicher Zahl: Vielfahrer, Wenigfahrer, Single, Familienvater, Ladytarif, Besitzer einer Bahncard, Laternenparker, Führerscheindauer, Sicherheitstraining, Partnerrabatt, Wegfahrsperre und vieles mehr bieten Ihnen Möglichkeiten, aber auch Gefahren.

Die vielen Rabatte und Typen bringen sogar für baugleiche Fahrzeuge Riesenunterschiede, wie zum Beispiel beim gemeinsamen Van der vier Hersteller Fiat, Peugeot, Lancia und Citroën. Für das baugleiche Fahrzeug gibt es unterschiedliche Typklassen und entsprechende Prämienunterschiede. Doch der billigste Anbieter ist nicht zugleich auch der beste. So wird mit dem Super-Billigangebot bei der Haftpflicht gelockt – zusammen mit Teil- oder Vollkasko wird es aber wesentlich teurer als bei der Konkurrenz.

WISO rät

Vergleichen Sie bei den unterschiedlichen Angeboten der Kfz-Versicherungen immer den Gesamtzahlungsbetrag. Nur der ist vergleichbar.

Fahranfänger sollten unbedingt auf den Einstiegssatz schauen. Wer mit 240 oder mehr Prozent einsteigt, sollte das überdenken, denn es werden günstigere Prämien angeboten. Wer als frischer Autobesitzer sein Fahrzeug über Eltern oder Ehepartner versichert, bekommt einen Einstiegssatz von 120 Prozent. Sicher ist auf jeden Fall, dass der Rabatt des alten Vertrages später in den neuen übernommen wird: Ein unfallfreies Fahren wird auf jeden Fall honoriert.

Fahrzeugversicherung

Für den Bereich der Fahrzeugversicherung sollten Sie prüfen, ob die Vollkaskoversicherung notwendig ist oder ob nicht wegen des fortgeschrittenen Alters des Autos eine Teilkaskoversicherung ausreicht. Bei ganz alten Fahrzeugen lohnt sich auch die Teilkasko oft nicht mehr. Erfragen Sie dazu die Restwerterstattung für Ihr Auto bei einem Totalschaden.

Außerdem sollten Sie eine Selbstbeteiligung vereinbaren, die 150, 325, 500 oder auch 1 000 Euro betragen kann. Anhand des eingeräumten Beitragsnachlasses prüfen Sie dann, welche Selbstbeteiligung am günstigsten ist, und entscheiden, wie viel Sie sich leisten können und wollen.

Seit über 20 Jahren waren die Tarifmerkmale in der Fahrzeugversicherung nahezu unverändert. Im Jahr 2003 jedoch wurde der Kaskoschutz »runderneuert«. Die wichtigste Änderung: Die Typklassenstruktur wird seither mit statistischen Verfahren neu ermittelt und berücksichtigt wie die Kfz-Haftpflichtversicherung nun auch die Merkmale Fahrleistung und Garage. Dadurch sank nicht nur die Anzahl der Typklassen in Vollkasko von 31 auf 25 und in Teilkasko von 31 auf 24, die Typklassen haben auch eine vollständig neue Einteilung.

Achtung!

Diese gilt allerdings nur für Neuverträge der neuen Tarifgeneration. Aus der Zeit vor 2003 bestehende Verträge haben weiterhin die »alte« Typklassenstruktur. Natürlich ist ein Wechsel vom bestehenden Vertrag in die neue Struktur möglich.

Im Rahmen der Teilkasko sind bei vielen Gesellschaften auch Marderbissschäden versichert. Je nach Versicherer werden Schäden an Schläuchen, Bremsleitungen, der Verkabelung oder den Gummimanschetten übernommen. Im besten Fall deckt der Versicherungstarif Schäden an allen Materialien des Autos. Bei manchen Gesellschaften sind auch die Folgeschäden nach einem Marderbiss mitversichert.

Insassenunfallversicherung

Eine Insassenunfallversicherung wird von vielen Versicherungsunternehmen und Vertretern angeboten. Sie ist aber in zweifacher Hinsicht überflüssig: Einerseits sind die Summen viel zu niedrig, um einen großen Dauerschaden ausreichend absichern zu können. Andererseits können die im Fahrzeug befindlichen Beifahrer entweder den Unfallgegner oder den jeweiligen Fahrer über die Kfz-Haftpflichtversicherung für den entstandenen Schaden haftbar machen. Wenn der Fahrer eine eigene Unfallversicherung hat, dann besteht kein Bedarf für eine Insassenunfallversicherung.

Autoschutzbriefversicherung

Einige Versicherungsunternehmen haben die Kfz-Versicherung außerdem noch um eine Autoschutzbriefversicherung erweitert. Im Schadensfall werden dadurch je nach Versicherung beispielsweise Kosten für Bergungs- und Abschleppdienste, Mietwagen, Übernachtung, Krankenrücktransport oder Fahrzeugrückholung übernommen. Fragen Sie ausdrücklich danach, ob diese Leistung im Vertrag enthalten ist. Wenn das der Fall ist, sollten Sie prüfen, ob Sie den Autoschutzbrief überhaupt benötigen. Wenn das nicht der Fall ist oder Sie bereits anderweitig (zum Beispiel über den ADAC) versichert sind, so verlangen Sie den Ausschluss des Schutzbriefs und dafür einen Beitragsnachlass.

Mallorcapolice

Dies ist eine Urlaubszusatzversicherung oder Mietwagenversicherung, also eine Zusatzhaftpflichtversicherung für Mietfahrzeuge im Ausland. Die brauchen Sie aber nur dann abzuschließen, soweit nicht bereits aus der für das Fahrzeug abgeschlossenen Haftpflichtversicherung Deckung besteht, und zwar zu den bei der jeweiligen Gesellschaft geltenden Deckungssummen.

Wie Sie Geld bei Ihrer Autoversicherung sparen können

Wenn Sie eine günstigere Versicherung finden wollen, brauchen Sie zunächst einmal alle persönlichen und technischen Daten von Ihrem Auto (aus dem Fahrzeugschein) und von Fahrer und Halter. Sie brauchen

- die Typklassennummer,
- den Herstellerschlüssel,
- das Erstzulassungsdatum,
- die PS-Zahl,
- hochgerechnet die Kilometerleistung pro Jahr,
- Geburtsdatum, Führerscheindatum, Infos über Sicherheitstraining, Bahncard, Beruf und eventuelle Unfälle von Halter und Fahrern.

Aber welche Gesellschaft bietet nun eigentlich günstigere Beiträge, und wo können Sie was sparen? Um das herauszufinden, brauchen Sie ein oder besser noch mehrere Alternativangebote von billigeren Anbietern. Dazu gehen Sie entweder persönlich zu anderen Versicherungsunternehmen und lassen sich ein Angebot erstellen, oder Sie nutzen das Internet. Dort gibt es einmal bei den einzelnen Versicherern Informationsmöglichkeiten, einfacher für Sie sind aber noch elektronische Versicherungsvergleiche. Inzwischen gibt es in Deutschland sechs ernst zu nehmende Portale für Kfz-Versicherungsvergleiche:

- www.asuro.de
- www.aspect-online.de
- www.einsurance.de
- www.finanzscout24.de
- www.fss-online.de
- www.insurancecity.de

Andere Makler und Anbieter nutzen ebenfalls diese Datenbanken und bieten dieselben Ergebnisse.

Achtung!

Die Anzahl der verglichenen Versicherungen ist sehr unterschiedlich. Die Ergebnisse sind daher nicht objektiv, weil immer Unternehmen fehlen.

Online-Vergleiche können auf keinen Fall eine fundierte Beratung ersetzen, sondern nur einen Eindruck über die Vielfalt der Anbieter sowie deren Preise und Leistungen vermitteln. Wenden Sie sich deshalb immer, bevor Sie einen Vertrag abschließen, an Ihren persönlichen Experten. Er wird gemeinsam mit Ihnen die ideale Lösung finden und hat sicher noch ein paar persönliche Tipps für Sie.

WISO rät

Stellen Sie von viertel- oder halbjähriger Zahlung auf jährliche Zahlung um, das bringt 3 bis 10 Prozent Kostenersparnis.

Rabatte sind der Schlüssel

Wenn Sie auf die Suche nach einer günstigeren Versicherung gehen, können Sie Ihre Beiträge vor allem mit sogenannten »weichen Rabattmerkmalen« entscheidend nach unten drücken. Es ist nämlich den Statistikern der Versicherungen gelungen, alle möglichen Gefahrengruppen aus den Millionen Versicherten herauszufiltern: Haben Sie eine Bahncard, waren Sie schon mal beim Fahrsicherheitstraining, sind Sie Handwerker? Über 100 mögliche Rabatte sind der eigentliche Schlüssel zu einer billigeren Autoversicherung. Folgende Rabatte sind beispielsweise möglich:

- begrenzte jährliche Kilometerleistung bis zu 15 Prozent;
- abschließbare Einzel-/Doppelgarage bis zu 10 Prozent;
- Einzelfahrer bis zu 10 Prozent;
- Erstbesitzer 10 Prozent;
- Fahrzeugalter 5 Prozent;
- Ladytarif 5 Prozent;
- Bahncard 5 Prozent;
- Sicherheitstraining 5 Prozent;
- Berufsgruppe 5 Prozent;
- Werkstattbindung 10 Prozent.

Wenn Sie Rabatte nutzen, müssen Sie die Bedingungen unbedingt einhalten. Sollten Sie beispielsweise mehr Kilometer fahren als vereinbart, müssen Sie das schriftlich nachmelden. Eine Nichteinhaltung der Rabattbedingungen kann eine Strafe von bis zu drei Jahresprämien zur Folge haben. Im Bereich der Kaskoversicherung entbinden falsche Angaben den Versicherer sogar ganz von seiner Leistungspflicht. Im Folgenden finden Sie einige der Rabatte noch einmal ausführlicher.

Wenigfahrerrabatt

Sie erhalten einen Wenigfahrerrabatt, wenn Sie nur eine bestimmte Jahresfahrleistung zurücklegen (meist bis zu 9.000 Kilometer). Werden die Voraussetzungen für den Erhalt des Wenigfahrerrabattes nicht eingehalten oder erforderliche Angaben nicht erbracht, wird bei einigen Gesellschaften eine Vertragsstrafe erhoben und/oder der Beitrag erhöht.

Garagenrabatt

Einen Garagenrabatt gibt es, je nach Gesellschaft, für eine Einzel-, Doppel- oder Tiefgarage. In der Regel müssen Sie Ihr Fahrzeug nachts dort abstellen. Bei Garagenrabatt wird der Diebstahl vor der Garage nicht entschädigt. Werden die Voraussetzungen für den Erhalt des Garagenrabattes nicht eingehalten oder erforderliche Angaben nicht erbracht, wird bei einigen Gesellschaften eine Vertragsstrafe erhoben und/oder der Beitrag erhöht.

Einzelfahrerrabatt

Wenn nur Sie mit dem versicherten Pkw fahren, können Sie einen Einzelfahrerrabatt vereinbaren. Auch hier wird bei einigen Gesellschaften eine Vertragsstrafe erhoben und/oder der Beitrag erhöht, wenn Sie die Voraussetzungen für den Erhalt des Einzelfahrerrabattes nicht einhalten oder erforderliche Angaben nicht erbringen.

Erstbesitzerrabatt

Sie erhalten einen Erstbesitzerrabatt, wenn Sie das Fahrzeug als Erstbesitzer erworben haben. Maßgeblich ist dabei das Datum der Erstzulassung des Fahrzeugs auf den Versicherungsnehmer. Bei Nichtbeachtung der Voraussetzungen gilt das Gleiche wie oben.

Fahrzeugalterrabatt

Einen Fahrzeugalterrabatt bekommen Sie je nach Erstzulassung des Fahrzeugs. Bei vielen Gesellschaften wird das Fahrzeugalter nach dem Tag der Zulassung des Fahrzeugs auf den Versicherungsnehmer berechnet, also wie lange er der Besitzer ist. Dies ist unter Umständen bei einem Versichererwechsel für den Versicherungsnehmer günstiger. Bei Nichtbeachtung der Voraussetzungen gilt das Gleiche wie oben.

Ladytarif

Wenn der Versicherungsnehmer weiblich ist und das versicherte Fahrzeug auch nur von einer Frau gefahren wird, kann der Ladytarif gewährt werden. Wenn Sie die Voraussetzungen für den Erhalt des Ladytarifs nicht einhalten oder erforderliche Angaben nicht erbringen, gilt auch hier: Vertragsstrafe und/oder Beitragserhöhung.

Nutzerkreisrabatt

Sie bekommen einen Nutzerkreisrabatt, wenn das versicherte Auto nur von einem bestimmten Personenkreis, begrenzt auf ein bestimmtes Alter der Fahrer (ab 25 Jahren), gefahren wird. Bei einigen Gesellschaften wird auch hier eine Vertragsstrafe erhoben und/oder der Beitrag erhöht, wenn Sie die Bedingungen nicht einhalten.

Partnerrabatt

Ein Partnerrabatt wird dann gewährt, wenn nur Sie und Ihr Ehe- beziehungsweise Lebenspartner mit dem versicherten Pkw fahren. Bei einigen Gesellschaften wird auch hier eine Vertragsstrafe erhoben und/oder der Beitrag erhöht, wenn Sie die Bedingungen nicht einhalten.

Auch in der Kaskoversicherung gibt es inzwischen längst diese sogenannten Rabattmerkmale. Die eigene Jahreskilometerleistung und der Garagenstellplatz bringen hier ebenfalls Vorteile.

Werkstattbindung

Werkstattbindungstarife in der Kaskoversicherung werden jetzt nahezu von allen Versicherern angeboten. Der Preisvorteil durch kostengünstiges Schadenmanagement der Versicherer von 10 bis 20 Prozent kann hierbei als Rabatt auf die Kaskoprämie an Sie weitergegeben werden. Schadenservice wie zum Beispiel Hol-, Bring- und Reinigungsservice sowie Ersatzfahrzeug sind Vorteile, die Ihnen diese einschränkende Vereinbarung, dass der Versicherer die Werkstatt bestimmt, erleichtern.

Aber es gibt auch viele Haken an dem Angebot: Als Neuwagenbesitzer sollten Sie bei Kfz-Versicherungen mit Werkstattbindung vorsichtig sein. Denn Sie riskieren Ihre Herstellergarantie, wenn Sie einen Schaden von der mit der Versicherung vereinbarten statt von einer vom Hersteller anerkannten Werkstatt reparieren lassen. Im Falle eines Unfalls mit anschließender nötiger Reparatur sind also nicht mehr Sie der Auftraggeber der Arbeiten, sondern die entsprechende Versicherung. Denkbare Gewährleistungsansprüche können Sie nicht gegen die Werkstatt richten, sondern nur gegen die eigene Versicherung. Fahrzeughersteller und Importeure geben normalerweise neben einer Sachmängelhaftung umfangreiche freiwillige Garantien auf das gesamte Fahrzeug für die verschiedensten Baugruppen oder Teile. Diese ergänzenden Garantieleistungen sind in der Regel daran gebunden, dass die erforderlichen Reparaturarbeiten in einem autorisierten Betrieb durchgeführt werden. Dies muss aber eine Versicherungswerkstatt nicht unbedingt sein.

Achtung!

Wenn Sie während der Garantiezeit gegen die Garantiebedingungen verstoßen, besteht die große Gefahr, dass diese speziellen Garantien nicht mehr gelten. Unter Umständen sollten Sie sich also besser für einen Tarif ohne Werkstattbindung entscheiden.

Auch wenn das Auto komplett oder teilweise finanziert oder geleast ist, kann solch eine Versicherung direkt gegen die Leasing- und Finanzierungsbestimmungen verstoßen. Eine Kündigung des Leasing- oder Finanzierungsvertrages könnte die Folge sein.

Sie können allerdings auch bei Abschluss eines Vertrages mit Werkstattbindung trotzdem in eine Werkstatt Ihrer Wahl gehen. Dann erhalten Sie jedoch lediglich 85 Prozent der Reparaturkosten ersetzt, also letztlich sind die Versicherungsverträge mit Werkstattbindung dann nichts anderes als eine Art variabler Selbstbeteiligung.

WISO rät

Bei all diesen Nachteilen ist es daher weiterhin überlegenswert, einen Versicherungsvertrag ohne Werkstattbindung abzuschließen, der Ihnen im Schadensfall alle Entscheidungsfreiheiten überlässt, ob und wo Sie Ihr Fahrzeug instand setzen lassen wollen.

Selbstbehalt

In der Kaskoversicherung, also Fahrzeugversicherung, können Sie sich im Schadensfall mit einem vereinbarten Selbstbehalt beteiligen. In der Regel gilt: Je höher die Selbstbeteiligung, desto niedriger ist der Beitrag. Die am häufigsten gewählte Selbstbeteiligungsvariante liegt bei 332,34 Euro (früher 650 DM) in der Vollkasko und 153,39 Euro (früher 300 DM) in der Teilkasko. Es gibt natürlich auch die Möglichkeit, eine niedrigere, höhere oder gar keine Selbstbeteiligung zu vereinbaren. Die Wahl der Selbstbeteiligung hängt von Ihrem finanziellen Spielraum, Ihrem Sicherheitsbedürfnis und dem Alter beziehungsweise dem Wert des Fahrzeuges ab.

Vorsicht bei Rabattbetrug!

Die Versicherungsunternehmen bestrafen diejenigen zum Teil empfindlich, die sich mit falschen Angaben die Rabatte erschleichen. So wird von manchen Versicherungsunternehmen der doppelte Versicherungsbeitrag rückwirkend für das ganze Jahr verlangt, wenn sie erfahren, dass die Angaben des Versicherungsnehmers falsch waren.

Die Strafen wirken aber auch dann, wenn eines der Kriterien, für das ein Rabatt eingeräumt wurde, entfällt. Wenn beispielsweise durch eine berufliche Änderung die jährliche Fahrleistung erheblich ansteigt und die vereinbarte Fahrleistung von 9000 Kilometern überschritten wird, müssen Sie dies dem Versicherungsunternehmen sofort mitteilen. Versäumen Sie die Meldung und der Versicherer erfährt davon, dann ist die Vertragsstrafe mit beispielsweise einer zusätzlichen Jahresprämie fällig. Die Versicherung bleibt allerdings erhalten.

WISO rät

Melden Sie Veränderungen bei Ihren Rabattmerkmalen daher immer schriftlich und unverzüglich.

Neuerungen in den Tarifbedingungen

Versicherer, die bislang noch keine Zweittarife, wie zum Beispiel »Basis« oder »Classic« anbieten, kommen jetzt damit ebenfalls auf den Markt. Auf der anderen Seite beginnen die ersten Versicherer sich bereits wieder von Zweit- oder Dritttarifen (Beispiel VHV Garant) zu verabschieden, und bringen stattdessen einen leistungsstarken Tarif mit optionalen Erweiterungen.

Viele Anbieter bieten eine verstärkte Einbeziehung von Werkstatttarifen beziehungsweise Werkstattbindung, und auch Folgeschäden bei Marderbiss werden oftmals mitversichert.

Der weitgehende Einschluss der groben Fahrlässigkeit in der Fahrzeugversicherung ist nun ebenfalls zu finden. Werden Schäden durch das Telefonieren mit dem Handy am Ohr während der Fahrt oder durch das Überfahren einer roten Ampel verursacht, gilt dies als grobe Fahrlässigkeit. Einige Versicherer haben auch Schäden durch grobe Fahrlässigkeit bereits weitgehend in ihre Tarife integriert.

Ebenso geht der Trend bei der Neuwertentschädigung zu zwölf Monaten volle Zahlung, manchmal noch mehr: Dieses Leistungskriterium ersetzt bei Neuwagen im Falle eines Totalschadens oder bei Entwendung den Neuwert des Fahrzeugs – und nicht nur den Zeitwert. Bei Wildschäden sind immer häufiger Schäden bei Zusammenstoss mit Haarwild *und* Nutztieren versichert, das war bisher selten so. Das ist auch für Fahrzeughalter wichtig, die nur gelegentlich auf Landstraßen unterwegs sind, denn auch sie können schnell in solch einen Unfall verwickelt werden. Bei vielen Versicherern sind sogar Zusammenstöße mit allen Tieren versichert.

Der Schritt zum Versicherungswechsel

Bevor Sie sich für einen Wechsel entscheiden, sollten Sie noch einmal Ihre bisherige Police zur Hand nehmen und überlegen, ob wirklich alle Rabattmöglichkeiten ausgeschöpft sind. Vielleicht lässt der Versicherer schon allein wegen der Ankündigung eines Wechsels über eine geringere Beitragszahlung mit sich reden. Sind Sie in jedem Fall zum Wechsel entschlossen, dann lassen Sie sich mehrere Angebote machen. Die wichtigsten Kriterien, die Sie vor dem Wechsel zu entscheiden haben:

- Wollen Sie die Bedingungen beibehalten, wie sie bis jetzt waren?
- Welche Rabatte wären in Ihrem Fall möglich?
- Wollen Sie bei der Teil- oder Vollkasko eine Selbstbeteiligung, und wenn ja, wie hoch?

- Gibt es einen Rabattretter bei Unfall, bei Haftpflicht und Kasko (siehe weiter unten)?
- Benötigen Sie einen Kfz-Schutzbrief oder haben Sie bereits einen?
- Wie ist es mit Marderbiss und Mallorcapolice?
- Und nicht zuletzt: Wie ist der Ruf der neuen Versicherung?

Wir haben für Sie einmal einen Musterfall für einen neuen VW Golf durchgerechnet, um Ihnen zu zeigen, wie viel Geld Sie durch die Wahl der richtigen Versicherung sparen können.

Beispiel

Musterfall für alle Berechnungen ist ein VW Golf V Plus 1,6 l/85 kw (HSN: 0603 TSN: 780), Neufahrzeug/Erstzulassung Januar 2010, Abstellplatz Straße, Jahresfahrleistung 15 000 Kilometer, Zulassungsort Frankfurt am Main (PLZ 60313), Fahrzeugnutzung ausschließlich privat und in EU-Ländern, Wegfahrsperre, eigenfinanziert, Versicherungsnehmer ist Fahrzeughalter, Versicherungsnehmer ist männlich, verheiratet, 45 Jahre, Führerscheinbesitz seit 1983, Angestellter, Tarifgruppe Normal, Fahrer: Versicherungsnehmer und Ehefrau (40 Jahre), Haftpflicht Höchstdeckung, Vollkasko 300/150 Euro SB bei SF 1 (100 Prozent), ohne Schutzbrief, ohne Werkstattbindung, Versicherungsbeginn: 1. Januar 2010, Jahresprämie inkl. Steuer. Wir haben 14 verschiedene Konstellationen durchgerechnet, hier einige Beispiele, wie viel Sie jährlich sparen können:

- Senioren: maximale Ersparnis 314 Euro;
- Beamte: maximale Ersparnis 1 164 Euro;
- Familie mit Eigenheim: Ersparnis 1 089 Euro;
- Zweitwagenbesitzer: maximale Ersparnis 2 263 Euro.

Wenn Sie eine neue Versicherung gefunden haben, sehen Sie sich die Police genau an. Prüfen Sie, ob das Angebot verbindlich ist und – wenn das Angebot nach Ihren Angaben gemacht wurde – ob die Angaben auch richtig verarbeitet wurden. Erst wenn Sie bei der neuen Versicherung unterschrieben haben, kündigen Sie per Einschreiben/Rückschein beim alten Versicherer. Bezahlen Sie die erste Beitragsprämie auf jeden Fall pünktlich, denn sonst verlieren Sie den Versicherungsschutz und machen sich strafbar.

Rückstufung: Die Zahl der Schäden entscheidet

Je nachdem, wie lange Sie schon den Führerschein haben beziehungsweise wie lange Sie schon unfallfrei Autofahren, erhalten Sie entsprechende Rabatte auf die ermittelte Grundprämie: die Schadenfreiheitsrabatte (SFR). Diese werden zurückgestuft, sobald Sie einen Unfall haben. Egal, ob Sie dabei einen Schaden von 1 000 oder 100 000 Euro begleichen müssen – für die Rückstufung in eine schlechtere Schadenfreiheitsklasse (SFK) spielt das keine Rolle. Hier zählt nur die Anzahl der Schäden. Wer also seiner Versicherung zweimal einen geringen Schaden meldet, findet sich deutlich schlechter eingestuft, als wenn er nur einmal eine hohe Schadensumme begleichen lässt. Eine Rückstufung ist also immer mit der Zahlung höherer Versicherungsprämien verbunden.

Für ein Jahr unfallfreies Fahren werden Sie in eine höhere Schadenfreiheitsklasse eingestuft, Ihr Beitragssatz sinkt. Als Fahranfänger beginnen Sie meist mit 120 Prozent, wenn das Auto über die Eltern versichert ist. Gibt es auch im Folgejahr keinen Unfall, wird der Beitrag auf 100 Prozent herabgesetzt. Dann geht es normalerweise 10- und 5-Prozent-Schritten herunter bis zu 30 oder 25 Prozent.

Im Normalfall müssen Sie einen Schaden unverzüglich der Versicherung melden. Dies gilt aber nicht für sogenannte Bagatellschäden bis etwa 500 Euro. Bagatellschäden – egal, ob am Fahrzeug des Unfallgegners oder am eigenen Wagen – können Sie zunächst auf eigene Rechnung beheben lassen. Die Kostenerstattung durch den Versicherer kann übrigens später noch rückwirkend bis zum 31. Dezember des gleichen Jahres beantragt werden. Schäden, die im Dezember verursacht wurden, müssen bis zum 31. Januar des darauffolgenden Jahres gemeldet werden.

Auch bei höheren Schäden kann es sich lohnen, den Schaden aus der eigenen Tasche zu bezahlen, wenn die Rückstufung beim Schadenfreiheitsrabatt teurer wird als der verursachte Schaden. Daher ist es natürlich unter Umständen von Vorteil, eine solche Rückstufung zu vermeiden. Das können Sie erreichen, indem Sie Ihrer Versicherung nach erfolgter Meldung und Regulierung des Schadens die erbrachten Entschädigungsleistungen freiwillig zurückerstatten. Bei Entschädigungsleistungen bis zu einem Betrag von 500 Euro ist Ihre Versicherung sogar dazu verpflichtet, Ihnen den Abschluss der Regulierung und die Höhe des erforderlichen Erstattungsbetrages mitzuteilen.

WISO rät

Vermerken Sie auf der Schadenmeldung immer, dass Sie eine Information über die Höhe der tatsächlich abgerechneten Schadenhöhe wünschen!

Wer mehrere Unfälle im laufenden Jahr verursacht, fährt daher meist günstiger, wenn er nur den teuersten Schaden meldet und die kleinen selbst zahlt. Haben Sie vor, in naher Zukunft einen Pkw mit einer höheren Typenklasse zu erwerben oder zusätzlich eine Vollkaskoversicherung neu abzuschließen, kann es sich sogar lohnen, mehr als den unter dem Gesichtspunkt der Schadenfreiheitsrabatte zunächst als optimal berechneten Betrag zu zahlen, in einem solchen Fall werden die zu zahlenden Prämien im folgenden Jahr erhöht, was jedoch bei der aktuellen Berechnung des Schadensfreiheitsrabattes von der Versicherung noch nicht berücksichtigt wird.

Vor allem ab Schadenfreiheitsklasse 10 (45 Prozent) wirft Sie jede Schadenregulierung weit zurück, unabhängig von der Höhe des Schadens. Bis zu 13 Stufen geht es je nach Versicherung bergab bei nur einem Unfall. Viele Versicherer stufen Sie beispielsweise von der Schadenklasse 16 auf die deutlich teurere Stufe 6 zurück; das heißt, statt bisher 500 Euro im Jahr zahlen Sie nun jährlich 750 Euro, und das summiert sich über die Jahre, bis Sie die verlorenen Stufen wieder aufgeholt haben. Die Folge: Ein 250-Euro-Schaden kostet Sie über die Jahre rund 2200 Euro Versicherungsprämie!

Rabattretter

Viele – aber eben nicht alle – Versicherer bieten langjährig unfallfreien Kunden sogenannte Rabattretter oder Rabattschutz. Das bedeutet: Wenn Sie nach 25 oder mehr Jahren erstmals einen Unfall verursachen, werden Sie nicht oder nur geringfügig zurückgestuft. Fragen Sie Ihren Versicherer danach! Als langjährig unfallfreier Fahrer sollten Sie daher bei der Wahl des Versicherers nicht nur auf die Prämie achten, sondern auch darauf, ob er einen Rabattretter bietet.

Es gibt aber auch einen Nachteil: Bei einem späteren Versichererwechsel wird in der Regel die reguläre Schadenfreiheitsklasse unter Berücksichtigung der verursachten Schäden dem Nachversicherer mitgeteilt. Dadurch binden Sie sich bei einem Rabattschutz sehr an den Versicherer, da bei einem Versichererwechsel der Beitragssatz und damit die Gesamtprämie höher sein wird. Rabattschutz dient dem Versicherer daher mehr als wichtiges Kundenbindungsinstrument denn als wirkliche Leistung.

Achtung!

Es nützt übrigens nichts, nach einem Schadenfall zu einer anderen Versicherung zu wechseln. Die Gesellschaften informieren sich gegenseitig, wie viele unfallfreie Jahre Sie haben. In Einzelfällen haben sich Versicherungen, die einen Rabattretter bieten, aber bereit erklärt, diesen auch neuen Kunden zu gewähren. Fragen Sie also ruhig einmal nach – es kostet ja nichts.

Übertragen von Schadenfreiheitsrabatten

Die Schadenfreiheitsklasse kann bei den meisten Gesellschaften unter bestimmten Voraussetzungen von einem Vertrag auf einen anderen Vertrag übertragen werden. Sie können also das teuerste Auto mit dem günstigsten Rabatt versehen und das billigste Auto mit dem teuersten Vertrag. In vielen Fällen ist es zum Beispiel sinnvoll, den Schadenfreiheitsrabatt auf die Kinder oder auf den Partner zu übertragen. Der bisherige Berechtigte muss dazu seinen Anspruch auf den Schadenfreiheitsrabatt schriftlich abtreten. Voraussetzung bei den meisten Versicherern ist, dass zwischen dem bisherigen und dem neuen Berechtigten des Schadenfreiheitsrabattes ein Verwandtschaftsverhältnis ersten Grades vorliegt und/oder beide in häuslicher Gemeinschaft leben. Sie können aber immer nur so viele schadenfreie Jahre übertragen, wie die andere Person selbst hätte erwirtschaften können (zum Beispiel durch Führerscheindauer nachweisbar). Voraussetzung ist zudem die Glaubhaftmachung der gemeinsamen Nutzung des Fahrzeugs in diesem Zeitraum.

Optimale Rabattverteilung bei mehreren Fahrzeugen

Wenn Sie mehrere Fahrzeuge (zum Beispiel einen Pkw, ein Campingfahrzeug, einen Lieferwagen und ein Motorrad) besitzen und für jedes Fahrzeug einen Schadenfreiheitsrabatt (SFR) haben, sollten Sie genau ausrechnen, wie Sie diese Rabatte optimal auf die Fahrzeuge verteilen. Dabei sollten Sie vor allem berücksichtigen, dass für verschiedene Fahrzeugarten auch verschiedene SFR-Staffeln gelten. Die »kurze Staffel« für Krafträder und Campingfahrzeuge und die »kurze Staffel« für sonstige Fahrzeuge (zum Beispiel Lkw,

Lieferwagen) ermöglicht es, mit nur drei schadenfreien Jahren die niedrigsten Beiträge zu zahlen. Die Staffel für Pkw ist dagegen »länger«. Daraus folgt, dass Sie den höchsten Schadenfreiheitsrabatt immer auf den Pkw geben sollten. Bei mehreren Pkw wiederum ordnen Sie den besten SFR demjenigen Pkw zu, der die höchsten Typklassen hat.

WISO rät

Geben Sie bei mehreren Pkw den Rabatt vorzugsweise demjenigen Pkw, der auch vollkaskoversichert werden soll. Denn in der Teilkasko gibt es keinen SFR.

Vorübergehende Abmeldung des Autos

Unklarheit herrscht bei vielen Versicherungsnehmern über die Erhaltung des Schadenfreiheitsrabattes bei vorübergehender Unterbrechung eines Versicherungsvertrages. Hier gelten besondere Bestimmungen:

- Wird der Versicherungsvertrag nicht länger als sechs Monate unterbrochen, dann wird er so eingestuft, als wäre er nicht unterbrochen worden.
- Ein Vertrag, der länger als sechs Monate, aber nicht länger als ein Jahr unterbrochen wird, wird nachher so wie vor der Unterbrechung eingestuft.
- Wird der Vertrag länger als zwölf Monate, aber nicht mehr als sechs Jahre unterbrochen, gibt es von Versicherer zu Versicherer unterschiedliche Regelungen. Bei manchen Anbietern wird der Vertrag wie oben wieder in die Schadenfreiheits- oder Schadenklasse eingestuft, die vor der Unterbrechung bestand. Bei anderen aber verschlechtert sich der SFR pro Jahr.
- Wird der Vertrag länger als sieben Jahre unterbrochen, erfolgt die Einstufung in Klasse null oder in SF 1/2, wenn die speziellen Voraussetzungen vorliegen.
- Bei einem Fahrzeugwechsel bleibt die erreichte Einstufung des Vertrages in der bisherigen Schadenfreiheits- oder Schadenklasse bestehen.
- Wird kein Ersatzfahrzeug angeschafft, können Sie unter bestimmten Voraussetzungen beantragen, dass die bisher erreichte Einstufung auf ein anderes Fahrzeug übertragen wird.

Auch bei einem Wechsel der Versicherungsgesellschaft wird die bisherige Einstufung des Vertrages von der neuen Versicherungsgesellschaft übernommen, wenn Sie eine Bescheinigung des Vorversicherers vorlegen können. In der Regel erfragt der neue Versicherer beim Vorversicherer den Vertragsstand. Auch bei einer Kündigung des Versicherungsvertrages bleibt Ihnen ein bestehender Schadenfreiheitsrabatt erhalten.

Was tun im Versicherungsfall?

Tritt ein Versicherungsfall ein, müssen Sie diesen Ihrem Versicherer schriftlich innerhalb einer Woche anzeigen, insbesondere dann, wenn

- gegen Sie ein Ermittlungsverfahren eingeleitet wird,
- ein Strafbefehl erlassen wird,
- ein Bußgeldbescheid erlassen wird,
- der Geschädigte finanzielle Ansprüche geltend macht.

Verletzen Sie eine dieser Pflichten, bleibt Ihr Versicherer eventuell ganz oder teilweise leistungsfrei. Das heißt, Sie müssen eine Eigenbeteiligung von bis zu 5 000 Euro selbst tragen.

Sie sollten jeden Unfall melden – schon allein deshalb, weil es immer teurer werden kann, als zuerst gedacht! Denn eventuell werden einige Verletzungen erst mit zeitlicher Verzögerung festgestellt (zum Beispiel Schleudertrauma), die unter Umständen einen Anspruch auf Schadenersatz berechtigen. Auch Beweissicherung durch die Polizei ist immer sinnvoll.

Unter Umständen müssen auch andere Stellen informiert werden, zum Beispiel bei Verletzten die Krankenversicherung, bei Arbeitsunfällen die Berufsgenossenschaft, bei Verletzungen von Beifahrern die Insassenunfallversicherung und eventuell Ihre Rechtsschutzversicherung. Den Versicherer des Unfallgegners sollten Sie ebenfalls rasch informieren, denn bei klarer Schuldfrage zahlt Ihnen die gegnerische Versicherung ein Ersatzfahrzeug. Eventuell können Sie eine Abschlagszahlung erhalten, um die Reparatur Ihres Wagens oder einen Neuwagenkauf zu finanzieren.

Wenn Personen verletzt sind, sollten Sie jeden Schaden, auch den kleinsten, von Ihrer Haftpflichtversicherung bezahlen lassen. Denn nur wenn die Versicherung den Schaden bezahlt, sind Sie vor möglichen Nachforderungen des Geschädigten geschützt. Sie können der Versicherung anschließend den von ihr gezahlten Betrag erstatten.

Denn auch wenn Ihre Versicherung einen Schaden übernimmt, kann es für Sie richtig teuer werden – unter Umständen sogar teurer, als wenn Sie selbst bezahlt hätten. Das Problem: Mit (fast) jeder Schadenmeldung erleidet

Ihr mühsam aufgebauter Schadenfreiheitsrabatt einen saftigen Rückschlag. Sie werden zurückgestuft, und zwar normalerweise nicht um eine Klasse, sondern gleich um mehrere. Vor allem ab Schadenfreiheitsklasse (SFK) 10 wirft Sie jede Schadenmeldung weit zurück – ganz unabhängig von der Höhe des Schadens. Viele Versicherer stufen Sie beispielsweise von der SFK 15 oder 16 auf die (deutlich teurere) Stufe 6 zurück; ab SFK 20 rauschen Sie schnell bis zu 13 (!) Klassen nach unten. Weil es Jahre dauert, bis Sie die verlorenen Stufen wieder aufgeholt haben, kann Sie (im schlimmsten Fall) ein kleiner Schaden mehrere Tausend Euro kosten!

WISO rät

Die Frage, ab welchem Betrag Sie den Schaden besser aus eigener Tasche bezahlen, lässt sich kaum einheitlich beantworten und ist von Ihrer aktuellen Schadenfreiheitsklasse abhängig. Oft lohnt sich aber das Selbstzahlen bei Schäden, die bis zu dreimal so hoch sind wie Ihre Jahresprämie.

Abschluss und Kündigung einer Autoversicherung

Eine Angst vor dem Versichererwechsel in der Kfz-Haftpflicht ist unbegründet. Auch bei einem Wechsel des Versicherers behalten Sie Ihren bereits in den Vorjahren erreichten Schadenfreiheitsrabatt – und zwar sowohl als Rabatt als auch als Malus mit Mehrzahlung nach einem Unfall.

Die Kündigung muss spätestens einen Monat vor dem vereinbarten Ablauf beim Versicherungsunternehmen eingegangen sein – am besten per Einschreiben mit Rückschein oder per Fax. Maßgeblich ist dabei das Datum des Briefeingangs. Den Ablauf entnehmen Sie dem Versicherungsschein (der Police). In den meisten Fällen dürfte der nächste Ablauf der 1. Januar des folgenden Jahres sein. Die Kfz-Versicherung können Sie also in der Regel jedes Jahr zum 30. November ordentlich kündigen. Bei einer Prämienerhöhung oder bei jedem Schadensfall ist die *außerordentliche* Kündigung des Versicherungsvertrages von beiden Vertragsseiten aus möglich.

Müssen Sie bereits einen neuen Versicherungsvertrag abgeschlossen haben, bevor Sie einen alten Vertrag kündigen? Eigentlich nicht. Wenn Sie in der Vergangenheit lange Jahre schadenfrei geblieben sind, werden Sie normalerweise keine Probleme haben, erst nach der Kündigung ein neues Versicherungsunternehmen zu finden. Anders sieht es bei bestimmten unfallträchtigen Fahrzeugtypen oder eigenen Unfällen aus.

Achtung!

Sollten Sie im abgelaufenen Versicherungsjahr zwei oder mehrere Schäden verschuldet haben, so kann es Ihnen passieren, dass ein neues, günstigeres Versicherungsunternehmen nicht bereit ist, für Ihr Fahrzeug die Voll- oder Teilkaskoversicherung zu übernehmen.

Wenn Sie eine Kfz-Versicherung gekündigt haben, müssen Sie unbedingt darauf achten, dass Sie rechtzeitig vor Ablauf der Versicherung – also in der Regel vor dem 1. Januar des nächsten Jahres – einen neuen Vertrag abgeschlossen haben und das neue Versicherungsunternehmen eine Versicherungsbestätigungskarte (Doppelkarte) ausgibt oder an die Zulassungsbehörde schickt.

WISO rät

Wir empfehlen Ihnen deshalb, sich spätestens bis Anfang Dezember, also parallel zur Kündigung, um einen neuen Versicherer zu kümmern.

Der Antrag für eine neue Versicherung wird Ihnen auf Nachfrage zugeschickt, und Sie erhalten mit dem Antrag eine neue Versicherungsbestätigung (Doppel- oder Deckungskarte). Diese müssen Sie unter Angabe des polizeilichen Kennzeichens Ihres Fahrzeugs beziehungsweise Ihrer Fahrzeuge zur zuständigen Kfz-Zulassungsbehörde schicken, damit diese zum Beispiel am 1. Januar die Versicherungsbestätigung der alten Gesellschaft gegen die neue austauschen kann.

Beim Abschluss eines neuen Vertrages sollten Sie nur den gewünschten und benötigten Versicherungsumfang versichern. Gesetzlich vorgeschrieben ist die Kfz-Haftpflichtversicherung, die am besten mit einer unbegrenzten Deckungssumme vereinbart wird.

Rechtsschutzversicherung

Sind wir ein Volk von Prozesshanseln? Jedenfalls gehört die Rechtsschutzversicherung zu den beliebtesten Versicherungen in Deutschland. Dabei gibt es wahrlich wichtigere Policen. Andererseits stimmt auch: Recht haben heißt noch lange nicht Recht bekommen, und da ist eine Versicherung, die einen möglichen Prozess finanziert, ganz beruhigend. Rechtsschutzversicherungen sind vor allem »Anwalts Liebling«. Denn die Versicherer übernehmen dann – bis auf eine eventuell vereinbarte kleine Selbstbeteiligung – alle Kosten.

Bei kleineren Rechtsstreitigkeiten mit sehr geringen Streitwerten ist eine Rechtsschutzversicherung eigentlich überflüssig. Anders sieht es aus, wenn es um höhere Streitwerte geht und die Erfolgsaussichten unsicher sind. Schon bei einem Streitwert von 10000 Euro werden für den Verlierer nach zwei Instanzen knapp 9200 Euro an Gebühren fällig. Bei einem Streitwert von 125000 Euro kosten die Standardgebühren den Verlierer bei drei Instanzen über 42000 Euro!

Rechtsanwalts- und Gerichtskosten in Zivilsachen

Beträge in Euro	1. Instanz				1. und 2. Instanz	1., 2. und 3. Instanz
Streitwert	Eigener Anwalt 3 Gebühren *)	Anwalt des Gegners 3 Gebühren *)	Gerichtskosten 3 Gebühren *)	Gesamtkosten **)	2 Anwälte zzgl. Gerichtskosten **)	
900	195	195	135	645,40	1459,23	***)
1500	315	315	195	983,80	2227,90	***)
3000	567	567	267	1640,44	3.734,12	***)

Streitwert	Eigener Anwalt 3 Gebühren *)	Anwalt des Gegners 3 Gebühren *)	Gerichtskosten 3 Gebühren *)	Gesamtkosten **)	2 Anwälte zzgl. Gerichtskosten **)	
6000	1014	1014	408	2818,48	6432,42	***)
10000	1458	1458	588	4028,56	9192,50	***)
16000	1698	1698	726	4723,36	10765,85	***)
25000	2058	2058	933	5765,56	13125,86	***)
50000	3138	3138	1368	8706,16	19833,91	28760,22
125000	4293	4293	2868	12885,76	29077,38	42263,67
200000	5448	5448	4368	17065,36	38320,85	55767,13
350000	7218	7218	6618	23421,76	52388,76	76314,63
500000	8988	8988	8868	29778,16	66456,67	96862,14

*) Bei einem Rechtsstreit können verschiedene Gebühren anfallen. In dieser Tabelle sind drei Arten exemplarisch berücksichtigt (je eine Prozess-, Verhandlungs- und Beweisgebühr)
**) Anwaltskosten zuzüglich Auslagen und 19 Prozent Mehrwertsteuer
***) 3. Instanz regelmäßig nur bei Streitwert über 30000 Euro zulässig
Quelle: HDI-Gerling-Versicherung 2008

Wenn Sie den Prozess gewinnen, zahlt Ihr Prozessgegner als Verlierer alles. Es sei denn, Ihr Gegner kann nicht zahlen: Dann müssen Sie mindestens die Gebühren für Ihren Anwalt selbst zahlen. Vor dem Arbeitsgericht müssen Sie das in der ersten Instanz in jedem Fall – auch als Gewinner.

Wer braucht eine Rechtsschutzversicherung?

Zunächst ist einmal die Frage zu klären, in welche Rechtsschutzfälle Sie verwickelt werden könnten. Die häufigsten Rechtsschutzfälle sind Verkehrsrechtsschutz, Rechtsschutz für Wohnungen und Grundstücke sowie Arbeitsrechtsschutz. Die Wahrscheinlichkeit eines Gerichtsverfahrens steigt also – mathematisch betrachtet – mit dem Besitz von Kraftfahrzeugen, dem Mieten oder Vermieten von Wohneinheiten und dem Nachgehen unselbstständiger Tätigkeiten.

Ein Rentnerehepaar, das bei den Kindern wohnt und kein Auto besitzt, benötigt also weniger eine Rechtsschutzversicherung als ein berufstätiges Ehepaar, das mit den Kindern über dem Vermieter wohnt und dazu noch zwei Autos angemeldet hat, die regelmäßig benutzt werden. Ein weiteres Kriterium könnte die Kaufneigung eines Menschen sein. Wenn Sie gerne exklusive Gegenstände oder auch Immobilien kaufen, für die sich ein Rechtsstreit lohnt, ist eine Rechtsschutzversicherung schon empfehlenswert. Dann sollten allerdings diese Bereiche in der Police auch abgedeckt sein!

Schutz mit vielen Lücken

Einen umfassenden Rechtsschutz gibt es gar nicht. In den Musterbedingungen des Gesamtverbandes (ARB 2009) gibt es viele Ausschlüsse, die nicht mitversichert sind. So sind insbesondere teure Verfahren rund um Bauvorhaben, Erbstreitigkeiten oder Scheidung fast nie versicherbar. Die Begründung der Versicherer ist einleuchtend: Von diesen Streitigkeiten gibt es so viele, dass damit kein Geld zu verdienen ist. Ihnen hilft das allerdings nichts. Sie können im Streitfall nur noch versuchen, möglicherweise Prozesskostenhilfe zu beantragen oder in Einzelfällen einen Prozesskostenfinanzierer zu verpflichten (siehe Seite 172).

Immer häufiger werden auch Streitigkeiten rund um Kapitalanlagen vom Versicherungsumfang ausgeschlossen. Denn nach dem Ende des »New-Economy-Booms« um die Jahrtausendwende versuchten viele enttäuschte Aktionäre, mithilfe ihrer Rechtsschutzversicherung Unternehmen oder Banken wegen mangelhafter Beratung zu verklagen. Das wurde vielen Versicherungen zu teuer, und sie schlossen die Deckung für Wertpapiere in den neuen Bedingungen aus.

Was leistet die Rechtsschutzversicherung?

Die Hauptleistung des Rechtsschutzversicherers besteht in der Übernahme aller Ihnen für die Wahrnehmung Ihrer rechtlichen Interessen entstehenden Kosten. Dazu zählt normalerweise auch Ihre Familie: Ihr Ehepartner (oder Lebenspartner, wenn er namentlich benannt ist) sowie Ihre Kinder, sofern diese noch nicht berufstätig oder verheiratet sind.

Die Leistungen der Versicherer sind im Einzelnen:

- die gesetzliche Vergütung des für Sie tätigen Rechtsanwalts (den Sie grundsätzlich selbst wählen können!) oder im Falle des Steuerrechtsschutzes die Kosten des Steuerberaters;

- die Korrespondenzanwaltskosten, also die Kosten für einen Korrespondenzanwalt, die gewährt werden, wenn Sie mehr als 100 Kilometer vom zuständigen Gericht entfernt wohnen;
- die gegnerischen Kosten, soweit diese bei Verlust Ihnen auferlegt werden;
- die Kosten eines Schieds- oder Schlichtungsverfahrens;
- die Kosten eines Verfahrens vor Verwaltungsbehörden;
- die Gerichtskosten samt Vorschüssen einschließlich Kosten für Sachverständige und Zeugen;
- Ihre Reisekosten, wenn Ihr Erscheinen vor einem ausländischen Gericht angeordnet wurde;
- die Strafkautionen, die Ihnen auferlegt werden, werden als zinsloses Darlehen gewährt.

Welche Rechtsbereiche sind versichert?

Rechtsschutz wird gewährt als Verkehrsrechtsschutz, als Fahrerrechtsschutz, als Rechtsschutz für Firmen und Vereine, als Privat- und Berufsrechtsschutz für Selbstständige, als Privat- und Berufsrechtsschutz für Nichtselbstständige, als Privat-, Berufs- und Verkehrsrechtsschutz für Nichtselbstständige, als Privat-, Berufs- und Verkehrsrechtsschutz für Selbstständige, als Landwirtschafts- und Verkehrsrechtsschutz und als Rechtsschutz für Eigentümer und Mieter von Wohnungen und Grundstücken.

Die genannten Kombinationen sind meist billiger, als wenn Sie alles einzeln abschließen. Das »Komplett-Paket« für Nichtselbstständige (Privat-, Berufs-, Verkehrs- und Wohnungsrechtsschutz) kostet je nach Versicherer und Umfang etwa 200 bis 300 Euro im Jahr.

Privat- und Berufsrechtsschutzversicherung

Der Privat- und Berufsrechtsschutz deckt gewöhnlich im Einzelnen folgende Bereiche ab:

Strafrechtsschutz Vorwurf einer fahrlässig begangenen Straftat, auch in disziplinarrechtlichen Verfahren. Beispiel: Sie haben ein Tempolimit überschritten. Vorsatz ist dagegen im Regelfall nicht versichert.

Schadenersatzrechtsschutz Durchsetzung von Haftpflicht-Ansprüchen gegen einen Schädiger. Beispiel: Sie werden unschuldig in einen Unfall verwickelt und der Verursacher weigert sich, dafür aufzukommen. Gilt für Sach-, Personen- und Vermögensschäden.

Vertragsrechtsschutz Durchsetzung und Abwehr von Ansprüchen aus schuldrechtlichen Verträgen und Wahrung der Eigentumsrechte an beweglichen Sachen. Beispiele sind Streitigkeiten aus Verträgen des täglichen Lebens wie Kaufverträge oder Reparaturaufträge. Beispiel: Eine Wohnzimmergarnitur wurde in unterschiedlicher Stoffqualität bezogen.

Versicherungsvertragsrechtsschutz Auseinandersetzungen aus Versicherungsverträgen. Beispiel: Die Hausratversicherung weigert sich, den teuren Perserteppich zu ersetzen.

Arbeitsrechtsschutz Auseinandersetzungen, die sich aus Ihrem Arbeitsverhältnis ergeben. Beispiel: Sie wehren sich gegen eine Kündigung.

Sozialgerichtsrechtsschutz Streitigkeiten mit der gesetzlichen Kranken-, Renten-, Unfall- oder Arbeitslosenversicherung um Leistungen werden vor den Sozialgerichten entschieden. Hier treffen den Versicherer aber nur die Anwaltskosten, denn Streitigkeiten vor Sozialgerichten kosten keine Gerichtsgebühr. Beispiel: Nach einem Unfall muss Ihr Invaliditätsgrad festgestellt werden.

Steuerrechtsschutz Streitigkeiten wegen Steuern oder anderer Abgaben wie Zölle und Gebühren werden vor den Finanz- und Verwaltungsgerichten entschieden. Beispiel: Das Finanzamt will die beruflich bedingten Fahrtkosten nicht anerkennen.

Disziplinar- und Standesrechtsschutz für die Verteidigung in solchen Verfahren.

Auch für vorsorgliche Beratungen im eingetretenen Schadensfall gilt der Versicherungsschutz – selbst wenn es nicht zu einer gerichtlichen Auseinandersetzung kommt. Das gilt auch für Familien- und Erbrecht.

Was ist in der Privat- und Berufsrechtsschutzversicherung nicht versichert?

Folgende Bereiche sind in der Privat- und Berufsrechtsschutz nicht versichert:

- Ehescheidungen;
- Erbschaftsauseinandersetzungen;

- Streitigkeiten aus genehmigungspflichtigem Bauen sowie Planfeststellungsverfahren;
- einige Streitigkeiten mit Behörden, zum Beispiel sind Verwaltungsverfahren gegen eine Schulbehörde oder Verfahren vor Verfassungsgerichten nicht versichert;
- Rechtsstreitigkeiten durch Kriegsereignisse, innere Unruhen, Streiks, Aussperrungen, Erdbeben, Nuklearschäden sowie Spiel- und Wettverträgen;
- keine Kostenübernahme, um fremde Haftpflichtansprüche abzuwehren;
- kein Versicherungsschutz für die Wahrnehmung rechtlicher Interessen als Eigentümer, Besitzer, Halter oder Fahrer von Kraftfahrzeugen;
- kein Schutz bei Rechtsstreit mit der eigenen Rechtsschutzversicherung;
- kein Mietrechtsschutz;
- kein Berufsrechtsschutz für Selbstständige aus dieser Police; es wird aber eine eigenständige Berufsrechtsschutzversicherung für Selbstständige angeboten;
- oft sind Kapitalanlagen ausgeschlossen.

WISO rät

Mietrechtsschutz ist gewöhnlich nur als Zusatzversicherung möglich. Prüfen Sie deshalb bei bestehenden Rechtsschutzversicherungen, ob ein Mietrechtsschutz enthalten ist.

Verkehrsrechtsschutzversicherung

In der Verkehrsrechtsschutzversicherung sind zunächst Sie als Versicherungsnehmer in Ihrer Eigenschaft als Eigentümer und Halter aller auf Sie zugelassenen Fahrzeuge sowie als Fahrer dieser und anderer Fahrzeuge versichert. Alle Fahrer und Insassen der auf Sie zugelassenen Fahrzeuge sind ebenfalls versichert.

Abgespeckte Versionen sind der Fahrzeugrechtsschutz, in der nur im Versicherungsschein benannte Fahrzeuge versichert sind, sowie der Fahrerrechtsschutz, der für Personen gedacht ist, die nur fremde Fahrzeuge benutzen. Fahrzeuge in diesem Sinne sind Motorfahrzeuge zu Lande, Wasser und in der Luft.

Grundsätzlich sind verkehrsrechtliche Auseinandersetzungen jeder Art versichert. Im Einzelnen:

Strafrechtsschutz Bußgeldverfahren und Strafverfahren wegen des Vorwurfes, eine verkehrsrechtliche Vorschrift fahrlässig verletzt zu haben. Beispiel: Sie sollen bei Rot über die Ampel gefahren sein oder einen Unfall verursacht haben. Aber Achtung: Erkennt das Gericht auf vorsätzliches Verhalten, sind Sie verpflichtet, dem Versicherer die Kosten zurückzuzahlen!

Führerscheinrechtsschutz Die Verwaltungsverfahren im Zusammenhang mit der Entziehung und der Wiedererlangung der Fahrerlaubnis.

Schadenersatzrechtsschutz Für eigene Schadenersatzansprüche als Fahrzeugbenutzer, Fußgänger und so weiter gegen gesetzlich haftende Dritte.

Kfz-Vertragsrechtsschutz Streitigkeiten aus Kfz-bezogenen Verträgen, wie zum Beispiel Kauf, Verkauf oder Reparatur.

Kfz-Versicherungsvertragsrechtsschutz Auseinandersetzungen aus Kfz-bezogenen Versicherungsverträgen.

Steuerrechtsschutz Bei Kfz-bezogenen Steuerstreitigkeiten

Was ist in der Verkehrsrechtsschutzversicherung nicht versichert?

Grundsätzlich sind alle vorsätzlich begangenen Straftaten rund um den Straßenverkehr nicht versichert. Bei folgenden Sachverhalten ist das Versicherungsunternehmen nicht verpflichtet, die Versicherungsleistung zu erbringen:

- Verfahrenskosten für Falschparker;
- Fahren ohne Führerschein;
- Nichtberechtigung zur Benutzung des Fahrzeuges (zum Beispiel, wenn das Auto gestohlen wurde);
- Nichtzulassung des benutzten Fahrzeuges;
- Unfall nach »Wettrennen« auf der Autobahn.

Firmenrechtsschutzversicherung

Die Police ist für Selbstständige gedacht und schützt diese im beruflichen Bereich. Sie schließt alle Arbeitnehmer des Versicherten mit ein. Versichert sind Strafrechtsschutz, Schadenersatzrechtsschutz, Versicherungsvertragsrechtsschutz, Arbeitsrechtsschutz und Sozialgerichtsrechtsschutz.

Was kostet die Rechtsschutzversicherung?

Die kombinierte Privat-, Berufs- und Verkehrsrechtsschutzversicherung kostet bei günstigen Anbietern um die 200 Euro pro Jahr. Einzelpolicen für Verkehrsrechtsschutz oder Mietrechtschutz kosten etwa 50 Euro im Jahr. Gerade für Rechtsschutzversicherungen gilt, dass es große Preisunterschiede bei meist, aber nicht immer gleichen Leistungen gibt. Die Wahl eines günstigen Unternehmens kann über Jahre hinweg gerechnet Tausende von Euro sparen. Und: Vereinbaren Sie eine möglichst hohe Selbstbeteiligung (angeboten werden zwischen 25 und 250 Euro), denn das senkt die Prämie – bei einem kleinen Risiko für Sie.

Andererseits hilft auch eine günstige Versicherung nichts, bei der dann nahezu alles ausgeschlossen ist. Deshalb sollten Sie sorgfältig die Risikoausschlüsse beachten und vergleichen – und zwar vor dem Abschluss.

WISO rät

Wenn Sie schon mit einem Prozess rechnen, sollten Sie deswegen keine Rechtsschutzversicherung abschließen. Der Rechtsschutz beginnt in der Regel erst drei Monate nach Vertragsabschluss und gilt auch nur dann, wenn Beginn und Grund des Rechtsstreits nach dieser Frist liegen.

Es gibt allerdings Ausnahmen von der Dreimonats-Sperrfrist, zum Beispiel in der Verkehrsrechtsschutzversicherung, wenn es um Kauf oder Leasing eines Autos geht. Auch bei unvorhersehbaren Streitigkeiten (vor allen Dingen bei Schadensersatzforderungen und Strafrechtsschutz) sowie bei einem Wechsel der Versicherung besteht nach Abschluss der Police sofortiger Schutz. Bei einem Wechsel müssen Sie beachten, dass keine zeitliche Unterbrechung des Versicherungsschutzes zwischen Vorversicherer und Anschlussversicherer stattfindet. Erkundigen Sie sich danach!

Rechtsschutzversicherungen werden auch von Mieter- und Hauseigentümervereinen sowie Automobilclubs angeboten. Auch deren Angebote sollten Sie prüfen, besonders wenn Sie dort bereits Mitglied sind. Dann gibt es oft günstigere Angebote.

Die richtige Deckungssumme

Vermeiden Sie zu niedrige Deckungssummen. Versichern Sie mindestens 100 000 Euro, besser noch 300 000 Euro oder mehr. Es wird auch die »unbegrenzte Deckungssumme« angeboten. Günstiger als Einzelkomponenten ist oft auch das Komplettpaket – zum Beispiel die Kombination Privat-, Berufs- und Verkehrsrechtsschutz.

WISO rät

Rechtsschutzversicherungen gelten oft nur in Europa, auf den Kanarischen Inseln, auf Madeira und in allen weiteren Mittelmeeranrainerstaaten (Marokko, Algerien, Tunesien, Libyen, Ägypten, Israel und Türkei). Darüber hinaus gibt es meist eine weltweite Deckung für nicht beruflich bedingte Aufenthalte bis zu sechs Wochen Dauer. Die erstattungsfähigen Kosten sind zudem häufig auf 25000 Euro begrenzt. Sollten Sie sich regelmäßig und zudem beruflich im außereuropäischen Ausland aufhalten, fragen Sie nach einer umfassenderen Deckung.

Prozessfinanzierer und Prozesskostenhilfe – eine Alternative?

Wer mithilfe eines Gerichts versucht, sein Geld wiederzubekommen, muss erst einmal Geld mitbringen. Nämlich für die Justizkasse die Gerichtsgebühren und für den Anwalt einen Vorschuss. Geht der Prozess verloren, muss auch noch der Anwalt der Gegenseite bezahlt werden. Das kann ohne eine Rechtsschutzversicherung teuer werden.

Deswegen wurden in der Vergangenheit Zehntausende von Prozessen nicht geführt – trotz erfolgversprechender Aussichten. Zum Glück, werden viele sagen, doch bitter oft für die Betroffenen. Nicht selten lehnen aber auch Rechtsschutzversicherungen es ab, bei großen Streitwerten beizustehen. In diese Lücke springen oft Firmen ein, die im Erfolgsfall am »Gewinn« beteiligt werden: sogenannte Prozessfinanzierer.

Prozessfinanzierer

Ein Prozessfinanzierer bietet Ihnen Sicherheit: Nimmt er den Fall an, können Sie als Mandant nur gewinnen, denn die Firma übernimmt alle Kosten. Allerdings lässt sie sich den Erfolg auch mitunter fürstlich bezahlen. Gewöhnlich müssen Sie zwischen 20 und 50 Prozent des Gewinns an den Prozessfinanzierer abtreten – gleichwohl sollten Sie versuchen, zu verhandeln, gerade wenn es um höhere Streitwerte geht.

Was finanziert ein Prozessfinanzierer?

Damit ist auch schon klar, welche Prozesse von solchen Firmen auf jeden Fall nicht finanziert werden: nämlich die, in denen mit dem Urteil kein Geld zu »verdienen« ist. Dazu gehören zum Beispiel Streitigkeiten um Genehmigungen oder auch ein Scheidungsprozess.

Aber auch, wenn es um Geld geht, ist der Finanzierer noch nicht automatisch dabei. Erst muss die Vorprüfung positiv ausfallen, also dass der Prozess Aussicht auf Erfolg hat. Insofern gibt es hier eine Parallele zur klassischen Rechtsschutzversicherung. Wegen dieser Vorprüfung, aber auch wegen der Höhe der Gewinnabtretung, lohnt es sich auf jeden Fall, bei mehreren Prozessfinanzierern vorstellig zu werden.

Geführt wird der Prozess nicht vom Finanzierer, sondern von dem Anwalt, der vom Kunden – also von Ihnen – ausgewählt wurde.

Achtung!

> Auch wenn sich ein Finanzierer entschlossen hat, den Prozess zu bezahlen, bedeutet das nicht, dass er bis zum Ende dabei ist. Neue Fakten, die während der Prozessführung auftauchen und den Erfolg gefährden, könnten die Firma zum Ausstieg veranlassen.

Für Sie ist das ärgerlich, aber zumindest kein finanzielles Risiko, denn bis zum Ausstieg werden alle Kosten übernommen. Ob Sie dann allein weitermachen, sollten Sie sich allerdings zweimal überlegen – ohne finanzielle Rückendeckung und ohne große Gewinnaussichten.

Wie seriös sind Prozessfinanzierer?

Wenn bisher vom geringen Risiko für den Kläger die Rede war – ein Risiko gibt es: dass der Prozessfinanzierer in Konkurs geht. Dann bleiben Sie womöglich doch auf den Kosten sitzen. Oder Sie bekommen nach einem erfolgreichen Verfahren Ihr Geld nicht. Denn ein Gewinn geht zunächst an den Finanzierer, der Ihnen dann Ihren vertraglich zustehenden Anteil auszahlt.

Sie sollten deshalb vor einem Vertragsabschluss mit einem Prozessfinanzierer nach folgenden Punkten fragen:

- Seit wann gibt es die Firma?
- Wie viele Fälle und mit welchem Erfolg wurden bearbeitet?
- Wie ist der finanzielle Hintergrund der Firma?
- Gibt es eventuell einen Mutterkonzern, zu dem der Prozessfinanzierer gehört?

Wenn Ihnen diese Fragen nicht zufriedenstellend beantwortet werden, sollten Sie von einer Beauftragung Abstand nehmen.

WISO rät

Bevor Sie einen Prozessfinanzierer beauftragen, prüfen Sie auch die Möglichkeiten einer außergerichtlichen Schlichtung oder einer Inanspruchnahme von Prozesskostenhilfe (siehe unten). Gute Anwälte weisen darauf hin. Werden Sie misstrauisch, wenn Ihnen der Anwalt einen ganz bestimmten Prozessfinanzierer »unterjubeln« will – möglicherweise profitiert der Anwalt davon.

Prozesskostenhilfe

Wenn Sie weder eine Rechtsschutzversicherung abgeschlossen haben und auch einen Prozesskostenfinanzierer nicht einschalten wollen oder können, sollten Sie die Möglichkeit prüfen, Prozesskostenhilfe vom Staat zu bekommen. Sie wurde eingeführt, damit jeder – unabhängig von seiner Vermögenssituation – sein Recht auch wahrnehmen und notfalls gerichtlich durchsetzen kann.

Die Kosten der Prozessführung werden dabei ganz oder teilweise vom Staat getragen. Beantragen können die Hilfe sowohl Kläger als auch Beklagter. Über die Bewilligung entscheidet der prozessführende Richter. Die Gewährung ist aber an Voraussetzungen gebunden: Der Antrag darf nicht »mutwillig« erscheinen. Dies wäre dann der Fall, wenn der Antragsteller zum Beispiel nicht bereit wäre, den Prozess auch dann zu führen, wenn er ihn mit eigenen Mitteln finanzieren müsste.

Außerdem muss der Richter befinden, dass die Klage oder Verteidigung Aussicht auf Erfolg hat. Und die dritte Voraussetzung ist, dass der Antragsteller ohne Prozesskostenhilfe nicht in der Lage wäre, die Prozesskosten aufzubringen. In der Realität kommen daher nur nahezu mittellose Personen in den Genuss von Prozesskostenhilfe. Zudem werden die Zahlungen oftmals nur als rückzahlbares Darlehen gewährt.

Wer einen Antrag auf Prozesskostenhilfe stellen möchte, muss beim Prozessgericht eine »Erklärung über die eigenen persönlichen und wirtschaftlichen Verhältnisse« abgeben. Den entsprechenden Vordruck gibt es entweder direkt beim Amtsgericht oder auch bei Ihrem Rechtsanwalt. Das ausgefüllte Formular muss gemeinsam mit der Klageschrift oder zumindest einem Entwurf, in dem der Streit unter Angabe der Beweismittel dargestellt ist, bei Gericht eingereicht werden. Die Unterstützung eines Anwalts ist hier sicherlich hilfreich, jedoch nicht zwingend.

WISO rät

Bei Rechtsbehelfen (zum Beispiel Revision oder Berufung), die an bestimmte Fristen gebunden sind, sollten Sie unbedingt darauf achten, dass auch die Erklärung innerhalb der genannten Frist bei Gericht abgegeben wird. Und: Prozesskostenhilfe muss für jede Instanz neu beantragt werden!

Was die Prozesskostenhilfe nicht bezahlt

Wenn Ihnen Prozesskostenhilfe gewährt wird, werden Ihnen nicht nur sämtliche Gerichtskosten, sondern auch die Kosten für den eigenen Anwalt und die Gebühren von notwendigen Sachverständigen ganz oder zumindest teilweise finanziert, und zwar unabhängig davon, ob Sie den Prozess letztlich gewinnen oder verlieren.

Ganz ohne finanzielles Risiko ist ein Rechtsstreit aber auch mit Prozesskostenhilfe nicht. Denn eine Bewilligung befreit nur von den eigenen Kosten. Wenn Sie den Prozess verlieren, müssen Sie auf jeden Fall die Kosten der gegnerischen Seite selbst tragen. Gewinnen Sie den Prozess, müssen sämtliche Prozesskosten – inklusive der eigenen Anwaltskosten – vom Gegner bezahlt werden.

Was tun im Versicherungsfall?

Wenn der Streitfall eintritt, muss dieser nicht von Ihnen der Versicherung mitgeteilt werden. Sie gehen zu einem Anwalt Ihres Vertrauens und legen diesem Ihre Versicherungspolice vor. Bevor Sie einen Rechtsstreit beginnen, sollte der Anwalt zunächst klären, ob Ihre Versicherung eine Deckungszusage gibt. Sonst bleiben Sie womöglich auf den Kosten sitzen! Und: Stellen Sie sicher, dass Ihr Anwalt nur die Honorare nach dem Rechtsanwaltsvergütungsgesetz (RVG) beansprucht, das seit 2004 gilt.

Die Rechtsschutzversicherung prüft die Erfolgsaussichten eines Prozesses und kann die Kostenübernahme ablehnen, wenn sie diese zu schlecht einschätzt. Hier gibt es zwei Möglichkeiten: Entweder können Sie bei Ablehnung des Rechtsschutzes durch den Versicherer die Einleitung eines sogenannten Schiedsgutachterverfahrens verlangen. Fällt dieses für Sie negativ aus, müssen Sie den Gutachter bezahlen. Sind Sie mit einem ablehnenden Schiedsspruch nicht einverstanden, können Sie natürlich dennoch klagen, dann allerdings auf eigenes Risiko. Oder es gilt der sogenannte Stichentscheid. Dann muss die Versicherung Deckung gewähren, wenn der Rechtsanwalt ausreichend begründet, warum es gute Erfolgsaussichten gibt.

Wichtig ist vor allem, dass Sie zunächst alle gesetzlichen Fristen einhalten, insbesondere bei Mahnungen oder Vollstreckungsbescheiden. Diese gesetzlich vorgeschriebenen Fristen müssen Sie beachten:

Bußgeldbescheid Die Einspruchsfrist beträgt zwei Wochen.

Strafbefehl Die Einspruchsfrist beträgt zwei Wochen.

Mahnbescheid/Vollstreckungsbescheid Die Widerspruchsfrist gegen den gerichtlichen Mahnbescheid beträgt zwei Wochen, bei zulässiger Auslandszustellung einen Monat. Ein danach eingehender Widerspruch ist wirksam, wenn noch kein Vollstreckungsbescheid erlassen wurde. Gegen den Vollstreckungsbescheid muss zwingend binnen zwei Wochen Einspruch eingelegt werden, sonst wird er rechtskräftig.

Arbeitsrechtsschutz Die Kündigungsklage muss innerhalb von drei Wochen nach Zugang der Kündigung beim Arbeitsgericht eingereicht sein.

Abschluss und Kündigung einer Rechtsschutzversicherung

Wie bei jeder Versicherung müssen Sie vor Abschluss neben den Kosten auch die Leistungen vergleichen. Fragen Sie nach Abweichungen von den Musterbedingungen, insbesondere in den §§ 17 und 18, wo die Prüfung der Erfolgsaussichten geregelt ist. Hilfreich ist auch ein Blick in einen aktuellen Vergleich zum Beispiel der Zeitschrift *Finanztest*, für wenig Geld abrufbar im Internet unter www.finanztest.de.

Normalerweise können Sie die Police mit einer dreimonatigen Frist jeweils zum Vertragsende kündigen – selbstverständlich mit Einschreiben und Rückschein. Die einjährigen Verträge verlängern sich automatisch und stillschweigend um weitere zwölf Monate, wenn nicht drei Monate vor Ablauf gekündigt wird. Dieses Recht hat übrigens auch das Versicherungsunternehmen!

Nach dem Versicherungsfall, wenn also die Versicherung für Sie tätig geworden ist, haben Sie und auch der Versicherer das Recht zur Kündigung. Von diesem Recht machen Versicherer immer öfter Gebrauch! Versicherer führen zudem eine »schwarze Liste« derjenigen, denen aufgrund der Schadenhäufigkeit gekündigt wurde. Diese Menschen haben es daher schwer, bei anderen Unternehmen eine neue Police abzuschließen – und das trifft nicht immer nur notorisch Streitsüchtige.

WISO rät

Drehen Sie den Spieß um: Nach einer Beauftragung Ihres Rechtsschutzversicherers sollten Sie selbst den Vertrag kündigen, um nicht auf diese Liste zu kommen! Dann suchen Sie sich ein neues Unternehmen.

Lehnt der Versicherer im Schadenfall die Leistung ab, kann fristlos oder zum Ende des laufenden Versicherungsjahres gekündigt werden. Ebenso, wenn ein von der Versicherung benannter Anwalt Ihre Vertretung ablehnen sollte. Dann müssen Sie allerdings binnen vier Wochen nachweisen, dass ein anderer Anwalt den Fall übernehmen würde und Aussicht auf Erfolg besteht. Gekündigt werden muss innerhalb eines Monats nach Empfang der Ablehnung oder dem Eingang der Stellungnahmen des Versicherten-Anwalts bei der Gesellschaft. Auch Beitragserhöhungen sind ein Grund für eine Kündigung. Hier gilt eine Kündigungsfrist von einem Monat.

Stirbt der Versicherte, besteht beim Privatrechtsschutz der Versicherungsschutz für den mitversicherten Ehegatten und die Kinder bis zur nächsten Beitragsfälligkeit weiter. Zahlt der Ehegatte die nächste Prämie, wird er/sie Kunde des Unternehmens.

Reiseversicherungen

Rund um Reisen und Urlaub gibt es eine ganze Reihe von Versicherungen. Die Unternehmen reagieren damit auf die verständlichen Ängste vor und während einer Reise: Was ist, wenn ich krank werde oder wenn das Geld oder Gepäck gestohlen wird? Doch die wenigsten Versicherungen sind wirklich notwendig. Denn bei den meisten Angeboten bekommen Sie für Ihr Geld keine entsprechende Gegenleistung. Die wichtigen Versicherungsangebote rund ums Reisen sind die Auslandsreisekrankenversicherung, Reiserücktrittsversicherung und die Reisegepäckversicherung.

Auslandsreisekrankenversicherung

Auch wenn es glücklicherweise nicht häufig dazu kommt: Die Gefahr, dass Sie sich auf einer Auslandsreise in eine ärztliche Behandlung begeben müssen, ist im Vergleich zu Deutschland eher höher. Die Gründe liegen oft im abrupten Klimawechsel, in ungewohnter Ernährung oder Hygieneproblemen.

Die wichtigste Versicherung auf Reisen ist die private Auslandskrankenversicherung (siehe auch im Kapitel »Krankenversicherung« Seite 45). Sie soll finanzielle Einbußen durch Krankheiten, Unfälle und deren Behandlung während der Reise vermeiden. Denn nicht immer deckt die gesetzliche Krankenversicherung alle Kosten ab.

Beispiel

Ein Fall, über den WISO berichtet hat: Sonne, Strand, Erholung in Spanien – das hatten auch Heinz und Angelika O. gebucht: Zwei Wochen Urlaub im August in einem Hotel in der Nähe der südspanischen Stadt

Huelva. Doch nach drei Tagen passierte es: Mit ihrem Leihwagen prallten sie unverschuldet frontal auf ein entgegenkommendes Auto. Beide wurden schwer verletzt, mussten sofort ins nächstgelegene Krankenhaus. Glück im Unglück: Der Krankenhausaufenthalt kostete beide keinen Cent. Beide hatten beim ADAC einen Schutzbrief abgeschlossen, der auch eine Auslandskrankenversicherung einschließt. Und nicht nur das, denn so Heinz O.: »Trotz der guten Versorgung wollten wir so bald wie möglich nach Deutschland zurück, in ein hiesiges Krankenhaus. Denn das Personal sprach nur spanisch.« Und so passierte es. Mit dem Learjet des ADAC ging es nach ein paar Tagen zurück nach Deutschland. Das Ehepaar O. war jedenfalls froh, damals die Police abgeschlossen zu haben. Heinz O.: »So ein Flug mit Spezialbett hätte uns um die 20000 Euro gekostet«. Und damit gab es immerhin diese Sorge weniger.

So weit wie der ADAC gehen nur wenige Anbieter. Die meisten Auslandskrankenversicherer bestehen darauf, dass ein einheimischer Arzt die medizinische Notwendigkeit des Heimfluges bestätigt. Die aber besteht nicht immer. Und bei den gesetzlichen Kassen gibt es grundsätzlich gar keine Erstattung für den Rücktransport.

Gesetzliche Absicherung reicht nicht aus

Gesetzliche Versicherte erhalten von ihrer Krankenkasse auf Antrag die »European Health Insurance Card« (EHIC), der frühere Auslandskrankenschein E 111. Doch haben Sie dann im EG-Ausland beziehungsweise in den Staaten mit Sozialversicherungsabkommen nur Anspruch auf Behandlung wie dort ein Inländer, denn der Krankenversicherungsschutz wird mit dem Auslandskrankenschein in dem Umfang angeboten, wie es die gesetzliche Versicherung des Urlaubslandes vorsieht. Es gilt dann für Sie das ausländische Vertragsrecht.

Allerdings führen des Öfteren die Ärzte in Urlaubsländern eine Behandlung von Urlaubern nur als Privatpatienten durch. Hierbei ist die Frage, ob dies zulässig ist oder nicht, von untergeordneter Bedeutung. Das Honorar wird dann in aller Regel von Ihnen gezahlt, weil Sie vor Ort nicht die Möglichkeit zur Prüfung der Rechtmäßigkeit haben und auf die ärztliche Behandlung angewiesen sind. Zu Hause angekommen, erhalten Sie von der gesetzlichen Krankenkasse nach Vorlage der Rechnungen und Quittungen, die wie bei der Reisekrankenversicherung Angaben zum Namen, Geburtsdatum, Diagnose, und so weiter enthalten müssen, eine Erstattung der Kosten, wie sie bei einer adäquaten Behandlung in Deutschland angefallen wären.

Sie leben also mit dem Risiko, dass eine gewisse Eigenbeteiligung verbleibt, weil das privatärztliche Honorar oft deutlich höher als die Kassenleistung ist. Auch nach einem Unfall oder nach einer Akuterkrankung kann es passieren, dass Sie in ein Krankenhaus eingeliefert werden, das nur Privatpatienten behandelt. Ein medizinisch notwendiger Rücktransport aus dem Ausland in die Heimat ist grundsätzlich nicht mitversichert, und ebenso werden Krankheitskosten, die in Ländern ohne Sozialversicherungsabkommen entstehen, von der gesetzlichen Krankenversicherung in der Regel nicht erstattet.

Sind Privatversicherte ausreichend geschützt?

Auch für privat Krankenversicherte ist eine zusätzliche Auslandsreisekrankenversicherung sinnvoll. Denn die PKV-Tarife haben zwar internationale Geltung, es fehlt aber oft die Kostenübernahme für den Rücktransport, oder Sie müssen die Überführung aus dem Ausland gegen einen Zuschlag mit einschließen. Sollten Sie als privat Versicherter eine Beitragsrückerstattung wegen Nichtinanspruchnahme erwarten oder einen hohen Selbstbehalt vereinbart haben, kann sich der zusätzliche Auslandsschutz ebenfalls rechnen. Denn Beihilfeberechtigte wie zum Beispiel Beamte erhalten von ihrem Dienstherrn für im Ausland entstandene Krankheitskosten meist nur den Betrag, der auch in Deutschland angefallen wäre. Die darüber liegenden Aufwendungen sowie den Rücktransport müssen Sie sonst selbst tragen.

Was leistet eine Auslandsreisekrankenversicherung?

Mit dem Abschluss einer Reisekrankenversicherung können Sie also im Notfall viel Geld sparen, sie ist daher immer zu empfehlen. Wenn überdies ein Rücktransport ohne Probleme möglich ist, ersparen Sie sich neben den Kosten auch die Mühen, einen Transport selbst organisieren zu müssen. Die Police schützt vor finanziellen Einbußen, die durch Krankheit oder Unfall bei einer Auslandsreise entstehen können, nämlich:

- Arzt-, Krankenhaus- und Operationskosten;
- Ausgaben für Medikamente;
- Ausgaben für schmerzstillende Zahnbehandlung inklusive Reparatur von Zahnersatz;

- Transportkosten zum nächstgelegenen Krankenhaus oder Notdienst;
- Kosten für einen medizinisch notwendigen Rücktransport aus dem Ausland in die Heimat;
- Kosten für Überführung eines Verstorbenen in das Heimatland.

Achtung!

Die meisten Unternehmen bieten keinen oder nur über einen gesonderten Tarif Versicherungsschutz bei Dienst- oder Geschäftsreisen.

Es genießen alle Personen Versicherungsschutz, die im Versicherungsschein namentlich genannt sind. Im Falle einer Transportunfähigkeit hat der Versicherer für schwebende Krankheitsfälle eine Nachleistungspflicht. Der Schutz der Auslandsreisekrankenversicherung gilt mit Zahlung des Erstbeitrages weltweit, und zwar ab Grenzübertritt.

Wann ist ein Rücktransport medizinisch notwendig?

Grundsätzlich entscheidet der im Ausland behandelnde Arzt, ob ein Rücktransport aus medizinischen Gründen angeraten ist. Einige Versicherer, wie der ADAC, setzen auch eigene Ärzte ein, die im Einvernehmen mit dem Auslandsarzt über einen Rücktransport entscheiden. Ein Rücktransport kann erforderlich sein, wenn im Ausland eine medizinische Unterversorgung besteht. Einige Versicherer setzen auch voraus, dass in Deutschland eine stationäre Behandlung unmittelbar anschließt und der Patient direkt aus dem Krankenhaus im Ausland nach Deutschland transportiert wird.

Nach der Rechtsprechung zu Einzelfällen wurde ein Rücktransport auch als medizinisch notwendig erachtet, wenn infolge einer Krankheit oder eines Unfalles beim Patienten eine Hilflosigkeit (Verwirrung, Verlust von Ort und Zeit) eintritt und Kontakte zu Angehörigen im Ausland fehlen. Der BGH unterstellte als allgemein bekannt, dass derartige Kontakte und Besuchsmöglichkeiten von Angehörigen neben der medizinischen Versorgung von erheblicher Bedeutung sind und verurteilte eine Versicherungsgesellschaft zur Übernahme der Kosten.

Der ADAC und einige andere Versicherer verwenden Formulierungen in den Bedingungen für einen Rücktransport wie »medizinisch sinnvoll«. Das heißt, dass Sie unter Umständen auch dann per Flugzeug oder Rettungswagen nach Deutschland gebracht werden, wenn zwar medizinisch keine Notwendigkeit bestünde, aber zum Beispiel das soziale Umfeld in der Heimat für den Rücktransport spricht. Einen ähnlich kulanten Rückholschutz genießen auch Mitglieder von Vereinen wie der Deutschen Rettungsflugwacht (DRF) oder des Deutschen Roten Kreuzes (DRK). Diese bieten allerdings keine Auslandskrankenversicherung an.

WISO rät

Erkundigen Sie sich danach, bevor Sie eine Police abschließen. Denn es ist sicher kein Vergnügen, sich nach einem schweren Unfall mit dem Unternehmen vor Gericht zu streiten, ob es die Kosten eines Rücktransports übernimmt.

Jeder Versicherte hat bei Eintritt eines Versicherungsfalls eine Schadensminderungspflicht. Das heißt, Sie müssen die kostengünstigste Möglichkeit des Rücktransports wählen, die auch medizinisch vertretbar ist. Einige Versicherer erstatten auch nur die anfallenden Mehrkosten gegenüber den regulären Rücktransportkosten.

Was leistet eine Auslandsreisekrankenversicherung nicht?

Eine Auslandsreisekrankenversicherung tritt nur bei nicht vorhersehbaren Notfällen ein. Sie leistet nicht, wenn

- die Auslandsreise wegen einer ärztlichen Behandlung unternommen wird;
- eine ärztliche Behandlung wegen einer Schwangerschaft, Fehl- oder Frühgeburt erforderlich wird (manche Versicherer zahlen gar nicht, andere erst nach Ablauf einer sogenannten Schwangerschaftswoche);
- die Krankheit und die notwendige Behandlung auf Vorsatz oder auf einer Sucht wie Drogen- oder Alkoholabhängigkeit beruht;
- es sich um eine Behandlung geistiger und seelischer Störungen und Erkrankungen handelt;
- die Krankheit und deren Folgen oder ein Unfall und dessen Folgen auf Kriegsereignissen, inneren Unruhen, Streik, Kernenergie oder Eingriffe von höherer Gewalt beruhen;

- die Behandlung oder Unterbringung auf Pflegebedürftigkeit, Siechtum oder Verwahrung beruht;
- das Maß der medizinischen Notwendigkeit überschritten wird;
- es sich um Massagen, Bäder oder Packungen handelt;
- die Dauer des Versicherungsschutzes überschritten wird.

Auch beim Zahnarzt im Ausland gibt es Einschränkungen: Es werden nur Kosten für schmerzstillende Behandlungen oder einfache Zahnfüllungen übernommen. Bei Zahnersatz zahlen einige Unternehmen auch einfache Reparaturen an Zahnprothesen. Kein Geld gibt es für Zahnkronen oder Zahnersatz.

WISO rät

Wenn Sie unsicher sind, ob Sie während des Urlaubs wegen einer bereits bestehenden Erkrankung ärztlicher Behandlung bedürfen, weisen Sie das Versicherungsunternehmen darauf hin und klären Sie vor Beginn der Reise, ob und in welchem Umfang Versicherungsschutz geboten wird. Die Zusagen sollten Sie sich schriftlich bestätigen lassen.

Nicht immer Schutz für Senioren

Viele Versicherer bieten ihre Deckung nur Urlaubern bis zu einem bestimmten Höchstalter, zum Beispiel bis 75 Jahre. Ältere Urlauber sollten nicht nur nach der Begrenzung des Versicherungsschutzes wegen des Lebensalters schauen, sondern auch auf die Ausführungen wegen möglicher Vorerkrankungen achten. Gerade bei älteren Menschen ist es wahrscheinlicher, dass behandlungsbedürftige Vorerkrankungen bestehen. Bei der Einschätzung möglicher Ausschlüsse in der Reisekrankenversicherung kommt es nicht auf die eigene Meinung, sondern auf die Beurteilung durch den Versicherer an. Die Beseitigung von Zweifeln ist also vor Antritt einer Reise angebracht. Liegen keine Altersgrenzen vor, so wird der Beitrag in der Regel ab einem bestimmten Alter in der Regel teurer.

Können Sie sich als gesetzlich Krankenversicherter aufgrund einer Vorerkrankung oder seines Lebensalters nicht mehr privat über eine Reisekrankenversicherung versichern, werden die Kosten einer Behandlung im Ausland bis zu der Höhe, in der sie im Inland entstanden wären, von der gesetzlichen Krankenkasse übernommen. Die Unmöglichkeit der Reisekrankenversicherung müssen Sie der Krankenkasse aber vor Antritt der Reise nachweisen, damit diese ihre mögliche Leistungsverpflichtung feststellen kann. Die Kostenübernahme ist auf höchstens sechs Wochen im Kalenderjahr begrenzt. Der nicht mehr über eine private Reisekrankenversicherung zu erhaltende Schutz ist so wenigstens einigermaßen zu kompensieren.

Leistungsdauer und Kosten

Wenn Sie nur sporadisch ins Ausland fahren, können Sie eine sogenannte Einzelpolice wählen, die auf eine bei Abschluss festgelegte Reisedauer fixiert (Reisetagesanzahl) ist und mit Rückkehr aus dem Ausland endet.

Üblich sind mittlerweile auch Jahres-Dauerpolicen. Hier ist allerdings die Reisedauer je Reise auf einen maximalen Zeitraum begrenzt. Bei den meisten Versicherern beträgt die maximale Reisedauer für jede Reise pro Jahr 42 Tage, mitunter auch 62 Tage.

Reisen Sie als Familie in den Urlaub, ist es sinnvoll, eine Reisekrankenversicherung für die Familie im Paket abzuschließen, da dies in aller Regel mit Preisvorteilen verbunden ist. Hierbei zahlen Sie eine einmalige Prämie je Person oder einen sogenannten Familienbeitrag. Angebote für Jahrespolicen gibt es ab 6 Euro für Singles, eine Familie zahlt ab etwa 14 Euro. Der Versicherungsvertrag verlängert sich bei diesen Verträgen automatisch von Jahr zu Jahr. Dann gibt es noch Sondertarife für längere Reisen

Tritt während der Auslandsreise eine Behandlungsbedürftigkeit ein, und ist eine Rückreise deshalb nicht möglich, gilt der Versicherungsschutz über das ursprüngliche Reiseende hinaus – aber auch dann nur zeitlich begrenzt. Dieser verlängerte Versicherungsschutz ist in den Versicherungsbedingungen geregelt und wird je nach Gesellschaft für Zeiten zwischen 28 Tagen und in Ausnahmefällen einem Jahr gewährt, teilweise bis zur Wiederherstellung der Transportfähigkeit.

Für Reisen, die über die maximale Reisedauer der Jahres-Dauerpolice hinausgehen, bieten die privaten Krankenversicherer Sondertarife an. Grundsätzlich sind alle Personen, die einen ständigen Wohnsitz in Deutschland haben, versicherbar. Ausländische Mitbürger, vor allem Menschen mit Staatsbürgerschaften außerhalb der EU, sollten beim Abschluss einer Auslandsreisekrankenversicherung genau darauf achten, ob Krankenversicherungsschutz auch in ihrem Heimatland oder nur auf Reisen in andere Länder gilt.

Reiserücktrittsversicherung

Eine Reiserücktrittsversicherung ist nicht so notwendig wie eine Auslandskrankenversicherung, doch sinnvoll. Sie zahlt, wenn Sie die Reise aus bestimmten wichtigen Gründen absagen müssen und der Reiseveranstalter nicht oder nicht alle Reisekosten erstatten will. Diese Stornokosten sind gewöhnlich umso höher, je dichter vor dem Reiseantritt die Absage kommt. Besonders empfehlenswert ist der Abschluss bei teuren und/oder bei sehr früh gebuchten Reisen. Auch wenn Kinder oder krankheitsanfällige Menschen verreisen, sollten Sie über einen Abschluss nachdenken.

Wichtige Gründe für einen Rücktritt von der Reise können für den Versicherer sein:

- Unfälle,
- plötzliche auftretende Krankheiten,
- Tod oder Krankheit von Angehörigen,
- Schwangerschaft einer Mitreisenden,
- Wohnungsbrand,
- Impfstoffunverträglichkeit.

Manche Versicherer zahlen auch bei plötzlichem Verlust des Arbeitsplatzes oder beim nicht vorhersehbaren Antritt eines neuen Jobs. Hier muss aber die Agentur für Arbeit die Reise zuvor genehmigt haben. Wenn jedoch der Arbeitgeber plötzlich eine Urlaubssperre anordnet, ist das gewöhnlich für die Versicherung kein Grund zu zahlen. Grundsätzlich sind alle Vorkommnisse nur dann versichert, wenn sie nach Abschluss der Versicherung passieren und nicht schon vorhersehbar waren.

Eine Reiserücktrittsversicherung ist nicht ganz so günstig wie der Auslandskrankenschutz. Etwas weniger zahlen Sie, wenn Sie einen Selbstbehalt vereinbaren. Bei Krankheit oder Schwangerschaft werden oft ohnehin nur 80 Prozent zurückgezahlt. Die Kosten richten sich auch nach den Kosten der Reise. Wenn Sie eine Reise über 1 500 Euro absichern wollen, zahlen Sie ab 20 Euro, für eine Reise von 3 000 Euro ab etwa 50 Euro Versicherungsbeitrag.

Erdbeben nicht versichert

Viele Kunden glauben, dass sie auch gegen Krieg oder Erdbeben im Urlaubsort versichert sind und deshalb kostenlos von der Reise zurücktreten können. Das ist nicht so. Diese Ereignisse fallen untere »höhere Gewalt«, ebenso wie Feuer, Stürme oder auch Streiks. Hier müssen Betroffene auf Kulanz des Reiseveranstalters hoffen.

Auch wenn Sie vorher wissen konnten, dass Sie eine bestimmte Impfung vielleicht nicht vertragen, ist die Versicherung aus dem Schneider. Mitunter sind die Grenzen hier fließend:

Beispiel

Bucht eine Schwangere einen Urlaub und erklärt sie ihr Arzt später für nicht reisefähig, zahlt die Versicherung gewöhnlich. Verträgt diese Schwangere aber bestimmte Tropenimpfstoffe nicht, gilt das nach einem Urteil des AG München als vorhersehbar – die Versicherung braucht nicht zu zahlen.

Ein Reiserücktritt liegt nur dann vor, wenn die Reise noch nicht angetreten wurde. Wird die Reise selbst abgebrochen, können nur etwaige Mehrkosten geltend gemacht werden.

Reisegepäckversicherung

In den heutigen Gepäckversicherungen wird mehr ausgeschlossen als versichert. Wenn Sie nicht nachweisen können, dass Sie Ihren Koffer am Bahnhof, auf dem Flughafen oder an anderen öffentlichen Stellen nicht nur ständig im Auge hatten, sondern sogar festhielten, haben Sie kaum eine Chance, vom Versicherer bei Verlust oder Diebstahl Geld zu bekommen. Gepäckversicherungen sind daher nicht zu empfehlen. Besser ist es, so wenig an wertvollen Gegenständen wie möglich mitzunehmen.

Was viele nicht wissen: Das Gepäck von Flugreisenden ist während des Hin- und Rückfluges durch die jeweilige Fluggesellschaft versichert. Allerdings erst dann, wenn es in die Obhut der Fluggesellschaft gelangt ist, also nicht schon in der Wartehalle.

Im verschlossenen Hotelzimmer sind Gepäckstücke und ihr Inhalt meist durch die eigene Hausratpolice versichert. Je nach Bedingungen besteht ein Schutz bis zu 10 Prozent der Hausratversicherungssumme, höchstens jedoch 10 000 Euro. Die Bedingung ist jedoch, dass die Reise nicht länger als drei Monate gedauert hat. Ein weiterer Vorteil der Hausratversicherung: Sie leistet Schadenersatz zum Neuwert, die Reisegepäckversicherung dagegen nur zum niedrigeren Zeitwert.

Auch sogenannte »Sorglos-Pakete« sollten Sie genau prüfen. Meistens enthalten sie: Auslandsreisekrankenversicherung, Reiserücktritts-, Haftpflicht-, Unfall- und Reisegepäckversicherung. Das hört sich gut an, doch wichtig sind allein die Auslandsreisekrankenversicherung und die Reiserücktrittsversicherung (siehe oben); Haftpflicht- und/oder Unfallversicherung haben Sie hoffentlich bereits als »normale«, weltweit gültige Policen abgeschlossen und brauchen Sie daher nicht ein zweites Mal.

Was tun im Versicherungsfall?

Was müssen Sie tun, wenn Sie im Ausland krank werden? Bei kleineren Behandlungen können Sie die entstandenen Kosten auslegen und nach Rückkehr die gesammelten Originalbelege bei der Versicherung einreichen. Die Unterlagen sollten den Namen des Versicherten (Erkrankten), die Diagnose und die Behandlungsdaten und die Einzelleistungen der Therapie beinhalten. Bei Medikamentenbelegen müssen Preis und Quittungsvermerke ersichtlich sein.

Bei allen umfangreichen Untersuchungen oder Behandlungen, die voraussichtlich mit hohen Kosten verbunden sind, sollten Sie unbedingt vorher Rücksprache mit dem Versicherer halten.

WISO rät

Nehmen Sie die Versicherungsunterlagen, also die Police, Telefon- und Faxnummer der Versicherungsgesellschaft, immer mit auf die Reise, denn Sie brauchen sie für eine eventuelle Rücksprache.

Für einen Rücktransport ist (meistens) Voraussetzung, dass eine angemessene Behandlung vor Ort nicht möglich ist. Auch hier ist die Rücksprache mit dem Versicherungsunternehmen unumgänglich.

Bei größeren Kosten, die Sie nicht selbst vor Ort leisten können, zum Beispiel für Vorauszahlungen aufgrund eines stationären Aufenthaltes, kann es sinnvoll sein, sich mit der deutschen Botschaft beziehungsweise Auslandsvertretung in Verbindung zu setzen. Möglicherweise sind auch, je nach Diagnose nach Rücksprache mit dem Versicherer, Kontozahlungen direkt an das Krankenhaus möglich.

Was müssen Sie bei einem Reiserücktritt tun? Da Sie eine Schadenminderungspflicht haben, müssen Sie umgehend den Reiseveranstalter von Ihrem

Reiseabbruch informieren, und dann den Versicherer kontaktieren. Dieser will von Ihnen im Detail wissen, warum Sie die Reise nicht antreten können. Im Falle einer Erkrankung oder einer Schwangerschaft wird zum Beispiel ein ärztliches Attest als Beleg angefordert.

Abschluss und Kündigung von Reiseversicherungen

Sie sollten eine Rücktrittsversicherung immer zusammen mit der Buchung der Reise abschließen. Oftmals ist der Abschluss der Versicherung auch nur bis zu 14 Tage nach Reisebuchung möglich. Bei kurzfristigen Buchungen ist ein Abschluss bis 14 Tage vor Reiseantritt möglich. Wenn weniger als 14 Tage vorher gebucht wird, ist der Abschluss ohnehin nur am Buchungstag möglich.

Einzelreisepolicen und Sondertarife enden, ohne dass eine besondere Kündigung erforderlich ist, automatisch bei Reiserückkehr. Dagegen haben Jahres-Dauerpolicen üblicherweise eine Mindestlaufzeit von einem Jahr und können unter Beachtung einer Kündigungsfrist von drei Monaten zum Ende des Versicherungsjahres schriftlich gekündigt werden. Die Kündigung kann auf einzelne versicherte Personen beschränkt werden. Ansonsten verlängert sich die Police automatisch von Jahr zu Jahr.

Unabhängig davon gilt für alle Vertragsarten: Der Vertrag endet bei Tod des Versicherungsnehmers (mit der Möglichkeit der Übernahme durch die versicherten Personen innerhalb von zwei Monaten nach Tod des bisherigen Versicherungsnehmers). Der Vertrag endet ebenfalls bei dem Wegzug des Versicherungsnehmers beziehungsweise der versicherten Person aus dem Tätigkeitsgebiet des Versicherers.

Pflegeversicherung

Am 1. Januar 1995 wurde diese letzte große Lücke in der sozialen Versorgung geschlossen: Seither gibt es die Pflegeversicherung fast unverändert. Sie wird im Rahmen einer sozialen Pflegeversicherung als neuer eigenständiger Zweig der Sozialversicherung (5. Säule) und im Rahmen einer privaten Pflegepflichtversicherung durchgeführt. Damit haben die rund 81 Millionen Bürger einen Versicherungsschutz bei Pflegebedürftigkeit erhalten, den es vorher nicht gab. Dabei gilt der Grundsatz: Wer in der gesetzlichen Krankenversicherung versichert ist, gehört der sozialen Pflegeversicherung an. Wer in einer privaten Krankenversicherung mit Anspruch auf allgemeine Krankenhausleistungen versichert ist, muss seitdem eine private Pflegeversicherung abschließen. In diesem Kapitel erfahren Sie, was es rund um die Pflegeversicherung zu beachten gilt.

Gesetzliche und private Pflegeversicherung

Die soziale Pflegeversicherung schützt alle gesetzlich krankenversicherten Personen vor dem Risiko der Pflegebedürftigkeit. Personen, die sich in der gesetzlichen Krankenversicherung freiwillig versichern, haben die Wahl: Sie können sich in der gesetzlichen Pflegeversicherung versichern oder auch eine Pflegeversicherung bei einem Privatanbieter wählen. Privat Krankenversicherte müssen Mitglied in der privaten Pflegeversicherung werden.

Gleiches gilt für Rentner, die Hauptrisikogruppe für Pflegebedürftigkeit: Versicherungspflichtig in der Pflegeversicherung sind alle Rentner, die in der gesetzlichen Krankenversicherung versicherungspflichtig oder freiwillig versichert sind.

In Deutschland sind inzwischen mehr als zwei Millionen Menschen im Sinne des Pflegeversicherungsgesetzes pflegebedürftig. Das Hauptproblem für viele Antragsteller ist jedoch, dass jeder dritte Antrag von den Pflegekassen abgelehnt wird. Denn Pflegekassen lassen die Pflegebedürftigkeit durch den Medizinischen Dienst (MD, siehe weiter unten) prüfen. Dabei ist oft der einmalige Besuch des medizinischen Dienstes kaum ausreichend, um die Pflegebedürftigkeit für alle Beteiligten zufriedenstellend zu klären. Deshalb sind viele Dinge zu beachten, wenn der medizinische Dienst kommt, um den richtigen Grad und den tatsächlichen Umfang der Pflegebedürftigkeit festzustellen.

Wie groß das Problem der Pflegebedürftigkeit ist, verdeutlichen einige Zahlen: Nach Angaben des Statistischen Bundesamtes stieg die Zahl der Pflegebedürftigen vom Jahr 2003 bis zum Dezember 2005 um 52 000 auf 2,13 Millionen Menschen. Mit 82 Prozent war damals die deutliche Mehrheit der Pflegebedürftigen 65 Jahre und älter; ein Drittel war mindestens 85 Jahre alt. 68 Prozent der Betroffenen waren Frauen. Im Vergleich zur ersten Erhebung von 1999 verzeichneten die Statistiker sogar einen Anstieg der Pflegebedürftigen um 112 000 Personen.

Mehr als zwei Drittel (68 Prozent oder 1,45 Millionen) der Pflegebedürftigen wurden im Dezember 2005 zu Hause versorgt. Die Mehrheit von Ihnen, 980 000 Menschen, erhielt ausschließlich Pflegegeld. Das bedeutet, sie wurden in der Regel zu Hause allein von Angehörigen gepflegt, aber auch Nachbarn, ehrenamtliche Helfer oder hauptberufliche Pflegekräfte kümmern sich um sie. Diese Hunderttausende Pflegerinnen und Pfleger leisten Tag für Tag einen anerkennungswürdigen und häufig aufopferungsvollen Dienst für diejenigen, die sich selbst nicht helfen können.

Weitere 472 000 Pflegebedürftige, die ebenfalls in Privathaushalten lebten, erhielten Pflege zum Teil oder vollständig von ambulanten Pflegediensten. 677 000 (32 Prozent) wurden in Pflegeheimen betreut.

Im Vergleich zu den Vorjahren zeigt sich den Statistikern zufolge damit weiterhin eine Zunahme der Pflege in Heimen und durch ambulante Pflegedienste: So ist gegenüber 2003 die Zahl der in Einrichtungen betreuten Pflegebedürftigen um 5,7 Prozent und die der durch ambulante Dienste Versorgten um 4,8 Prozent gestiegen, während die Pflege durch Angehörige beziehungsweise die Zahl der reinen Pflegegeldempfänger um 0,6 Prozent abnahm.

Pflegereform 2008

Erstmals seit Einführung der Pflegeversicherung im Jahr 1995 hat die Politik 2008 Änderungen an der Pflege beschlossen. Unter anderem haben sich die Leistungen für die Pflege zu Hause und für Demenzkranke verbessert. Um das Ganze zu finanzieren, wurden ab Juli 2008 die Beiträge zur Pflegeversicherung um 0,25 Prozentpunkte auf 1,95 und für Kinderlose auf 2,2 Prozent angehoben.

Im Gesetz ist festgelegt, dass die Sätze für die ambulante Pflege bis 2012 schrittweise steigen. Eine herausragende Neuerung: Altersverwirrte Menschen, die nicht pflegebedürftig sind, aber Betreuung brauchen, erhalten 2400 Euro Betreuungsgeld im Jahr, statt wie bisher 460 Euro. In jedem Stadtviertel können wohnortnahe Pflegestützpunkte eingerichtet werden. Hier sollen Pflegeversicherte, Angehörige und Betreuende Hilfe und Beratung erhalten. Ebenfalls sollen Pflegeberater Betroffene zielgerichtet unterstützen und die Versorgung überwachen.

Das Gesetz sieht weiterhin vor, dass die Qualität der Pflege in Pflegeheimen verbessert und stärker kontrolliert wird. Wollen Arbeitnehmer ihre Angehörigen selbst pflegen, können sie sich bis zu sechs Monaten von der Arbeit freistellen lassen. In dieser Zeit sind sie sozialversichert, allerdings erhalten sie kein monatliches Auskommen. Sollte ein plötzlicher Pflegefall in der Familie eintreten, können zwei Wochen unbezahlte Auszeit genommen werden.

Was bedeutet Pflegebedürftigkeit?

Der Rahmen der Pflegeversicherung ist geregelt im 11. Sozialgesetzbuch. Gemeint sind dort mit der Definition »pflegebedürftig« Menschen, die wegen einer körperlichen, geistigen oder seelischen Krankheit oder Behinderung, in Bezug auf die gewöhnlichen und regelmäßig wiederkehrenden Verrichtungen des täglichen Lebens, für mindestens sechs Monate in erheblichem oder höherem Maße der Hilfe bedürfen. Dies trifft somit nicht nur auf alte, sondern auch über einen eingegrenzten Zeitraum auf kranke oder dauerhaft behinderte Menschen zu. Zeitliches tägliches Minimum der Pflege sind 90 Minuten, davon müssen mindestens 45 Minuten sogenannter »Grundpflege« enthalten sein. Krankheiten oder Behinderungen sind

- Verluste, Lähmungen oder anderer Funktionsstörungen am Stütz- und Bewegungsapparat,
- Funktionsstörungen der inneren Organe oder der Sinnesorgane,
- Störungen des Zentralnervensystems wie Antriebs-, Gedächtnis- oder Orientierungsstörungen sowie endogene Psychosen, Neurosen oder geistige Behinderungen.

Welche Pflegestufen gibt es?

Je nach Pflegebedürftigkeit werden drei Pflegestufen mit entsprechenden Leistungen unterschieden.

Pflegestufe I (erheblich Pflegebedürftige) Hierzu gehören Personen, die bei der Körperpflege, der Ernährung oder der Mobilität für wenigstens zwei Verrichtungen aus einem oder mehreren dieser Bereiche mindestens einmal täglich der Hilfe bedürfen und zusätzlich mehrfach in der Woche Hilfen bei der hauswirtschaftlichen Versorgung benötigen.

Pflegestufe II (Schwerpflegebedürftige) Hierzu gehören Personen, die bei der Körperpflege, der Ernährung oder der Mobilität mindestens dreimal täglich zu verschiedenen Tageszeiten der Hilfe bedürfen und zusätzlich mehrfach in der Woche Hilfen bei der hauswirtschaftlichen Versorgung benötigen.

Pflegestufe III (Schwerstpflegebedürftige) Hierzu gehören Personen, die bei Körperpflege, der Ernährung oder der Mobilität täglich rund um die Uhr, auch nachts, der Hilfe bedürfen und zusätzlich mehrfach in der Woche Hilfen bei der hauswirtschaftlichen Versorgung benötigen.

Zu der für Grundpflege (Körperpflege, Ernährung und Mobilität) angesetzten Zeit wird auch der Zeitaufwand für pflegeunterstützende Maßnahmen hinzugerechnet. Sachleistungen werden gezahlt, wenn ein professioneller Pflegedienst die Pflege übernimmt. In Härtefällen bei Pflegestufe III werden ab 2008 1 470 Euro (ab 2010: 1 510 Euro, ab 2012: 1 550 Euro) Sachleistung zuerkannt. Die Geldleistungen erhalten Verwandte, Freunde oder Nachbarn, sofern sie die Pflege übernehmen. Sach- und Geldleistungen können auch in Kombination in Anspruch genommen werden.

Welche Bereiche umfasst die Pflege?

Die Bereiche, in denen Verrichtungen als Pflegetätigkeiten anerkannt werden, wenn damit der Pflegebedürftige unterstützt, beaufsichtigt oder angeleitet wird beziehungsweise die Verrichtung für den Pflegebedürftigen ganz oder zum Teil übernommen wird, sind klar umrissen. Gewöhnliche oder regelmäßig wiederkehrende Verrichtungen sind zum Beispiel:

Körperpflege Waschen, Duschen, Baden, Zahnpflege, Kämmen, Rasieren, Darm- und Blasenentleerung, Lagern und Betten, vorbeugende Maßnahmen zur Erhaltung von Ressourcen wie zum Beispiel Einreiben zur Erhaltung der gesunden Haut, Bewegungsübungen zur Erhaltung der vorhandenen Mobilität (Kontrakturenprophylaxe), Maßnahmen zum Verhindern einer Lungenentzündung (Pneumonie), Maßnahmen zum Verhindern von Druckgeschwüren (Dekubitus).

Ernährung Das mundgerechte Zubereiten und die Aufnahme der Nahrung.

Mobilität Das selbstständige Aufstehen und Zu-Bett-Gehen, An- und Auskleiden, Gehen, Stehen, Treppensteigen oder das Verlassen und Wiederaufsuchen der Wohnung.

Pflegeunterstützende Maßnahmen Pflegemaßnahmen, die direkt mit der Pflegebedürftigkeit in Zusammenhang stehen (zum Beispiel bei Mukoviszidose: Abklopfen von Sekret aus der Lunge).

Hauswirtschaftliche Versorgung Einkaufen, Kochen, Reinigen der Wohnung, Spülen, Wechseln und Waschen der Wäsche und Kleidung, das Beheizen der Wohnung.

Pflegebedarf bei Kindern

Bei Kindern ist für die Festlegung der Pflegestufe nicht der gesamte Pflegeaufwand maßgeblich, sondern der zusätzliche Hilfebedarf gegenüber einem gesunden gleichaltrigen Kind. Bei einem Säugling oder Kleinkind ist nicht der natürliche, altersbedingte Pflegeaufwand, sondern der darüber hinausgehende Hilfebedarf bei der Ernährung, der Körperpflege und – bei Kindern jenseits des Säuglingsalters – der Mobilität der Richtwert.

Die Leistungen der Pflegeversicherung

Die Voraussetzung für eine Pflegefähigkeit ist zunächst einmal, dass der Patient in der Pflegeversicherung mit Beiträgen beziehungsweise beitragsfrei versichert ist. Er muss pflegebedürftig sein und muss eine Vorversicherungszeit erfüllen. Er muss einen Antrag stellen. In den Schutz der sozialen oder privaten Pflegeversicherung sind kraft Gesetz alle einbezogen, die in der gesetzlichen oder privaten Krankenversicherung versichert sind.

Es müssen mindestens fünf (Beitrags-)Jahre in den letzten zehn Jahren vor der Antragstellung zusammenkommen, ehe die Pflegekasse Leistungen gewährt. Ehegatten und Kinder sind – wie bei der gesetzlichen Krankenversicherung auch – familienversichert, sofern sie kein oder nur ein geringes eigenes Einkommen haben.

Ein Antrag auf Pflegeleistungen läuft gewöhnlich in den folgenden Schritten ab:

- Sie beantragen die Pflegeleistung bei der zuständigen Krankenkasse. Achtung: Erst das Antragsdatum ist auch maßgeblich für den Beginn der Zahlungen!
- Die Krankenkasse beauftragt den Medizinischen Dienst (MD) mit der Prüfung der Pflegebedürftigkeit (siehe das Kapitel »Die Begutachtung durch den Medizinischen Dienst« auf Seite 197).
- Es folgt der Begutachtungstermin des Arztes des MD bei dem Pflegebedürftigen. Dieser erfasst die Aufwendungen für Verrichtungen der Pflege im Fall des Pflegebedürftigen.
- Der Arzt des MD legt in einem Gutachten fest, welche Aufwendungen für Verrichtungen der Pflege im Fall des Pflegebedürftigen erforderlich beziehungsweise anrechenbar sind und stellt einen Pflegeplan auf.
- Die Krankenkasse stuft den Pflegebedürftigen nach Erhalt des Gutachtens in eine Pflegestufe ein. Der Bescheid geht dem Antragsteller auf Pflegegeld zu.

Die Leistungen der Pflegeversicherung werden als spezielle Dienstleistungen, Sachleistungen, Geldleistungen oder Kostenerstattungen gewährt. Der Umfang der Leistungen richtet sich nach der Schwere der Pflegebedürftigkeit, nach Art der Pflege (häuslich, teilstationär oder vollstationär). Die Pflegeversicherung gewährt laut Gesetz folgende Leistungen:

- Pflegesachleistungen (§ 36),
- Pflegegeld für selbst beschaffte Pflegehilfen (§ 37),
- Kombination von Geld- und Sachleistungen (§ 3),
- häusliche Pflege bei Verhinderung der Pflegeperson (§ 39),
- Pflegehilfsmittel und technische Hilfen (§ 40),
- Tagespflege und Nachtpflege (§ 41),
- Kurzzeitpflege (§ 42),
- vollstationäre Pflege (§ 43),

- Leistungen zur sozialen Sicherung der Pflegeperson (§ 44),
- Pflegekurse (§ 45).

Die Pflegesätze

Die Pflegesätze, die die Pflegeversicherung innerhalb der einzelnen Pflegestufen zahlt, zeigt die nachstehende Übersicht.

Die Pflegesätze in den einzelnen Pflegestufen

	ab 2008	ab 2010	ab 2012
Teilstationäre Tages- und Nachtpflege			
Pflegestufe 1	420 €	440 €	450 €
Pflegestufe 2	980 €	1 040 €	1 100 €
Pflegestufe 3	1 470 €	1 510 €	1 550 €
Härtefall	1 918 €	1 918 €	1 918 €
Stationär			
Pflegestufe1	1 023 €	1 023 €	1 023 €
Pflegestufe 2	1 279 €	1 279 €	1 279 €
Pflegestufe 3	1 470 €	1 510 €	1 550 €
Härtefall	1 750 €	1 825 €	1 918 €
Pflegegeld			
Pflegestufe 1	215 €	225 €	235 €
Pflegestufe 2	420 €	430 €	440 €
Pflegestufe3	675 €	685 €	700 €

Quelle: BMG

Die finanziellen Leistungen der Pflegeversicherung werden schrittweise seit Anfang 2008 erhöht. Bis 2012 werden die ambulanten Sachleistungsbeträge stufenweise spürbar angehoben: Pflegestufe I von jetzt 384 Euro monatlich auf 450 Euro, in Pflegestufe II von 921 Euro auf 1 100 Euro und in Pflegestufe III von 1 432 auf 1 550 Euro. Angehoben wird auch das Pflegegeld in allen Pflegestufen. Die stationären Sachleistungsbeträge der Stufen I und II bleiben zunächst unverändert. Die Stufe III und Stufe III/Härtefälle werden bis 2012 ebenfalls stufenweise abgehoben.

Reichen diese Pauschalbeträge nicht aus, um die notwendigen Pflegeleistungen zu finanzieren, müssen Sie den nicht gedeckten Kostenanteil aus eigenen Mitteln oder über die Sozialhilfe finanzieren. Individuelle Informationen zur Finanzierung Ihrer Heimkosten erhalten Sie bei Ihrer Pflegekasse und bei dem für Sie zuständigen Sozialamt.

Pflegegeld bei Pflege in häuslicher Umgebung

Pflegegeld wird gewährt, wenn der Pflegebedürftige in seiner häuslichen Umgebung oder im Haushalt einer Pflegeperson gepflegt wird. Anstelle der häuslichen Pflegehilfe erhält er ein Pflegegeld, mit dem er die erforderliche Grundpflege und hauswirtschaftliche Versorgung selbst sicherstellt. Dabei hat er die Wahl, ob die Pflege durch Angehörige, ehrenamtliche oder selbst beschaffte erwerbsfähig tätige Pflegekräfte erbracht wird – mit der Geldleistung kann er seine Pflegehilfen selbst gestalten.

Das Pflegegeld soll kein Entgelt für die von der Pflegeperson erbrachten Pflegegeldleistungen darstellen. Es soll vielmehr den Pflegebedürftigen in den Stand versetzen, seinen Angehörigen oder sonstigen Pflegepersonen eine materielle Anerkennung für die von ihnen sichergestellte Pflege zukommen zu lassen.

»Hilfe zur Pflege« bei Pflegestufe 0

Wenn die Pflegekassen nicht oder zu wenig zahlen, müssen die Sozialämter oft die Kosten für ambulante Dienste übernehmen. Wer keine Leistungen von der Pflegeversicherung erhält, hat in vielen Fällen Anspruch auf »Hilfe zur Pflege« vom Sozialamt. Das gilt für die einkommensschwachen Älteren, deren Hilfe- und Pflegebedarf unter dem von der Pflegeversicherung geforderten zeitlichen Mindestaufwand von 90 Minuten pro Tag liegt. Wer vom Medizinischen Dienst in diese sogenannte »Pflegestufe 0« eingruppiert wurde, sollte sich deshalb unbedingt beim Sozialamt nach Hilfe erkundigen. Art und Umfang der Unterstützung für diesen Personenkreis regeln die Ämter in den einzelnen Städten und Landkreisen unterschiedlich. Das Sozialamt in Köln prüft beispielsweise stets das Gutachten des Medizinischen Dienstes. Je nach dem Bedarf an Pflege und hauswirtschaftlicher Unterstützung, der daraus erkennbar ist, richten sich dann die Zahlungen des Sozialamtes. Wer

Pflegesachleistungen ambulanter Dienste beantragt, erhält diese in voller Höhe des festgestellten Bedarfs.

Die Begutachtung durch den Medizinischen Dienst

Wenn Sie sich sicher sind, dass die Voraussetzungen für Pflegestufe 1 vorliegen (möglichst nach genauer Dokumentation), und Sie bei der Pflegeversicherung Pflegeleistungen beantragt haben, wird diese den Medizinischen Dienst (MD) beauftragen, die Pflegebedürftigkeit zu prüfen. Bei diesen Begutachtungen kommt es immer wieder zu Problemen. Denn sie erfolgen nach engen, einheitlichen Maßgaben und oft unter Zeitdruck. Die Begutachtung ist oft nicht viel mehr als eine Momentaufnahme, bei der der MD-Mitarbeiter leicht ein falsches Bild von der tatsächlichen Situation eines Pflegebedürftigen erhalten kann.

Wie groß ist der Hilfsbedarf?

Der zeitliche Hilfsbedarf, den eine nicht als Pflegefachkraft ausgebildete Person (Angehöriger, Nachbar) für die Pflege des Pflegebedürftigen benötigt, ist die entscheidende Grundlage für die Einstufung in eine Pflegestufe.

In Pflegestufe I werden mindestens 90 Minuten Pflegezeit zu erbringen sein, davon mehr als die Hälfte, also mehr als 45 Minuten, für die Grundpflege, in Pflegestufe II sind es drei Stunden (davon zwei Stunden Grundpflege). In Pflegestufe III müssen fünf Stunden (davon vier Stunden Grundpflege) Pflegeleistungen nötig sein, und es muss zusätzlich eine Rund-um-die-Uhr-Pflege erforderlich sein. Das bedeutet, dass in der Mehrzahl der Nächte mindestens einmal zwischen 22 und 6 Uhr handgreiflicher Hilfsbedarf bei oben genannten Verrichtungen regelmäßig erforderlich sein muss, in der Regel Hilfe beim Wasserlassen, Windelwechsel oder beim Umlagern bei der Gefahr des Durchliegens. Nutzen Sie Pflegetagebücher der Kassen, um die Pflegetätigkeiten zu dokumentieren. Einen Mustertagesablauf haben wir am Ende des Kapitels für Sie vorbereitet.

Achtung!

> Nicht zu den im Gesetz genannten Verrichtungen gehören alle medizinischen Pflegeleistungen wie Verbände, Spritzen, Inhalationen, Medikamentenverabreichung und vieles andere mehr.

Tipps für die Begutachtung

Um Probleme oder Missverständnisse bei der Begutachtung zu vermeiden, ist es wichtig, dass Sie sich auf den Besuch des Gutachters gründlich vorbereiten, denn von seiner Einschätzung hängt es maßgeblich ab, ob und in welcher Höhe die Pflegekasse Leistungen gewährt. Wie Sie sich darauf vorbereiten können und worauf Sie achten sollten, zeigen folgende Tipps.

Gute Vorbereitung Der Pflegebedürftige und auch seine Pflegepersonen, sollten sich auf den Besuch des Medizinischen Dienstes vorbereiten und sich Stichpunkte machen, was zur Sprache kommen soll. Es ist sinnvoll, über einen Zeitraum von mindestens 14 Tagen alle Pflegetätigkeiten und die dafür benötigten Zeiten festzuhalten. Pflegetagebücher, wie sie von einigen Kassen angeboten werden, erleichtern diese Arbeit (siehe auch weiter unten in dem entsprechenden Kapitel). Auch das Kuratorium Deutsche Altershilfe gibt ein Pflegetagebuch heraus, das bei der korrekten zeitlichen Ermittlung des täglichen pflegerischen und hauswirtschaftlichen Bedarfes wesentlich hilft und zudem viele wichtige Informationen zur Pflegeversicherung enthält.

Unterlagen bereithalten Wenn der MD prüft, sollten Sie alle relevanten Unterlagen, Befunde und Berichte von Ärzten und benötigte Medikamente vorliegen haben. Fordern Sie diese notfalls bei Ihrem Hausarzt an. Bei Menschen, die bereits durch einen Pflegedienst gepflegt werden, sollte immer die Pflegedokumentation des Pflegedienstes sowie Bescheinigungen anderer Sozialleistungsträger bei der Begutachtung bereitliegen.

Präsenz zeigen Es macht immer einen besseren Eindruck, wenn bei der Begutachtung der Pflegebedürftige nicht unbedingt alleine in der Wohnung ist. Dieses allein lässt den Verdacht aufkommen, dass der Pflegebedarf nicht besonders hoch sein kann.

Anwesenheit der Pflegepersonen Es ist wichtig, dass die Pflegepersonen, ob nun Angehörige oder professionelle Pfleger, anwesend sind, damit auch ihre Erfahrungen berücksichtigt werden können. Wird der Pflegebedürftige bereits durch einen ambulanten Dienst betreut, sollte möglichst auch ein Mitarbeiter dieses Dienstes bei der Begutachtung dabei sein.

Wahrheitsgemäße Antworten Pflegebedürftige und ihre Angehörigen müssen wissen, dass bei der Begutachtung auch sehr intime Dinge, zum Beispiel zur Körperpflege, abgefragt werden. Vielen Betroffenen ist es peinlich, einem fremden Menschen darüber Auskunft zu geben. Oft kommt es vor, dass sie ihre Situation besser darstellen, als sie wirklich ist (»So schlecht geht es mir gar nicht«). Es ist deshalb sehr wichtig, die Fragen des Gutachters wahrheitsgemäß zu beantworten. Sonst besteht die Gefahr, dass Pflegebedürftige sich um Leistungen bringen, die ihnen laut Gesetz zustehen. Die Pflegebedürftigen sollten sich weder zu fit noch zu schlapp präsentieren. Viele wollen rüstiger erscheinen, als sie sind, und mindern dadurch ihre Ansprüche.

Verwirrte Pflegebedürftige Bei verwirrten Pflegebedürftigen können korrekte Angaben zum Hilfebedarf eigentlich nur von der Pflegeperson kommen. Oft fällt es der Pflegeperson aber schwer, in Gegenwart des Pflegebedürftigen dazu offen Auskunft zu geben. Deshalb ist es wichtig zu wissen, dass der Gutachter die Pflegeperson auch alleine anhören muss. Wenn dazu zu Hause keine Möglichkeit besteht, kann ein zusätzliches Gespräch, beispielsweise in der MD-Geschäftsstelle, vereinbart werden.

Sprechen Sie den Mitarbeiter des MD selbst aktiv an, wenn Sie merken, dass der Gutachter nicht nach allen relevanten Pflegetätigkeiten fragt. Der Gutachter muss zum Beispiel auch feststellen, »ob und in welchem Umfang Maßnahmen zur Beseitigung, Minderung oder Verhütung einer Verschlimmerung der Pflegebedürftigkeit einschließlich der medizinischen Rehabilitation geeignet, notwendig und zumutbar sind«. Ansprüche auf Leistungen zur ambulanten medizinischen Rehabilitation müssen Sie dann gegenüber der Krankenkasse (nicht Pflegekasse) geltend machen.

Sollte der Gutachter bei der zeitlichen Einschätzung des Hilfebedarfes von der des pflegenden Angehörigen oder Pflegebedürftigen abweichen, ist er verpflichtet, die Gründe dafür zu nennen.

WISO rät

Wer übrigens weniger als 90 Minuten täglichen Pflegeaufwand hat, also nicht mehr in die Pflegestufe1, sondern darunter in die Pflegestufe 0 eingeordnet wird, bekommt zwar kein Geld von der Pflegekasse, hat aber Anspruch auf Zuschüsse vom Sozialamt. Erkundigen Sie sich dort, denn die Unterstützung wird von den Städten und Gemeinden unterschiedlich geregelt.

Missverständnisse bei der Begutachtung

Bei der Begutachtung gibt es häufig Missverständnisse, vor allem über anrechnungsfähige Zeiten. Anrechnungsfähig sind nur Pflegezeiten für Verrichtungen, die der Antragsteller selbst nicht durchführen kann, entweder wegen fehlender Fähigkeit oder auch wegen fehlender Einsicht. Aufsicht wegen einer möglichen Gefährdung, zum Beispiel bei Epileptikern oder bei Angst vor Stürzen, sieht das Gesetz nicht vor. Beim Waschen ist die Haarpflege nicht erwähnt und darf deshalb in der Zeitermittlung für die Pflege nicht erfasst werden.

Bei der mundgerechten Zubereitung der Nahrung zählt nur der Hilfsbedarf, der für das Zerkleinern oder Portionieren der Mahlzeit erforderlich ist. Beispielsweise ist beim Mittagessen in einem Restaurant die Zeit zu stoppen, die für das Zerkleinern des Fleisches und ggf. der Kartoffeln benötigt wird. Sie dürfte nie über drei Minuten liegen.

Für das Verlassen der Wohnung darf nur der Zeitbedarf berücksichtigt werden, der aus lebenswichtigen Gründen, zum Beispiel Arztbesuche oder Aufsuchen von Therapieeinrichtungen, aber auch Behördengänge, erforderlich ist. Sinnvolle und notwendige Begleitungen zu Spaziergängen oder Ausfahrten mit einem Rollstuhl fallen nicht unter den im Gesetz erwähnten Hilfsbedarf.

Ergebnis der Prüfung

Der MD hat anschließend der Pflegekasse das Ergebnis seiner Prüfung mitzuteilen und empfiehlt dabei eine ganze Reihe von Dingen – zum Beispiel Maßnahmen zur Rehabilitation oder die Art und den Umfang der Pflegeleistungen. Dazu gehört auch ein individueller Pflegeplan, der Auskunft gibt über verschiedene Details, dic im Bereich der Grundpflege bewilligt werden. Außerdem informiert er über die für die hauswirtschaftliche Versorgung erforderlichen Hilfen. Dazu gehören auch die notwendigen Hilfsmittel und die nötigen technischen Hilfen.

Nun muss die Prognose über die weitere Entwicklung der Pflegebedürftigkeit gestellt und die Notwendigkeit von Wiederholungsuntersuchungen angemerkt werden. Über diese Entscheidung der Pflegekasse gibt es oft Auseinandersetzungen vor Gericht mit einer ganzen Reihe von Grundsatzentscheidungen (siehe dazu auch das Kapitel »Pflegebedürftig – was tun, wenn die Versicherung nicht zahlt?« ab Seite 228).

WISO rät

Für den Fall, dass Sie mit der Begutachtung nicht einverstanden sind, sollten Sie von der Pflegekasse das Gutachten anfordern. Hierzu hat allerdings nur der Versicherte oder dessen Beauftragter das Recht. Sprechen Sie dann das Gutachten mit Ihrem Arzt durch. Sollten Sie zu dem Ergebnis kommen, dass die Einstufung falsch ist, muss Widerspruch bei der Pflegekasse erfolgen, möglichst mit plausibler Begründung. In der Regel erfolgt dann eine Zweitbegutachtung (siehe nächstes Kapitel).

Muster-Tagesablauf mit einem Pflegetagebuch

Das folgende Pflegetagebuch einer pflegebedürftigen Person enthält Beispiele für einen Hilfe- und Pflegebedarf. Die Auflistung ist nicht vollständig und muss individuell ergänzt werden. Damit Sie nichts vergessen, sollten Sie Ihre Pflegesituation detailliert durchgehen und auch die nur wöchentlich oder monatlich wiederkehrenden Tätigkeiten (Nagelpflege oder Friseur) nicht vergessen. Sie werden sich wundern, an was man alles nicht denkt, weil mittlerweile die Hilfe-/Pflegeleistung zu einer Selbstverständlichkeit im Tagesablauf geworden ist, die man nicht mehr besonders registriert! Tragen Sie in die leeren Kästchen die Dauer des jeweiligen Pflegevorgangs ein.

Muster für ein Pflegetagebuch

Am Morgen (Aufstehen, Körperpflege, Ankleiden u.a.)

- Minuten: Pflegebedürftige Person anheben, drehen, auf die Bettkante setzen und aus dem Bett helfen
- Minuten: Gang in das Bad zur Toilette und Schlafanzug ausziehen
- Minuten: auf die Toilette setzen und festhalten
- Minuten: Grobreinigung, anschließend gründliche Säuberung mit Waschlappen und Desinfektionslotion, abtrocknen
- Minuten: unter das Waschbecken schieben
- Minuten: Zahnbürste mit Zahnpasta und Mundspülwasser herrichten (Zähneputzen kann die pflegebedürftige Person noch bedingt selbst erledigen, allerdings meist sehr unzureichend)
- Minuten: anschließend rasieren mit Elektrorasierer
- Minuten: tägliche Ganzkörperwäsche (zum Beispiel wegen starken Schwitzens), wobei sich die pflegebedürftige Person selbst sehr unzureichend lediglich Gesicht, Brust, Bauch und Geschlechtsteil mit dem hergerichteten und mit Seife schon vorbereiteten Waschlappen reinigen kann; alles andere (zum Beispiel Rücken und Beine) muss die Pflegeperson erledigen

Am Vormittag (Arzttermine u. a.)

Arztbesuch:

- Minuten: von der Couch helfen, ausgehfertig ankleiden
- Minuten: zum Kfz gehen, in das Auto heben, beim Gurten helfen
- Minuten: am Ziel aus dem Auto heraus helfen, eventuell in bereitgestellten Rollstuhl umsetzen
- Minuten: zum Wartezimmer des Arztes schieben
- Minuten: warten, zur ärztlichen Sprechstunde schieben, für Untersuchung komplett (bis auf Unterwäsche) auskleiden, auf die Untersuchungsliege umsetzen, beim Hinlegen stützen

- Minuten: Mithilfe (drehen, heben, hochheben) bei den Untersuchungen
- Minuten: nach Untersuchungen wieder umsetzen, ankleiden, Transport zum Kfz, in das Auto, umsetzen, angurten, nach Hause fahren
- aus dem Kfz in die Wohnung gehen
- Pflegebedürftige Person erneut umkleiden, auf die Couch betten

Sonstiges / Zwischenmahlzeiten:

- Minuten: Zwischenmahlzeit zubereiten, klein schneiden und servieren und wieder entfernen
- Minuten: Getränk (Tee) zubereiten und servieren und wieder entfernen
- Minuten: Kissen zwischendurch aufschütteln
- Minuten: umlagern (heben und drehen)

Darm- und Blasenentleerung (mindestens einmal pro Tag Darmentleerung, sechs- bis siebenmal Blasenentleerungen):

- Minuten: morgens, vor- und nachmittags, abends und nachts mehrfach Hilfe auf der Toilette
- Minuten: Kleidung ausziehen, auf die Kloschüssel umsetzen, säubern
- Minuten: ankleiden, beim Händewaschen Mithilfe
- Minuten: zurück zur Couch gehen
- Minuten: Windeln wechseln
- Minuten: Blasenkatheter versorgen (säubern, ausleeren …)
- Minuten: Urinbeutel ausleeren und säubern, Hände waschen/abwischen

Mittag (Essenzubereitung/-einnahme)

- Minuten: Pflegebedürftige Person zum Esstisch bringen, dort für das Essen vorbereiten
- Minuten: Mittagessen mundgerecht servieren, auf den Teller geben und (zum Beispiel Fleisch) portionieren

- Minuten: Nach dem Essen abservieren, Reste beseitigen, Geschirr abspülen, abtrocknen und in die Schränke stellen, abschließend Küche säubern

Der Nachmittag (wichtige Termine, Einkäufe u. a.)

- Minuten: Zwischenmahlzeit zubereiten, klein schneiden, servieren und wieder entfernen
- Minuten: Getränk (Tee) zubereiten, servieren und wieder entfernen
- Minuten: Kissen zwischendurch aufschütteln und lüften

Therapietermin außerhalb des Hauses (zum Beispiel Krankengymnastik):

- Minuten: von der Couch helfen, ausgehfertig ankleiden
- Minuten: zum Kfz rollen, in das Auto heben, beim Gurten helfen
- Minuten: am Ziel aus dem Auto heraushelfen und in den bereitgestellten Rollstuhl helfen
- Minuten: zum Wartezimmer der Therapeutin schieben
- Minuten: warten, mit zur Therapie gehen, dort für Therapie auskleiden, auf die Therapieliege heben, festhalten bei allen Übungen
- Minuten: nach der Untersuchung wieder ankleiden, Transport zum Kfz, in das Auto heben, angurten, nach Hause fahren
- Minuten: aus dem Kfz zurück zur Wohnung gehen
- Minuten: pflegebedürftige Person wieder umkleiden und auf die Couch betten

Der frühe Abend

- Minuten: Am späten Nachmittag/frühen Abend duschen; auf Stuhl in der Dusche heben, festhalten, komplett abwaschen durch Pflegeperson, Haare waschen

- ____ Minuten: nach Abtrocknen der »gröbsten« Nässe in den mit einem Handtuch ausgelegten Rollstuhl zurückheben
- ____ Minuten: komplett abtrocknen, eincremen, mit Unterwäsche ankleiden, Trainingsanzug und Socken mit Hausschuhen anziehen, in das Wohnzimmer schieben und auf die Couch heben
- ____ Minuten: Rücken wegen Dekubitusgefahr (Durchliegen) mit speziellem Mittel auf der Couch einreiben (insbesondere intensiv auch Pobacken, Hüften, Unterseiten der Oberschenkel, die Leisten mit den Geschlechtsteilen und der Pofalte)
- ____ Minuten: Abendessen herrichten, portionieren und mit Getränk servieren

Am Abend (Bad und Bett u.a.)

- ____ Minuten: ins Badezimmer gehen, Blasenentleerung, Zähneputzen (Bürste mit Creme und Becher mit Mundspülwasser herrichten)
- ____ Minuten: komplett auskleiden, Schlafanzug anziehen
- ____ Minuten: zum Bett gehen
- ____ Minuten: ins Bett heben, beim Hinlegen helfen

Die Nacht

- ____ Minuten: mindestens einmal Drehen wegen Dekubitusgefahr, Getränk reichen, dazu aus dem Bett in die sitzende Position hoch helfen
- ____ Minuten: Urinbeutel kontrollieren und ausleeren
- ____ Minuten: Windel/Hygiene-Einlage wechseln, dazu säubern, cremen
- ____ Minuten: Schlafanzugjacke (im Sommer) wechseln, weil nass geschwitzt
- ____ Minuten: besondere Probleme erledigen

Bessere Pflege durch Zusatzversicherungen

Als Mitglied einer gesetzlichen Krankenkasse oder einer privaten Krankenversicherung ist jeder Bürger selbstverständlich auch pflegeversichert. Allerdings deckt die Pflegepflichtversicherung die Kosten, die im Pflegefall entstehen, meist nicht vollständig ab. Eine private Vorsorge kann im Ernstfall helfen.

Maximal 1918 Euro im Monat zahlt die gesetzliche Pflichtversicherung bei schwerster Pflegebedürftigkeit für Einsätze zu Hause. Das sind pro Tag weniger als 62 Euro. Der tatsächliche Betreuungsbedarf beträgt in dieser Pflegestufe jedoch wenigstens fünf Stunden am Tag, wobei der Pflegeeinsatz pro Stunde durchaus 20 Euro und mehr kosten kann.

Wer deshalb bei Pflegebedürftigkeit nicht auf das Sozialamt und die Kinder angewiesen sein möchte sowie ein kleines Taschengeld zur freien Verfügung haben will, der muss zusätzlich vorsorgen. Neben einer ausreichenden Rücklage kann eine zusätzliche private Absicherung des Pflegerisikos sinnvoll sein. Auf dem Markt für private Pflegezusatzpolicen gibt es derzeit unterschiedliche Angebote:

- Pflegerenten-, Pflegekosten- und Pflegetagegeldversicherung;
- Auszahlungsformen der Pflegezusatzversicherung;
- Verdoppelung der gesetzlichen Höchstleistung;
- Auszahlung eines Pflegetagegelds prozentual nach Pflegestufe;
- prozentuale Erstattung des versicherten Satzes nach Pflegestufe und häuslicher, teilstationärer oder stationärer Pflege;
- prozentuale Erstattung der nicht von der staatlichen Pflegeversicherung übernommenen Restkosten.

Fest vereinbarter Monatsbetrag

Bei der Pflegerentenversicherung zahlt das Unternehmen im Pflegefall eine fest vereinbarte Monatsrente unabhängig von den tatsächlichen Aufwendungen. Die Höhe des Pflegerentenanspruchs richtet sich ausschließlich nach dem Grad der Pflegebedürftigkeit (Pflegestufe I, II oder III). Es spielt – anders als bei den Tagegeldtarifen – auch keine Rolle, ob die Betreuung zu Hause oder im Heim stattfindet oder ob Fachkräfte oder Angehörige pflegen.

Der Nachteil hierbei: Das Kostenrisiko bleibt beim Versicherten. Muss der Patient rund um die Uhr betreut werden, reichen die vereinbarten Tagessätze in der Regel nicht aus.

WISO rät

Diese Angebote sind generell nicht zu empfehlen. Sie kombinieren meist die Risikovorsorge für den Pflegefall mit einer Kapitallebens- oder Rentenversicherung. Das macht sie unnötig teuer. Besser ist, nur das reine Pflegerisiko abzusichern. Das darüber hinaus zur Verfügung stehende Geld sollten Sie langfristig sicher anlegen.

Prozentuale Ergänzungszahlung

Die Pflegekostenversicherung kann fast nur als Zusatzversicherung zur gesetzlichen Pflegeversicherung abgeschlossen werden und setzt deren Vorleistung voraus. Das heißt, wenn die Pflegeversicherung nicht kostendeckend ist, können die verbleibenden Restkosten ganz oder teilweise übernommen werden.

Charakteristisch für diese Police ist, dass sie keinen Pauschalbetrag auszahlt, sondern Pflegekosten bis zu bestimmten Höchstbeträgen oder Prozentsätzen erstattet. Die Zusatzkosten müssen Sie im Einzelfall durch Rechnungen belegen.

Beispiel

Die Kosten für die Pflege im Heim liegen in der Pflegestufe II bei 3000 Euro. Die gesetzliche Pflegekasse zahlt 1279 Euro. Eine Pflegekostenversicherung von 100 Prozent würde den gleichen Betrag – also 1279 Euro – zahlen. In diesem Fall hätten Sie folglich 2558 Euro aus den Versicherungen und müssten die Lücke von 442 Euro selbst abdecken. Es besteht aber auch die Möglichkeit, sich höher zu versichern: zum Beispiel mit 150 oder 200 Prozent.

Leistungen pro Tag

Demgegenüber zahlt die Pflegetagegeldversicherung einen vereinbarten Geldbetrag pro Tag. Dabei variieren die Tagessätze zwischen 5 und 100 Euro. Wie viel Tagegeld Sie tatsächlich bekommen, hängt aber von der jeweiligen Pflegestufe ab. Den vollen Tagessatz gibt es erst bei Pflegestufe III. Einige Tarife sehen auch Beitragsfreiheit im Versicherungsfall vor. Der Nachteil ist auch hier, dass das Kostenrisiko beim Versicherten bleibt. Muss der Patient rund um die Uhr betreut werden, reichen die vereinbarten Tagessätze in der Regel nicht aus.

Je älter, desto höhere Beiträge

Bei allen Pflegezusatztarifen gilt, dass die Beiträge mit zunehmendem Eintrittsalter steigen. Frauen zahlen wegen der längeren Lebenserwartung höhere Beiträge als Männer. Wenn Sie in jungen Jahren eine Zusatzversicherung abschließen, kommen Sie also mit vergleichsweise kleinen Monatsbeiträgen aus. Eine private Pflegezusatzversicherung sollte aber in Ihrer Prioritätenliste der privaten Versicherungen weit am Ende stehen und wirklich erst abgeschlossen werden, wenn alle anderen wichtigen Versicherungen – wie Berufsunfähigkeit oder Haftpflicht – bestehen.

Wenn Sie eine private Pflegezusatzversicherung abschließen wollen, sollten Sie sich die Angebote der Versicherer genau ansehen. Sie sind oft recht unübersichtlich und häufig auch nicht zweckdienlich. Und, es bleibt meist ein Restrisiko an Ihnen hängen. Bedenken Sie auch, dass eine Gesundheitsprüfung erfolgen kann und Fragen zur Krankengeschichte beantwortet werden müssen. Viele Versicherungsunternehmen überprüfen oft noch einmal die Pflegeeinstufung. Erfolgt durch die Versicherungspolice keine automatische Übernahme der gesetzlichen Eingruppierung, dann lassen Sie die Finger davon. Auch sollte eine dynamische Anpassung möglich sein: Was nutzt in 30 Jahren ein fest vereinbartes Pflegetagegeld von 100 Euro, wenn man mindestens das Doppelte benötigt, um die Zusatzkosten zu decken? Darüber hinaus gilt meist eine Karenzzeit von drei Jahren, bevor Leistungen gezahlt werden.

Erst informieren – dann abschließen

Die Frage nach der richtigen oder der besten Versicherung lässt sich nicht pauschal beantworten. Ihr optimaler Versicherungsschutz ist vor allem abhängig von Ihrer persönlichen Lebenssituation. Wenn Sie 30 Jahre alt und alleinstehend sind, brauchen Sie eine andere Vorsorge als eine Familie mit zwei Kindern. Und wieder ganz anders sieht es bei einem Rentnerehepaar aus. Doch für alle gilt: Zuerst müssen existenzbedrohende Risiken versichert sein, ob nun Vermögensschäden, Krankheit oder der Verlust des beruflichen Einkommens. Ein »gutes« Versicherungsunternehmen – oder auch mehrere verschiedene Versicherer – decken diese existenzbedrohenden Risiken ab, und zwar zu einem fairen Preis. Doch welches Unternehmen das ist, das müssen Sie selbst herausfinden – eventuell mithilfe von Verbraucherberatern, unabhängigen Versicherungsberatern oder Versicherungsmaklern. Was Sie hier beachten müssen, erfahren Sie in diesem Kapitel. Hilfreich ist sicher auch die Lektüre von aktuellen Versicherungsvergleichen in Zeitschriften wie *Finanztest*, *Capital* oder auch *Guter Rat*.

Vertreter, Makler, Strukturvertriebe und Versicherungsberater

Wenn die »Eckpunkte« Ihres Versicherungsbedarfs feststehen, kann mit der Suche nach dem besten Anbieter begonnen werden. Besser gesagt: Es könnte mit der Suche begonnen werden. Denn für die meisten Verbraucher ist die Suche nach einem »guten« Unternehmen schon zu Ende, ehe sie begonnen hat. Sie suchen nicht aktiv, sondern werden besucht – in den meisten Fällen von einem Versicherungsvertreter. Der ist nicht selten ein guter Bekannter, ein Freund, ein Arbeitskollege, oder er wurde von diesen empfohlen. Dieser

Vertreter arbeitet oft nur mit ein paar ganz bestimmten Unternehmen zusammen oder ist ausschließlich für einen Versicherer tätig. Dem Kunden wird dadurch die eigene Suche abgenommen. Das finden viele höchst bequem, und deshalb machen es auch die meisten Deutschen so. Doch was die meisten machen, muss noch lange nicht richtig sein. Im Falle von Versicherungen kann es sogar richtig teuer werden!

Wenn Sie sich stattdessen die Mühe machen, sich erst einmal selbst einen Überblick zu verschaffen, werden Sie als Erstes feststellen, dass viele preisgünstige Unternehmen gar keine Vertreter beschäftigen. Sie nehmen den Kontakt zum Kunden ausschließlich per Post, Telefon oder E-Mail auf und halten es auch später so. Das spart Kosten, und das bedeutet gewöhnlich, dass auch Sie diese Kosten sparen. Unternehmen, die so vorgehen, werden Direktversicherer genannt.

Mit wem wollen Sie sprechen?

Das Thema Versicherungen ist für die meisten Kunden ein Buch mit sieben Siegeln. Die richtige Versicherung zu finden, wird deshalb meist vertrauensvoll einem »Fachmann« überlassen. So finden sich die meisten Bundesbürger mehr oder weniger plötzlich in der Situation wieder, dass sie einem Vertreter gegenübersitzen. Hier müssten Sie sich eigentlich sofort die Frage stellen: Ist dieser Mann oder diese Frau eigentlich neutral? Kann, darf oder muss er oder sie überhaupt neutral sein und mich optimal beraten? Vor allem aber: Ist das alles kostenlos? Wer zahlt eigentlich für diese Art von Beratung – das Unternehmen, der Vertreter oder ich als Kunde?

Diese Fragen lassen sich nur dann beantworten, wenn Sie wissen, wer Ihnen da gegenübersitzt. Im Versicherungsgeschäft sind viele Menschen tätig, deren Bezeichnungen oft verwechselt werden. Da gibt es zum einen die Versicherungsvertreter, die nur für ein einziges Unternehmen arbeiten. Sie unterscheiden sich von den Mehrfachagenten, den Versicherungsmaklern, die viele Unternehmen vertreten, sowie von den Versicherungsberatern, die selber keine Verträge verkaufen. Weil die Unterscheidung so wichtig ist – auch für Ihren Geldbeutel –, sollten Sie sich näher ansehen, was sich hinter den verschiedenen Bezeichnungen verbirgt.

Versicherungsvertreter

Die Versicherungsvertreter sind die häufigsten Vermittler und damit auch Verkäufer von Versicherungsverträgen. In Deutschland arbeiten die meisten –

rund 400000 – als rechtlich selbstständige Handelsvertreter. Rund 90 Prozent von ihnen sind nur für ein Unternehmen tätig – als selbstständige Einfirmenvertreter.

Selbstständig heißt hier aber nicht gleichzeitig unabhängig – ganz im Gegenteil! Denn die Vertreter sind gewöhnlich an die Produkte ihres Hauses gebunden und können daher keine Produkte anderer Unternehmen vermitteln.

Einfirmenvertreter sind die »klassischen« Versicherungsvertreter und führen unterschiedliche Titel. Die häufigsten: Hauptagent des Unternehmens X, Generalagent, Geschäftsstellenleiter, Vertrauensmann oder auch Bezirksdirektor. Viele von ihnen arbeiten nur nebenberuflich. Ihre Kundschaft geht oft nicht über das persönliche Umfeld hinaus. Das Geld für die Vermittlung erhalten die Vertreter nicht vom Kunden, sondern von dem Unternehmen, für das sie arbeiten. Gewöhnlich erfolgt die Bezahlung auf Provisionsbasis.

Die Provisionen sind unterschiedlich hoch. Geringe Provisionen gibt es für die Vermittlung von Haftpflicht-, Hausrat- oder auch Risikolebensversicherungen. Hohe Provisionen, oftmals mehrere tausend Euro für eine Police, gibt es beim Abschluss von Kapitallebensversicherungen (dazu gehören auch Ausbildungsversicherungen), fondsgebundenen Lebensversicherungen, Unfallversicherungen und privaten Krankenvollversicherungen.

Viele Vertreter erwecken beim Kunden den Eindruck, die Beratung sei ganz auf ihn persönlich zugeschnitten. Das stößt aber an enge Grenzen, denn was dem Kunden oft nicht klar ist: Der Vertreter kann nur aus den Produkten seines Unternehmens auswählen. Außerdem besteht die Gefahr, dass er Produkte anpreist, die hohe Provisionen einbringen. Die bezahlt aber wiederum der Kunde – nach Vertragsabschluss und unbemerkt über die Beiträge. So kollidiert das Interesse des Kunden nach passenden und preiswerten Produkten mit der fehlenden Auswahlmöglichkeit und dem Interesse des Vertreters an hohen Provisionen.

Entsprechend groß – oder besser: gering – ist die Wahrscheinlichkeit, dass Sie von Einfirmenvertretern ein maßgeschneidertes Versicherungspaket bekommen. Es kann zwar im Einzelfall auch einmal vorkommen, dass Kunden- und Vertreterinteressen übereinstimmen, aber das ist dann eher Zufall. Allerdings gibt es bei Vertragsabschlüssen, die über einen Vertreter zustande kommen, auch Vorteile. Denn der Vertreter ist Ihnen gegenüber zugleich »Auge und Ohr« des Unternehmens. Alles, was ein Vertreter von Ihnen erfährt – zum Beispiel bei den Fragen nach der Gesundheit –, muss das Unternehmen später gegen sich gelten lassen, wenn der Versicherungsfall eintritt. Voraussetzung ist allerdings, das Sie beweisen können, den Vertreter darüber wahrheitsgemäß informiert zu haben.

Fazit: Versicherungsvertreter kennen sich zwar im Allgemeinen auf dem Markt gut aus und wissen vielleicht auch, wo es die günstigste Versicherung und den besten Schutz gibt. Doch Sie haben davon wenig – weil Einfirmenvertreter sich verpflichtet haben, nur Produkte ihres Hauses zu verkaufen. Das gilt auch für die Mitarbeiter von Banken und Sparkassen, da diese in der Regel nur mit einem bestimmten Versicherer kooperieren. Von einer Beratung kann also nur in einem sehr eingeschränkten Maß die Rede sein.

Neues Vermittlerrecht soll Kunden helfen

Die mangelnde Unabhängigkeit der Vertreter hatte im Jahr 2000 auch die Europäische Kommission erkannt, die für einen besseren Schutz der Verbraucher und für mehr Wettbewerb sorgen wollte. Ende 2002 verabschiedet, wurde die sogenannte »EU-Vermittler-Richtlinie« vier Jahre später in Deutschland in nationales Recht umgesetzt, um dann endlich im Mai 2007 in Kraft zu treten. Das neue Vermittlungsrecht ging auch in die Reform des Versicherungsvertragsgesetzes (VVG) ein, das am 1. Januar 2008 in Kraft trat. Seitdem müssen Versicherungsvermittler den Kunden beraten und diese Beratung auch dokumentieren. Eigentlich, denn der Kunde kann schriftlich auf Beratung und Dokumentation verzichten. Sollte er nicht!

WISO rät

Fordern Sie von dem Vertreter unbedingt ein schriftliches Protokoll des Gesprächs, damit Sie nachher alles Gesagte auch belegen können.

Die Vertreter müssen zudem auch ausreichende Kenntnisse des Versicherungsmarktes nachweisen und eine eigene Versicherung gegen Schadenersatzforderungen ihrer Kunden abschließen. Tatsächlich kann aber sowohl die Kenntnis wie auch die Absicherung von ihrem eigenen Unternehmen bescheinigt werden. Aber immerhin!

Versicherungsmakler

Makler stehen in einem dauernden Interessenkonflikt. Zum einen stehen sie aufseiten des Kunden, da sie im Gegensatz zu den Einfirmenvertretern und den meisten Mehrfachagenten gewöhnlich aus der gesamten Angebotspalette auswählen und dem Kunden im Idealfall ein maßgeschneidertes Versicherungspaket schnüren können. Gute Makler stehen auch im Schadenfall an der Seite des Kunden. Außerdem hat der Makler Aufklärungs- und Beratungspflichten zu beachten. Tut er dies nicht und kommt es zu Beratungsfehlern, ist er der Adressat einer Schadenersatzklage, nicht das Versicherungsunternehmen. Allerdings müssen es dann schon grobe Fehler sein. Die Tatsache, dass er nicht das günstigste Produkt ausgesucht hat, reicht für eine Klage nicht aus.

Auf der anderen Seite wird der Makler vom vermittelten Versicherungsunternehmen bezahlt. Diese Provisionen oder Courtagen unterscheiden sich gewaltig – abhängig vom Unternehmen und vom vermittelten Produkt. Viele preiswerte Versicherungsunternehmen bezahlen oftmals wenig oder gar keine Vermittlungsprovisionen. Und wenn Provisionen fließen, dann gilt auch hier wieder: Produkte wie Kapitallebensversicherungen, Unfallversicherungen oder private Krankenversicherungen werden wesentlich besser bezahlt als beispielsweise Haftpflicht- oder Risikolebenspolicen.

Die Provisionen wiederum zahlt der Kunde über die Beiträge – nach Vertragsabschluss und unbemerkt, weil sie in den monatlichen Zahlungen versteckt sind. So führen hohe Provisionen nicht selten auch zu höheren Beiträgen. Das Interesse des Maklers an hohen Provisionen kollidiert also auch hier wieder mit dem Interesse des Kunden nach niedrigen Beiträgen. Nicht selten suchen Makler deshalb nach Kompromissen: Sie wählen Policen aus, die für den Kunden noch passen und finanziell tragbar sind, andererseits aber auch gute Provisionen garantieren.

Der Begriff Versicherungsmakler ist nicht geschützt. Jeder kann sich so nennen. Auch Makler fallen unter das neue Vermittlerrecht. Früher hafteten Makler nur mit ihrem Privatvermögen. War das aufgezehrt, oder firmierte der Makler als GmbH, ging der Kunde möglicherweise trotz erfolgreicher Klage leer aus. Heute muss jeder Makler jedoch wie alle Vermittler eine Berufshaftpflichtversicherung in Höhe von mindestens einer Million Euro nachweisen.

Fazit: Ein Versicherungsmakler berät Kunden über den Versicherungsbedarf, wählt im Idealfall die richtige Police aus und ist behilflich beim Abschluss oder tätigt ihn im Kundenauftrag. Damit ist der Makler ein Vermittler. Er wird nicht vom Kunden bezahlt, sondern vom ausgewählten Unternehmen. Der Makler sieht sich zwar aufseiten des Kunden. Die unabhängige Auswahl der Produkte kann aber durch das Provisionsinteresse getrübt sein.

Versicherungsberater

So durfte sich bisher nur nennen, wer nach umfangreicher Überprüfung seiner Rechtskenntnisse und versicherungspraktischen Erfahrung vom zuständigen Amts- oder Landgerichtspräsidenten dazu eine Erlaubnis nach dem Rechtsberatungsgesetz erhalten hatte. Auch die Versicherungsberater fallen erstaunlicherweise unter das neue Vermittlerrecht, obwohl sie ja gerade keine Verträge vermitteln. Seitdem darf die Versicherungsberatung nur von einem Berater ausgeübt werden, der eine Erlaubnis gemäß § 34e Abs. 1 Gewerbeordnung der zuständigen IHK erhalten hat. Der Versicherungsberater arbeitet für ein Honorar und darf keine Versicherungen vermitteln oder verkaufen.

Damit unterscheidet sich der Berater ganz wesentlich von Versicherungsvermittlern und Versicherungsmaklern, die für die Vermittlung von Policen eine Provision durch das vermittelte Unternehmen erhalten. In Deutschland gibt es etwa 100 Versicherungsberater. Ein Teil von ihnen ist zusammengeschlossen im Bundesverband der Versicherungsberater e.V. (www.bvvb.de, Adresse siehe Anhang). Die Adressen der Berater des Bundesverbandes sind im Internet oder per Faxabruf erhältlich.

Das Bundesverfassungsgericht (BVG) stand Pate bei der (Wieder-)Einführung des Berufsstandes des unabhängigen Versicherungsberaters im Jahre 1989, nachdem neun Jahre zuvor der damalige Beruf des Rechtsbeistandes für Versicherungsrecht für Neuzugänge geschlossen wurde. Das BVG argumentierte am 5. Mai 1987 (NJW 1988, 541), dass »die Notwendigkeit einer objektiven und von jeglicher Interessenbindung an die Versicherungswirtschaft freien Beratung in Versicherungsfragen vorhanden ist und dieser Beruf auch für die Zukunft erhalten werden müsse«.

Weil der Berater keine Provisionen erhält, fehlt ihm das Eigeninteresse an der Empfehlung bestimmter Unternehmen. Für Sie bedeutet das zweierlei: Sie dürfen auf eine neutrale Haltung des Beraters vertrauen, und Sie müssen dafür gleich bezahlen: Das Honorar für die Beratung beträgt normalerweise zwischen 50 und 175 Euro. Die Höhe richtet sich meist nach dem Zeitaufwand der Beratung.

Der Berater wird ausschließlich im Auftrag seines Kunden tätig. Seine Aufgaben können sein:

- Analyse vorhandener Risiken und des Versorgungsbedarfs;
- Empfehlung zur Kündigung beziehungsweise zu Änderung und Neuabschluss;
- Erstellung eines Gesamtkonzepts;
- Umfassende und neutrale Prüfung von Angeboten;

- Laufende Betreuung der Verträge;
- Verhandlungen mit Versicherungsunternehmen;
- Beratung im Schadenfall.

Außerdem darf der Berater seinen Mandanten im Streitfall außergerichtlich gegen die Gesellschaft vertreten. Versicherungsberater sind auch als unabhängige Gutachter tätig.

Fazit: Der zugelassene Berater bietet sicherlich eine gute – in der Regel die beste – Möglichkeit, unabhängig und umfassend über das Angebot am Markt informiert zu werden. Der Nachteil: Es gibt nur rund 100 Berater in Deutschland – und auf den ersten Blick ist die Beratung auch teuer. Tatsächlich sind hier ein paar hundert Euro aber gut angelegt, kann das doch verhindern, dass Sie mit einem falschen Versicherungsvertrag über Jahre Tausende oder Zehntausende von Euro (das ist zum Beispiel bei Lebensversicherungen häufig der Fall) verlieren beziehungsweise – ohne es zu wissen – für Provisionen ausgeben.

Sparen Sie nicht an der falschen Stelle. Es ist langfristig billiger, einmalig ein Honorar für eine gute Beratung zu zahlen, als dauerhaft überhöhte Prämien und versteckte Provisionen. Außerdem vermeiden Sie so den Abschluss von Versicherungen, die Sie in Wirklichkeit gar nicht brauchen oder die Sie unwissentlich vielleicht gar doppelt abgeschlossen haben. Die Scheu vieler Verbraucher, Geld für eine sachkundige Beratung aufzuwenden, müssen sie später oft viel teurer bezahlen.

Strukturvertriebe

Wenn Sie einen »Strukturvertrieb« in den Gelben Seiten suchen wollten, würden Sie vergeblich suchen. Der Begriff ist den Strukturvertrieben nämlich viel zu negativ besetzt. Sie firmieren lieber unter wohlklingenden Bezeichnungen wie »Allfinanzberatung«, »Finanzoptimierer« oder »Experten für umfassende Finanz- und Wirtschaftsanalyse«, um nur einige dieser fantasievollen Bezeichnungen zu nennen.

Ein Strukturvertrieb heißt deshalb so, weil seine Mitarbeiter in einer hierarchischen Struktur arbeiten und Provisionen anhand vorgegebener Schlüssel in dieser Struktur verteilt werden. Verdient werden die Provisionen aus der Vermittlung von Versicherungen, Bausparverträgen, Investmentfonds, sogenannten Steuersparanlagen aller Art, Immobilienfonds und vielem mehr. Es werden also nicht nur Versicherungen vermittelt.

Die Versicherungen, die vermittelt werden, müssen aber zwingend eine Provision erbringen, denn der »Strukki« oder »Drücker«, wie diese Vermittler auch respektlos genannt werden, sind auf diese Einnahmen angewiesen. Das Fixum, also der Verdienst unabhängig vom Verkauf, ist sehr niedrig oder besteht gar nicht. Damit gilt für die Unabhängigkeit der Beratung vieles von dem, was schon über Einfirmenvertreter und Makler gesagt wurde.

Die »Strukkis« müssen aber noch einen guten Teil dieser Provisionen abgeben – eben an die über ihnen rangierenden Mitglieder der Struktur. Sie wollen alle mitkassieren – und das bezahlen Sie. Natürlich ohne es zu bemerken, denn Provisionen sind im Gesamtpreis der Produkte enthalten, und am liebsten werden diejenigen verkauft, die die höchsten Provisionen bringen. Das sind aber nicht immer die Geldanlagen, die für Sie optimal sind. So zeigten Tests, dass besonders gern Hypothekenkredite verkauft werden, die mit einer Kapitallebensversicherung verbunden werden. Der Kunde zahlt dann jahrelang für Finanzprodukte, die gar nicht auf seinen Bedarf zugeschnitten sind, die aber dem Strukturvertrieb hohe Provisionen einbringen.

Wie Strukturvertriebe funktionieren

Man kann sich den Aufbau eines Strukturvertriebs pyramidenförmig vorstellen: Oben sitzen einige wenige Chefs, darunter sogenannte Landes- und Regionaldirektoren, darunter Bezirks- und Gebietsleiter und ganz am Ende der einfache »Vermögensberater«. Er ist das »Frontschwein«, wie es im Branchenjargon heißt, der Kundenkontakte und Abschlüsse machen muss.

Dabei machen Neukunden eines solchen »Vermögensberaters« eine ganz erstaunliche Erfahrung: Sie sollen nämlich nicht nur Kunde des Versicherungsunternehmens XY werden, sondern meist auch gleichzeitig Mitarbeiter des Strukturvertriebs. Von attraktiven Verdienstmöglichkeiten ist da die Rede – bei ganz wenig Arbeit natürlich. Mithilfe mancher »Tests« wird der Kunde/Mitarbeiter auf seine neue Tätigkeit vorbereitet und ihm nebenbei suggeriert, dass nur die »Besten« dort mitmachen könnten.

Die Realität sieht oft anders aus: Der Neue wird überredet, Namen und Adressen von Freunden und Verwandten herauszurücken. Diese werden dann von ihm und seinem »Berater« aufgesucht, um dort ebenfalls Abschlüsse zu tätigen. Nach einer »Bewährungszeit« darf der neue »Berater« dann allein zu den Neukunden gehen. Für die meisten ist die vielversprechende Karriere als »Finanzberater« allerdings nur von kurzer Dauer: Bald sind alle Freunde und Verwandten abgegrast, und neue Adressen gibt es vom anfangs so eifrigen Betreuer nicht.

Nicht wenige, die zu einer solchen Tätigkeit überredet wurden, machten in der Hoffnung auf baldigen Reichtum immense Schulden. Zum Beispiel für ein teures Büro oder ein »standesgemäßes« Auto, mit dem man beim Kunden vorfahren kann. Auch für Arbeitsmaterialien wie Computer und Schulungsmaterial muss der neue »Berater« in der Regel selbst aufkommen.

Die Fluktuation, also der Absprung alter und die Hereinnahme neuer »Berater«, ist bei Strukturvertrieben groß. Zwangsläufig kann daher die Qualität dieser »Beratung« nicht besonders gut sein. Vielfach genügen einige wenige Tage Schulung, bevor die neuen Vermittler auf Kunden losgelassen werden. In diesen Schulungen stehen dann meist auch kaum Produkte wie Versicherungen oder Investmentfonds im Vordergrund, sondern psychologische Verkaufstechniken nach dem Motto: »Wie erkläre ich dem Kunden, dass er gerade die Lebensversicherung des Unternehmens XY braucht, um eine echte oder vermeintliche Versorgungslücke zu decken?«

Eine zunächst unerfreuliche Tatsache für Drücker ist, dass die meisten Bundesbürger bereits eine oder mehrere Kapitallebensversicherungen abgeschlossen haben. Doch das ist nur auf den ersten Blick ein Hindernis. Unter dem Vorwand, eine »steueroptimierende Bedarfsanalyse« zu erstellen, kommt ein Drücker fast immer zu dem Ergebnis, dass die bereits vorhandenen Policen entweder zu niedrig, zu hoch oder beim falschen Unternehmen abgeschlossen wurden. Die logische Folge: Der Kunde soll die alte Versicherung kündigen und eine neue – natürlich beim Unternehmen XY – abschließen.

Was der Kunde meist nicht weiß: Dieser Vorgang – im Branchenjargon »Umdecken« genannt – kostet ihn einen Haufen Geld. Denn zunächst ist der sogenannte »Rückkaufswert« der gekündigten Lebensversicherung oftmals erschreckend niedrig. Hatte dieser Vertrag eine Laufzeit von weniger als zehn Jahren, gibt es bei den meisten Unternehmen weniger Geld heraus, als der Kunde zuvor eingezahlt hat (siehe auch das Kapitel »Lebensversicherung«).

Achtung!

Überlegen Sie es sich dreimal, ehe Sie die Versicherung wechseln – insbesondere dann, wenn Sie auf eine andere Lebensversicherung umsteigen. Die Nachteile sind in der Regel größer als die Vorteile. Lassen Sie sich unbedingt neutral beraten. Bedenken Sie, dass jede neu abgeschlossene Lebensversicherung dem Vertreter eine hohe Provision einbringt, die Sie letztendlich bezahlen. Gleichzeitig verlieren Sie meist viel Geld bei der gekündigten Lebensversicherung.

Für den neu abgeschlossenen Vertrag wird natürlich auch eine neue Provision fällig – schön für den Drücker und seinen Strukturvertrieb, schlecht für Sie, denn diese Provision wird in den ersten fünf Jahren aus Ihren Beiträgen bezahlt. Das bedeutet, dass fünf Jahre lang deutlich weniger in Ihren »Spartopf« wandert. Bis Ende 2007 waren sogar die ersten zwei Beitragsjahre komplett verloren – damit ist es mit dem neuen VVG seit 2008 vorbei, das vorschreibt, dass die Provision auf die ersten fünf Jahre verteilt werden muss.

Dieses »Umdecken« geschieht massenhaft in Deutschland. Resultat: Millionenverluste für Hunderttausende von Kunden, Millionengewinne für Strukturvertriebe und Versicherungsunternehmen. Mit einer bedarfsgerechten Finanzberatung hat dieses Vorgehen nichts zu tun, eher könnte man es legalen Betrug nennen. Und welcher Strukturvertrieb macht so etwas? Natürlich immer die anderen, und sicher nicht das Unternehmen, dessen Berater gerade vor Ihnen sitzt!

Die Macht dieser Strukturvertriebe in Deutschland ist groß. So groß, dass große Banken und Versicherungen an ihnen nicht vorbeikommen, denn mit ihren Methoden, mit ihrer Verkaufspsychologie bringen sie den Banken und Versicherern Kunden in großer Zahl. Deshalb sind einige – wie zum Beispiel die Deutsche Bank, die Dresdner Bank, die Commerzbank oder die Hypovereinsbank, aber auch Versicherungen wie die Hamburg-Mannheimer oder die Aachener und Münchener – dazu übergegangen, entweder mit Strukturvertrieben zusammenzuarbeiten oder eigene aufzubauen.

Die wichtigsten Strukturvertriebe und wer dahintersteht

Die bekanntesten und größten Strukturvertriebe in Deutschland sind die Deutsche Vermögensberatung (DVAG), der Allgemeine Wirtschaftsdienst (AWD), die Hamburg-Mannheimer International (HMI), die OVB und die Bonnfinanz. Als Mutter aller deutschen Strukturvertriebe gilt die amerikanische Investors Overseas Services Ltd. (IOS). Sie etablierte Ende der 1960er Jahre in Deutschland eine bis dahin unbekannte Form des Finanzvertriebs: die Vermittlung von Finanzprodukten im Wohnzimmer des Kunden sowie die Organisation der Mitarbeiter in einer Struktur. Die IOS brach 1970 zwar mit großem Getöse zusammen und hinterließ über eine Million geschädigter Anleger. Doch die neuartigen Verkaufsmethoden wurden von ehemaligen IOS-Mitarbeitern weiterentwickelt.

DVAG Die DVAG besteht seit 1975 und gilt mit nach eigenen Angaben zurzeit über 37000 Mitarbeitern als der größte Finanzvertrieb in Deutschland.

DVAG-Chef und Gründer Reinfried Pohl hat sein Handwerk als Verwaltungsratsmitglied von IOS gelernt. Er bezeichnet seine Firma sogar als weltweite »Nummer eins« unter den freien Finanzvertrieben. An der DVAG ist mit knapp 50 Prozent die Aachener und Münchener Beteiligungs-AG (AMB) beteiligt, die ihrerseits seit 1998 zur italienischen Generali gehört. So ist es nicht verwunderlich, dass DVAG-Vermittler in der Vergangenheit wesentlich zum AMB-Geschäft beigetragen haben. Neben den Versicherungen der Aachener und Münchener werden unter anderem auch Fonds der Deutschen Bank, Policen der Central Krankenversicherung und Badenia-Bausparverträge vermittelt. Pohl gelang es, für die DVAG illustre Namen zu gewinnen: Im Vorstand der DVAG sitzt derzeit Ex-Kanzleramtschef Friedrich Bohl, im sogenannten Beirat der DVAG sitzt als Vorsitzender Ex-Kanzler Helmut Kohl (seit September 2000). Das soll Zuverlässigkeit und Seriosität signalisieren. Gleichwohl stand die DVAG nicht selten öffentlich am Pranger – wegen mangelhafter Beratungsqualität. Einen großen Imageschaden verursachte 1996 das Buch *Beraten und verkauft* des ehemaligen DVAG-Mitarbeiters und Aussteigers Wolfgang Dahm. Sein Vorwurf: DVAG-Berater würden am liebsten diejenigen Policen vermitteln, die die höchsten Provisionen brächten, zum Beispiel »dynamisierte« Kapitallebensversicherungen, bei denen die Prämien jedes Jahr steigen. Doch der Erfolg gibt Reinfried Pohl wohl Recht: Er konnte eigenen Angaben zufolge bis 2008 Verträge im Gesamtvolumen von über 157 Milliarden Euro unters Volk bringen.

OVB Die OVB Vermögensberatung in Köln wurde 1970 von dem ehemaligen IOS-Manager Otto Wittschier gegründet. Das Image der Beratungsqualität war 1997 auf dem Tiefpunkt, als ein internes Schulungsvideo öffentlich wurde, in dem ein Schulungsleiter erklärte, dass es gelte, dem Kunden die »Kohle« aus der Tasche zu ziehen. 2008 arbeiteten nach eigenen Angaben rund 4900 hauptberufliche Mitarbeiter für die OVB, davon 1100 in Deutschland. Hauptaktionäre der heutigen OVB Holding AG sind der Deutsche Ring, der wiederum zur Schweizer Baloise-Holding gehört, die Generali Lebensversicherung und die Iduna Lebensversicherung. Seit 2006 ist die OVB Holding AG börsennotiert und auch wesentlich in Mittel- und Osteuropa aktiv.

AWD Der Allgemeine Wirtschaftsdienst (AWD) wurde 1988 von dem ehemaligen OVB-Landesdirektor Carsten Maschmeyer gegründet. Im Oktober 2000 ging die AWD Holding AG an die Frankfurter Börse, wurde 2001 in den M-DAX aufgenommen und nannte sich seither »größter unabhängiger

Finanzdienstleister Europas«. Der Börsengang brachte Maschmeyer knapp 500 Millionen Euro ein. Doch der AWD-Börsenkurs entwickelte sich seitdem schlechter als der M-DAX. Nach eigenen Angaben beschäftigte der AWD europaweit im Jahr 2008 rund 6000 hauptberufliche Mitarbeiter. Vor 2002 waren es noch mehr Berater, die meisten davon aber nicht hauptberuflich. Aus dieser Zeit stammen viele Negativ-Schlagzeilen wegen unzureichender Beratungsqualität des AWD. Zum AWD gehören unter anderem auch die Firmen tecis und Horbach. 2008 übernahm die Swiss Life den AWD, Maschmeyer gab den Chefsessel ab. 2009 wurde dem AWD vom Landgericht Hannover verboten, sich »unabhängig« zu nennen.

HMI Die Hamburg-Mannheimer International (HMI) wurde vom ehemaligen IOS-Generalmanager Werner Kunkler gegründet und ist für die Hamburg-Mannheimer Versicherung (»Hallo, Herr Kaiser!«) tätig, die wiederum zur ERGO-Versicherungsgruppe gehört. Zu ERGO gehören auch die Victoria-Versicherung, die Deutsche Krankenversicherung (DKV), die D.A.S.-Rechtsschutz., die KarstadtQuelle-Versicherungen und der Finanzdienstleister MEAG. Die HMI-Mitarbeiter sollen nur Produkte im Umfeld der Hamburg-Mannheimer vermitteln.

Bonnfinanz Die Bonnfinanz wurde bereits 1970 vom heutigen DVAG-Chef Reinfried Pohl nach dem IOS-Zusammenbruch aufgebaut und bezeichnet sich als ältester Allfinanzvertrieb Deutschlands. Von 1992 bis 2002 gehörte die Bonnfinanz als Tochter der Versicherungsgruppe Deutscher Herold zur Deutschen Bank. Galt die Bonnfinanz zuvor als »Kloppertruppe« mit einem sehr eingeschränkten Angebot, so erwarb sie sich während der Zugehörigkeit zur Deutschen Bank einen recht soliden Ruf. Seit 2002 gehören der Deutsche Herold und die Bonnfinanz zur Schweizer Finanzgruppe Zurich Financial Services AG.

MLP Zu den Wettbewerbern zählt auch die 1971 gegründete MLP mit Sitz in Heidelberg (Marschollek, Lautenschläger & Partner). Die heutige MLPAG, die sich selbst nicht als Strukturvertrieb bezeichnet und nach eigenen Angaben keine Steuersparanlagen vermittelt, war lange Zeit mit zweistelligen Umsatzzuwächsen recht erfolgreich. Zielgruppe der MLP waren und sind junge Akademiker, vor allem Mediziner und Juristen. 2002 war die Erfolgsgeschichte allerdings erst einmal zu Ende. Es gab den Vorwurf der Bilanzfälschung, worauf die Staatsanwaltschaft ermittelte und in der Folge auch gegen Ex-Vorstandschef Bernhard Termühlen Anklage erhob. Sie wurde 2007 gegen Geldzahlung eingestellt. Für MLP, das im M-DAX gelistet ist, arbeiten heute etwa 2000 Mitarbeiter sowie rund 2500 freie Handelsvertreter, die überwiegend Finanzprodukte von Partnerunternehmen vermitteln.

Verbraucherberatungen

Um herauszufinden, ob Sie optimal versichert sind, müssen Sie Folgendes prüfen:

- Wie finde ich die richtige Versicherung?
- Welche Versicherung brauche ich wirklich?
- Wie zahle ich für diese Versicherung möglichst wenig?
- Sind »Mogelpackungen« in den Bedingungen versteckt?

Bei der Beantwortung dieser Fragen kann Ihnen kein »Berater« helfen, der Ihnen nur Produkte seines Unternehmens verkaufen will. Denken Sie immer daran: Welcher Mercedes-Verkäufer würde schon die Modelle von Volkswagen oder BMW empfehlen – auch wenn Sie für Ihre Zwecke viel besser geeignet sein sollten?

Für die Antwort auf die dritte Frage könnte vor allem ein unabhängiger Versicherungsberater nützlich sein oder – mit den oben genannten Einschränkungen – auch ein Makler. Oder aber Verbraucherberatungen.

Verbraucherzentralen helfen!

In den 16 Bundesländern bieten die landesweiten Verbraucherzentralen Beratung und Information zu Fragen des Verbraucherschutzes, helfen bei Rechtsproblemen und vertreten die Interessen der Verbraucher. Natürlich auch in Sachen Versicherung. Für Information und Beratung wenden Sie sich bitte direkt an die Verbraucherzentrale in Ihrem Bundesland (Adressen siehe Anhang).

Die Verbraucherzentralen sind überparteiliche und unabhängige, gemeinnützige Vereine. Mit ihrer Arbeit verfolgen die Verbraucherzentralen keine kommerziellen Interessen und beraten daher ausschließlich im Interesse des Verbrauchers. Sie verfolgen Rechtsverstöße durch Abmahnung und Klagen, vertreten Verbraucherinteressen auf politisch-parlamentarischer Ebene, informieren Medien und Öffentlichkeit über wichtige Verbraucherthemen, verschaffen Verbrauchern einen Überblick bei Produkten und Dienstleistungen, beraten unabhängig und individuell und führen Aktionen,

Projekte und Ausstellungen zu interessanten Verbraucherthemen durch. Da die öffentlichen Zuwendungen in den letzten Jahren erheblich zurückgefahren wurden, müssen die Verbraucherzentralen einen immer größer werdenden Teil der benötigten Mittel selbst erwirtschaften. Die Beratungsentgelte decken dabei meist nur einen Teil der entstehenden Kosten.

Die Verbraucherzentralen helfen bei Fragen zu Personen- und Sachversicherungen wie Berufsunfähigkeitsversicherung, Kfz-Haftpflichtversicherung, Kranken- und Lebensversicherung. Sie können sich dort zum Beispiel zu folgenden Fragen beraten lassen:

- Welche Versicherungen sind wirklich sinnvoll?
- Was dürfen sie kosten?
- Welchen Schutz kann man erwarten?
- Was ist bei der Kündigung von Versicherungen zu beachten?

Sie informieren und beraten bei der Auswahl von Versicherungsverträgen und beantworten Ihre Fragen beim Abschluss von Verträgen und zum Kleingedruckten. Sie vertreten Sie außerdem außergerichtlich in Schadensfällen.

Telefonische Beratung

Telefonisch erreichen Sie die Versicherungsexperten unter leider nicht einheitlichen 0900-Rufnummern. Sie finden diese auf der Website der Verbraucherzentralen www.verbraucherzentrale.de. Mit den Telefongebühren sind die Kosten für die Beratung beglichen. (Kosten 1,50 bis 1,86 Euro pro Minute.)

Persönliche Beratung

Gerade bei komplizierteren Sachverhalten sollten Sie eine persönliche Beratung vorziehen, bei umfangreicheren Fragen empfehlen wir Ihnen die Versicherungsberatung in den Beratungsstellen. Bitte vereinbaren Sie einen Termin in Ihrer Beratungsstelle vor Ort.

Schriftliche Beratung

Schriftliche Anfragen richten Sie bitte an die jeweilige Postanschrift der Verbraucherzentrale Ihres Landes, Anschriften siehe am Ende des Buches unter Adressen.

Wer sonst noch unabhängig informiert

Der Bund der Versicherten berät Mitglieder. Auch Nichtmitglieder erhalten dort Informationen. Adresse: Postfach 11 53, 24547 Henstedt-Ulzburg, Telefon: 041 93 / 942 22, www.bundderversicherten.de.

Adressen von nicht firmengebundenen Maklern gibt es über den Verband verbraucherorientierter Versicherungs- und Finanzmakler (VVV). Adresse: Otto-Brenner-Str. 38, 33607 Bielefeld, Telefon: 0521 / 2700223, www.vvv.de.

Nicht firmengebundene Makler arbeiten auch in den FAIRsicherungsläden. Adressen gibt es beim Verbund der FAIRsicherungsläden, Unnauer Weg 7a, 50767 Köln, Telefon: 0180 / 3247-366, www.fairsicherung.de.

Die Versicherung zahlt nicht – was tun?

Das kann einem bei jeder Art von Versicherung passieren: Die Versicherung will einfach den entstandenen Schaden nicht oder nicht vollständig begleichen. Ob Einbruch oder Brand, ob Unfall oder Überschwemmung – wer einen Schaden zu beklagen hat, der kann durchaus erleben, dass die Versicherung ganz anders reagiert als erwartet. Oft etwa decken die Policen nicht alle Risiken ausreichend ab. Mal moniert die Gesellschaft, der Schaden sei erst nach der Frist gemeldet worden. Mal hat der Kunde versäumt, bei einem Hausratschaden die unabdingbare Liste aller zerstörten und entwendeten Utensilien einzureichen. Besonders bei Personenschäden, die immer wieder sehr hoch sind, kommt es vor, dass Versicherer die Regulierung unnötig lange hinausziehen. Was Sie tun können, wenn Ihre Versicherung nicht zahlen will, und wo Sie Hilfe erhalten, zeigen wir Ihnen im Folgenden.

Schleppende Regulierung des Versicherers

Wie lange darf eine Versicherung ihren Kunden auf die Zahlung warten lassen? Grundsätzlich darf die Versicherung mit der Zahlung warten, bis sie Einsicht in die Ermittlungsakten erhalten hat, um festzustellen, dass es den Einbruch wirklich gegeben hat und sie den Schaden ersetzen muss. Aber wenn sie diese Akteneinsicht nicht sofort erhält, muss sich die Versicherung aktiv und energisch darum bemühen. Sie muss jede Woche wieder bei den Behörden nachfragen. Wenn sie das nicht macht, muss sie auch ohne Einsicht zahlen.

Es gibt allerdings keine bestimmten Fristen, innerhalb derer der Versicherer leisten muss. Zu berücksichtigen ist, dass der Versicherer nach dem Versicherungsvertragsgesetz und den Versicherungsbedingungen berechtigt und im Interesse der Gesamtheit der Versicherten auch verpflichtet ist, geltend gemachte

Ansprüche dem Grunde und der Höhe nach zu prüfen. Zu diesem Zweck sind häufig Gutachten und Auskünfte einzuholen oder sonstige Beweisunterlagen zu beschaffen. Erfahrungsgemäß erfordert das einige Zeit. Darüber hinaus liegt dem Versicherer eine Vielzahl von gemeldeten Schadenfällen vor, für deren Bearbeitung ihm ein angemessener Zeitraum zugestanden werden muss.

Wenn eine Versicherung die Schadensregulierung jedoch unzulässig lange herauszögert, muss sie damit rechnen, dass ihr die Justiz dieses Verhalten negativ anrechnet. So kann bei langer Herauszögerung beispielsweise ein Schmerzensgeld deutlich herauf gesetzt werden, wie ein rechtskräftiges Urteil des Landgerichts Schwerin zeigt:

Beispiel

In dem Fall ging es um die Folgen einer Kollision, die ein Versicherungsnehmer des beklagten Unternehmens verursacht hatte und bei dem die Klägerin schwerste Verletzungen erlitten hatte. Die zuvor rüstige 82-jährige Frau ist seitdem ein Pflegefall. Unter Hinweis auf eine angeblich schon vor dem Unfall bestehende altersbedingte Demenz zögerte die Versicherung die Zahlung eines angemessenen Schmerzensgeldes immer wieder hinaus. Statt der überwiesenen damals 4000 DM musste das Unternehmen der Geschädigten nun 50000 DM zahlen, entschieden die Schweriner Richter. Sie hielten der beklagten Versicherung ein »unzulängliches Regulierungsverhalten« vor. Sie kritisierten weiter, das Unternehmen habe »wenig nachvollziehbar und ohne eigene Erhebungen letztlich ins Blaue hinein« einen Zusammenhang zwischen dem Unfall und dem schlechten Gesundheitszustand der Klägerin bestritten. Dass das Schmerzensgeld nicht noch wesentlich höher ausgefallen sei, begründeten die Richter mit der »relativ verminderten Leidensfähigkeit« des betagten und mittlerweile verwirrten Opfers. (LG Schwerin, Az.: 7 0 600/97, vom 29. Dezember 1999)

Die schleppende Regulierung eines Schadensfalls kann für eine Versicherung drastische Aufschläge bedeuten. Das Landgericht Saarbrücken verhängte zum Beispiel gegen ein säumiges Assekuranz-Unternehmen in einem Prozess um Schmerzensgeld einen kräftigen Zuschlag.

Beispiel

In dem Verfahren ging es um ein Kind, das bei einem Verkehrsunfall schwerwiegende Schädel- und Hirnverletzungen erlitten hatte. Das

Mädchen wird sein Leben lang entstellt bleiben, leidet weiter psychisch und physisch unter den Unfallfolgen und ist nur noch in der Lage, eine Sonderschule zu besuchen. Unter Verweis auf angebliche Vorschäden und wegen behaupteter Zweifel, dass die gesamten Ausfallerscheinungen Folgen des Unfalls sind, hatte die beklagte Versicherung auch über zwei Jahre nach dem fatalen Unfall erst 13000 DM überwiesen. Selbst nach einem Urteil, das die Haftung der Versicherung dem Grunde nach feststellte und das Kind von einem Mitverschulden freisprach, dauerte es vier Monate, bis weitere 50000 DM flossen. Das Gericht, das unter Berufung auf mehrere ärztliche Gutachten sämtliche Behinderungen des Mädchens als unfallbedingt ansah, setzte auch unter Berücksichtigung der verspäteten Regulierung das Schmerzensgeld drastisch herauf: Fünf Jahre und zwei Monate nach dem Unfall bekam das Kind insgesamt 300000 DM Schmerzensgeld zugesprochen.

Einen ähnlichen Fall entschied das Oberlandesgericht (OLG) Koblenz. Zahlt eine Versicherung nicht rechtzeitig, so darf der Versicherte auf deren Kosten einen Rechtsanwalt einschalten (LG Saarbrücken + OLG Koblenz, Az.: 15 O 121/97 + 10 U 471/99 – Urteil vom 15. Februar 2001). Die Begründung der Richter: Sobald die grundsätzliche Leistungspflicht einer Versicherung feststehe, wäre es ein Zahlungsverzug, wenn sie die Zahlung »ernsthaft und endgültig« verweigere. Zu dem von der Versicherung zu zahlenden »Verzugsschaden« zähle auch das Honorar eines vom Versicherten eingeschalteten Anwalts. Das Gericht gab mit seinem Urteil der Zahlungsklage eines Versicherten statt.

Beispiel

Die beklagte Versicherung hatte dem Versicherten nach einem Unfall fälschlich mitgeteilt, sie müsse für einen Schaden nicht aufkommen. Der Versicherte zweifelte das an und schaltete einen Rechtsanwalt ein. Daraufhin erklärte sich die Versicherung bereit, den Schaden zu begleichen. Die Anwaltskosten wollte sie aber nicht übernehmen.

Immer nachhaken!

Diese Beispiele zeigen: Sie sollten nicht so schnell aufgeben, wenn die eigene Versicherung nicht baldig bezahlt. Setzen Sie erst einmal ein Schreiben auf, in dem Sie eine baldige Zahlung fordern. Reagiert der Versicherer darauf nicht oder bringt eine unakzeptable Begründung hervor, dann sollten Sie ein Schreiben an den Vorstand der Versicherung richten und diesen über den Sachverhalt aufklären. Setzen Sie eine Frist, wie lange Sie noch warten und geben Sie an, dass nach dieser Frist ein Anwalt eingeschaltet werden wird. Legen Sie auch Beschwerde beim Bundesaufsichtsamt ein. Bevor Sie dann jedoch tatsächlich rechtliche Schritte einleiten, sollten Sie sich vorab dringend beraten lassen, zum Beispiel bei der Verbraucherzentrale oder gegebenenfalls über die Rechtschutzversicherung.

Klageausschlussfrist, Verjährung und Schadenshöhe

Sie müssen den verfolgten Anspruch gegen die Versicherung ein halbes Jahr nach der förmlichen Ablehnung der Schadensregulierung gerichtlich geltend machen. Diese Frist beginnt aber nur dann zu laufen, wenn Sie der Versicherer in seinem Ablehnungsschreiben auch darauf hingewiesen hat, dass Sie Ihren Anspruch verlieren, wenn Sie ihn nicht innerhalb von sechs Monaten gerichtlich geltend machen. Lassen Sie sich in Zweifelsfällen von einer fachkundigen Stelle beraten.

Im Übrigen verjähren die Ansprüche aus dem Versicherungsvertrag nach zwei Jahren, bei Lebensversicherungen nach fünf Jahren. Verjährungsbeginn ist am Ende des Jahres, in dem die Versicherungsleistung verlangt werden konnte, also fällig war.

Wer muss die Schadenshöhe beweisen?

Welcher Schaden zu zahlen ist, ergibt sich aus dem Versicherungsvertrag. Bei Sachschäden wird grundsätzlich der Zeitwert ersetzt, nur in der Hausratversicherung gibt es den Ersatz des Neuwerts.

Es liegt beim Versicherungsnehmer, die Schadenshöhe zu beweisen. Es sind aber keine hohen Anforderungen an den Beweis gestellt. Es genügt, wenn die Umstände für den Eintritt des Versicherungsfalles sprechen.

In der Regel gelingt dieser Beweis über Gutachten oder die Vorlage der Kassenbelege über die Anschaffungskosten. Besonders häufig versuchen die Versicherer hier zu sparen, indem sie günstigere Gegengutachten fertigen lassen. Oft wird auch der Zeitwert sehr niedrig angesetzt. Kann man sich hier mit der Versicherung nicht einigen, hilft oft nur der Gang zu Gericht.

Schwieriger ist die Sache, wie oben in den Beispielen gesehen, bei Personenschäden. Hier sollten Sie einen Rechtsanwalt hinzuziehen. Gerade die

Festlegung der Höhe eines zu zahlenden Schmerzensgeldes, die Berechnung des Verdienstausfalls oder des Haushaltsführungsschadens des Verletzten können Sie als Laie in der Regel nicht selbst vornehmen. Die Versicherer hingegen versuchen oft, mit entsprechenden Gutachten zu belegen, dass die Schäden nicht auf den Unfall zurückzuführen sind.

Problematik: Vorschaden

Bei Sachversicherungen werden oft Vorschäden zur Falle: Denn wer beispielsweise einen Einbruch aus dem vorletzten Jahr nicht angibt, muss damit rechnen, dass der Hausratversicherer die Leistung verweigert, wenn der Schwindel auffliegt. Deshalb sollten Sie schon vor dem Abschluss wichtiger Verträge den Rat eines Experten einholen. Versicherungsberater helfen dabei, im Antragsformular die Klippen zu umschiffen, die später der Auszahlung der vereinbarten Leistung im Wege stehen könnten. Die Kosten für die Beratung sind nichts im Vergleich zu einer späteren Verweigerung der Versicherung, die fällige Leistung auszuzahlen.

Vorsicht ist geboten, wenn Ihnen Vertreter der Versicherung selbst Rechtsrat erteilen und Sie als Kunden darauf hinweisen, dass eine Klage nicht erforderlich sei, wenn Leistungen nur vorläufig abgelehnt würden. Fakt ist: Der Versicherer hat kein Interesse daran, seine Versicherten tatsächlich ernsthaft zu beraten – er schützt vor allem seine eigenen Interessen. Wenn die Versicherung die Zahlung der Versicherungsleistung endgültig abgelehnt hat, bleibt Ihnen nur der Gang zum Gericht.

Am einfachsten vermeiden Sie Streit um die Leistungspflicht jedoch durch einfache Ehrlichkeit. Sie sollten alle abgefragten Vorerkrankungen bei Personenversicherungen und Vorschäden bei Sachversicherungen angeben, nichts beschönigen oder Tatsachen zurechtbiegen und lieber einen Risikoaufschlag in Kauf nehmen, als später im Ernstfall ohne Versicherungsschutz dazustehen.

Pflegebedürftig – was tun, wenn die Versicherung nicht zahlt?

Wenn bei Menschen die Pflegebedürftigkeit eintritt, muss deswegen allein die Pflegeversicherung noch nicht zahlen. Voraussetzung ist ein Antrag auf Leistungen, die Begutachtung durch den Medizinischen Dienst und eine entsprechende Einstufung in eine Pflegestufe. Häufig kommen dann ablehnende Bescheide. Oft sind mangelnde Aufklärung und Missverständnisse Ursache für die fehlende Anerkennung der Pflegebedürftigkeit. Was aber können Sie tun, wenn ein ablehnender Bescheid kommt? Wie äußern Sie juristisch richtig Widerspruch? Welche Fristen gelten? Wer muss den Widerspruch bei welcher Stelle einlegen? Wie erfolgt eine Zweitbegutachtung?

Wenn der Antrag auf Leistungen aus der Pflegeversicherung abgelehnt wird, ist das ärgerlich für die pflegenden Angehörigen, denn die teure Pflege geht ja weiter und die Kosten müssen trotz Versicherung weiter selbst aufgebracht werden. Wahrscheinlich hat man bei der ersten Begutachtung durch den Medizinischen Dienst die Mindestanforderungen nicht erreicht oder andere Fehler gemacht.

Wenn Sie mit der Beurteilung nicht einverstanden sind, sollten Sie zunächst bei der zuständigen Krankenkasse, also nicht beim Medizinischen Dienst, Akteneinsicht verlangen, um die Ablehnungsgründe zu erfahren. Die Pflegekasse ist verpflichtet, auf Aufforderung eine Durchschrift des Gutachtens zuzuschicken. Prüfen Sie das Gutachten des Medizinischen Dienstes und die detaillierte Begründung, warum der Antrag abgelehnt wurde, und ziehen Sie dafür auch Ihren Hausarzt zurate. Außerdem können Sie einen rechtsmittelfähigen Bescheid anfordern.

Widerspruch einlegen

Die Beurteilung des Gutachters sollten Sie dann mit den eigenen Aufzeichnungen vergleichen. Wenn Begutachtungsergebnisse nicht mit der wirklichen Situation und dem Ausmaß der Pflegebedürftigkeit übereinstimmen, sollten Sie gegen den Bescheid Widerspruch einlegen. Die Beurteilung der Pflegestufe ist ein sogenannter Verwaltungsakt, dagegen ist schließlich Widerspruch möglich. Für einen formgerechten Widerspruch reichen wenige Zeilen.

Achtung!

Datum, Krankennummer und Unterschrift dürfen bei dem Widerspruch nicht fehlen. Wichtig ist auch, dass Sie dabei bestimmte Fristen einhalten.

Findet sich auf dem Schreiben der Pflegekasse eine Rechtsmittelbelehrung – das ist der Hinweis auf Widerspruchsmöglichkeit und Fristen – muss der

Widerspruch innerhalb eines Monats eingelegt werden. Fehlt dieser Hinweis, dann können Sie noch innerhalb eines Jahres widersprechen. Ratsam ist es jedoch, auch in diesem Fall so bald wie möglich den Widerspruch zu verfassen.

WISO rät

Begründen Sie den Widerspruch so ausführlich wie möglich, wobei die ausführliche Begründung dem formlosen Widerspruch aber auch nachgereicht werden kann.

Der Kontakt mit Behörden ist kompliziert. In der Begründung des Widerspruchs sollte auf die Feststellungen des Gutachters genau eingegangen werden. Empfehlenswert ist es auch, den Haus- oder Facharzt zu bitten, medizinische Unterlagen zur Verfügung zu stellen, die den tatsächlichen Pflegebedarf untermauern. Wer bereits Kunde eines Pflegedienstes ist, kann sich von diesem ein »Pflegegutachten« erstellen lassen, in dem alle anfallenden Pflegeverrichtungen aufgeführt sind.

Ratsam ist es auch, zu überprüfen, ob die Unterlagen der Pflegekasse Unstimmigkeiten enthalten. Diese liegen beispielsweise vor, wenn beim Punkt »Bestimmung der Pflegebedürftigkeit« für eine bestimmte »Verrichtung« kein Hilfebedarf anerkannt wurde, aber im Fragebogenfeld »Bemerkungen« steht, dass für dieselbe »Verrichtung« Beaufsichtigung und Anleitung erforderlich sind.

Ist der Widerspruch bei der Pflegekasse eingegangen, geht er zunächst meist an den Erstgutachter des Medizinischen Dienstes. Dieser hat zu prüfen, ob er anhand der Widerspruchsunterlagen oder aufgrund neuer Aspekte zu einer anderen Einstufung kommt. Ist das nicht der Fall, wird in der Regel ein neues Gutachten von einem Zweitgutachter erstellt. Dieser muss dazu meist einen erneuten Hausbesuch abstatten.

Bleibt die Kasse trotz des Widerspruches bei ihrer Entscheidung bleibt nur eine Klage vor dem Sozialgericht. Das Widerspruchsverfahren selbst ist kostenlos, und auch die Kosten für ein Verfahren vor dem Sozialgericht halten sich in der ersten Instanz in Grenzen. Die Zahl der Pflegebedürftigen, die mit der Entscheidung über ihre Pflegestufe nicht einverstanden sind, ist beachtlich. Immerhin ein Drittel aller Klagen wird vor Gericht anerkannt.

Neuen Antrag stellen?

Für eine Einstufung der Pflegebedürftigkeit ist der Tag der Beurteilung durch den Medizinischen Dienst maßgeblich. Ein neuer Antrag auf Änderung der Einstufung kann jederzeit, sobald sich der Gesundheitszustand des Pflegebedürftigen verschlechtert hat, gestellt werden – auch wenn über einen vorangegangenen Antrag noch nicht entschieden wurde.

Wegen der vielen Widersprüche und Klagen gegen die Bescheide sind die mit der Pflegeversicherung befassten Stellen der Krankenversicherungen und die Medizinischen Dienste allerdings völlig überlastet. Dadurch dauert schon ein Verfahren ohne Widerspruch normalerweise drei bis sechs Monate.

WISO rät

Auch wenn das Verfahren lange dauert, geht Ihnen kein Geld verloren: Pflegegeld wird rückwirkend ab dem Datum der Antragstellung gezahlt.

Der Gang vor Gericht

Sollten Sie noch immer der begründeten Meinung sein, dass die Pflegekasse eine falsche Einstufung mitgeteilt hat, ist eine Klage vor dem zuständigen Sozialgericht sinnvoll. Vor diesem Schritt sollten Sie sich aber sicher sein, dass die oben genannten Voraussetzungen auch wirklich erfüllt sind.

WISO rät

Ein Anwalt ist für die Klage eigentlich nicht erforderlich, aber Sie sollten sich auf jeden Fall beraten lassen.

Sowohl die Einlegung eines Widerspruchs als auch die Einreichung einer Klage löst keinerlei Kosten aus, sodass Sie immer Widerspruch oder Klage einreichen sollten, wenn Sie sich nicht ganz sicher sind, ob der Bescheid zutreffend ist. Auch wenn Sie später feststellen, dass der Bescheid zutreffend ist, können Sie jederzeit den Widerspruch oder die Klage zurücknehmen, ohne dass Sie hierfür Kosten tragen müssen.

Sowohl bei verwaltungsgerichtlichen als auch bei sozialgerichtlichen Auseinandersetzungen muss das Gericht alle zur Entscheidung notwendigen Aspekte von Amts wegen ermitteln. Führen Sie ein Sozialgerichtsverfahren, beispielsweise auf Pflegegeldleistungen gegen Ihre Pflegeversicherung, wird das Sozialgericht von sich aus ein medizinisches Gutachten nach § 106 Sozialgerichtsgesetz (SGG) bei einem unabhängigen Sachverständigen in Auftrag geben. Die hierfür anfallenden Kosten brauchen Sie ebenfalls nicht aufzubringen, auch wenn Ihre Klage nicht zum Erfolg führen sollte; diese Gutachterkosten werden in jedem Fall aus der Staatskasse gezahlt.

Sind Sie auch mit dem Ergebnis dieses Gutachtens nicht einverstanden, können Sie selbst nach § 109 SGG die Einholung eines weiteren medizinischen Gutachtens beim Gericht beantragen.

Achtung!

Das Sozialgericht wird hierfür von Ihnen einen Kostenvorschuss verlangen, der sich in der Regel zwischen 400 und 1 000 Euro bewegen wird. Wenn Sie das Klageverfahren dann verlieren, müssen Sie letztlich auch die Kosten für dieses Gutachten tragen.

Sie können nicht nur die Einholung eines solchen Gutachtens beantragen, Sie dürfen nach dieser Vorschrift auch den Gutachter benennen, der vom Gericht beauftragt werden soll. Empfehlenswert ist es, einen der behandelnden Ärzte zu benennen, die natürlich den pflegebedürftigen Menschen in seiner individuellen Situation am besten kennen.

Gegen das Urteil eines Sozialgerichts können Sie innerhalb eines Monats nach Zustellung des Urteils Berufung beim Landessozialgericht beziehungsweise gegen ein verwaltungsgerichtliches Urteil Berufung beim Oberverwaltungsgericht einlegen. Gegen das zweitinstanzliche Urteil bleibt ebenfalls innerhalb einer Frist von einem Monat ab Zustellung des Urteils die Möglichkeit der Revision beim Bundessozial- beziehungsweise beim Bundesverwaltungsgericht.

Sollten Sie für die Durchführung eines Widerspruchs- oder Klageverfahrens einen Rechtsanwalt beauftragen, sollten Sie beachten, dass weder für das Widerspruchsverfahren, noch für ein Klage- oder Berufungsverfahren ein Rechtsanwalt gebraucht wird. Erst in Revisionsverfahren vor dem Bundesverwaltungs- oder dem Bundessozialgericht besteht ein Anwaltszwang.

WISO rät

Sie sollten aber darauf achten, dass der von Ihnen beauftragte Rechtsanwalt insbesondere in Fällen gegen die Pflegeversicherung, gegen das Versorgungsamt oder das Sozialamt nicht nur allgemeine Kenntnisse im Sozialrecht hat, sondern sich mit der spezifischen Situation von pflegebedürftigen Menschen genügend auskennt. Es kommt daher keineswegs nur auf die Fachanwaltsbezeichnung an, auch wenn es eine zunehmende Anzahl von Rechtsanwälten gibt, die die Befugnis haben, die Bezeichnung »Fachanwalt für Sozialrecht« zu führen.

Die Einschaltung eines Rechtsanwaltes verursacht natürlich Kosten. Sie werden zunächst an ihn einen Vorschuss zahlen müssen. Gewinnen Sie jedoch das Gerichtsverfahren, muss die von Ihnen verklagte Behörde auch die Kosten für den von Ihnen eingeschalteten Rechtsanwalt übernehmen.

Verfügen Sie über eine Familienrechtsschutzversicherung, übernimmt diese alle anfallenden Kosten bei Sozialgerichtsverfahren, sofern Sie diesen Risikobereich mitversichert haben, unabhängig vom Ausgang des Gerichtsverfahrens. Bei verwaltungsgerichtlichen Klageverfahren übernimmt lediglich die in Kooperation mit der Bundesarbeitsgemeinschaft Hilfe für Behinderte e. V. entwickelte Spezialrechtsschutzversicherung für behinderte Menschen der Winterthur die anfallenden Kosten.

Hilfe im Streitfall mit Versicherungen

Wenn Sie der Ansicht sind, dass der Versicherer im Unrecht ist und Sie berechtigte Ansprüche haben, dann legen Sie unverzüglich Widerspruch ein. Wenn das keinen Erfolg hat oder Sie noch anderen Ärger mit Ihrer Versicherung haben, gibt es verschiedene Stellen, wo Sie Hilfe bekommen – sei es der Ombudsmann, die Bundesanstalt für Finanzdienstleistungsaufsicht oder die Verbraucherzentrale.

Der Ombudsmann hilft!

Hat ein Widerspruch gegen eine Zahlungsweigerung der Versicherung keinen Erfolg, sollten Sie sich direkt an den zuständigen Ombudsmann für die

Versicherungswirtschaft wenden. Dieser kann bis zu einem maximalen Streitwert von 5 000 Euro Entscheidungen treffen, die für das Versicherungsunternehmen bindend sind, allerdings für Sie als Versicherten nicht. Den Ombudsmann erreichen Sie unter der Telefonnummer 0 18 04 / 22 44 24. Einzige Ausnahme ist hier die Krankenversicherung: Hier schlichtet der Ombudsmann nur, er hat jedoch keine Entscheidungsverfügung. Diesen Ombudsmann erreichen Sie unter der Telefonnummer: 0 18 02 / 55 04 44. Nach den Gesprächen mit dem Ombudsmann können Sie dann immer noch einen Rechtsanwalt einschalten, wenn Sie dies dann noch für nötig halten.

Schildern Sie immer kurz und knapp, aber verständlich und belegbar Ihren Fall, und bitten Sie um eine Überprüfung. Fügen Sie dem Schreiben auch eine Kopie des bisherigen Schriftverkehrs mit der Versicherung bei und natürlich auch ein Kopie der Police.

BaFin: Versicherungsaufsicht

Bei Ärger mit einer Versicherung können Sie sich an die Versicherungsaufsicht wenden. Die Bundesanstalt für Finanzdienstleistungsaufsicht (BaFin) kann für deutlich mehr Druck bei den Versicherungen sorgen als Ombudsmänner. Die Bonner Behörde ist zugleich Versicherungsaufsichtsamt. 50 Beamte arbeiten in der Beschwerdestelle.

Verweigert oder verzögert eine Versicherung Zahlungen, kann das durchaus ein Fall für die BaFin sein. Fällt eine Versicherung dabei besonders oft auf, darf die Behörde den Vorstand zur Rechenschaft ziehen. Reichen Abmahnungen allein nicht aus, kann die BaFin einen Vorstand sogar abberufen. Besonders erfolgreich sind Beschwerden, die den Leistungsbereich von Lebensversicherern betreffen. Die Erfolgsquote liegt bei etwa 25 Prozent.

Die BaFin sitzt in der Graurheindorfer Straße 108 in 53117 Bonn. Seit Anfang März 2006 bietet Ihnen die BaFin ein Verbrauchertelefon als Service an. Unter der Telefonnummer 0 18 05 / 12 23 46 beantwortet die BaFin montags bis freitags von 8.00 bis 18.00 Uhr Ihre Fragen zu allen ihren Aufgabenfeldern, also zum Banken-, Versicherungs- und Wertpapierbereich. Hier erhalten Sie beispielsweise Auskünfte zur BaFin selbst, zum Ablauf eines Beschwerdeverfahrens, zum Stand eines laufenden Beschwerdeverfahrens oder zur Zulassung von Unternehmen beziehungsweise Instituten. Auch einfache Fragen mit rechtlichem Bezug können hier beantwortet werden. Der Festpreis für einen Anruf beträgt 14 Cent/Minute, abweichende Preise aus den Mobilfunknetzen sind möglich.

Die BaFin kann allerdings keine bestimmten Unternehmen oder Produkte empfehlen, sie muss sich als staatliche Aufsichtsbehörde strikt wettbewerbsneutral verhalten. Außerdem ist sie gesetzlich zu Verschwiegenheit verpflichtet. Deshalb darf die BaFin keine Auskunft über die wirtschaftliche Lage, die Seriosität oder Bonität eines Versicherungsunternehmens geben.

Wenn bereits Klage gegen den Versicherer eingereicht wurde, darf die BaFin nicht helfen. Die BaFin darf sich in ein laufendes gerichtliches Verfahren nur dann einschalten, wenn sie vom Gericht dazu aufgefordert wird. Ein Beschwerdeverfahren bei der BaFin ist dann nicht mehr möglich.

Wenn der Versicherer persönliche Daten von Kunden weitergibt, ist die BaFin nicht zuständig. Für den Datenschutz gibt es spezielle Zuständigkeiten in den einzelnen Bundesländern. Am besten wenden Sie sich dann an den Datenschutzbeauftragten des Landes, in dem der Versicherer seinen Hauptsitz hat. Die Adressen der Datenschutzbeauftragten der Länder können Sie auf der Homepage des Bundesdatenschutzbeauftragten www.bundesdatenschutz.de abfragen.

Wenn ein Versicherer die Beitragsprämie erhöht, ohne Gründe zu nennen, haben Sie das Recht, darüber Auskunft zu verlangen. Gründe für eine Prämienerhöhung müssen nämlich angegeben werden. Kennen Sie die Gründe nicht, können Sie auch nicht beurteilen, welche Rechte sich für Sie daraus ergeben. Sie haben nämlich grundsätzlich bei Prämienerhöhungen ein außerordentliches Kündigungsrecht, vorausgesetzt, der Umfang des Versicherungsschutzes hat sich nicht geändert. Die Begründungspflicht beinhaltet aber keine detaillierte rechnerische Aufschlüsselung.

Manchmal haben ältere Verwandte Ärger mit ihrer Versicherung und bitten Sie, die BaFin einzuschalten. Das ist möglich, wenn Ihr Verwandter Ihnen eine Vollmacht ausstellt. Sie müssen also eine unterschriebene Erklärung vorlegen, die Sie berechtigt, den Schriftverkehr in dieser Sache mit der BaFin zu führen.

Kontakt mit Behörden

Immer, wenn Sie mit Behörden in Berührung kommen, müssen Sie einige formelle »Spielregeln« beachten, um Ihre Rechte in vollem Umfang wahrnehmen zu können. Die folgenden Ausführungen gelten für alle Fälle, in denen Sie die Entscheidung einer Behörde für nicht zutreffend halten und hiergegen etwas unternehmen wollen, unabhängig davon, um welche Behörde es sich handelt.

Der Verfahrensablauf gestaltet sich immer in gleicher Weise: Nachdem Sie bei einer Behörde einen Antrag auf eine bestimmte Feststellung oder Leistung durch die Behörde gestellt haben, wird diese Behörde nach Beendigung ihrer Ermittlungen einen sogenannten Bescheid erlassen und Ihnen diesen zusenden.

Sind Sie mit dem Inhalt dieses Bescheides nicht einverstanden, müssen Sie innerhalb eines Monats, nachdem Sie den Bescheid erhalten haben, Widerspruch bei derselben Behörde einlegen, sofern der Bescheid eine Rechtsmittelbelehrung enthält. Findet sich eine solche nicht in dem Bescheid, können Sie sich zwar mehr Zeit lassen, den Widerspruch einzulegen – nämlich genau ein Jahr –, Sie sollten diese Zeit aber nicht bis zum letzten Tag ausreizen. Je früher Sie Widerspruch einlegen, desto früher kann die Behörde über den Widerspruch entscheiden. Damit Sie die Frist, den Widerspruch einzulegen, nicht versäumen, merken Sie sich daher das Datum, wann Sie den Bescheid bekommen haben. Der Widerspruch muss innerhalb der Frist von einem Monat beziehungsweise einem Jahr bei der Behörde eingegangen sein. Es reicht daher nicht aus, das Widerspruchsschreiben innerhalb der genannten Frist abzusenden. Haben Sie den Bescheid demnach am 15. Oktober erhalten, muss Ihr Widerspruch bis spätestens 15. November bei der Behörde eingegangen sein. Ist der 15. November ein Samstag oder Sonntag, muss der Widerspruch spätestens am folgenden Montag bei der Behörde angekommen sein.

Sie können den Widerspruch entweder per Brief senden oder ihn unmittelbar bei der Behörde Ihrem zuständigen Sachbearbeiter zu Protokoll erklären. In beiden Fällen sollten Sie sich eine Kopie von Ihrem Widerspruchsschreiben anfertigen. Senden Sie den Widerspruch per Brief, sollten Sie nicht am Porto sparen: Senden Sie ihn per Einschreiben/Rückschein, damit Sie gegebenenfalls nachweisen können, wann und bei wem der Widerspruch bei der Behörde eingegangen ist. Gleiches gilt, wenn Sie den Widerspruch bei der Behörde zu Protokoll erklären. Lassen Sie sich das Datum der Widerspruchseinlegung bestätigen!

Sie brauchen keineswegs den Widerspruch innerhalb der Widerspruchsfrist auch zu begründen. Es genügt, dass Sie überhaupt Widerspruch einlegen, für die Begründung haben Sie danach genügend Zeit. Bevor Sie die Begründung fertigen, sollten Sie Einsicht in die Ihnen nicht bekannten entscheidungserheblichen Unterlagen, wie zum Beispiel Gutachten des Medizinischen Dienstes oder Gutachten der versorgungsärztlichen Untersuchung nehmen. Hierzu sind Sie berechtigt, und Sie sollten in jedem Fall von Ihrem Recht zur Einsichtnahme Gebrauch machen, denn nur so können Sie zu den Entscheidungsunterlagen Stellung nehmen.

In bestimmten Fällen (Schwerbehindertenausweis, Pflegeversicherung) macht es auch Sinn, wenn Sie bei der Widerspruchsbegründung einen schriftlichen Tagesablauf des behinderten Menschen beifügen, den Sie sehr sorgfältig erstellen und jede noch so kleine Assistenz oder Pflegeleistung aufführen sollten (siehe das Kapitel »Muster-Tagesablauf mit einem Pflegetagebuch« auf Seite 201). Dadurch vermeiden Sie, dass Sie bei einer amtsärztlichen Untersuchung in der Aufregung wichtige Aspekte vergessen.

Wenn Sie gegen einen Bescheid Widerspruch einlegen, kann die Behörde entweder dem Widerspruch abhelfen und Ihrem Antrag entsprechen, oder die Behörde wird einen sogenannten Widerspruchsbescheid erlassen, mit dem Ihr Widerspruch zurückgewiesen wird. Ihnen bleibt dann die Möglichkeit, hiergegen Klage zu erheben. Sowohl betreffend die Fristen als auch betreffend die Art der Einlegung der Klage und die Frage der Klagebegründung gilt das Gleiche wie beim Widerspruch.

Je nachdem, welchen Antrag Sie bei welcher Behörde gestellt haben, richtet sich hiernach die Frage, ob Ihre Klage beim Verwaltungsgericht oder beim Sozialgericht eingereicht werden muss. Hier lohnt sich ein Blick in die Rechtsmittelbelehrung; in aller Regel ist hier das richtige Gericht mit Adresse angegeben. Die Verwaltungsgerichte sind unter anderem zuständig für das gesamte Sozialhilferecht, die Sozialgerichte entscheiden insbesondere in Streitigkeiten mit der Pflegeversicherung, der Krankenkasse, dem Versorgungsamt, dem Arbeitsamt und dem Rentenversicherungsträger.

Weder die Einlegung eines Widerspruchs noch die Einreichung einer Klage verursacht Ihnen Kosten, sodass Sie immer Widerspruch oder Klage einreichen sollten, wenn Sie sich nicht ganz sicher sind, ob der Bescheid zutreffend ist. Auch wenn Sie später feststellen, dass der Bescheid zutreffend ist, können Sie jederzeit den Widerspruch oder die Klage zurücknehmen, ohne dass Sie hierfür Kosten tragen müssen.

Sowohl bei verwaltungsgerichtlichen als auch bei sozialgerichtlichen Auseinandersetzungen muss das Gericht alle zur Entscheidung notwendigen Aspekte von Amts wegen ermitteln. Führen Sie ein Sozialgerichtsverfahren, beispielsweise auf Pflegegeldleistungen gegen Ihre Pflegeversicherung, wird das Sozialgericht von sich aus ein medizinisches Gutachten nach § 106 Sozialgerichtsgesetz (SGG) bei einem unabhängigen Sachverständigen in Auftrag geben. Die hierfür anfallenden Kosten brauchen Sie ebenfalls nicht aufzubringen, auch wenn Ihre Klage nicht zum Erfolg führen sollte; diese Gutachterkosten werden in jedem Fall aus der Staatskasse gezahlt.

Versicherungen und Steuern

Seit 2005 ist das Alterseinkünftegesetz in Kraft. Damit wurden steuerliche Förderungen verändert und der Wechsel von der sogenannten vorgelagerten Besteuerung von Alterseinkünften zur nachgelagerten Besteuerung eingeleitet. Von Veränderungen betroffen sind auch verschiedene Versicherungsprodukte. In diesem Kapitel zeigen wir Ihnen, was sich steuerlich geändert hat und was Sie als Werbungskosten absetzen können.

Altersvorsorge: Das hat sich steuerlich geändert

Durch das Alterseinkünftegesetz, das seit 2005 in Kraft ist, hat sich in Bezug auf die Besteuerung von Versicherungsprodukten einiges geändert. Hier das Wichtigste im Überblick.

Die Beiträge für Kapitallebensversicherungen sind seit 2005 nicht mehr als Vorsorgeaufwendungen abziehbar. Die Auszahlungen der Verträge vor 2005 bleiben steuerfrei, bei den Verträgen danach wird der »Ertrag«, das heißt die Differenz zwischen Beiträgen und Auszahlsumme, versteuert. Falls die Bedingungen zwölf Jahre Laufzeit und Alter bei Auszahlung 60 Jahre (für Verträge ab 2011: 62 Jahre) erfüllt sind, wird nur der hälftige Ertrag versteuert (Halbeinkünfte-Verfahren).

Bei allen Renten, die aus bereits besteuerten Vorsorgeaufwendungen finanziert wurden (wie private Rentenversicherungen), wird der sogenannte Ertrag des Rentenrechts, auch Ertragsanteil genannt, besteuert. Das passiert schematisch nach Tabelle. Die zu versteuernden prozentualen Ertragsanteile wurden 2005 um rund ein Drittel gesenkt. Jemand, der zum Beispiel mit 60 Jahren in Rente geht, muss noch 22 Prozent versteuern, ein 65-Jähriger dagegen nur noch 18 Prozent.

Bestimmte Altersvorsorgebeiträge sind als Sonderausgaben von der Steuer abziehbar: die Beiträge zur gesetzlichen Rentenversicherung, zur Rürup-Rente, zu berufsständischen Renten und zur Alterssicherung der Landwirte (siehe auch unten).

Die Auszahlung der vorgenannten Renten wird dagegen im Zeitablauf immer stärker besteuert. Die Rentner von 2010 müssen 60 Prozent versteuern, die Rentner ab dem Jahr 2040 die volle Rente. Werbungskosten, bestimmte Versicherungen oder Kosten für Haushaltshilfen sind abziehbar.

WISO rät

Wenn Sie eine Kapitallebensversicherung vor 2005 abgeschlossen und mindestens einen Beitrag vor 2005 gezahlt haben, sind die Beiträge für den Vertrag steuermindernd im Jahresausgleich oder in der Steuererklärung einsetzbar, wenn die Sonderausgaben für »sonstige Vorsorgeaufwendungen« nicht schon durch die Beiträge zur Sozialversicherung aufgebraucht sind. Bei jüngeren Verträgen sind die Beiträge nicht mehr absetzbar.

Versicherungsbeiträge steuerlich absetzen

Seit 2005 wird unter abzugsfähigen Sonderausgaben unterschieden zwischen Altersvorsorgeaufwendungen und sonstigen Vorsorgeaufwendungen. Wie schon ausgeführt, fallen unter die abzugsfähigen Altersvorsorgeaufwendungen Beiträge zu

- der gesetzlichen Rentenversicherung,
- der Rürup-Rente,
- berufsständischen Renten und
- der Alterssicherung der Landwirte.

In 2010 sind 70 Prozent von 20 000 Euro, also 14 000 Euro Aufwendungen steuerfrei. Jedes Jahr kommen nun 2 Prozent (also 400 Euro) dazu, bis 2025 sind 20 000 Euro steuerfrei. Bei Zusammenveranlagung der Ehepartner gelten die doppelten Beträge.

Unter die abzugsfähigen sonstigen Vorsorgeaufwendungen fallen bis zu einem Höchstbetrag von 1 500 Euro beziehungsweise bei Selbstständigen 2 400 Euro (bei Zusammenveranlagung gelten die Beiträge für jeden Ehepartner):

- Sozialversicherungsbeiträge zur Kranken-, Pflege- und Arbeitslosenversicherung;

- Beiträge zu alten – vor 2005 – abgeschlossenen Lebens- und Rentenversicherungen;
- Beiträge von privaten Risiko- und Haftpflichtversicherungen.

Diese privaten Risiko- und Haftpflichtversicherungen sind im Einzelnen:

- alle Arten von Haftpflichtversicherungen inklusive Kfz-Haftpflicht;
- Arbeitslosenversicherung;
- Auslandsreisekrankenversicherung;
- Berufsunfähigkeitsversicherung;
- Erbschaftssteuerversicherung;
- Krankenhaustagegeldversicherung;
- Krankentagegeldversicherung;
- Private Krankenversicherung;
- Lizenzverlustversicherung für Piloten;
- Pflegeversicherung;
- Praxisgründungsversicherung;
- Risikolebensversicherung;
- Unfallversicherung.

Als Werbungskosten absetzbar

Die Beiträge für eine Unfallversicherung können als Sonderausgaben im Lohnsteuerjahresausgleich beziehungsweise in der Einkommensteuererklärung steuermindernd geltend gemacht werden. Es ist auch aber möglich, die Hälfte der Beiträge zur privaten Unfallversicherung als Werbungskosten anzugeben. Voraussetzung: Es handelt sich um eine Police mit 24-Stunden-Deckung, was bei »normalen« Verträgen der Fall ist. Die restlichen 50 Prozent der Beiträge sind weiterhin als Sonderausgaben absetzbar. Die Möglichkeit, Beiträge als Werbungskosten geltend zu machen, empfiehlt sich gerade für alle die Arbeitnehmer, deren Sonderausgaben schon durch die Sozialversicherungsbeiträge ausgeschöpft sind.

WISO rät

Für Unternehmer gilt: Deklarieren Sie die Beiträge besser als Sonderausgabe beziehungsweise Privatentnahme und nicht als Geschäftsausgabe. Sonst droht im Falle der Auszahlung der Versicherungssumme eine Nachversteuerung.

Anhang

Adressen

Verbraucherzentralen

Verbraucherzentrale Bundesverband e.V. (VZBV)
Markgrafenstraße 66
10969 Berlin
Telefon: 0 30 / 2 58 00-0
Fax: 0 30 / 2 58 00-2 18
E-Mail: info@vzbv.de
www.vzbv.de

Die einzelnen Verbraucherzentralen

Baden-Württemberg
Paulinenstraße 47, 70178 Stuttgart
Telefon: 07 11 / 66 91 10
Fax: 07 11 / 66 91 50

Bayern
Mozartstraße 9, 80336 München
Telefon: 0 89 / 53 98 70
Fax: 0 89 / 53 75 53

Berlin
Bayreuther Straße 40, 10787 Berlin
Telefon: 0 30 / 21 48 50
Fax: 0 30 / 21 96 42 42

Brandenburg
Templiner Straße 21, 14473 Potsdam
Telefon: 03 31 / 29 87 10
Fax: 03 31 / 2 98 71 77

Bremen
Altenweg 4, 28195 Bremen
Telefon: 04 21 / 16 07 77
Telefax: 04 21 / 1 60 77 80

Hamburg
Kirchenallee 22, 20099 Hamburg
Telefon: 0 40 / 24 83 20
Fax: 0 40 / 24 83 22 90

Hessen
Große Friedberger Straße 13-17,
60313 Frankfurt/Main
Telefon: 0 18 05 / 97 20 10
Fax: 0 69 / 97 20 10 50

Mecklenburg-Vorpommern
Strandstraße 98, 18055 Rostock
Telefon: 03 81 / 2 08 70 50
Fax: 03 81 / 2 08 70 30

Niedersachsen
Herrenstraße 14, 30159 Hannover
Telefon: 05 11 / 91 19 60
Fax: 05 11 / 9 11 96 10

Nordrhein-Westfalen
Mintropstraße 27, 40215 Düsseldorf
Telefon: 02 11 / 38 09-0
Fax: 02 11 / 3 80 92 16

Rheinland-Pfalz
Ludwigstraße 6, 55116 Mainz
Telefon: 0 61 31 / 2 84 80
Fax: 0 61 31 / 28 48 66

Saarland
Trierer Straße 22, 66111 Saarbrücken
Telefon: 06 81 / 50 08 90
Fax: 06 81 / 5 00 89 22

Sachsen
Brühl 34-38, 04109 Leipzig
Telefon: 03 41 / 69 62 90
Fax: 03 41 / 6 89 28 26

Sachsen-Anhalt
Steinbocksgasse 1, 06108 Halle/Saale
Telefon: 03 45 / 2 98 03 29
Fax: 03 45 / 2 98 03 26

Schleswig-Holstein
Bergstr. 24, 24103 Kiel
Telefon: 04 31 /59 09 90
Fax: 04 31 / 5 90 99 77

Thüringen
Eugen-Richter-Straße 45, 99085 Erfurt
Telefon: 03 61 / 55 51 40
Fax: 03 61 / 5 55 14 40

Weitere nützliche Adressen

BVVB Bundesverband
Versicherungsberater e. V.
Rheinweg 24
53113 Bonn
Telefon: 0 18 05 / 25 75 89 (0,14 Euro/ Min. im Festnetz)
E-Mail: info@bvvb.de
Internet: www.bvvb.de

Angebotsvergleiche zu verschiedenen Versicherungsarten:

- Zeitschrift *Finanztest*, Bestell-Hotline: 0 18 05 / 00 24 67 (0,14 Euro/Min. im Festnetzpreis)
- www.stiftung-warentest.de

Schlichtungsstelle
Versicherungsombudsmann e. V.
Postfach 08 06 32
10006 Berlin
Telefon: 0 30 / 20 60 58-99 oder 0 18 04 / 22 44 24 (0,20 Euro pro Anruf aus dem deutschen Festnetz)
Fax: 0 30 / 20 60 58-58
E-Mail:
info@versicherungsombudsmann.de
www.versicherungsombudsmann.de

Ombudsmann Private Kranken- und Pflegeversicherung
Postfach 06 02 22
10117 Berlin
Telefon: 0 18 02 / 55 04 44 (0,06 Euro pro Anruf aus dem Festnetz)
Fax: 0 30 / 20 45 89 31

Bundesanstalt für Finanzdienstleistungsaufsicht (BaFin)
Banken- und Versicherungsaufsicht
Graurheindorfer Straße 108
53117 Bonn
Telefon: 02 28 / 41 08-0

Verbraucher-Telefon: 0 18 05 / 12 23 46
(Montag bis Freitag 8–18 Uhr,
0,14 Euro/Min. im Festnetz)
Fax: 02 28 / 41 08-15 50
E-Mail: poststelle@bafin.de
www.bafin.de

Prozessfinanzierer

Allianz Prozessfinanz GmbH,
Königinstr. 28, 80802 München,
Telefon: 0 89 / 38 00-1 83 70
(Mindeststreitwert 100 000 Euro,
Erfolgsbeteiligung 30 Prozent bis
500 000 Euro, darüber 20 Prozent)

Acivo AG, Forststraße 9, 04229 Leipzig,
Telefon: 03 41 / 49 72 20
(Mindeststreitwert 10 000 Euro,
Erfolgsbeteiligung
50 Prozent bis 50 000 Euro, 30 Prozent
bis 500 000 Euro, darüber 20 Prozent)

D.A.S. Prozessfinanzierung AG,
Thomas-Dehler-Straße 9, 81728
München, Telefon: 0 89 / 62 75-68 00
(Mindeststreitwert 50 000 Euro,
Erfolgsbeteiligung 30 Prozent bis
500 000 Euro, darüber 20 Prozent)

Foris AG, Kurt-Schumacher-Str. 18–20,
53113 Bonn, Telefon: 02 28 / 95 75 00
(Mindeststreitwert 200 000 Euro,
Erfolgsbeteiligung 30 Prozent bis
500 000 Euro, darüber 20 Prozent)

Juragent AG, Joachimstaler Straße 10–12,
10719 Berlin, Telefon: 0 30 / 88 92 38-0
(Mindeststreitwert 500 000 Euro,
Erfolgsbeteiligung 30 Prozent bis
500 000 Euro, darüber 20 Prozent)

Proxx AG, Theodor-Althoff-Straße 45,
45133 Essen, Telefon: 02 01 / 87 22 0-0
(bei Prozessen im Bauwesen,
Mindest-Streitwert 50 000 Euro,
Erfolgsbeteiligung 50 Prozent)

Roland Prozessfinanz AG,
Deutz-Kalker-Straße 46, 50679 Köln,
Telefon: 02 11 / 82 77 44 44
(Mindeststreitwert 50 000 Euro,
Erfolgsbeteiligung 30 Prozent bis
500 000 Euro, darüber 20 Prozent)

Aufkäufer von Lebensversicherungen

Ageros GmbH
Leitzstr. 45
70469 Stuttgart
Telefon: 07 11 / 49 06 62 68
www.ageros.de

Agis AG
Hafnerstraße 59
72131 Ofterdingen
Telefon: 0 74 73 / 9 20 44-0
www.agis-ag.de

Cash.life AG
Zugspitzstraße 3
82049 Pullach
Telefon: 0 18 02 / 00 03 93 (Festnetz 0,06 Euro/Anruf)
www.cashlife.de

CFI Fairpay AG
Börsenstraße 2-4
60313 Frankfurt am Main
Telefon: 0 69 / 5 09 51-77 77
www.cfi-fairpay.de

GAP Management AG
Ohmstraße 13
23701 Eutin
Telefon: 0 45 21 / 79 68 0
www.gap-management-ag.de

Geno Fonds 24 GmbH
Stau 144
26122 Oldenburg
Telefon: 04 41 / 21 97 51-30
www.genofonds24.de

Life Bond GmbH
Münchner Str. 54
82069 Hohenschäftlarn
Telefon: 0 81 78 / 9 08 80
www.lifebond.de

Life Capital GmbH
Am Dachsbau 2
66740 Saarlouis
Telefon: 0 68 31 / 9 86 05 99
www.lifecapital.de

LifeFinance KG
Boschstraße 8
64347 Griesheim
Telefon: 0 61 55 / 60 747 00
www.lifefinance.de

Life-Services
Am Hofgut 6
35423 Lich
Telefon: 0 64 04 / 65 76 41
www.life-services.de

Partner in Life
9, rue Goell
L-5326 Contern
Luxembourg
Telefon: 03 52 / 26 94 92-1
www.partnerinlife.com

Policen Direkt GmbH
Rotfeder-Ring-5
60327 Frankfurt am Main
Telefon: 0 69 / 9 00 21 90
www.policendirekt.de

Policenkauf 24
Breslauer Straße 2
51069 Köln
Telefon: 02 21 / 5 00 55-6 61
www.policenkauf24.de

SP Capital GmbH
Maffeistraße 4
80333 München
Telefon: 0 18 05 / 49 99 00 (0,14 Euro/ Minute im Festnetz)
www.spcapital.de

Musterbriefe

Musterbrief Kündigung zum Ablauf

Herr/Frau
Mustermann
Adresse
Ort

Datum

Einschreiben

An die
XY-Versicherung
Postfach

PLZ, Ort

Betreff: Versicherung Nr.

Sehr geehrte Damen und Herren,

obengenannten Vertrag kündige ich fristgemäß zum Ablauf des Versicherungsjahres.

Ich bitte um Bestätigung.

Mit freundlichen Grüßen

Unterschrift

Musterbrief Kündigung bei 10-Jahres-Verträgen

Herr/Frau
Mustermann
Adresse
Ort

Datum

Einschreiben

An die
XY-Versicherung
Postfach

PLZ, Ort

Betreff: Versicherung Nr.

Sehr geehrte Damen und Herren,

10-Jahres-Verträge, die nach dem 25. Juni 1994 geschlossen wurden, sind bereits erstmals nach 5 Jahren kündbar. Ich mache von diesem Recht Gebrauch und kündige den Vertrag zum Ende des Versicherungsjahres.

Ich bitte um Bestätigung.

Mit freundlichen Grüßen

Unterschrift

Musterbrief Kündigung nach einem Schaden

Herr/Frau
Mustermann
Adresse
Ort

Datum

Einschreiben

An die
XY-Versicherung
Postfach

PLZ, Ort

Betreff: Versicherung Nr.

Sehr geehrte Damen und Herren,

aufgrund des jetzt regulierten Schadens mache ich von meinem Sonderkündigungsrecht Gebrauch und kündige den obengenannten Vertrag zum Ende des Versicherungsjahres.

Ich bitte um Bestätigung.

Mit freundlichen Grüßen

Unterschrift

Musterbrief Kündigung Kfz-Versicherung

Herr/Frau
Mustermann
Adresse
Ort

Datum

Einschreiben

An die
XY-Versicherung
Postfach

PLZ, Ort

Betreff: Kündigung der Kfz-Versicherung, Versicherungsnummer:

Sehr geehrte Damen und Herren,

hiermit kündige ich meine bestehende Kfz-Versicherung mit der oben angegebenen Nummer bei Ihnen zum nächstmöglichen Termin. Bitte schicken Sie mir eine Bestätigung meines Kündigungsschreibens an meine oben genannte Adresse.

Mit freundlichen Grüßen

Unterschrift

Register

Pourtant, même si les cas d'empoisonnement par les plantes sont rares, ils existent. Dans le chapitre "plantes toxiques" j'en cite certaines qui sont utiles dans le jardin. Je crois qu'il est honnête de préciser que certaines peuvent être dangereuses pour les enfants, les animaux, et même pour vous.

Beaucoup de vos plantes préférées et la plupart des plantes communes sont toxiques : le poinsettia, le laurier-rose, la jonquille, la scille, le muguet, la jacinthe et le pied-d'alouette. D'autres plantes toxiques sont utilisées dans la fabrication de médicaments ou comme insecticides. Une bonne connaissance de ces plantes permet de les utiliser avec prudence. Les plantes toxiques, contrairement aux insectes ou aux animaux, ne sont pas agressives. Vous pouvez les contrôler en tout temps.

Les suggestions données dans ce livre ne sont qu'un point de départ. Votre propre expérience vous guidera dans de nouvelles voies.

A

Abeilles (*Apis mellifera*) — Les abeilles sont d'importants agents de pollinisation tant dans le jardin que dans le verger. Elles sont souvent attirées par les fleurs peu apparentes des graminées.
Une ruche constitue également un bon baromètre. Lorsque le faux-bourdon sort de la ruche par une belle journée d'été, c'est un signe d'humidité et de temps plus froid à venir.

Absinthe (*Artemisia absinthium*) — L'espèce *cineraria*, en particulier, garde les animaux loin du jardin lorsqu'on l'utilise comme bordure. Elle éloigne également les teignes, les insectes volants et les papillons blancs du chou. Elle décourage aussi les limaces si elle est pulvérisée au sol. Les puces des chats ou des chiens peuvent être éliminées en lavant l'animal dans un bain aux infusions d'absinthe.
Plusieurs variétés d'absinthe sont utilisées en pharmacie comme vermifuge ou insecticide. La plus importante est *Artemisia cina.* On tire de sa fleur la santonine, qui sert à expulser les vers intestinaux. L'absinthe était également utilisée dans la fabrication d'une

L'absinthe nuit à la croissance de plusieurs plantes, dont la sauge, le fenouil et le carvi. Elle éloigne cependant les scarabées noirs.

Avant de mettre un nouvel essaim d'abeilles dans une ruche enduisez-la de citronnelle, essence que les abeilles aiment beaucoup. De la fumée de feuilles de Datura stramonium *les calme lorsque la ruche est ouverte.*

boisson alcoolisée, dont on a découvert qu'elle causait des dommages au cerveau.

Achillée millefeuille *(Achillea millefolium)* — C'est une plante pleine de mystère et d'histoire. Pendant des siècles, les religieux chinois ont tenu des tiges d'achillée pour consulter les dieux.

Selon un traité de biodynamique, l'achillée a un effet sur les plantes voisines, non en termes de croissance, mais en augmentant leur résistance aux éléments hostiles et en améliorant ainsi leur santé. L'achillée est une bonne compagne pour les plantes médicinales, car elle augmente leurs huiles essentielles et leur vitalité.

Elle permet également aux plantes environnantes de mieux résister aux insectes, peut-être à cause de son odeur âcre et irritante.

En infusion, elle favorise le sommeil, et j'en ai donné à des chèvres après qu'elles eurent mis bas. L'achillée pousse n'importe où et dans les conditions les plus difficiles. Elle supporte même qu'on marche dessus. Lorsqu'elle pousse sur des pelouses et qu'on passe la tondeuse, elle s'étend tout simplement.

ADN (Acide désoxyribonucléique) — L'ADN porte les caractères génétiques d'une cellule. Il est maintenant démontré que les bactéries peuvent assimiler l'ADN purifié et transmettre les gènes aux chromosomes de la cellule. Des expériences menées par L. Leroux et R. Huart, biochimistes au Centre d'étude sur l'énergie nucléaire à Mol, en Belgique, et par M. Jacobs, un généticien des plantes de l'université de Bruxelles, ont établi qu'une déficience en thiamine chez l'*Arabidopsis thaliana* pouvait être corrigée par l'ADN.

Certaines espèces de cette plante ne pouvaient synthétiser la thiamine, ni se développer, ni se reproduire sans suppléments. Les plantes traitées à l'ADN peuvent toutefois croître et se reproduire normalement sans supplément de thiamine. De plus, la descendance des plantes ainsi traitées ne montre aucune déficience en thiamine. Il semble donc que l'ADN, en plus de donner à la plante le gène nécessaire à sa croissance, permet aussi de transmettre la correction génétique à la génération suivante. Les recherches actuelles en ce domaine pourront être très utiles aux plantes servant à l'alimentation.

Ail (*Allium sativum*) — Eldon L. Reeves et S. V. Amonkar, chercheurs à l'université de Californie, ont découvert que l'ail était un insecticide puissant. Ils ont en effet éliminé à 100 % cinq variétés de larves de moustiques en pulvérisant leurs nids d'une huile à base d'ail.

Mgr David Greenstock, d'Angleterre, a découvert qu'une émulsion d'ail pouvait tuer 89 % des aphidiens (pucerons) et 95 % des mouches de l'oignon.

Il a également nourri des poulets, des souris et des lapins avec de l'ail et constaté une amélioration de leur santé. Par la suite, il découvrit que le principe actif de l'ail, l'allicin, est un mélange complexe de substances, dont principalement des sulfures d'allyle. Ces substances sont produites par des enzymes dans le bulbe, où leur contrôle et leur efficacité dépendent de la présence de soufre assimilable. Le soufre est produit dans le sol par des micro-organismes, dont certains champignons microscopiques qui ne pourraient vivre sans la présence d'humus. L'ail cultivé avec des engrais organiques est plus efficace, car les engrais chimiques ne contiennent pas l'humus propre à favoriser le développement des champignons.

Cultivez votre ail vous-même et essayez cette recette. Faites tremper environ 100 g d'ail haché dans 2 c. à soupe d'huile pendant toute une journée. Ajoutez un litre d'eau dans laquelle vous aurez dissous 1 c. à café d'émulsion de poisson.

Mêlez bien. Passez le liquide et conservez-le dans un contenant en verre ou en plastique, car le mélange réagit au métal. Diluez à raison d'une part pour 20 parts d'eau et pulvérisez sur les insectes indésirables. Si les légumes de votre jardin attirent les lapins, essayez ce mélange. Les lapins et les lièvres détestent l'odeur du poisson tout comme celle de l'ail. Ce mélange est aussi utile pour contrer une rouille légère sur les tomates ou pour empêcher la brûlure des pommes de terre.

L'ail planté en cercle autour des arbres fruitiers empêche la venue des insectes perceurs. Il protège les roses ; il fera fuir les charançons des graminées si des gousses sont posées près des céréales entreposées. Toutes les plantes de la famille de l'ail nuiront à la croissance des pois et des haricots. Plantez l'ail avec les tomates pour éloigner les araignées rouges. Je l'ai fait trois ans de suite avec beaucoup de succès.

Les Babyloniens et les Hindous connaissaient les valeurs curatives de l'ail il y a plus de 3 000 ans. Ces propriétés étaient également bien connues des égyptiens, qui donnaient beaucoup d'ail aux esclaves bâtisseurs de pyramides. Les médecins grecs, qui sont les pères de la médecine moderne, utilisaient l'ail dans leurs prescriptions. Lors des conquêtes romaines, l'ail était rationné et servait à nourrir les soldats.

L'école de Salerne, qui existe depuis plus de 800 ans, inclut l'ail dans son *materia medica*, et il a toujours été un remède domestique.

Ail des vignes (*Allium vineale*) — Très commun dans les vignes et dans les champs ainsi qu'au bord des chemins, son goût très fort et son parfum très pénétrant nuisent à la saveur du lait lorsque les vaches l'ont brouté et altèrent également la farine provenant des champs de blé où il se trouve. Il est très difficile à éradiquer, car ses bulbilles s'enfouissent de plus en plus profondément dans le sol avec le temps. Quand les pâturages et les champs en sont infestés, une rotation des cultures est recommandée. En revanche, l'ail des vignes a une valeur thérapeutique reconnue dans les cas d'hypertension artérielle.

Aleurodes (*Trialeurodes vaporariorum*) — Les aleurodes ou mouches blanches sont des insectes qui profitent de la déficience en minéraux du sol. Des expériences ont démontré que les aleurodes de serre ne s'attaquent aux tomates que lorsque le sol manque de magnésium ou de phosphore.

On peut les combattre naturellement en plantant des capucines avec les tomates dans la serre. On peut aussi faire brûler des feuilles de chêne dans la serre pendant une demi-heure ou pulvériser de la nicotine.

Les aleurodes peuvent être contrôlés biologiquement par certains petits parasites, de même que par les coccinelles noires et par certains pucerons.

Algues — Cette source d'aliments encore trop méconnue pourra s'avérer très utile pour répondre aux besoins grandissants de la population du globe. On estime que la capacité de photosynthèse des algues est dix fois plus grande que celle de toutes les plantes terrestres. Si c'est vrai, nous devons considérer les algues comme une source riche et abondante pour l'alimentation future.

Dans certaines parties du monde, comme au Japon et en Chine, les algues représentent déjà un élément important de l'alimentation. Les habitants des régions côtières cultivent l'algue brune sur des tiges de bambou enfoncées dans les eaux peu profondes de l'Océan. Les algues, que l'on trouve dans plusieurs magasins d'aliments naturels, sont très riches en minéraux et contiennent aussi des hydrates de carbone et des vitamines. Les algues brunes, à cause des minéraux qu'elles contiennent, sont aussi utilisées pour fertiliser les sols (étendre sur le sol et enfouir). On peut aussi employer leurs cendres comme fertilisant. Certaines espèces sont utilisées comme source d'iode en pharmacie.

Allélochimie — L'allélochimie est une branche de l'écologie qui étudie les interactions chimiques entre les différentes espèces. Les organismes se transmettent en effet des substances chimiques naturelles extrêmement puissantes. L'organisme qui reçoit le message est contraint à réagir, et une particule aussi infime qu'une molécule peut produire un effet à une très grande distance de sa source. Les influences négatives ou les antipathies des plantes entre elles s'appellent l'allélopathie. Les noms scientifiques des substances causant des interactions entre les espèces sont les suivants :

Phéromones. Ces sont les messagers qui communiquent entre les membres d'une même espèce. Lorsqu'une abeille a piqué, elle meurt car elle ne peut retirer son dard ; cela déclenche alors la phéromone qui dira aux autres abeilles de venir et de piquer. Les phéromones sexuelles sont sécrétées par plusieurs insectes afin de trouver un partenaire.

Allomones. Ce sont des substances similaires, mais dont les messages sont compris par les membres d'espèces différentes. Généralement, les allomones commanderont à une plante, à un insecte ou à un animal d'exécuter une action bénéfique pour lui-même. Ces actions peuvent inclure la sécrétion d'une substance répulsive (comme le venin) ou d'une substance qui attire une proie ou favorise la pollinisation.

Kairomones. Ces substances font aussi partie du langage entre les espèces, mais elles leur sont nuisibles. On croit que les feuilles des noyers noirs, des sycomores et de certains érables sécrètent une substance qui empêche les autres espèces de pousser autour de leurs racines. Lorsque la partie supérieure de ces arbres est détruite par le feu, on a observé que les herbes poussaient autour jusqu'à ce que l'arbre ou l'arbrisseau ait repris et dégage à nouveau cette substance répulsive.

Aloès (*Aloe*) — Cette plante médicinale, utilisée depuis des siècles appartient à la famille des Liliacées, c'est-à-dire à la même famille que le lis, l'ail et l'oignon. Plus de 200 espèces de liliacées ont des propriétés médicinales.

Les aloès sont des plantes xérophiles, c'est-à-dire qu'elles sont adaptées pour vivre dans des lieux secs, car leurs tissus retiennent l'eau et empêchent l'évapotranspiration. Ce sont des plantes qui poussent naturellement dans des climats chauds, mais que l'on peut facilement cultiver en pots à l'intérieur dans les régions du Nord.

Sans doute à cause du suc amer qu'ils sécrètent, les aloès sont exempts de maladies et de parasites. Toutes les plantes xérophiles sont des purgatifs naturels ayant une saveur amère.

Les jeunes plants d'aloès poussent à la base de la plante mère. Contrairement aux cactus, ses épines sont molles. L'aloès en poudre saupoudré sur les plantes éloignera les lapins et les lièvres.

Altise (*Faltica* et *Epitrix*) — Les insectes volants comme les altises détestent l'humidité. On peut souvent les éloigner en arrosant simplement le jardin en plein soleil. Les altises sont gênantes, sans être vraiment dommageables, pour les aubergines, les tomates, les navets et les radis. Les dommages ne sont souvent qu'esthétiques et les plantes en bonne santé s'en tirent facilement, en devenant moins attirantes pour les insectes par des feuilles plus grosses et plus coriaces. Le sarclage et l'addition de matières organiques dans le sol éloigneront les altises tout en aidant les plantes.

Des feuilles de sureau émiettées sur les rangs de plants contribueront à éloigner ces insectes. Il en va de même pour la menthe et l'absinthe. Les altises attirées par les radis ou les choux-raves pourront être chassées en faisant alterner ces plants avec des plants de laitue.

Amarante réfléchie (*Amaranthus*) — Cette plante, qu'on appelle parfois "queue de renard", se trouve généralement dans les sols cultivés. C'est l'une des plantes les plus efficaces pour extraire les éléments nutritifs du sol. On peut la cultiver en association avec les pommes de terre, mais en l'éclaircissant pour qu'elle n'étouffe pas les tubercules. Elle s'associe tout aussi bien aux oignons et au maïs.

Euell Gibbons affirme que les feuilles d'amarante contiennent plus de fer que tous les autres légumes verts, exception faite du persil.

Cette plante, qui pousse à l'état sauvage dans la campagne mexicaine, est connue comme ayant été « la nourriture sacrée des Aztèques ». Ses petites graines, qui se détachent aisément des épis, peuvent être cuites avec le

L'amarante est une des plantes les plus efficaces pour puiser les éléments nutritifs du sous-sol. Elle fait bon voisinage avec les pommes de terre, les oignons et le maïs. Elle doit cependant être éclaircie.

pain. On peut aussi les faire éclater, les enrober de miel et les manger comme friandises. En Inde, les feuilles d'autres espèces sont mangées en salade ou cuites comme des épinards, tandis que les graines sont moulues pour faire de la farine.

L'amarante (qui est une parente éloignée de la betterave) est très riche en vitamine C et contient sensiblement le même pourcentage de vitamine A que la betterave cultivée.

Ancolie (*Aquilegia vulgaris*) — Ces magnifiques plantes plaisent beaucoup aux araignées. Il faut donc éviter de les cultiver près des légumes. L'ancolie croît dans les sols riches en humus et elle est moins vulnérable que d'autres aux insectes mangeurs de feuilles. Cette plante pousse bien avec la rhubarbe à la condition d'être engraissée avec du fumier de vache. L'ancolie est une plante qui n'aide pas les autres plantes et qui peut même leur nuire. Elle consomme en outre beaucoup d'éléments nutritifs. Il importe donc de bien la nourrir, ainsi que les plantes de son entourage.

Les Amérindiens prêtaient aux fleurs de l'ancolie du Canada des vertus tranquillisantes.

Aneth odorant (*Anethum graveolens*) — L'aneth est un bon voisin pour le chou, car il favorise sa croissance et sa résistance. Il ne fait pas bon ménage avec les carottes ; s'il arrive jusqu'à maturité, il réduira leur rendement de beaucoup. Il faut le retirer avant sa floraison. L'aneth peut être semé dans les espaces laissés par la récolte des betteraves hâtives. On peut aussi en semer de façon éparse avec la laitue, les concombres et les oignons. Les abeilles aiment les fleurs d'aneth.

Anis (*Pimpinella anisum*) — Les graines épicées de cette herbe annuelle de la famille du carvi et de l'aneth servent à parfumer les pâtisseries, les biscuits et certains fromages. L'huile extraite des graines est utilisée dans la fabrication de liqueurs et de médicaments. Sa fleur réduite en poudre et mélangée à du vermouth donne son arôme au vin muscat. L'anis mélangé à de l'huile de menthe poivrée ou de conifères est antiseptique et est utilisé comme onguent (lorsque mélangé avec du saindoux) contre les poux et contre les démangeaisons qui accompagnent les morsures d'insectes.

Semé avec de la coriandre, l'anis germe mieux, croît plus vigoureusement et donne de plus belles fleurs.

Aphidiens (*Aphididae*) – **Pucerons** — On retrouve les aphidiens dans une grande variété de couleurs, ils peuvent être verts, noirs, roses, jaunes ou rouges. Ces insectes au corps mou attaquent et blessent presque toutes les plantes en piquant et en déformant leurs feuilles.

Les capucines éloigneront les aphidiens des brocolis. La ciboulette, en plants serrés entre les chrysanthèmes, les hélianthes et les tomates, les éloignera également. Les fourmis attirent les aphidiens, mais les tanaisies éloigneront les fourmis.

Les coccinelles sont les ennemis des aphidiens. Je les ai souvent observées travaillant sur des fleurs d'okra lorsque mon jardin était infesté d'aphidiens.

Même si les aphidiens détruisent les plantes lorsqu'ils sont nombreux, il ne faut pas les faire disparaître complètement, car il doit en rester pour nourrir certains insectes utiles.

Utilisez le chou chinois pour piéger les aphidiens. Si des capucines sont plantées en cercle autour d'arbres fruitiers, les aphidiens se tiendront loin. Un chercheur d'une station expérimentale du Connecticut a découvert que la couleur jaune des fleurs de capucine fait que les aphidiens volants évitent les plantes qui se trouvent au-dessus. (Voir aussi **Puceron**.)

La guêpe pique l'aphidien destructeur de graines et lui injecte un œuf dans le corps. La larve de la guêpe détruira alors l'aphidien.

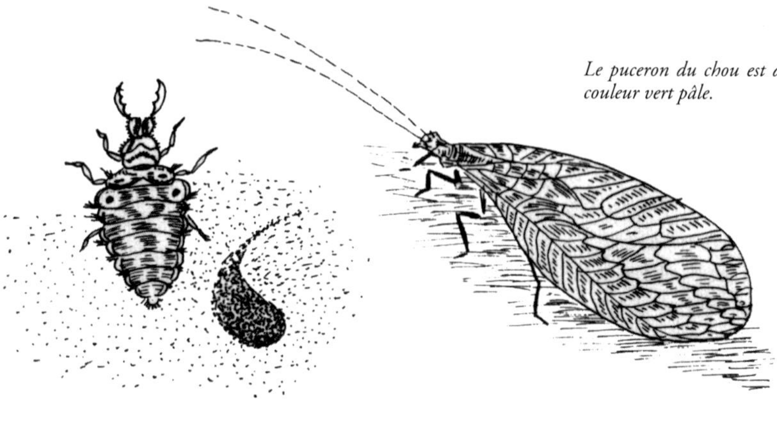

Le puceron du chou est de couleur vert pâle.

Arachide (*Arachis hypogaea*) — En tant que membre de la famille des Légumineuses, l'arachide est un bon régénérateur de sols. L'arachide peut être plantée comme seconde culture après la récolte des carottes ou des betteraves. Depuis quelques années, on cultive les arachides dans les régions chaudes du Canada, ainsi que dans le sud de l'Ontario, en remplacement des cultures de tabac.

Araignée (*Arachnida*) — Certaines mites et araignées sont des prédateurs naturels, donc nos alliées puisqu'elles se régalent d'insectes nuisibles.

L'araignée de jardin est l'un des meilleurs amis du jardinier.

Arbres fruitiers — Les arbres fruitiers profiteront du voisinage de la moutarde et du trèfle. La ciboulette, l'ail, les oignons, les capucines, le raifort, l'armoise et la grande ortie sont également pour eux de bons voisins (voir chapitre "Arbres fruitiers").

Armoise (*Artemisia*) — Faites sécher les feuilles d'armoise, placez-les dans un sac en plastique et suspendez-les dans votre penderie pour éloigner les mites. Faites-les brûler dans le foyer pour éliminer les odeurs de cuisson.

L'armoise a des feuilles très vertes et bien découpées qui dégagent un arôme de citron et de pin. Semée à proximité, elle protège les choux contre les papillons du chou et arbres fruitiers contre les lépidoptères.

Armoise absinthe (*Artemisia absinthium*) — Aussi appelée absinthe, cette plante, commune dans les Alpes et le Massif central, est utile en bordure du jardin pour éloigner les animaux. Certaines espèces ornementales ont des feuilles d'une grande délicatesse et peuvent être intégrées à des plates-bandes ou à des massifs de conifères.

L'estragon (*A. dracunculus*) est également une armoise (voir p. 53).

Armoise commune (*A. vulgaris*) — L'armoise commune, répandue dans toute la France, est l'espèce la plus utile de sa famille. Plantée dans la basse-cour, elle éloignera les poux, et comme les poulets aiment manger cette plante, elle les protégera aussi contre les vers. En faible infusion, elle pourra être utilisée pour pulvériser les arbres fruitiers.

L'armoise ne doit pas être placée trop près des autres plantes du jardin, car elle en retarderait la croissance, particulièrement lorsqu'il pleut beaucoup. Ses racines et ses feuilles dégagent une substance toxique soluble dans l'eau qui imbibe le sol et demeure active pendant une période de temps indéterminée.

Arroche glabre (*Atriplex glabriuscula*) — Cette magnifique plante annuelle a les feuilles ondulées de la betterave rouge. À cause de sa texture farineuse, on l'utilise souvent comme herbe potagère. Elle ne doit pas être placée près des pommes de terre, car elle peut nuire à leur croissance.

Les vieux herboristes croient que l'arroche crue ou cuite a des propriétés purificatrices et qu'utilisée en compresses, elle peut guérir les ganglions de la gorge.

Asclépiade (*Asclepias*) — De toutes les espèces d'asclépiades s'écoule un liquide laiteux lorsque leurs feuilles ou leurs tiges sont perforées. Leurs racines sont considérées comme toxiques, mais les Amérindiens les utilisaient pour soigner plusieurs maladies. Certains disent que le liquide laiteux permet de traiter les verrues et la teigne. L'asclépiade produit des fleurs roses parfumées et des fruits surmontés d'une aigrette soyeuse.

Asperge (*Asparagus officinalis*) — Le persil et l'asperge plantés côte à côte auront tous deux plus de vigueur. L'asperge se plaît également avec le basilic, qui est lui-même un bon voisin pour les tomates. Les tomates protégeront les asperges contre le criocère, car elles contiennent une substance appelée *solanine.* Si les criocères sont nombreux, ils attireront leurs prédateurs naturels, rendant la pulvérisation inutile. Un dérivé chimique des asperges s'est avéré efficace sur les plants de tomates pour détruire les nématodes.

Dans mon potager, je plante les asperges sur un long rang d'un seul côté. Au début de l'été, après la récolte des asperges, je plante un rang de tomates de chaque côté et les deux bénéficient de l'association. Les tomates protègent aussi les asperges en empêchant la croissance des mauvaises herbes. Les tiges (ou turions) des asperges ne doivent pas être coupées avant la fin de l'automne, car elles sont nécessaires aux racines pour pouvoir produire de nouvelles pousses la saison suivante.

Aspérule odorante (*Asperula odorata*) — Facile à cultiver, l'aspérule odorante est excellente comme plante couvre-sol. Même si l'aspérule peut se plaire au soleil, son feuillage sera plus vert et plus abondant s'il reçoit de l'ombre au moins pendant la moitié de la journée.

Assolement — Voir **Rotation des cultures.**

Aster (*Asteroides*) — Certains asters sont de bons indicateurs du sol. Plusieurs espèces aiment les sols peu humides. Si vous rencontrez l'aster touffu (*Boltonia asteroides*) ou l'aster ponceau à tige violette (*A. puniceus*) dans un champ ou un pâturage, c'est que le sol est mal drainé. L'aster étroit (*A. angustus*) pousse près de la mer et des mines de sel et il absorbe le sel et la soude. L'aster toxique (*Xylorrhiza parryi*) indique un sol alcalin, et l'aster des bois (*A. nemoralis*) un sol acide.

Astragale (*Astragalus*) — L'astragale produit des effets étranges sur les animaux qui en sont intoxiqués. Cependant, plusieurs espèces d'astragales qui font partie de la famille des Légumineuses n'ont pas la réputation d'être toxiques.

Phénomène étrange, la toxicité de ces plantes dépend du sol ou elles poussent, car elles absorbent les éléments toxiques contenus dans le sol. Toutes les parties de la plante sont toxiques et les effets produits sont variés selon qu'il s'agit de chevaux, de bêtes à cornes ou de moutons.

Les chevaux sont affaiblis, traînent la patte, mangent peu, perdent le contrôle de leurs muscles, maigrissent et meurent. Les bêtes à cornes réagissent sensiblement de la même façon, mais de plus, elles courent parfois en tous sens, chancellent et se frappent contre des objets. Les moutons sont moins vulnérables à ce poison.

Les éleveurs détruisent l'astragale en coupant ses racines cinq centimètres sous le niveau du sol. Dans les années quatre-vingts, l'état du Colorado a dépensé 200 000 $ pour éliminer cette plante.

Aubergine (*Solanum melongena*) — L'amarante (*A. reflexus*) permettra aux aubergines de mieux résister aux insectes. Pendant la saison chaude, un paillis et une bonne irrigation leur évitera les maladies. En saupoudrant du poivre de Cayenne sur les plantes quand elles sont encore mouillées par la rosée, on fera fuir les chenilles. Les aubergines plantées avec les haricots verts seront protégées contre les altises de la pomme de terre, qui aiment l'aubergine encore plus que la pomme de terre, mais détestent les haricots.

Aulne (*Alnus*) — Apparenté au hêtre blanc et au bouleau, ce petit arbre qui affectionne particulièrement les lieux humides pousse très rapidement et est utilisé à des fins bien définies. Le genre compte plus de vingt espèces. Plantés en haie le long d'un cours d'eau, les aulnes empêcheront l'érosion grâce à leurs racines entremêlées. Les aulnes favorisent également le drainage des sols trop humides.

Auxine — Cette hormone végétale contribue à la croissance des plantes. Les bulbes, les embryons, les jeunes feuilles et les tiges produisent de l'auxine, qui permet aux plantes de se développer rapidement. Cette hormone est aussi responsable de la réaction des plantes à la lumière. En éclairant un côté de la tige, la lumière fait que l'auxine se déplace du côté non exposé de la tige. L'augmentation d'auxine dans cette partie fera croître celle-ci plus rapidement, et la tige se tournera vers la lumière.

L'auxine est utile en horticulture ; elle stimule la formation des racines lors du marcottage ; elle empêche les pommes de terre de germer et elle prévient la chute prématurée des feuilles des plantes.

La gibbérelline est un type d'auxine qui stimule aussi la croissance des plantes. Les chercheurs croient que la gibbérelline est une substance naturelle qui amène la floraison et accélère la germination. Elle semble également favoriser la croissance des arbres et des cultures agricoles.

Mais le bon voisinage des plantes résulte essentiellement de l'exsudation des racines, de la capacité des plantes à fixer l'azote, de leur odeur, etc. ; aussi les hormones de croissance comme l'auxine n'ont-elles sur lui, de toute façon, qu'un effet limité.

Avoine (*Avena sativa*) — Il semble y avoir des contradictions dans le bon voisinage des plantes. D'un côté, un jardinier rapporte que ses chétifs jeunes pêchers ont bénéficié des déchets d'avoine épandus autour de ses arbres : après quelques semaines, tous les jeunes arbres avaient de nouvelles pousses. D'un autre côté, un autre jardinier prétend que l'exsudation des racines d'avoine nuit à la croissance des abricotiers.

La croissance des pêchers ne fut sans doute pas due à l'avoine mais aux champignons produits par sa décomposition, car presque tous les arbres ont une relation symbiotique avec les champignons microscopiques. Les champignons croissent autour des racines des arbres et leur fournissent les vitamines et les engrais naturels nécessaires à leur santé et à leur croissance.

À cause de cette relation, il est important de conserver la terre d'origine lorsqu'on transplante un arbre ou un arbuste. Vraisemblablement, il y a dans cette terre des champignons qui sont nécessaires à la plante.

Vous pouvez même essayer ceci. Si un arbre ne va pas bien après avoir été transplanté, prenez de la terre autour d'un arbre de la même espèce en bonne santé et placez-la autour de l'arbre à problèmes. Il y a de bonnes chances pour que l'arbre se mette à repartir normalement.

Cela fonctionne non seulement avec les arbres, mais aussi avec les plantes d'intérieur. Si possible, essayez de savoir dans quel type de sol ces plantes poussent à l'état naturel ; trouvez un peu de ce sol et vous verrez que la nature agira sur ces plantes beaucoup mieux que n'importe quel fertilisant vendu dans le commerce.

Au Québec, il est bien connu que lorsqu'on plante une haie de thuyas (*T. canadensis*), il suffit de jeter dans la fosse une grosse poignée de grains d'avoine au pied de chaque plant pour que ceux-ci démarrent beaucoup plus rapidement et plus fortement.

Des rotations de cultures sont parfois nécessaires. Une culture de trèfle et d'avoine, plantée après le gazon et avant le maïs, réduira le nombre de vers qui ravagent le maïs. L'avoine et la vesce poussent bien ensemble.

Azalée (*Ericaceae*) — Les azalées, le houx et les rhododendrons sont de bonnes plantes de jardin car elles s'accommodent bien d'un sol acide. Ne plantez pas les azalées (ou les rhododendrons) près de noyers, car la substance qui s'écoule des feuilles de ces arbres leur est nuisible.

Azote (arbres qui fixent l') — Le houx verticillé (*Ilex verticillata*) est le seul arbuste qui, sans être une Légumineuse, est capable de fixer l'azote de l'air. Il favorise aussi le drainage des sols humides.

Les arbres à cosses ou à pois fixent l'azote de l'air et l'emmagasinent dans leurs tiges et leurs racines, lesquelles, en se décomposant, renvoient au sol cet élément chimique souvent rare mais essentiel aux plantes. Les arbres et arbustes de cette catégorie comprennent le robinier faux-acacia (*Robinia pseudo-acacia*), le robinier rose (*Robinia hispida*), le févier d'Amérique (*Gleditsia triacanthos*), le gros févier (*Gymnocladus dioica*), le gainier du Canada (*Cercis canadensis*), le genêt des teinturiers (*Genista tinctoria*), l'épine de Jérusalem (*Parkinsonia aculeata*) et le *Catalpa speciosa.*

Azote (plantes qui fixent l') — Même si l'azote représente 80 % du volume de l'air, il est presque inutile à la plupart des plantes s'il n'est pas transformé avant d'être utilisé. La foudre mélange ou fixe de petites quantités d'azote et d'oxygène de l'air pour former de l'acide d'azote qui retournera à la terre par la pluie ou la neige.

Les bactéries vivant dans les nodosités des racines des Légumineuses fixent l'azote et peuvent transformer l'azote atmosphérique en azote composé (nitrate, nitrite) utile pour elles et pour les autres plantes. Ces bactéries transforment aussi l'azote de l'air en protéines dans les racines de la luzerne, du haricot, du trèfle, des pois, des fèves de soja, de la vesce et de plusieurs autres Légumineuses. Depuis des siècles, les fermiers pratiquent la rotation des cultures pour tirer avantage de l'augmentation de la fertilité du sol que produisent les Légumineuses.

Les Légumineuses ne profitent pas seules des bactéries qui fixent l'azote ; elles en font aussi profiter les plantes voisines. Les pois et les haricots favorisent la croissance des pommes de terre, des carottes, des concombres, des choux-fleurs, du chou, de la sarriette, des navets, des radis, du maïs et de bien d'autres herbes et légumes.

Le trèfle est particulièrement intéressant comme engrais vert qu'on enfouit la saison suivante avant de planter du maïs. Le trèfle rouge pourra être utilisé en remplacement de la luzerne dans des sols trop acides et trop aérés. Le meilleur taux de pH pour le trèfle rouge se situe entre 5,8 et 6,8, mais il pourra supporter un taux inférieur à 6 et bien se comporter.

B

Bacille thuringiensis — Cette maladie bactérienne sélective est efficace contre certains insectes, dont les tordeuses des arbres fruitiers. Pendant la production de spores, le bacille produit des cristaux qui empoisonnent les insectes qui mangent de la plante traitée. Cette substance n'est pas toxique pour les plantes, les humains ou les animaux, et elle peut être appliquée jusqu'à la récolte.

Le bacille est aussi très efficace contre les chenilles et les larves de lépidoptères — la maladie attaque l'insecte au stade de chenille alors qu'il vient de sortir du cocon. Le bacille est très utilisé pour protéger les cultures de céleri, de laitue, de chou, de brocoli, de chou-fleur, de chou frisé, de chou vert et de navet. Il est aussi efficace contre le sphinx du tabac et de la tomate.

Balsamine — Voir **Impatiens.**

Bardane (*Arctium*) — Ne vous laissez pas envahir par les bardanes, car ce sont des pilleuses de sol. Et ne les laissez surtout pas monter en graines, car leurs fructifications (que l'on appelle communément teignes) pourraient adhérer à la laine des moutons, aux poils des vaches des chevaux, des chiens et même aux vêtements. La bardane se propagerait alors en grande quantité.

Les racines de bardane ont des propriétés médicinales et l'on dit qu'elles soulagent la goutte et les maladies de peau. La culture d'une bardane comestible a été développée au Japon et la racine cuite est très appréciée pour sa saveur. Les Orientaux croient également que la bardane purifie le sang et soulage les arthritiques.

Basilic (*Ocimum basilicum*) – Pistou — Herbe emblématique des marchés de Provence, le basilic est un bon voisin pour les tomates, dont il favorise la croissance et la saveur. Comme c'est un petit plant de 20 cm à 50 cm de hauteur, faites-le pousser en parallèle avec les tomates plutôt qu'entre les plants. Il chasse les mouches et les moustiques. Parsemé sur les tomates dans un bol de service, il éloignera les mouches à fruits.

Ses feuilles très vertes d'environ 5 cm de longueur ont une odeur et un goût de clou poivré. Pincez le bout des plants et ils pousseront en petits bosquets et deviendront plus denses. En cuisine, le basilic sert à aromatiser les vinaigres, les soupes, les pâtes, les ragoûts et les salades. On peut aussi l'utiliser dans des plats de fromage, d'œufs, de poisson, de viande hachée, de saucisses et de légumes.

On dit souvent que les herbes peuvent rehausser tous les plats sauf les desserts. Le basilic fait exception à cette règle, car il est idéal pour donner une saveur subtile et indéfinissable au gâteau quatre-quarts. Il peut aussi remplacer le poivre noir pour les personnes qui souffrent de problèmes digestifs (voir **Herbes substituées au poivre**).

On sait depuis les temps anciens que le basilic et la rue se détestent profondément. Peut-être est-ce parce que le basilic est sucré et que la rue est très amère ?

Betterave commune (*Beta vulgaris*) — La betterave pousse bien en compagnie des plants de haricots, d'oignons ou de choux-raves, mais elle n'aime pas les haricots grimpants. La laitue et la plupart des membres de la famille des choux constituent de bons voisins.

Betterave sucrière (*Beta vulgaris*) — Le fourrage peut être partiellement remplacé par de la betterave sucrière, que tous les animaux aiment et qui augmente la production des vaches laitières. Le brome des seigles, qui est souvent méprisé, a la capacité de couvrir rapidement les sols dénudés et d'en empêcher l'érosion. Il attire aussi les sauterelles qui, autrement, s'attaqueraient aux betteraves.

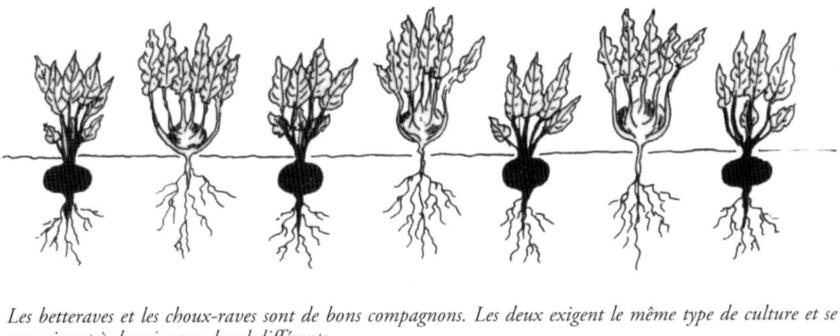

Les betteraves et les choux-raves sont de bons compagnons. Les deux exigent le même type de culture et se nourrissent à des niveaux de sol différents.

Blé (*Triticum vulgaris*) — Il y a deux versions fort intéressantes en ce qui a trait aux origines du blé. La première dit que le blé est apparu quelque 8 000 ans avant Jésus-Christ à l'occasion d'une pollinisation involontaire qui donna des grains plus dodus. Cette nouvelle plante appelée *Triticum dicoccoides* fut l'objet d'autres croisements accidentels conduisant à un meilleur hybride. L'enveloppe des grains étant beaucoup plus dure que celle des autres graminées, ils ne peuvent se répandre naturellement. Le blé a donc dû compter sur l'intervention de l'homme.

Certains théosophes croient que le genre humain a reçu de l'aide, à un certain stade de son développement, de grands initiés venus de la planète Vénus. Ils croient non seulement à leur assistance morale et sociale, mais ils croient également que ces derniers leur ont fourni le blé, les abeilles et les fourmis. Le seigle, croient-ils, a été produit par l'homme par des croisements sélectionnés pour imiter le blé. L'avoine et l'orge sont, pour leur part, des hybrides créés par croisement avec des herbes terrestres.

Dans certaines régions, le pavot échappé de culture pourrait devenir une nuisance pour les pâturages ; mais nous n'en sommes pas encore là. Il ne doit pas s'étendre, car il nuit à la croissance du blé. De la camomille plantée dans un champ de blé dans une proportion de 1 pour 100 sera favorable ; en plus grande proportion, elle serait cependant nuisible. Le blé bénéficie de la présence du maïs.

La croissance du blé est affectée négativement par la proximité des cerisiers, des cornouillers, des pins, des tulipes et des racines de sorgho. Les chardons des champs et les liserons des haies sont nocifs au blé et aux graines de lin.

Blé noir (*Fagopyrum esculentum*) — Le blé noir ou **sarrasin**, qui pousse dans un sol pauvre et assimile beaucoup de calcium, régénère les sols. Utilisé de cette façon, il étouffera les mauvaises herbes et, enfoui à la manière d'un engrais vert, il adoucira le sol et le rendra propice aux autres cultures.

Bleuet — Voir **Centaurée**.

Bouleau (*Betula*) — Je crois que les racines du bouleau sécrètent des substances qui accélèrent la fermentation des tas d'engrais ou de compost. Le docteur Ehrenfried Pfeiffer, un fervent défenseur des méthodes biodynamiques pour les cultures et les jardins, a observé que le compost fermenté à proximité des bouleaux gris profitait de ce voisinage et ne manquait d'aucun élément nutritif, même si les racines pénétraient dans le tas. Il est cependant recommandé de garder une distance de 2 m entre l'arbre et le tas de compost.

Bourrache (*Borrago officinalis*) — La bourrache est une excellente source de potassium, de calcium et d'autres minéraux naturels. Faites pousser cette herbe dans un verger ou en bordure d'un champ de fraises. Les abeilles aiment festoyer sur ses boutons.

Bourse-à-pasteur (*Capsella bursa-pastoris*) — Le docteur Eldon Reeves, un entomologiste de l'université de Californie, a découvert que les bourses-à-pasteur et les lépidium (*Lepidium densiflorum*) attrapent les larves de moustiques avec une colle naturelle qui se dégage lorsque les graines sont immergées dans l'eau. Pendant qu'elle tente de se nourrir, la larve entre en contact avec la graine, reste collée et meurt. Il est recommandé de stériliser les graines à la chaleur avant de les utiliser afin d'éviter qu'elles ne germent.

La bourse-à-pasteur est très riche en minéraux. Plantée avec la moutarde, elle absorbe l'excédent de sel du sol qu'elle restitue ensuite sous une forme organique. Plantée dans un marais salant et enfouie alors qu'elle est encore verte, elle adoucira le sol et en tirera les éléments nutritifs nécessaires aux autres plantes. Elle a en outre des propriétés médicinales et elle a été utilisée comme astringent.

Bouton d'or — Voir **Renonculacées**.

Brise-vent — Avant de planter un brise-vent, étudiez votre terrain et plantez-le là où il sera le plus utile. Considérez la direction des vents dominants et l'emplacement des bâtiments par rapport à l'endroit que vous voulez protéger. Le plus souvent, les brise-vent sont plantés du côté nord-ouest d'une propriété, mais il y a des exceptions à cette règle.

Ne plantez pas les haies trop près du jardin, car les arbres et les arbustes absorberaient l'humidité et les éléments nutritifs du sol. Si le terrain le permet, plantez les brise-vent à au moins 15 m des cultures.

La distance de protection d'un brise-vent est de 20 fois sa hauteur. Une haie de 3 m de hauteur protégera donc sur une distance de 60 m. Les quelques mètres à l'avant du brise-vent seront aussi protégés parce que l'air s'accumule et agit comme un mur invisible devant la rangée d'arbres.

Les brise-vent permettent aussi de retenir le sol lors de vents violents et d'empêcher la neige de s'amonceler sur les trottoirs et allées. Ils peuvent également contribuer à réduire les factures de chauffage.

Dans les plaines, les ceintures d'arbres ont une influence marquée sur le climat, spécialement lorsqu'elles sont placées à angle droit par rapport aux vents dominants. Une telle chaîne de haies brisera la force des vents et améliorera le climat de la région. En augmentant l'humidité de l'air, ces influences favoriseront la croissance des cultures.

Brocoli (*Brassica oleraceae*) — Comme tous les membres de la famille des choux, les brocolis voisinent bien avec les plantes aromatiques comme l'aneth, le céleri, la camomille, la sauge, la menthe poivrée, le romarin, ainsi qu'avec certains légumes, comme la pomme de terre, les betteraves et les oignons. Cependant, ne les plantez pas près des tomates, des haricots grimpants ou des fraises. Pour chasser les pucerons, mettre de la poudre de pyrèthre sur les brocolis avant que la fleur ne soit éclose.

Bulbes — Les bulbes du crocus et du colchique (qui sont toxiques s'ils sont mangés) donnent de très jolies fleurs, mais on obtiendra un bien meilleur effet en les accompagnant de plantes plus petites, comme l'alysse blanc, le *Phlox subalata*, le *Phlox divaricata*, la saponaire, le thym ou la pervenche.

C

Calame (*Araceae*) – *Aeorus calamus* — On dit que les moustiques ne fréquentent pas les endroits marécageux où pousse le calame.

Calcium — Les pois, les haricots, les choux et les navets aiment bien les sols qui contiennent de la chaux, mais d'autres plantes – notamment celles de la famille des Éricacées, comme l'azalée et le rhododendron – détestent ces sols. Les pommes de terre et certaines céréales ne se comportent pas bien dans un sol où l'on aura appliqué de la chaux immédiatement après les avoir plantées ou semées.

Les sols pauvres en calcium ne réagissent pas normalement à la culture et à l'engraissement. Très souvent, des graminées y fleurissent. Parfois, une écume verte se forme à la surface. Une analyse de sol révélant une trop grande acidité indique un manque de chaux.

Le blé noir ou sarrasin accumule le calcium et, lorsqu'il est composté ou enfoui comme un engrais vert, il enrichit le sol. Le lupin (*Lupinus*) plonge ses racines à des profondeurs étonnantes, même en terrain escarpé, sur des talus de gravier ou des coteaux exposés au soleil. Le lupin ajoute du calcium au sol et peut pousser dans des sols pauvres et sablonneux qui seraient impropres à d'autres usages.

Les feuilles des melons sont riches en calcium et devraient être ajoutées au tas de compost.

Camomille — La véritable camomille (*Matricaria matricarioides*) se reconnaît au creux du fond de sa fleur et à son odeur très aromatique que l'on confond souvent avec celle de la camomille romaine (*Anthemis nobilis*). C'est une voisine idéale pour les choux et les oignons, car la camomille augmente la saveur et la croissance de ces deux légumes. Elle doit cependant être plantée parcimonieusement : un plant tous les 50 m.

Le blé mélangé à de la camomille dans une proportion de 1 pour 100 poussera mieux et aura des épillets plus pleins. Mais s'il y a trop de camomille, celle-ci nuira à la culture.

La camomille contient une substance appelée *chamazulene* qui possède des propriétés anti-allergiques et anti-inflammatoires lorsqu'elle est utilisée sous forme de tisane.

Les tisanes de camomille calmeront les bébés capricieux et soulageront les diarrhées et les foies engorgés. Pour soigner les sabots des animaux, appliquer des compresses chaudes d'une infusion faite d'un tiers de chacune des plantes suivantes : camomille, citronnelle et cerfeuil.

Les fleurs de camomille peuvent être posées dans le lit des chiens pour éloigner les puces. Ajouter des herbes au coussin du chien et les remplacer régulièrement.

L'eau froide dans laquelle les fleurs auront trempé pendant un jour ou deux pourra être pulvérisée pour traiter plusieurs maladies de plantes et pour contrôler l'humidité dans les serres et les chambres froides.

Un rinçage à la camomille est excellent pour les cheveux blonds. Mélanger 3 à 4 c. à soupe de fleurs séchées dans un litre d'eau froide. Faire bouillir pendant 20 à 30 minutes et passer lorsque refroidi. Après le shampooing, rincer les cheveux plusieurs fois avec le mélange et ne plus rincer à l'eau après l'application.

La camomille contient des hormones qui stimulent la croissance des levures. Plantée en petite quantité avec la menthe poivrée, elle en augmentera les huiles essentielles.

La camomille favorise à la fois la croissance et l'augmentation de saveur des choux et des oignons. Elle a une odeur agréable et est utilisée comme agent de rinçage pour les cheveux.

Camomille puante (*Anthemis cotula*) — Parfois appelée maroute ou camomille batarde. À cause de sa mauvaise odeur, les apiculteurs en appliquent sur leur peau pour approcher les abeilles. Elle éloigne également les puces et on peut en enduire les murs et le plancher du grenier pour éloigner les souris.

Capucine (*Tropacolum*) — Des capucines plantées près des courges éloigneront les punaises de la courge, mais il faut planter les fleurs en premier, car les courges se développent plus rapidement. Si des pucerons apparaissent sur les capucines – signe que le sol manque de chaux – saupoudrez les plants avec de la chaux et ils disparaîtront.

Les capucines, plantées à proximité ou pulvérisées, éloignent certains insectes nuisibles à la croissance des fruits et des légumes. Elles améliorent la croissance et la saveur des cultures voisines.

Carotte (*Daucus carota*) — Pour obtenir des carottes bien sucrées, le sol doit comporter une quantité suffisante de chaux, d'humus et de potasse. Un excès d'azote ou une longue période de chaleur leur donnera une saveur fade.

Les oignons, les poireaux et les herbes comme le romarin, l'armoise ou la sauge éloignent les mouches de la carotte (*Psila rosae*), dont les vers ou larves perçent les radicelles des jeunes plants. Le salsifi noir (*Scorzonera hispanica*), aussi appelé scorsonère, est également efficace pour éloigner les mouches de la carotte. Faites-en une culture combinée. Les carottes poussent bien avec la laitue en feuilles et les tomates, mais elles ont une aversion profonde pour l'aneth. Les racines des carottes exsudent une substance utile à la croissance des pois.

Les pommes et les carottes ne doivent pas être entreposées à proximité les unes des autres, car les carottes prendraient un goût amer.

Carotte sauvage (*Daucus carota*) — Les carottes sauvages ne sont pas toujours le signe d'un sol pauvre, car leurs racines profondes ont besoin d'un sol propre à la culture. Une bonne récolte indique que le sol vaut la peine d'être préparé à une autre culture. Comme la carotte sauvage peut devenir envahissante, il faut en couper les plants au ras du sol immédiatement après la pollinisation. Ne les coupez pas trop vite, sinon plusieurs plants émergeront des racines.

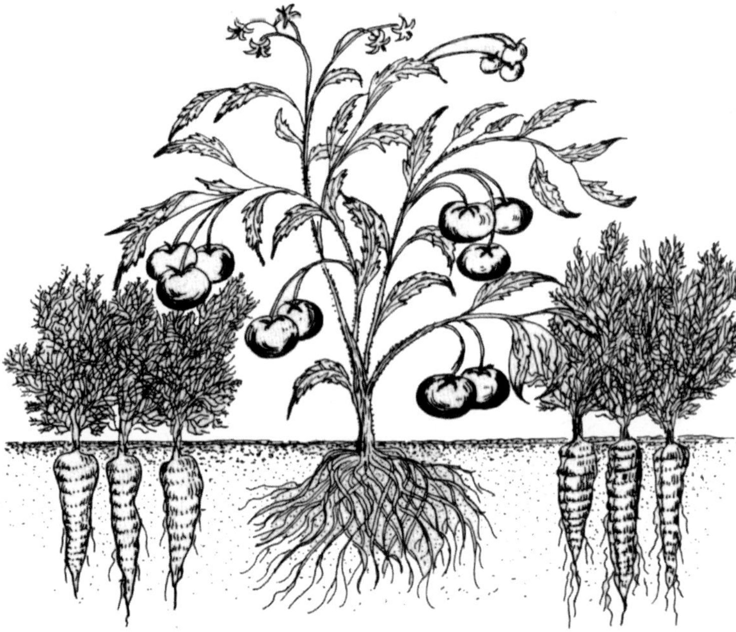

Les carottes poussent bien avec les tomates, de même qu'avec la laitue en feuilles, la ciboulette, les oignons, les radis, le romarin et la sauge. Les autres alliés des tomates sont la ciboulette, les oignons, le persil, les asperges, les soucis et les capucines. Les tomates n'aiment pas la compagnie des pommes de terre, des choux-raves, du fenouil et des choux.

Carvi (*Carum carvi*) — Bien qu'il soit difficile de faire germer les graines de carvi, semez-les en compagnie de pois. Après avoir récolté les pois, hersez le jardin et le carvi poussera. Il est bon de le semer dans un sol dense et humide, car ses longues racines constituent pour celui-ci une aide excellente. Ne faites pas pousser du fenouil à proximité.

Les graines peuvent être mises dans le pain de seigle pour enrichir son arôme et le rendre plus digeste. On utilise aussi le carvi dans les gâteaux et dans les mets préparés avec du fromage, des pommes et du chou.

Cataire (*Nepeta cataria*) – Herbe aux chats — La cataire, plus connue sous le nom d'herbe aux chats, appellation qu'elle partage avec la valériane, contient une huile – la *nepetalactone* – qui éloigne les insectes. En arrosant les plantes avec de l'eau dans laquelle l'herbe a trempé, on fera fuir les coléoptères.

La cataire dégage des éléments chimiques semblables à ceux qu'on trouve chez certains insectes. La fourmi et le phasme sécrètent des substances semblables pour éloigner leurs prédateurs : coléoptères, araignées, oiseaux et humains. La cataire fraîchement cueillie et placée à un endroit infesté fera fuir les fourmis noires. Mes chats adorent la cataire et je l'aime également en salade.

Céleri (*Apium graveolens*) – Ache — Le céleri pousse bien avec les poireaux, les tomates, les choux-fleurs et les choux. Les haricots et le céleri semblent aussi s'entraider. Certaines personnes croient que le céleri pousse particulièrement bien lorsqu'il est planté en cercle, car ses racines entrelacées constituent un endroit de prédilection pour les vers de terre et les microbes contenus dans le sol. Le céleri et le poireau poussent mieux lorsqu'ils sont plantés dans des rigoles. Le céleri et le céleri-rave contiennent tous deux une hormone qui produit un effet semblable à celui de l'insuline, ce qui fait d'eux un excellent assaisonnement pour les diabétiques ou pour quiconque doit suivre un régime à faible teneur en sodium.

Céleri-rave (*Apium gravolens rapaceum*) — Un semis de vesce d'hiver est utile avant de planter les céleris-raves, car ils ont besoin d'un sol riche, léger et contenant beaucoup de potassium. Le poireau, qui demande aussi du potassium, voisine bien en rangs alternés avec les haricots rouges. Le céleri-rave ne demande pas autant de soins que le céleri, mais il est utile d'enlever les petites racines et le sol qui y est rattaché lorsque les racines commencent à se développer autour de la couronne. Les racines latérales qui se développent près du dessus de la couronne peuvent rendre la chair irrégulière et grossière.

Cendres de bois — Des cendres saupoudrées autour de la base des plants de choux-fleurs et d'oignons constituent un remède populaire contre les vers. Elles sont également efficaces contre les hernies des légumes, les araignées rouges, les chrysomèles du haricot, la gale des navets et des betteraves, ainsi que pour contrer les aphidiens (pucerons) sur les pois et la laitue. Elles sont aussi utiles autour des plants qui doivent développer de longues tiges tels que le maïs.

Un pâte faite de cendres et d'eau appliquée sur les troncs d'arbres éloignera les insectes térébrants. Une poignée de cendres et de chaux diluée dans 8 litres d'eau et pulvérisée sur les feuilles des cucurbitacées contrôlera les chrysomèles du concombre.

Que sont les cendres ? La nourriture des arbres provient de l'air et du sol. Laissez sécher un morceau de bois et l'eau s'en va ; brûlez-le et les cendres restent. L'eau et les cendres proviennent du sol. Ce qui vient de l'air se transforme en brûlant en matière gazeuse. La grande quantité de carbone que contient l'arbre est absorbée par les feuilles sous forme de gaz carbonique. Le sol, pour sa part, fournit différents minéraux qui sont amenés aux arbres par la sève et qui demeurent dans leurs cendres.

Centaurée (*Centaurea cyanus*) – Bleuet — Dans une proportion de 1 pour 100, la centaurée est bénéfique à la croissance du seigle et des autres céréales. Les paysans russes avaient pour coutume de décorer la première gerbe de seigle d'une guirlande de centaurées et de la placer au pied d'une icône. Le bleuet est également un bon pourvoyeur de nectar pour les abeilles, même pendant les périodes de sécheresse.

Le bleuet approvisionne les abeilles en nectar même par les temps les plus secs. Il est utile, en proportion limitée, à la croissance du seigle.

Cerfeuil (*Anthriscus cerefolium*) — C'est l'une des rares herbes qui poussent mieux en milieu semi-ombragé. Rosette E. Clarkson mentionne que le cerfeuil profite de l'ombre créée autour de lui par des plants plus grands. Elle dit également qu'il supporte mal la transplantation. Le cerfeuil voisine bien avec les radis, dont il favorise la croissance et développe la saveur.

Cerisier (*Prunus avium*) — Le blé est étouffé par les racines des cerisiers, et les pommes de terre plantées dans leur voisinage seront moins résistantes à la flétrissure.

Champignons (*Fungi*) — Les champignons sont des plantes dépourvues de chlorophylle. Certains sont très utiles et même comestibles, d'autres sont très nuisibles.

Les champignons que nous connaissons – les comestibles, c'est-à-dire non vénéneux – ont une affinité naturelle avec les plantes des bois, des champs et des pâturages. La partie visible du champignon n'est qu'une petite partie de la plante. La plus grande partie se trouve dans le sol où elle forme un fouillis de filaments ramifiés qu'on appelle le mycélium. Le champignon lui-même est le fruit ou la partie reproductrice de la plante. Dans de bonnes conditions d'humidité et de température, il pousse très facilement.

Ma belle-sœur a un jour rapporté des morilles qui venaient de la ferme de son père. Elle les transporta dehors pour les arranger et jeta les épluchures sous un pommier. Quelque temps plus tard elle fut très surprise de constater qu'il y poussait des morilles en abondance. Les morilles continuèrent de pousser pendant plusieurs années.

Les morilles sont des champignons délicieux et faciles à reconnaître, qu'on trouve souvent dans les vergers au moment de la floraison.

Les délicieuses morilles poussent au-dessus du sol et ressemblent à des éponges. Pour cette raison, elles sont très faciles à identifier et relativement sûres pour ceux qui en font la cueillette. On les trouve souvent dans les vergers, sous les pommiers en fleurs.

La truffe est un autre type de champignon comestible qui pousse quelques centimètres sous le sol et qui reste invisible. On la trouve surtout en Espagne, en Angleterre, en Italie et en France où elle pousse sous les chênes et les marronniers. On utilise des chiens ou des porcs spécialement entraînés, qui les trouvent par l'odeur. Si vous voyez un fermier tenant un cochon en laisse, ne soyez pas étonné ; il cherche simplement des truffes, qui se vendent d'ailleurs à des prix exorbitants.

À cause de leur association avec les chênes et les marronniers, les chercheurs pensent que les truffes aident les racines des arbres à assimiler les produits chimiques contenus dans le sol. Le diamètre d'une truffe peut varier de 1 à 4 cm et elle peut avoir l'aspect d'un gland, d'une noix ou d'une pomme de terre. Les spores sont contenues dans la truffe. C'est un champignon à la saveur délicate qu'on utilise souvent comme condiment. Les truffes noires décorent très joliment une salade.

Les champignons des racines des arbres ont été observés dès 1885 par le botaniste allemand A.B. Frank. Il croyait que l'eau et les éléments nutritifs pénétraient dans les arbres par les champignons. On sait aujourd'hui que les champignons établissent le lien entre les radicelles des arbres et le sol. Les racines des arbres, en échange, fournissent aux champignons des substances essentielles pour qu'ils puissent compléter leur cycle de vie.

Certains champignons sont vénéneux, parfois mortels, et les personnes inexpérimentées ne devraient jamais en faire la cueillette dans le but de les consommer. Les amanites peuvent causer la mort en moins de six heures. Cependant, certains champignons vénéneux favorisent la croissance de plusieurs autres plantes.

Les mildious sont des champignons qui peuvent être très nuisibles et difficiles à contrôler lorsqu'ils se forment sur les plantes. Leur présence est généralement due à l'humidité. Ils s'attaquent à la vigne, à la laitue, aux tomates, aux roses, aux pois, au tabac, aux pommes de terre, aux concombres et à plusieurs fruits et légumes en formant une poudre blanche ou grise sur la surface de leurs feuilles. J'ai remarqué qu'il était possible de contrôler partiellement ces champignons avec du soufre en poudre. Le meilleur remède est cependant un bon ensoleillement et une bonne circulation d'air.

Le charbon est une maladie propagée par certains types de champignons. Il s'attaque aux céréales comme le blé, l'orge, le seigle, le maïs et l'avoine. Lorsqu'il apparaît, il se forme un gros sac ou une tumeur parmi les grains des épis de maïs. Le sac contient une grande quantité de spores noires.

Le charbon agit différemment selon la plante hôte. Le mycélium, qui croit parmi les cellules de la plante, entraîne un gonflement. Les spores se développent à l'intérieur et sont projetées dans l'air lorsque le gonflement éclate. Contrairement aux spores des autres champignons qui s'attachent aux grains, les spores du charbon survivent dans le sol tout l'hiver. Il est donc très difficile à éradiquer. Au printemps, de nouvelles espèces de spores renaissent et réinfectent les plants. Le traitement des semences est rarement efficace contre cette maladie. La meilleure solution est la rotation des cultures et le développement de variétés plus résistantes au charbon.

Chanvre cultivé (*Cannabis sativa*) — En Hollande, au XVIIIe siècle, il n'était pas rare de voir des bordures de chanvre autour des champs de choux pour protéger ces derniers contre les papillons blancs du chou. Le chanvre a un effet protecteur sur la croissance des plantes à cause de la substance qu'il dégage et qui nuit à la croissance de certains micro-organismes pathogènes. Il n'est plus permis aujourd'hui de faire pousser le chanvre ou marijuana.

D'après des renseignements obtenus des Amérindiens, il semble que ceux-ci aient cultivé cette plante pendant plusieurs siècles en Amérique.

Chardon (*Circium*) — Tous les chardons sont riches en potassium. Leurs feuilles piquantes les rendent cependant impopulaires dans les pâturages et certaines espèces volent la nourriture et l'humidité des graminées. Pour éliminer les chardons, il faut les couper après que les fleurs soient ouvertes, sinon il en poussera d'autres par la racine. En coupant les fleurs après la pollinisation, la plante perdra sa sève et mourra.

Chêne (*Quercus*) — Pendant leur croissance, les chênes accumulent une grande quantité de calcium dans leur écorce et, phénomène curieux, les cendres des chênes contiennent plus de calcium que le sol dans lequel ils ont poussé.

Un paillis de feuilles de chêne protégera les radis et les navets contre les vers tout en éloignant les limaces, les chenilles et les larves des insectes mangeurs de feuilles qui sont présents dans les jardins à la fin du printemps. Il y a cependant des jardiniers pour penser que ces feuilles peuvent avoir un effet négatif sur certains légumes et qu'elles devraient être compostées avant d'être répandues sur le jardin.

En Allemagne, on a longtemps combattu les insectes de serre, comme les fourmis, les pucerons et les mites, avec de la fumée de feuilles de chêne. La fumée n'étant pas toxique, elle ne détruira pas les bactéries contenues dans le sol et ne laissera pas de résidus nocifs.

La guêpe trichogramme, dont la larve se nourrit des œufs de lépidoptères, aide les chênes à rester verts en contrôlant les spongieuses. Le bacille thuringiensis aura raison des chenilles sur les arbres.

Chénopode blanc (*Chenopodium album*) — Cette plante, communément appelée chou gras, est une plante annuelle très résistante qui produit une quantité phénoménale de graines qui peuvent végéter dans le sol pendant des décennies. Elle compte parmi les plantes qui suivent les traces de l'homme et de l'agriculture, car elle préfère les sols bien engraissés.

Le chénopode blanc est stimulé par la proximité des pommes de terre et peut être planté en quantité limitée, particulièrement avec le maïs. Il aide également les concombres, les melons, les citrouilles et les pastèques. Il donne de la vigueur aux zinnias, aux soucis, aux œillets d'Inde, aux pivoines et aux pensées.

Cette plante, qui ressemble à l'épinard, est aussi comestible. Les jeunes pousses peuvent être coupées et mangées comme des asperges. Comparé à l'épinard, le chénopode est plus riche en vitamines A et C et moins riche en potassium et en fer. Il est tout de même une bonne source de ces minéraux et est exceptionnellement riche en calcium.

Le chénopode est une plante rustique que tous devraient connaître. On la retrouve partout et les plantes sont prêtes à être mangées de la fin du printemps jusqu'aux premières gelées. On le trouve même dans les Andes à des altitudes de plus de 3 500 m. Pour cette raison, il est devenu dans ces contrées un très bon substitut du seigle et de l'orge, qui ne survivent pas à de telles altitudes.

Chiendent (*Agropyron repens*) — L'apparition du chiendent indique la formation d'une croûte ou d'un sol très compact. Étouffez-le en semant du millet, des fèves de soja ou des pois lorsque le temps est chaud et sec et que le sol est bien cultivé. Deux cultures successives de seigle auront le même effet.

Une forte concentration de sel (saumure) détruira le chiendent si elle est appliquée sur de l'herbe fraîchement coupée lorsque le temps est sec et chaud. La sécheresse fera flétrir les racines si elles sont amenées à la surface. On peut l'arracher à la main lorsqu'il n'y a que quelques plants.

Comme la plupart des plantes, le chiendent n'est pas exclusivement mauvais. Il sert de pâture aux animaux et, à cause de sa vigueur, il fait un bon couvre-sol pour les ravins, les talus, en bordure des routes et aux autres endroits où la plupart des plantes ont du mal à survivre. Même s'il est difficile de s'en débarrasser, il prépare le sol à de meilleures cultures. Curieusement, c'est au blé qu'il ressemble le plus.

Chlorophylle — Une équipe de chercheurs de l'université de Duke s'est intéressée aux raisons pour lesquelles certaines plantes cherchent la lumière, d'autres l'ombre, d'autres les climats chauds, et d'autres les climats plus froids. Cette recherche a été faite en calculant la quantité exacte de deux pigments à des températures variées : la chlorophylle *a* et la chlorophylle *b*. Ces pigments sont responsables de la capacité du chloroplaste à capter la lumière. La température semble affecter les proportions relatives des deux pigments. Ces proportions affectent à leur tour la quantité et la composition des unités de photosynthèse et, par conséquent, influencent la capacité de la plante à capter la lumière du soleil pour la transformer en sucs.

Cette découverte a une grande importance, car elle permettra sans doute un jour de façonner un environnement spécifique propre à améliorer la photosynthèse des cultures les plus utiles à l'alimentation. De nouvelles espèces pouvant pousser dans des climats chauds ou froids pourront également être développées.

Chou *(Brassicaceae)* — La famille des choux comprend les choux-fleurs, les choux frisés, les choux-raves, les choux verts et les choux de Bruxelles, ainsi que les rutabagas et les navets. Même si chacune des plantes de ce groupe a été développée d'une façon spécifique, elles sont toutes sujettes aux mêmes sympathies ou antipathies, aux mêmes insectes et maladies.

L'hysope, le thym, l'absinthe et l'armoise éloignent le papillon blanc du chou.

Les carottes poussent bien avec les tomates, de même qu'avec la laitue en feuilles, la ciboulette, les oignons, les radis, le romarin et la sauge. Les autres alliés des tomates sont la ciboulette, les oignons, le persil, les asperges, les soucis et les capucines. Les tomates n'aiment pas la compagnie des pommes de terre, des choux-raves, du fenouil et des choux.

En général, les papillons ne sont pas nuisibles et contribuent même à la pollinisation des plantes. Ce sont leurs chenilles qui font du tort aux vergers et aux cultures. Le papillon blanc du chou (piéride) est sans doute le plus destructeur d'entre eux. Certaines herbes le tiendront éloigné : la menthe poivrée, le romarin, la sauge, le thym et l'armoise.

Tous les membres de la famille du chou profitent de la proximité des plantes aromatiques et des plantes qui produisent beaucoup de fleurs, comme le céleri, l'aneth, la camomille, la sauge, la menthe poivrée, le romarin, les oignons et les pommes de terre.

Les choux détestent les fraises, les tomates et les haricots grimpants. Tous les membres de la famille des choux sont gourmands et exigent un sol bien nourri avec une grande quantité de compost ou de fumier de vache bien décomposé. Un paillis pourra être utile si le sol a tendance à sécher lorsqu'il fait chaud. On arrosera la terre si nécessaire.

Les choux et les choux-fleurs sont sujets aux hernies. Si cela se produit, transplantez-les dans un autre coin du jardin. Creusez un trou de 30 cm et ajoutez un engrais bien décomposé au sol. Faites la rotation des cultures tous les deux ans.

Si les plants de choux et de brocolis ne poussent pas bien, c'est signe que le sol manque de chaux, de phosphore et de potassium. Un carence en bore peut faire mourir le cœur des choux.

Chou chinois (*Brassica chinensis*) — Ce légume pousse très facilement et gagnerait à être mieux connu. Il constitue l'une des plus vieilles cultures en Chine. Je fais pousser les deux types : celui qui a une tête longue et élancée et l'énorme chou de Savoie qui donne une tête ronde. J'ai découvert que le chou chinois pousse très bien lorsqu'il est planté à des intervalles de 60 cm en alternance avec des choux de Bruxelles ou des choux-fleurs.

Le chou chinois compte peu d'ennemis parmi les insectes, mais il ne doit pas être planté près du maïs, car les pyrales du maïs l'infesteraient.

Le chou chinois est bon pour les jardins d'automne et se comporte bien lorsqu'il est planté en alternance avec des choux de Bruxelles.

Chou-fleur (*Brassicaceae*) — La piéride du chou (*Pieris rapea*) restera éloignée si le chou-fleur est planté avec le céleri. Le chou-fleur n'aime pas les tomates et les fraises. Une substance extraite des graines de chou-fleur rendra inactive la bactérie qui cause la pourriture noire.

Chou frisé (*Brassica oleracea acephala*) — Cette culture s'accommode bien du froid et traversera la plupart des hivers si on lui accorde un minimum de protection.

Le chou frisé voisine bien dans un même rang avec le chou tardif ou les pommes de terre. S'il est planté tardivement après les haricots et les pois, il continuera à pousser jusqu'aux grandes gelées. Un peu de gel ne lui fait pas de mal et peut même améliorer sa saveur.

Chou-navet (*Brassica napus*) – Rutabaga — Le chou-navet est une plante annuelle cultivée pour ses feuilles, et bien sûr sa racine. On l'utilise à l'occasion pour nourrir les animaux. À cause de ses longues racines, il ameublit la terre et lui permet de mieux se drainer, la laissant ainsi plus friable et prête pour des cultures plus utiles. Il aide à régénérer les sols endommagés par une surabondance de fertilisants minéraux.
Le délicieux chou-navet pousse bien dans des lieux froids et humides. Il résiste bien au froid ; on le plante en automne dans le sud et en été plus au nord.
Ne plantez pas les choux-navets près d'un sisymbre officinal (roquette ou vélar) ou de la moutarde des champs, car ils nuiront tous deux à sa croissance.

Chou-rave (*Brassicaceae*) — Le chou-rave profite de la compagnie des oignons, des betteraves, des plantes aromatiques et des concombres, car ils n'occupent pas la même couche de terre. Il déteste les fraises, les tomates et les haricots grimpants, mais il protège les membres de la famille de la moutarde.
Cette plante demande beaucoup d'eau et de compost. Elle pousse mieux sous un soleil filtré.

Chou-vert (*Brassica oleracea*) — Une université américaine a démontré que les choux-verts profitaient du voisinage des tomates, qui éloignent la puce, leur principal ennemi.
Les choux-verts poussent abondamment dans toutes les régions et ils sont plus nourrissants que les autres choux. Leur saveur est améliorée par le gel.

Chromatographie — Cette technique de laboratoire fort utile consiste à séparer les constituants d'un mélange dans un tube en verre rempli de matières absorbantes comme l'alumine, le silice et la cellulose.
La première substance à être analysée est versée en solution sur les matières absorbantes qui forment une colonne dans le tube. Les composants de l'échantillon sont absorbés près du sommet de la colonne.
Le chimiste ajoute ensuite un solvant pour nettoyer la colonne des composants laissés par l'échantillon. Il doit choisir un solvant qui affecte la substance analysée sans affecter les matières qui forment la colonne. Les composants descendent à travers la colonne à des vitesses différentes pour finalement se séparer en zones ou en bandes distinctes. Après cette étape, il est possible d'identifier et de mesurer la quantité de chaque composant. Si les composants sont colorés, ils apparaîtront en bandes de couleur.
La chromatographie a été utilisée pour comprendre pourquoi les concombres aiment les haricots et pourquoi les haricots détestent le fenouil. On tira des extraits de ces plantes et on fit un chromatogramme

de chacun, individuellement, puis sur des mélanges. Les haricots, les concombres et le fenouil ont donné individuellement un chromatogramme détaillé tant par la forme que par la couleur. L'analyse du mélange concombres-haricots a donné un chromatogramme mettant en valeur tous les bons éléments de chacun d'eux. La forme particulière du chromatogramme des haricots était toujours présente, mais ses caractéristiques étaient intensifiées. L'analyse du mélange haricots-fenouil a donné un chromatogramme très flou.

Le Dr Ehrenfried E. Pfeiffer, qui a mis au point la méthode sensitive de cristallisation, a effectué des analyses semblables sur plusieurs substances différentes incluant les fertilisants chimiques et les composts. Les chromatogrammes tirés des fertilisants chimiques étaient ternes, tandis que ceux faits à partir des composts étaient très colorés. Est-ce attribuable aux micro-organismes vivant dans le compost ? Cela semble logique.

Il est ainsi possible de faire un chromatogramme spécifique afin de déterminer pourquoi une plante profite ou souffre du voisinage d'une plante d'espèce différente.

Ciboulette (*Allium schoenoprasum*) — La ciboulette est une bonne voisine pour les carottes, dont elle favorise la croissance et le développement de la saveur. Plantée dans les vergers, elle les protégera de la gale. En infusion, elle peut protéger les concombres et les groseilles contre le mildiou.

Cinéraire (*Cineraria*) — Plantez la cinéraire autour des fleurs coûteuses pour en éloigner les lapins et les autres animaux. Il semble que la variété *candidissima* soit la plus efficace et la plus jolie.

Cire — L'évapotranspiration ferait mourir de nombreuses plantes si elles n'avaient pas une surface imperméable. Cette imperméabilité est obtenue grâce à la cire produite à l'intérieur des feuilles et qui s'étend sur toute leur surface pour former une couche protectrice, parfois luisante. La cire ne ferme pas tous les pores et permet l'échange d'air et de gaz. La poussière peut cependant boucher ces pores. C'est pourquoi il est important de nettoyer les plantes d'intérieur.

Selon les plantes, cette couche de cire sert à différents usages. Elle peut protéger la plante chimiquement contre certains types de champignons, mais encourager la croissance d'autres types. Elle peut aussi faire glisser les sporanges avant qu'ils aient pu prendre prise – une autre bonne raison pour nettoyer les plantes d'intérieur. La cire de certaines feuilles dégage des odeurs et des saveurs caractéristiques.

Une étude menée par la station expérimentale d'agriculture du Connecticut sur la famille des choux démontre qu'une trentaine de composants forme la cire qui rend leurs feuilles si brillantes et si imperméables. Les recherches se font maintenant sur la formation de la cire.

Climat — Comme le climat varie beaucoup à travers le monde, il faut toujours tenir compte du climat local lorsqu'on planifie un jardin. La température maximale de l'été et la température minimale de l'hiver doivent être prises en considération, de même que les précipitations annuelles. Pour obtenir de bons résultats, concentrez-vous d'abord sur les plantes recommandées pour votre région. Elles constitueront la base de votre jardin. Ensuite, vous pourrez vous amuser à expérimenter chaque année quelques nouvelles plantes qui conviennent à des climats plus chauds ou plus froids. En les abritant ou en créant un micro-climat, vous pourrez réussir. Des éléments propres à votre terrain, comme un étang ou une pièce d'eau, vous permettront peut-être de cultiver des plantes que votre voisin ne réussit pas à faire pousser. Des paillis gardant la terre froide pourront être utiles à certaines plantes. L'humus permet d'améliorer le sol et rend possible la croissance de certains légumes ou plantes qui, jusque-là, ne poussaient pas bien. Une protection contre l'hiver aidera au nord, tandis que la création d'endroits ombragés et de brise-vent sera bénéfique au sud.

Coccinelle — Ces mangeuses de pucerons peuvent être introduites par l'homme dans un jardin. Dans les petits jardins le problème est de les garder. S'il y a réellement un besoin et si elles trouvent de la nourriture, elles resteront.

La façon de les disséminer fait toute la différence. Ne jetez pas les coccinelles comme des graines, mais placez-les plutôt autour de la base des plants infestés. Leur instinct naturel les fera grimper à l'endroit le plus proche en quête de nourriture. Manipulez-les délicatement, car les mouvements brusques – surtout lors des journées chaudes – les inciteraient à s'envoler. Il est préférable de les disséminer tôt le matin ou tard le soir.

Le chénopode ou chou gras, qui est parfois l'hôte des mangeurs de feuilles, pourra aussi accueillir des coccinelles. Les coccinelles nouvellement placées sur une plante (chou chinois ou autre) doivent trouver des aphidiens en quantité suffisante pour rester en place et se reproduire. Une coccinelle femelle peut engendrer de 200 à 1 000 descendants.

Au printemps, vous verrez sous les feuilles les œufs des coccinelles près de leur future nourriture, les aphidiens. Ces œufs sont généralement de couleur jaune ou orangée, en grappes de 5 à 50. La larve affecte la forme d'un alligator ; elle est de couleur bleu nuit avec des points orangés.

Coccinelle noire — Ces petits cousins noirs de la coccinelle sont utiles contre les pucerons des arbres fruitiers. Ces coccinelles consomment en moyenne 11 pucerons (larves ou insectes adultes) à l'heure.

Colchique d'automne (*Colchicum automnale*) — Cette plante, qu'on appelle aussi crocus d'automne, fleurit à l'automne, même si ses bulbes toxiques sont déterrés. Le colchicum qu'on extrait des bulbes est employé en pharmacie pour traiter la goutte. Il est également employé pour doubler le nombre de chromosomes des plantes.

Compost — Le compost se compose de matières organiques décomposées qui ont reçu assez de chaleur pour détruire les graines des mauvaises herbes. Des préparations végétales peuvent être utilisées pour accélérer et influencer le processus de fermentation, même en petites quantités. Lorsque les conditions le permettent, les vers de terre entrent dans le tas de compost et assistent les micro-organismes dans le processus de décomposition.

Certaines plantes, comme l'ortie, peuvent être utilisées pour accélérer ou favoriser la fermentation des tas de compost ou d'engrais. C'est une plante qui régénère le sol et, comme la consoude, ses proportions d'azote et de carbone sont similaires à celles des engrais de basse-cour. Les orties contiennent également du fer.

Les plantes contenant des minéraux et pouvant être ajoutées au compost sont : le pissenlit, qui tire 2 à 3 fois plus de fer du sol que les autres plantes ; l'oseille, qui capte le phosphore ; la chicorée, la potentille et la renoncule bulbeuse, qui accumulent le potassium. La prêle des marais ainsi que le plantain et la vesce détiennent la plus grande capacité à capter le cobalt. Les chardons contiennent un peu de cuivre.

Le compost est le meilleur fertilisant pour les plantes aromatiques et les légumes du jardin. Il est particulièrement efficace si les mauvaises herbes ont été mises dans le tas au lieu d'être détruites. Compostez toutes les mauvaises herbes du jardin et les déchets ménagers, particulièrement si vous utilisez beaucoup de fines herbes pour faire la cuisine.

Toutes les matières organiques peuvent être ajoutées au compost, mais les résidus ligneux se décomposeront plus rapidement s'ils sont d'abord écrasés, hachés et mélangés à de l'herbe coupée. Les feuilles mortes font un bon compost, mais comme elles ont tendance à se tasser, on devrait les mélanger à autre chose, car un compost trop tassé forme une masse compacte qui manque d'oxygène et devient vite sur et graisseux.

Lorsqu'on prépare un tas de compost, il est important de creuser la terre pour que les vers puissent y pénétrer rapidement. Mélangez du gazon au compost. Faites un tas d'environ 2 m de haut avec des côtés droits et un dessus légèrement concave. Le tas doit rester humide et pouvoir se réchauffer pour que les graines des mauvaises herbes soient détruites. Plus vite il réchauffera, plus vite le tas pourra être retourné et empilé à nouveau.

La térébenthine qui tombe des aiguilles des conifères risque de retarder la fermentation. Au contraire, les bouleaux situés à proximité la favoriseront, même si leurs racines pénètrent dans le tas de compost. Il est quand même préférable de laisser un espace d'au moins 2 m entre le tas de compost et les arbres.

Concombre (*Cucumis sativus*) — Les concombres font d'excellents voisins pour le maïs. Le maïs, quant à lui, semble protéger le concombre contre le virus de la flétrissure. De fines languettes de concombres éloigneront les fourmis.

Les concombres aiment également la compagnie des haricots, des pois, des radis et des tournesols. Comme ils préfèrent l'ombre, ils pousseront bien dans les jeunes vergers. Semez 2 ou 3 graines de radis à la base des plants de concombres pour éloigner la chrysomèle du concombre. Ne récoltez pas les radis, mais laissez-les pousser, fleurir et même monter en graine. Les chrysomèles peuvent être piégées en mettant un bol rempli aux trois quarts d'eau additionnée d'un peu d'huile.

Si les concombres sont attaqués par des nématodes, pulvérisez-les avec de l'eau sucrée. Je fais bouillir une demi-tasse de sucre dans 2 tasses d'eau en remuant jusqu'à dissolution complète. Laisser refroidir et diluer dans 8 litres d'eau. Aussi étrange que cela puisse paraître, le sucre tue les nématodes en les asséchant. Ce mélange attirera également les abeilles, assurant ainsi la pollinisation et une magnifique récolte. Cette technique est utile même s'il n'y a pas de nématodes.

Les champignons sont aussi des ennemis des nématodes. Si vous suspectez leur présence, engraissez le sol. En pulvérisant une solution à base de ciboulette ou de prêle des champs, on évitera le mildiou duveteux sur les concombres (voir **Prêle des champs**).

Les concombres détestent les pommes de terre, et les pommes de terre qui poussent près des concombres sont plus vulnérables aux pucerons. Il faut donc garder ces deux cultures éloignées l'une de l'autre. Les concombres n'aiment pas non plus les herbes aromatiques.

Les chercheurs William Duke et Alan Putnam du Michigan ont découvert que certaines variétés de concombres combattaient les mauvaises herbes en dégageant une substance toxique. Ce procédé naturel d'allélopathie est, semble-t-il, un trait génétique.

Des essais ont été faits pour inoculer à des cultures commerciales cette résistance aux mauvaises herbes, tout comme on l'a fait pour la résistance aux insectes et aux maladies. On cherche aujourd'hui à isoler les gènes qui produisent cette substance répulsive aux mauvaises herbes.

Conifère — La térébenthine qui tombe des aiguilles des conifères retarde, on l'a vu, le processus de fermentation du tas de compost. Des oignons plantés en alternance avec les conifères empêcheront les dommages causés par les écureuils qui mangent les bourgeons des pins blancs et rouges. Les oignons d'Égypte sont les plus efficaces.

Les aiguilles de pin font un excellent paillis et augmentent la force des tiges, la saveur et la productivité des fraisiers. En général, les conifères ont un mauvais effet sur la croissance du blé, puisque la pluie en fait tomber une substance qui freine la germination des graines.

Des oignons plantés près des pins et des autres arbres limiteront les dommages causés par les écureuils.

Consoude (Grande) (*Symphytum officinale*) — La grande consoude est riche en calcium, en potassium, en phosphore et en vitamines A et C. Une ancienne croyance prétendait qu'une préparation à base de consoude ingérée ou appliquée comme cataplasme pouvait accélérer la guérison des fractures osseuses.

Il est possible que les éléments nutritifs contenus dans la grande consoude accélèrent le processus de guérison, surtout depuis que l'on sait que cette herbe contient de l'*allantoïne,* une substance qui raffermit les parois des organes creux.

Les toutes premières feuilles cueillies au printemps sont comestibles. Les feuilles de la grande consoude sont idéales pour les tas de compost, puisqu'elles ont une proportion de carbone et d'azote semblable à celle des engrais de basse-cour.

Coréopsis (*Coreopsis*) — Au sein d'une plate-bande, les coréopsis sont utiles pour éloigner les insectes des plantes avoisinantes. C'est aussi une belle plante annuelle de la famille des Composées, dont les fleurs jaunes, rouges ou marron poussent sur de longues tiges minces. Les fleurs de coréopsis ressemblent aux marguerites, avec plusieurs couches de pétales.

Coriandre (*Coriandrum sativum*) — La coriandre a la réputation d'éloigner les aphidiens (pucerons) et d'être immunisée contre eux. Elle favorise la germination de l'anis, mais gêne celle du fenouil. Lorsqu'elle est en fleurs, la coriandre attire les abeilles.

Certains trouvent désagréable l'odeur des feuilles et des graines fraîches de coriandre. Lorsque les grains sont mûrs, ils dégagent toutefois un parfum agréable qui s'intensifie en séchant. Les graines, enrobées de sucre, sont savoureuses utilisées sur les pains et pour aromatiser les viandes.

Comparée au persil, la coriandre contient quatre fois plus de carotène, trois fois plus de calcium, plus de protéines, de minéraux, de riboflavine, de vitamine C et de niacine. L'huile de coriandre est utilisée en médecine pour soigner les nausées.

Courge (*Cucurbitaceae*) — Deux ou trois plants de radis à la base des plants de courge ou de concombre éloigneront les insectes. Laissez-les pousser et monter en graine. Les capucines éloigneront les punaises de la courge, de même que les cendres de tabac si elles sont placées avec les graines lors des semences. En semant les courges plus tôt que d'habitude, on évitera souvent les dommages causés par les insectes.

Tôt dans la journée, avant que le soleil frappe fort, les punaises sont paresseuses et peuvent être enlevées à la main. Il y a également des hybrides de courges qui résistent aux insectes (voir **Légumes résistant aux insectes**). Voir **Potiron**.

Crapaud (*Bufo*) — Les crapauds et les grenouilles mangent beaucoup d'insectes. Un seul crapaud peut manger jusqu'à 10 000 insectes en trois mois, dont des noctuelles. Les crapauds mangent aussi d'autres insectes, comme les criquets, les asticots, les scarabées du rosier, les chrysomèles du rosier, les chenilles, les fourmis, les punaises de la courge, les cloportes, les doryphores de la pomme de terre, les moustiques, les mouches et les limaces.

Les crapauds ne causent pas de verrues et ne sont pas vénéneux pour l'homme, comme certains le croient, même s'ils exsudent une bave désagréable pour leurs ennemis. Si vous voulez quelques crapauds pour votre jardin, cherchez-en au bord des étangs et des marais au printemps. Lorsque vous les aurez capturés, ils auront besoin d'une cachette et d'un point d'eau. Un pot de fleurs renversé muni d'une petite ouverture sur le côté et légèrement enfoncé dans le sol à un endroit ombragé leur servira de maison. Ils auront besoin d'un plat peu profond rempli d'eau et, si le terrain n'est pas clôturé, d'une protection contre les chiens ou les autres animaux.

Cultures mêlées — C'est l'essence même du principe de voisinage des plantes, qui consiste à cultiver plusieurs espèces de légumes dans le même espace ou le même rang. Cette technique n'est d'ailleurs pas réservée aux seuls légumes. Les herbes et les fleurs peuvent aussi se côtoyer avec bonheur.

Si votre jardin est petit et que vous ne voulez pas avoir d'espaces libres entre vos rangs de pois et de haricots, alternez-y des brocolis, des choux de Bruxelles, des choux, des choux-fleurs et même des radis ou des carottes. Lorsque les pois et les haricots auront été récoltés, les légumes à croissance plus lente auront tout l'espace nécessaire pour se développer, et vous pourrez marcher entre les rangs. Cela peut sembler un peu compliqué, mais lorsqu'on a peu d'espace et que la saison est courte, c'est la meilleure chose à faire. Pour réussir, vous devrez quand même veiller à fertiliser le sol.

J'aime bien avoir ce que j'appelle "des cultures flottantes" en plantant dans mon jardin des légumes à croissance rapide comme la laitue, les radis, les épinards, le céleri, le chou, la bette à carde et autres feuillus. En décalant leur culture, j'ai des légumes frais pendant toute la saison.

Les plantes qui s'aident mutuellement sont placées ensemble le plus souvent possible, dans le même rang (comme les œillets d'Inde et les haricots) ou dans des rangs voisins. La laitue et les oignons font bon voisinage et je plante une nouvelle laitue chaque fois que je récolte un oignon. Je plante les oignons en rangs serrés et je les récolte en éclaircissant le rang pour que certains atteignent la maturité en vue d'être séchés.

Certains légumes sont assez jolis pour être intégrés à une plate-bande. Du persil planté entre des bulbes mettra les fleurs en valeur. Les tomates peuvent pousser avec les rosiers tout en les protégeant contre la noircissure. Plusieurs plantes grimpantes, comme les courges, les concombres et les citrouilles, poussent bien avec le maïs, lequel, pour sa part, protège les plantes grimpantes contre le pourrissement des racines. Plusieurs cultures hâtives pousseront bien dans un sol laissé libre par des épinards, qui sont riches en saponine. Les épinards hâtifs peuvent être cultivés en alternance avec des fraises.

La ciboulette est une autre jolie plante (voir **Ciboulette**) qui deviendra chaque année plus grosse dans une roseraie et qui donnera à la fin du printemps des fleurs couleur lavande.

Certains hybrides de légumes sont spécialement conçus pour être plantés avec des fleurs. Les fleurs du chou frisé, magnifiques dans des coloris de rouge, de blanc et de vert, n'enlèvent rien à la saveur du légume. Plantez-les avec de la menthe, du thym, du romarin, de la sauge ou de l'hysope.

Prenez soin de ne pas planter ensemble une plante qui a besoin de soleil et une plante plus grande qui lui ferait de l'ombre, ni deux plantes qui demandent beaucoup d'eau.

Suivez ces règles de base :

- les asperges avec les tomates ;
- les haricots avec les carottes ou la sarriette ;
- les betteraves avec les oignons ou les choux-raves ;
- les membres de la famille des choux avec les herbes aromatiques ;
- les pommes de terre, céleris ou poireaux avec les oignons ;
- les céleris, carottes ou navets avec les pois.

Et n'oubliez pas les mauvais voisins :

- ne plantez pas des haricots avec des oignons, de l'ail ou des glaïeuls ;
- ni des betteraves avec des haricots grimpants ;
- ni des membres de la famille des choux avec des fraises, des tomates ou des haricots grimpants ;
- ni des pommes de terre avec des citrouilles, courges, concombres, tournesols, tomates ou framboises.

Culture sur deux saisons — Là où la saison de jardinage est longue, on peut profiter de deux saisons : le printemps et l'automne. En fin d'été, on fera pousser des choux-fleurs, des brocolis, des choux de Bruxelles, des choux, des laitues, des radis et des pois anglais, qui sont pratiquement exempts d'insectes. Certains légumes à croissance lente n'ont pas intérêt à être plantés au printemps, à cause de la trop grande chaleur de la mi-été.

Dans certains endroits, on plante les courges tôt pour éviter les insectes perceurs, qui déposent leurs œufs en juillet.

On peut éviter les vers des radis et des choux en choisissant bien le moment de la mise en terre.

Observez à quel moment chaque type de culture est le plus infesté d'insectes et, l'année suivante, plantez-le plus tôt ou plus tard que l'année précédente.

Cultures (optimisation des) — Pour optimiser les cultures, plantez des plantes à croissance rapide aux endroits réservés à des plantes plus tardives, comme les tomates ou les membres de la famille des choux. En attendant, plantez des radis, de la laitue ou des épinards.

Cultures (rotation des) ou assolement — Cette technique permet d'optimiser le rendement du compost ou du fertilisant. Les plantes gourmandes, comme les brocolis, les choux de Bruxelles, les choux, les choux-fleurs, les céleris-raves, les céleris, les bettes, les concombres, les endives, les choux-raves, les poireaux, les laitues, les épinards, les courges, le maïs sucré et les tomates devraient être plantés dans des sols nouvellement fertilisés avec des engrais parfaitement décomposés.

Faites suivre ces plantes gourmandes par des plantes moins exigeantes, comme les betteraves, les carottes, les radis, les rutabagas et les navets, qui se contentent de poudre de roche et de compost.

Le troisième groupe à être planté, les Légumineuses, comprend les fèves, les haricots nains et grimpants, les pois et les fèves de soja. Ce sont des plantes qui fixent l'azote de l'air et qui la restituent au sol par leurs racines.

Culture sur deux niveaux — Les légumes dont les racines occupent des couches de sol différentes font souvent de bons voisins.

Citons, par exemple :

- les asperges avec le persil ;
- les tomates ou les betteraves avec le chou-rave ;
- les betteraves avec les oignons ;
- les poireaux avec les haricots grimpants ;
- l'ail avec les tomates ;
- les carottes avec les pois ;
- et les fraises avec les haricots nains.

Plusieurs combinaisons de ce genre sont possibles et permettent de doubler la production d'un petit jardin tout en améliorant la santé et la saveur des légumes.

Ne plantez pas ensemble des plantes qui devront partager la même strate de sol ou la même lumière, comme les tournesols et les haricots grimpants, ni des plantes dont l'exsudation des racines les amènerait à se nuire mutuellement, comme les carottes et le fenouil.

D

Datura *(Datura stramonium)* — Bien que toutes les parties de la plante soient toxiques, elle reste quand même utile en médecine. Elle est particulièrement utile aux citrouilles et elle protège également les plantes contre les scarabées. La fumée des feuilles de datura séchées calme les abeilles lorsque la ruche doit être ouverte, mais il faut l'utiliser parcimonieusement. Originaire des régions tropicales, cette plante se rencontre rarement en Europe où, dès l'Antiquité, elle avait la réputation d'être mortelle.

Même si la plante est toxique, le datura est bénéfique aux citrouilles.

Diatomées (poudre de) — On fabrique un traitement efficace contre les insectes à partir d'algues fossiles unicellulaires appelées diatomées, qui existaient dans les océans et dont les coques microscopiques se trouvent dans des fonds marins pouvant atteindre plus de 350 m de profondeur.

Ces dépôts contiennent des aiguilles microscopiques de silice qui percent le corps des insectes, lesquels ne peuvent alors plus conserver l'humidité qui leur est nécessaire. Les insectes meurent alors par déshydratation. Ces aiguilles sont si fines qu'elles ne nuisent pas aux humains ni aux animaux. Alors que les insectes qui les mangent voient leurs systèmes respiratoire, digestif et reproducteur détériorés.

Ces dépôts ne blessent pas les vers de terre, car l'anatomie de ces derniers est complètement différente de celle des insectes. Le ver de terre a un système digestif unique qui lui permet de se mouvoir dans un sol traité à la poudre de diatomées sans se blesser.

Certains jardiniers utilisent ce traitement pour se débarrasser des punaises, thrips, teignes, perce-oreilles, blattes, limaces, moustiques adultes, escargots, nématodes, toutes les sortes de mouches, les vers de l'épi de maïs, le sphynx de la tomate et plusieurs autres insectes. Pour les champs et les vergers, il est préférable d'appliquer le traitement avec un chargeur électrostatique qui donnera une charge négative aux particules, les faisant ainsi adhérer à la surface des plantes.

Digitale pourpre (*Digitalis purpurea*) — Un médicament très puissant est extrait des feuilles séchées de la digitale pourpre, une des plus belles fleurs de jardin. La *digitaline* extraite de cette plante est utile pour le traitement de plusieurs maladies comme les névralgies, l'asthme et les palpitations cardiaques. Elle est aussi un stimulant cardiaque.

Le médecin britannique William Withering a introduit en 1785 les traitements à la digitaline pour certaines maladies cardiaques. On attribue l'origine de sa découverte à une sorcière qui connaissait sans doute mieux les effets de la digitaline que le médecin anglais. L'effet du médicament est cumulatif et il ne doit jamais être pris sans l'ordonnance d'un médecin (voir le chapitre "Plantes toxiques").

Certaines personnes plantent des fèves de soja et du maïs pour attirer les chevreuils ; d'autres plantent des graines de ricin ou de digitale pour les éloigner. Une clôture efficace devrait avoir au moins deux mètres de hauteur.

La digitale ne fait pas que stimuler le cœur humain, elle aide aussi les plantes de son entourage, particulièrement les pins. Une infusion de digitale empêchera les fleurs coupées de faner prématurément.

Dionée attrape-mouche (*Dionaea muscipula*) — Cette plante carnivore qui attrape sa nourriture elle-même peut être plantée à l'intérieur ou à l'extérieur dans un sol très humide. Les plantes, qui se développent en 3 ou 4 semaines, piègent les insectes avec l'extrémité de leurs feuilles divisées en deux qui se replient l'une sur l'autre. Les insectes ainsi capturés sont ensuite digérés par la plante. Lorsqu'une feuille a capturé plusieurs insectes, elle se dessèche et meurt pour laisser la place à une nouvelle feuille. La dionée attrape-mouche pousse dans des sols marécageux et pauvres en azote, car les insectes fournissent l'azote nécessaire au régime de la plante.

E

Échalote (*Allium ascalonicum*) — Les échalotes, d'une saveur plus délicate que les oignons, se multiplient en plantant les caïeux ou gousses qui proviennent du bulbe. Elles peuvent être plantées avec presque tous les légumes du jardin, mais – comme les oignons et l'ail – on ne doit jamais les planter près des fèves ou des pois.

Églantier (*Rosa canina*) — Ce rosier sauvage, qu'on appelle églantier et aussi rosier de chien est si connu qu'il mérite d'être traité individuellement. Plantés en bosquets, ils forment un magnifique écran contre le vent et les animaux. Ce rosier fleurit à profusion et ses baies (cynorhodons) sont plus riches en vitamine C que des oranges. Les cynorhodons, aussi appelés gratte-cul, servent à la préparation d'infusions, de confitures, de soupes et autres mets… et du poil à gratter.

L'églantier, souvent planté en haie, produit des cynorhodons riches en éléments nutritifs. Il pousse bien avec le pourpier, le persil et le réséda odorant ; il sera protégé des chrysomèles du rosier par la proximité de membres de la famille des oignons. Tenir éloigné du buis.

Engrais vert — Les matières végétales formant des engrais verts constituent un apport important pour le sol. Une expérience faite à Hawaii a révélé que le mélange de matières végétales vertes et fraîches au sol a permis d'accroître considérablement le nombre de vers inoffensifs. Cela a conduit au développement naturel de champignons prédateurs de vers dommageables et de nématodes.

Les engrais verts sont généralement obtenus en semant des graines de qualité inférieure qui ont pour fonction de protéger le sol contre l'érosion des vents d'hiver, des tempêtes de neige ou d'un dégel précoce. Ils agissent comme une couverture isolante qui garde le sol plus chaud en hiver et plus frais en été. Cela stimule les éléments actifs du sol en général et les vers de terre en particulier. Plus il y a de vers de terre dans un sol, plus il y aura de canaux qui apporteront à la surface les minéraux et les éléments nutritifs nécessaires à la croissance des plantes et à leur résistance aux insectes.

Les racines de plusieurs engrais verts plongent assez profondément dans le sol pour absorber des éléments nutritifs qui revitaliseront le sol lorsqu'elles seront enfouies pour se décomposer.

Certains engrais verts, comme les Légumineuses, ont la capacité de capter et de fixer une grande quantité de l'azote contenu dans l'air, apportant ainsi au sol un élément important pour la croissance des plantes. La luzerne est l'un des meilleurs engrais verts pour fixer l'azote et pour restituer au sol une grande quantité de protéines.

Les autres engrais verts sont l'orge, le brome, le sarrasin, le brome des seigles, le trèfle hybride, le millet, le colza, le seigle de printemps, l'ivraie italienne, le seigle d'hiver, le sorgho, la fève de soja, le tournesol, le trèfle commun, la vesce cultivée et le blé d'hiver.

Au potager, le chou frisé constitue un bon engrais vert pour les mois d'hiver. Il est facile à cultiver et sa saveur est améliorée par le gel.

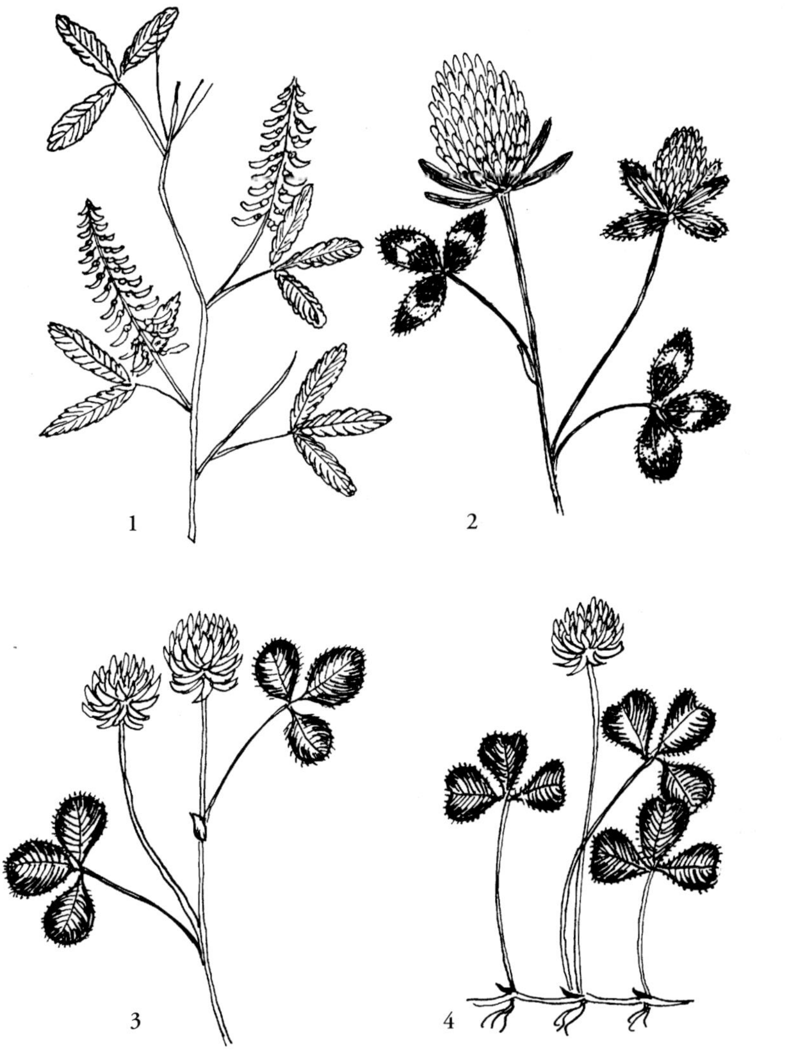

1. Trèfle des champs

2. Trèfle des prés ou trèfle rouge

3. Trèfle hybride

4. Trèfle rampant ou trèfle blanc

Les trèfles font de bons engrais verts. Leur croissance est limitée par les membres de la famille des jusquiames et des renoncules. Ils stimulent la croissance des morelles sauvages (toxiques).

Épinard (*Spinacia oleracea*) — À cause de la saponine qu'ils contiennent, les épinards sont souvent utilisés comme préculture. Ils poussent bien avec les fraises. Le bacille thuringiensis sera utilisé pour les protéger contre les insectes.

Épicea (*Picea*) — Trois espèces de pics ont, dit-on, fait échec à une infestation par la tordeuse du bourgeon de l'épicea survenue au Colorado en 1947. Le bacille thuringiensis est efficace pour maîtriser ces insectes dans certains types de forêts.

Érable *(Acer)* — On trouve de nombreuses espèces d'érables. L'*Acer saccharum* ou érable à sucre, d'Amérique du Nord, est le mieux connu et le plus important autant pour sa beauté que pour le sirop d'érable qu'on en tire. À l'automne, l'érable rouge (*A. rubrum*) est peut-être le plus beau de tous les érables. Il aime les endroits très humides, mais pousse tout de même à flanc de coteau si le sol est assez humide. On plante souvent l'érable argenté (*A. saccharinum*) dans les parcs ou en bordure des rues. Dans les Alpes, l'érable sycomore (*A. pseudoplatanus*) pousse jusqu'à 2 000 m sur sol riche et humide. Dans le Midi, l'érable de Montpellier (*A. monspessulanum*) est remarquable par son port, sa grande taille et sa sobriété. Son feuillage d'automne, somptueux, est une fête pour les yeux.

Les érables ont des racines peu profondes et très étendues, de sorte qu'il est difficile de faire pousser d'autres plantes à proximité. De plus, il semble que leurs racines exsudent une substance qui déplaît à plusieurs autres plantes. Des feuilles d'érable étendues autour des pommiers, des carottes, des pommes de terre et des autres légumes à racine produiront un effet bénéfique sur les plants.

Érigéron *(Erigeron)* — Cette plante originaire d'Amérique s'est répandue en Europe dans les sols pierreux. Elle est utilisée en pharmacie et ses huiles servent à éloigner les moustiques. Certaines personnes sont allergiques à cette plante.

Escargots et limaces (*Agriolimax campestris* et *Helicidae*) — Ces animaux font leurs ravages, surtout durant la nuit, dans les endroits où le sol est détrempé. Ce sont des ivrognes qui adorent la bière et n'hésiteront pas à se noyer dans un plat qui en contient. Même des boîtes de bière vides placées dans le jardin les attireront par l'odeur.

Les escargots n'aiment pas les lignes croisées de cendre ou de chaux hydratée, mais ils adorent le miel et se noieront également dans des plats qui en contiennent.

Comme le sel de table dissout les limaces, j'en ai toujours dans ma poche. Je m'en sers dès que j'en vois une. Je n'ai aucun remord à les détruire quand je pense aux dommages qu'elles feront à mes choux ou à mes laitues si je leur en laisse l'occasion.

Les tiges de tabac éloigneront les escargots. Ils détestent aussi les feuilles et l'écorce du chêne, de même que l'âpreté de l'absinthe.

Estragon (*Artemisia dracunculus*) — Pour accroître la vitalité des plants d'estragon, utilisez un fertilisant pour pommes de terre comme traitement additionnel au printemps et, à nouveau, immédiatement après la première récolte. Pour diviser les plants d'estragon avec succès, les racines doivent être démêlées avec précaution. Chaque section détachée de la racine principale peut être replantée pour former un nouveau plant. Cela doit idéalement se faire tous les trois ans, en mars ou en avril. L'estragon est une herbe au goût particulier utilisée en cuisine. Le vinaigre à l'estragon est aussi très connu.

Euphorbe (*Euphorbiaceae*) — Quelques plants d'euphorbe bien placés éloigneront les taupes et les souris. Ils seront également bénéfiques aux arbres fruitiers plantés à proximité. Les plantes de la famille des euphorbes aiment généralement les sols secs, légers et sablonneux, mais elles s'étendront aux sols cultivés si on leur en laisse l'occasion. Lorsqu'on abîme leurs feuilles, elles laissent toutes s'écouler un latex âcre produisant dans plusieurs cas des effets toxiques. On doit prendre soin que ce latex n'entre pas en contact avec une peau égratignée ou délicate. Le latex de l'euphorbe petit cyprès est utilisé pour soigner les verrues.

Le poinsettia est un membre de cette famille ; il est très décoratif, mais néanmoins toxique.

Euphorbe petit cyprès (*Euphorbia cyparissias*) — Cette drôle de petite plante nous vient des jardins d'Orient, où elle était cultivée comme plante ornementale. Le latex qui s'écoule de ses feuilles est efficace contre les verrues et on s'en sert également comme laxatif. En Amérique, cette plante est considérée comme une mauvaise herbe. Ne la laissez pas pousser près des vignes, car elle pourrait rendre les plants stériles. Le bétail qui mange du foin contenant de l'euphorbe peut en être malade.

F

Fertilisants du commerce — Vendus sous différentes appellations, ces préparations favorisent la floraison et la croissance des pois, des haricots, des fèves de soja, etc. Les Légumineuses ainsi traitées développeront les nodules de leurs racines afin de transformer l'azote en éléments nutritifs assimilables.

Fertilisants naturels — On sait que les Légumineuses ont la propriété de capter l'azote de l'air et de la fixer dans leurs racines. En fait, de nombreuses plantes ne tirent que 5 % de leur alimentation du sol. Avez-vous déjà remarqué comme les plantes, surtout le gazon, sont plus vertes après un orage ? Ce n'est pas une illusion. Ce phénomène est dû à l'air chargé d'électricité, qui libère 78 % de son azote sous forme soluble.

Ainsi, la pluie et la foudre sont des fertilisants. Chaque fois que la foudre frappe la terre, une grande quantité d'azote est emmagasinée dans le sol. Un expert prétend que 250 000 tonnes d'azote naturel sont libérées chaque jour par les 1 800 orages qui éclatent un peu partout à travers le monde. à certains endroits, cela peut représenter plus de 100 tonnes par demi-hectare chaque année. La pluie apporte également de l'azote – à certains endroits, jusqu'à 20 kg par hectare annuellement.

Le soufre vient aussi de la pluie, au rythme d'environ 40 kg par hectare par année. L'eau de pluie contient également de l'acide carbonique, qui forme le gaz carbonique nécessaire au cycle alimentaire des plantes. Des millions de tonnes en tombent annuellement ; lorsqu'on sait que les plantes sont constituées de carbone à 50 %, on en comprend mieux toute l'importance. Plusieurs indices semblent indiquer que certains métaux rares, comme le sélénium et le molybdène, proviennent aussi de la pluie.

La neige fournit non seulement de l'azote, mais aussi du phosphore et d'autres minéraux. Elle constitue un atout supplémentaire pour les climats froids. La neige contient 40 % moins d'eau lourde (ou acide de deutérium) que l'eau de pluie. Le deutérium est un isotope lourd, une forme d'hydrogène légèrement différente. Combiné à l'oxygène, il ne forme pas H_2O (formule chimique de l'eau), mais plutôt D_2O. Selon des recherches effectuées par des chercheurs russes, l'eau lourde ralentit le processus biologique et chimique de la croissance des plantes. Lorsque les molécules d'eau lourde sont retirées, la croissance semble s'accélérer. Ainsi, les cultures sont favorisées par les climats neigeux. Même le brouillard ajoute des éléments au sol, particulièrement le long des côtes, où il transporte de l'iode, de l'azote et du chlore.

La poussière, elle aussi, transporte des minéraux, des matières organiques et des organismes essentiels à la croissance des plantes, très souvent en grande quantité. La poussière peut être transportée sur des milliers de kilomètres, rester en suspension dans les hautes strates de l'atmosphère et retomber sur le sol avec la pluie. Certains pensent que la poussière est un agent important pour rendre aux sols usés les minéraux qui leur manquent, et qu'elle contient aussi des bactéries essentielles à la santé des sols.

Voici comment on peut profiter de l'électroculture sans devoir attendre les orages électriques. Attachez vos plants de tomates à des poteaux ou des treillis métalliques avec des fils de nylon coupés dans de vieux bas. J'utilise de l'acier d'armature plié en forme de V inversé avec un rang de tomates de chaque côté. Un ami qui a essayé ce procédé a obtenu une récolte abondante et de très grosses tomates ; de plus, ses plants ont continué à produire jusqu'aux gelées.

Feuilles — Les feuilles sont les poumons des plantes. Pendant la période de croissance, elles respirent abondamment et dégagent beaucoup de vapeur d'eau. C'est ce qu'on appelle l'évapotranspiration des plantes. Un chêne blanc de taille moyenne dégage environ 600 litres d'eau par jour en été. Faute de feuilles, l'écorce prendra la relève grâce à sa porosité, même dans ses parties les plus épaisses. Observez les petits points soulevés à la surface lisse des ramilles. Ce sont des lenticelles, qui servent à filtrer l'air respiré par la plante.

Feuilles de laurier (*Lauris nobilis*) — Des feuilles de laurier placées avec des céréales entreposées, comme le blé, le seigle, le riz, les fèves, l'avoine ou le maïs, tiendront les charançons à l'écart. Le laurier appartient à la même famille que la cannelle, le camphre, l'avocat et le sassafras. J'ai eu l'occasion de remplacer les feuilles de laurier par des feuilles de sassafras dans les céréales et la farine ; elles sont tout aussi efficaces contre les insectes et les charançons.

Feuilles de thé — Mélangez des feuilles de thé avec les semences de radis et de carottes pour contrer les vers.

Fève de soja (*Glycine soya*) — Les fèves de soja ou pois chinois sont très riches en protéines. Comme toutes les Légumineuses, elles enrichissent les sols pauvres et constituent une excellente culture pour en précéder une autre qui aura besoin d'azote.

Le soja planté près du maïs le protégera contre les pucerons des céréales et les scarabées. Il pousse bien avec les haricots, et sa croissance rapide étouffera les mauvaises herbes.

Les fèves de soja sont peut-être la plus vieille culture alimentaire du monde. Pendant des siècles, ils ont été synonymes de viande, de lait, de fromage, de pain et d'huile pour les peuples orientaux.

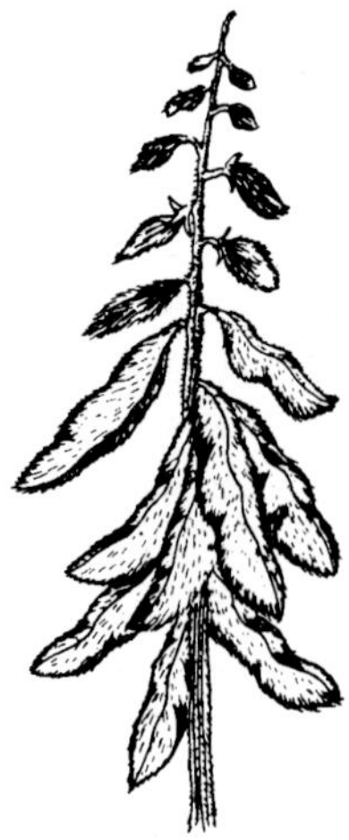

Comme toutes les Légumineuses, les fèves de soja enrichissent le sol. Leur croissance rapide étouffe les mauvaises herbes.

Fléole des champs (*Phleum pratense*) – Mil — La fléole et d'autres petites graminées profitent de la proximité des Légumineuses comme la luzerne et le trèfle d'odeur, qui les protègent contre les vers blancs. Aussi appelée mil, la fléole des champs est une herbe vivace des climats froids, dont les minces tiges portent des épis ronds de petites fleurs serrées. Certains fermiers cultivent la fléole en rotation avec l'avoine ou d'autres graminées. Elle n'est pas considérée comme un bon pâturage, à moins d'être mélangée à des espèces plus robustes.

Fougère mâle (*Dryopteris filix-mas*) — Un vieux grimoire décrit le goût de la fougère en ces termes éloquents : "douceâtre, mordant, légèrement amer, astringent et nauséabond". Il ne dit cependant pas que les spores de la fougère rendent invisible, comme le prétendait une légende, autrefois. Les fougères ont des propriétés médicinales reconnues depuis des siècles et certaines espèces sont encore décrites dans les pharmacopées actuelles, dont la dryoptéride marginale *(D. marginalis).* À l'automne, on déterre soigneusement ses racines pour en tirer de l'oléorésine. Un compost fait à partir de fougères favorisera la germination des arbres.

Fourmi (*Formicidae*) — La pollinisation par les fourmis a été observée sur une petite plante annuelle appelée *Polygonum cascadense.* Auparavant, on était persuadé que les fourmis ne jouaient aucun rôle dans la pollinisation. On estime aujourd'hui que les fourmis participent à la pollinisation des plantes qui se développent près du sol et dans les régions très chaudes et sèches où elles sont plus abondantes, peut-être aussi dans les régions tropicales où la pollinisation obéit à d'autres lois que dans les régions tempérées.

Les fourmis ont toujours eu pour réputation de favoriser la prolifération des pucerons, cochenilles, mouches blanches, homoptères et sauterelles. Il est vrai qu'elles se nourrissent des sécrétions de ces insectes et qu'elles les protègent en échange contre leurs ennemis naturels, les parasites et les prédateurs qui sinon les détruiraient.

Certaines espèces de fourmis sont toutefois réputées pour contrôler les insectes nuisibles. Depuis des siècles, les producteurs chinois de citronniers introduisent des fourmis dans leurs vergers pour qu'elles s'attaquent aux chenilles et aux autres insectes nuisibles. Ils vont même jusqu'à installer des tiges de bambou pour que les fourmis puissent circuler d'arbre en arbre.

Pour se débarrasser de fourmis qui infestent la cuisine, on peut mettre des feuilles de menthe sur les étagères. Pour éloigner les fourmis de la maison, on pourra aussi planter de la menthe ou de la tanaisie près des portes et des murs extérieurs.

Fraisier (*Fragaria*) — Une culture couverte de seigle réduira les taches noires sur les fraises. Les fraisiers font bon voisinage avec les haricots, les épinards et la bourrache. La laitue est efficace en bordure, et les pyrèthres, plantés de chaque côté, les protégeront contre les insectes. Une haie de sapins sera également efficace.

Des aiguilles de pin seules ou mêlées avec de la paille constituent un bon paillis qui donne aux fraises cultivées une saveur semblable à celle des fraises sauvages. Les aiguilles de sapin peuvent aussi être utilisées comme paillis, mais je leur préfère le foin haché de luzerne.

Fraisier sauvage (*Fragaria vesca*) — Les fraises sauvages sont petites mais ont une saveur unique qu'on ne retrouve chez aucune autre espèce. Leur présence dans les pâturages indique une augmentation de l'acidité du sol. Au jardin, les fraisiers sauvages recouvriront vite un talus sur une grande surface s'il a une exposition est ou ouest.

Framboisier (*Rubus*) — Si vous faites pousser des framboisiers rouges et noirs, laissez une bonne distance entre les plants des deux espèces. Les framboisiers rouges souffrent parfois d'une maladie qui les affecte peu ou pas du tout, mais qui est fatale pour les framboisiers noirs. Il y a des jardiniers qui croient que les pommes de terre sont plus vulnérables à la brunissure lorsqu'elles sont plantées près des framboisiers.

Fumigation — Dans les serres, où il est souvent difficile de se débarrasser des pucerons, des fourmis et des indésirables mouches blanches, vous pourrez vérifier l'efficacité de la fumée des feuilles de chêne. Elle n'est pas toxique, elle ne détruit pas les bactéries du sol et ne laisse aucun résidu nocif. Enfumez avec les feuilles pendant une demi-heure en gardant la porte de la serre bien fermée.

G

Gazon pour pelouse — Le pâturin des prés (*Poa*) est un excellent gazon pour une exposition nord ou est. Il doit être accompagné d'une espèce à germination et à croissance rapides afin de couvrir la surface et d'empêcher la prolifération des mauvaises herbes au début de son développement. Après avoir pris un bon départ, le pâturin prendra le dessus.

Gel — Les plantes sont souvent classées selon leur degré de résistance au gel. On peut établir le classement suivant.

Les cultures rustiques ou de saison froide survivront à des gels moyens ou forts. Les graines de ce groupe (pois, betteraves, choux) peuvent être plantées au printemps, dès que le sol peut être travaillé, ou au milieu de l'été en vue d'une récolte à l'automne.

Les légumes semi-rustiques survivront à un gel léger. La germination des graines se fera à de basses températures et elles pourront être plantées 2 à 3 semaines avant la date de la dernière gelée.

Les cultures de saison chaude (tomate, aubergine, poivron, etc.) ne supportent pas le gel et leurs graines ne germeront que très rarement dans un sol froid.

Géranium (*Pelargonium*) — Les géraniums font fuir les piérides du chou et protègent les roses, les vignes et le maïs contre les scarabées. Utilisez des géraniums blancs près du maïs.

Parmi les diverses espèces de géranium odorant, citons le *P. tomentosum* à l'odeur de menthe, qui a des feuilles veloutées semblables aux feuilles de vigne et de jolies petites fleurs blanches ; le *P. crispum,* à odeur de citron, dont les longues tiges sont ornées de fleurs d'un rose très soutenu et de feuilles odorantes ; les géraniums muscade et pomme, qui ont de petites feuilles rondes de couleur gris pâle à l'odeur d'épice ou de pomme. On peut préparer de la gelée de pomme aromatisée avec des feuilles de géranium rosat.

Ginseng à cinq folioles (*Panax quinquefolium*) — Le ginseng sauvage a besoin de la proximité des arbres pour profiter de l'ombre nécessaire à sa croissance. Dans les cultures commerciales, on recouvre les plants d'une ombrière pour les protéger de la chaleur du soleil. Les Chinois croient que le ginseng peut guérir presque toutes les maladies, mais les chercheurs occidentaux ne sont pas encore convaincus de ses qualités. Les médecins jugent que ses effets sont surtout psychologiques, mais des recherches effectuées en Union soviétique et dans d'autres pays ont démontré que les infusions de racine de ginseng peuvent accroître l'énergie et la résistance aux infections.

Glaïeul (*Gladiolus*) — Les pois, les haricots et les glaïeuls se nuisent mutuellement.

Gombo ou okra *(Hibiscus esculentus)* — Cette plante tropicale est cultivée pour ses gousses appelées okras ou gombos. C'est une plante qui pousse bien en compagnie des melons ou des concombres. J'en plante deux rangs séparés par une tranchée recouverte d'un paillis. Au nord des gombos, je plante un rang de poivrons doux, et du côté sud, je plante des aubergines. Je rajoute du paillis au fur et à mesure que la saison avance. Lorsque la température devient chaude et sèche, je place un tuyau d'arrosage dans la tranchée et je l'inonde. Ainsi, les trois compagnons poussent bien.

Grande marguerite des prés (*Leucanthemum vulgare*) — Semée avec du blé dans une proportion de 1 pour 100, cette marguerite lui sera bénéfique. Dans une proportion plus forte, elle étouffera le blé.

Gui (*Viscum*) — Cette plante parasite était sacrée chez les Gaulois. Les druides la coupaient avec une serpe d'or (symbole du soleil) et la plaçaient dans un linge pour éviter qu'elle touche le sol.
Il arrive que les gens confondent le gui avec la valériane et certains croient qu'il peut guérir tous les maux. En réalité, c'est une plante toxique, surtout par ses fruits. Il faut arracher le gui qui pousse sur les arbres, car c'est un parasite qui affaiblit l'arbre et risque de le faire mourir.

H

Haie — Utilisées comme brise-vent, les haies sont très utiles dans des climats secs et ventés. Les viornes trilobées font une bonne haie tout en donnant des fruits délicieux pour les oiseaux. Les églantiers forment une haie presque impénétrable et donnent des fruits très vitaminés. L'olivier *Elaeagnus umbellata* 'Cardinal', le fusain ailé (*Euonymus alatus compactus*) et le chèvrefeuille (*Lonicera tatarica*) sont les favoris des oiseaux. Pour la couleur du feuillage, choisissez la spirée 'Goldflame' ou le saule arctique.

Hamamélis (*Hamamelis virginiana*) — L'hamamélis est un arbuste ou un petit arbre. Les autochtones des États-Unis furent les premiers à utiliser l'écorce d'hamamélis pour soigner les inflammations. On prépare une infusion en faisant bouillir pendant 24 heures dans de l'eau les racines et les ramilles, puis en y ajoutant de l'alcool. L'alcool obtenu par la distillation de ce mélange servira à traiter les contusions, les entorses et la douleur causée par les brûlures.
Il se peut que l'alcool soit le seul agent actif, car les chimistes n'ont encore trouvé aucune propriété curative ni à l'écorce ni aux feuilles.
Cet arbre a la propriété de semer ses graines par des températures sèches et froides. Parfois appelé noisetier de sorcière, il doit ce nom à des mineurs anglais superstitieux qui utilisaient ses ramilles en forme de fourche comme baguette de sourcier.

Haricot (*Phaseolus vulgaris*) — Les haricots communs, dont les haricots beurre et les haricots verts, poussent bien avec une quantité limitée de céleris, c'est-à-dire environ un pied de céleri pour six à sept plants de haricots.

Les haricots pousseront également bien avec les concombres en s'entraidant. Les fraises et les haricots plantés ensemble se développeront plus rapidement que s'ils étaient plantés seuls.

Les haricots aideront le maïs, s'ils sont plantés en rangs alternés. Ils poussent bien avec la sarriette, mais ne devraient jamais se trouver à proximité du fenouil. Comme toutes les fèves, ils détestent les oignons.

De nombreuses variétés de haricots ont été créées et chacune a ses bons et ses mauvais voisins. Règle générale, ils pousseront tous bien en compagnie des carottes et des choux-fleurs, les carottes favorisant tout spécialement la croissance des haricots. Les haricots poussent bien avec les betteraves et ils aident les concombres et les choux.

Certains haricots, plantés avec du poireau et du céleri-rave, auront des effets bénéfiques pour l'ensemble. Mais s'ils sont plantés trop serrés, ils auront un effet négatif sur les trois types de légumes. Des œillets d'Inde plantés dans des rangs de haricots éloigneront la coccinelle mexicaine des haricots.

Les haricots verts plantés avec la sarriette pousseront mieux, auront meilleur goût, et seront protégés contre la chrysomèle du haricot. La sarriette accompagne aussi les haricots avec bonheur dans les préparations culinaires.

Les haricots détestent tous les membres de la famille des oignons – ail, ciboulette, échalote – et ils n'aiment pas être plantés à proximité des glaïeuls.

Les haricots sont d'excellents compagnons pour le maïs, auquel ils grimpent rapidement pour rejoindre la lumière. En plus d'ancrer le maïs solidement dans le sol, les haricots ajoutent ainsi au sol l'azote nécessaire.

Haricot grimpant — Comme les autres membres de la famille, les haricots grimpants font bon ménage avec le maïs et la sarriette, mais détestent les choux-raves et les tournesols. Les betteraves ne poussent pas bien en leur compagnie, mais les haricots grimpants et les radis s'aident mutuellement.

Haricots et pommes de terre — Les haricots plantés avec les pommes de terre protègent ces dernières contre le doryphore de la pomme de terre. En échange, les pommes de terre protègent les haricots contre la coccinelle mexicaine des haricots. Il est préférable de planter les pommes de terre et les haricots en rangs alternés.

Hélianthe (*Helianthus annuus*) — Plus souvent appelée **tournesol** ou **soleil**, cette plante originaire des États-Unis est largement cultivée. Elle régénère le sol lorsqu'elle est plantée avec modération dans certaines cultures. Cependant, la germination des graines d'hélianthe ne se fera pas bien à proximité des pelouses.

On pense que les feuilles d'hélianthe produisent une substance qui inhibe les autres espèces. E.L. Rice, de l'université de l'Oklahoma, estime qu'il s'agit d'un mécanisme de défense de la plante. Exigeant lui-même peu d'azote, l'hélianthe dégage une substance qui inhibe les bactéries qui fixent l'azote dans le sol, retardant ainsi le moment ou d'autres plantes viendront envahir son territoire. Selon Rice, l'hélianthe inhibe toute croissance dans son entourage immédiat. Les hélianthes et les pommes de terre ont un effet négatif réciproque. Les pommes de terre seront aussi plus susceptibles d'être infestées par le phytophthora.

Les hélianthes et les haricots grimpants ne devraient pas être plantés ensemble, car tous deux ont besoin de lumière et d'espace. Par contre, on a découvert que les hélianthes et le maïs se protégeaient les uns les autres contre les insectes (voir **Maïs**).

Les hélianthes ont aussi des qualités. Ainsi, les concombres profiteront de la proximité des hélianthes qui les protégeront du vent. On peut également s'en servir pour produire de l'ombre, lorsque le climat est trop chaud. Les concombres et les hélianthes aiment un sol riche ; il faut donc ajouter au sol beaucoup de compost.

Les hélianthes ne servent pas uniquement à protéger du vent ou à faire de l'ombre. Ils peuvent aussi camoufler une partie du jardin dont la vue n'est pas particulièrement agréable – comme un tas de compost, par exemple. Leurs fleurs sont fréquentées par les abeilles pour le pollen et le nectar, tandis que leurs graines, que les oiseaux adorent, sont riches en vitamines B_1, A et F et font une huile excellente tant pour la cuisson que pour les vinaigrettes.

Les hélianthes ou tournesols font bon voisinage avec les concombres, mais pas avec les pommes de terre et les haricots grimpants.

Hémérocalle (*Hemerocallis*) — Sur un talus trop abrupt pour du gazon, on peut planter des hémérocalles et des iris. Leurs racines retiendront le sol et leurs floraisons successives (les iris fleurissent les premiers) donneront des fleurs tout l'été.

Peu de gens savent que les hémérocalles sont comestibles. Les boutons et les fleurs peuvent être sautés au beurre avec un peu de sel ; on peut les manger seuls ou encore avec un plat de courgettes et de tomates. On peut aussi en faire des beignets frits. On peut même les faire sécher en vue de les ajouter à des soupes ou à des ragoûts.

Les hémérocalles sont peu affectées par la substance qui se dégage des feuilles de noyer. Ses boutons et ses fleurs sont délicieux trempés dans de la pâte et frits.

Herbes — Jack McCormick donne cette définition des herbes : "Selon la terminologie des spécialistes, les *herbes* ne sont pas seulement des plantes aromatiques utilisées en cuisine, mais toute plante verte à tige molle plutôt qu'à tige ligneuse. La plupart des fleurs sauvages et des gazons sont des herbes".

Les herbes sont utilisées en cuisine, en pharmacie, et même comme insecticide. Elles peuvent faire de bons ou de mauvais voisins pour les légumes et les fleurs. Les herbes les plus courantes sont traitées individuellement (voir aussi le chapitre "Plantes toxiques").

Herbe-aux-chats — Voir **Cataire**.

Herbes pour tisanes — Les plantes à infuser ont favorisé la digestion et donné du plaisir à de nombreuses générations. Les plantes les plus couramment utilisées sont la menthe poivrée, la menthe verte, le tilleul, la camomille, le romarin et le thym. Voici comment on prépare les tisanes.

Choisir quelques feuilles ou branchettes saines (les feuilles séchées peuvent être utilisées). Compter 4 ou 5 feuilles pour une tasse et une bonne poignée pour une théière. Laver les feuilles à l'eau froide. Mettre les feuilles dans la tasse ou la théière et y verser de l'eau bouillante. Laisser infuser pendant 3 à 5 minutes. Ajouter du sucre ou du miel selon les goûts.

Herbes séchées — Voir **Séchage des herbes.**

Herbes substituées au poivre — Les personnes qui souffrent de problèmes digestifs peuvent remplacer le poivre par du basilic, de la sarriette, du thym, de la marjolaine ou de la capucine.

Herbes substituées au sel — Certaines herbes peuvent se substituer au sel dans plusieurs plats ou permettre d'en réduire la quantité. Les personnes qui doivent suivre un régime sans sel pourront utiliser des herbes comme le céleri, la sarriette, le thym, la livêche ou la marjolaine.

Herbes substituées au sucre — Trois herbes peuvent remplacer le sucre en cuisine : la citronnelle, la *Myrrhis odoranta* et l'angélique, particulièrement délicieuse dans les tartes aux groseilles noires ou cassis, aux groseilles rouges, à la rhubarbe, aux groseilles à maquereau, aux prunes ou aux pommes. Ces herbes permettent non seulement de réduire de moitié la quantité de sucre, mais elles donnent en outre une saveur différente et délicieuse. La *Myrrhis odoranta* peut être ajoutée à des fraises légèrement sucrées.

Hêtre *(Fagus)* — Les hêtres et les fougères poussent souvent ensemble et les bulbes de scille se plaisent bien sous ces arbres. Les jeunes hêtres ont besoin d'ombre et poussent souvent sous l'arbre adulte qui leur a donné naissance.

Huiles essentielles — Ces composés organiques produits par les plantes sont souvent considérés comme une excrétion du métabolisme, mais ils sont quand même très importants. Bien qu'on les appelle des "huiles", ces substances sont chimiquement différentes des huiles et des graisses que l'on connaît, et la plupart d'entre elles sont des composés organiques appelés terpènes, qui sont formés de carbone et d'hydrogène seulement.

Les huiles essentielles sont les substances aromatiques qui donnent une odeur ou une saveur caractéristiques à certaines parties d'une plante : fleur parfumée, feuilles de menthe, écorce du cannelier, boutons séchés du giroflier, bois de santal, noix du muscadier, aiguilles de pin, etc. Les huiles essentielles sont importantes en pharmacie, en cuisine, en parfumerie, ainsi que dans la préparation des cosmétiques et de plusieurs autres produits.

Ces substances qui se dégagent des racines, des feuilles ou des fleurs peuvent aider ou nuire à la croissance des plantes voisines. Elles permettent à certaines plantes d'attirer ou d'éloigner certains insectes.

Hysope (*Hyssopus officinalis*) — Rien n'est plus joli qu'une haie d'hysopes en plein soleil. Le bleu, le rose et le blanc des fleurs d'hysope se marient admirablement bien. Les feuilles d'hysope ont un parfum particulier qui rappelle celui de la ciboulette, même si certains l'emploient comme la sarriette.

Semez les graines d'hysope tard à l'automne pour qu'elles germent tôt au printemps. L'hysope favorise la croissance de la vigne et éloigne les papillons du chou.

En compresses, les feuilles d'hysope aident à faire disparaître les ecchymoses causées par les contusions. Les abeilles aiment butiner les fleurs d'hysope, même si la plupart des insectes s'en tiennent loin. Les radis ne pousseront pas bien à proximité des hysopes.

I

If (*Taxus*) — Il a été observé que les ifs plantés près des rhododendrons sont plus vulnérables aux champignons, qui font pourrir les racines à cause de la grande acidité du sol nécessaire aux rhododendrons (voir le chapitre "Plantes toxiques").

Impatiens (*Impatiens*) — Les impatiens soulagent les démangeaisons causées par l'ortie brûlante. Pour fabriquer le remède, faire bouillir une casserole d'eau pleine d'impatiens jusqu'à ce que le liquide ait diminué de moitié. Passer ensuite au tamis. Cet extrait est efficace pour prévenir la démangeaison et pour traiter les démangeaisons lorsque les boutons sont apparus. La meilleure façon de conserver cet extrait est de le congeler dans des bacs à glace.

Les jeunes tiges des impatiens sont comestibles ; on les fait cuire comme des haricots.

Les impatiens fleurissent entre juillet et septembre et soulagent les démangeaisons causées par l'ortie brûlante.

Insectes (contrôle des) — L'assolement protège les cultures contre les animaux indésirables qui s'attaquent aux racines. La punaise des céréales et l'altise seront contrôlées en faisant pousser des fèves de soja pour faire de l'ombre à la base des plantes. Les carottes constituent un excellent vermifuge pour les chèvres.

Les plantes suivantes peuvent être employées à des fins spécifiques :

Ail : contre les aphidiens (pucerons), les charançons, les insectes perceurs et les araignées.

Absinthe : contre les animaux indésirables, l'altise du chou et les coccinelles noires.

Armoise : contre la fausse teigne des crucifères.

Basilic : contre les mouches et les moustiques.

Bourrache : contre le sphynx de la tomate.

Capucine : contre les aphidiens (pucerons), la punaise de la courge, le puceron lanigère et le chrysomèle rayé.

Euphorbe : contre les taupes et les souris.

Géranium rose : feuilles écrasées ou huile pour éloigner les insectes.

Herbe aux chats : contre les altises.

Hysope : contre la fausse teigne des crucifères.

Lavande : contre les mites des vêtements.

Lin : contre le doryphore de la pomme de terre.

Menthe : contre la fausse teigne des crucifères ; séchée, contre les mites des vêtements.

Menthe poivrée : contre le papillon blanc du chou et les fourmis.

Menthe verte : contre les fourmis et les aphidiens (pucerons).

Œillet d'Inde : contre la coccinelle mexicaine des haricots, les nématodes et plusieurs autres insectes.

Ortie : contre le doryphore de la pomme de terre.

Ortie brûlante : contre les aphidiens (pucerons) et les mouches noires.

Pétunia : contre les coléoptères.

Pyrèthre : contre la pyrale du concombre, les aphidiens (pucerons), les criquets, les araignées, la piéride du chou et les tiques.

Raifort : contre le doryphore de la pomme de terre.

Ricin : contre les taupes et les punaises.

Romarin : contre la fausse teigne des crucifères, la chrysomèle du haricot et la mouche de la carotte.

Santonine : contre les mites.

Sarriette : contre la coccinelle des haricots.

Sauge : contre la fausse teigne des crucifères, la mouche de la carotte et les tiques.

Souci officinal : contre le sphynx de la tomate et plusieurs autres insectes.

Tanaisie : contre les insectes volants, la chrysomèle du concombre, la punaise de la courge et les fourmis.

Thym : contre la piéride du chou.

Insecticides — *Plantes.* L'ail est très efficace pour contrer les maladies qui endommagent les fruits à noyau, les concombres, les radis, les épinards, les haricots et les tomates. Un produit à pulvériser à base d'oignon sera efficace sans être toxique. Un produit chimique à base d'asperge est efficace contre les nématodes ; pulvérisé sur les tomates, il en protégera les racines et les feuilles. Le saprophyte, un champignon inoffensif des arbres, les aide à résister au chancre de l'écorce, aux champignons qui font pourrir et à ceux qui causent la rouille.

Plantes qui attirent les insectes. Les insectes sont fortement attirés par l'odeur et peuvent être détournés de certaines cultures par d'autres plantes placées à proximité. La capucine et la moutarde, par exemple, qui contiennent toutes deux de l'huile de moutarde, sont fréquemment utilisées à cette fin. C'est ce qu'on appelle une culture piège. Les insectes se nourrissent et pondent dans ces plantes qu'il faut bien sûr détruire avant l'éclosion des œufs.

Plantes qui éloignent les insectes. Les substances qui éloignent les insectes sont tirées des feuilles écrasées, des infusions ou des huiles essentielles de plantes comme la citronnelle, l'eucalyptus, le thuya, le clou de girofle, le géranium rose, le thym, la lavande, le laurier ou la gomme de pin. Le ginkgo, le sureau, le pyrèthre et la lavande éloignent les tiques ainsi que d'autres insectes. D'autres plantes, comme le thuya, sont immunisées contre les insectes.

Inule aunée (*Inula helenium*) — Ma culture germanique m'a appris à respecter l'inule, qui, dans la mythologie germanique, était, sous la protection de la déesse Hulda, la première à enseigner aux mortels à filer et à tisser le lin. Selon un herboriste du XVIIe siècle, l'inule avait la propriété de rendre euphorique.

La substance la plus abondante contenue dans ses racines est l'inuline, une sorte de féculent qui peut remplacer les autres féculents dans les régimes des diabétiques. Elle contient aussi une huile volatile et plusieurs substances cristallines identifiables. La racine principale, qui est épaisse et jaune, a la même odeur que le camphre.

L'inule a été utilisée en Angleterre contre les vomissements des chevaux et, dès 1885, le docteur Korab a démontré que les principes actifs de la plante avaient des propriétés antiseptiques et bactéricides.

L'inule peut atteindre 2 m de hauteur au milieu de l'été, lorsque ses grosses fleurs jaunes émergent de ses énormes feuilles feutrées. Elles sont utiles pour donner un peu d'ombre aux plants de menthe.

J

Jacinthe d'eau (*Eichhornia crassipes*) — On utilise de plus en plus cette plante décorative dans les bassins, à l'intérieur ou à l'extérieur. Dans ce dernier cas, il faut évidemment rentrer les jacinthes pendant l'hiver.

Dans les étangs et les cours d'eau, ses racines pendent dans l'eau et reçoivent les œufs des poissons. Ses jolies fleurs violettes sont grosses et spectaculaires.

Jardin intensif à la française — Ce type de jardin, qui utilise le sol au maximum et qui est apparu au XVIIIe siècle, se présente sous la forme de planches légèrement surélevées dont la longueur n'a pas d'importance, mais qui doivent être assez étroites pour pouvoir être travaillées des deux côtés.

Préparer le sol en le retournant sur une profondeur de 30 cm et en enlevant toutes les mauvaises herbes. Ajouter du compost ou un engrais bien décomposé, de même que des composés organiques qui rétabliront le pH du sol (soufre, chaux, phosphate, etc.). Après avoir enlevé la couche de terre ainsi préparée, retourner le sol sur une autre profondeur de 30 cm avant de remettre la couche du dessus en place.

Si la terre est très pauvre, il faudra sans doute ajouter du sable, du compost ou de la terre grasse à la couche du fond. C'est beaucoup de travail, mais le sol s'améliorera avec les années et le travail diminuera.

L'avantage de cette culture intensive est qu'on peut augmenter la quantité de plants qui pourront pousser ensemble dans un petit espace. Le bon voisinage des plantes revêt une importance particulière dans ce type de jardin, car les herbes et les légumes sont serrés les uns contre les autres.

La surélévation offre l'avantage d'améliorer le drainage du sol et d'en permettre une meilleure aération. Le sol ne se gorgeant pas d'eau durant l'hiver, il se réchauffe plus rapidement au printemps et produit des cultures plus hâtives. En général, les petits légumes et les légumes à feuilles conviennent mieux à ce type de jardin, mais rien n'interdit d'y planter du maïs, des citrouilles, des tournesols ou des concombres.

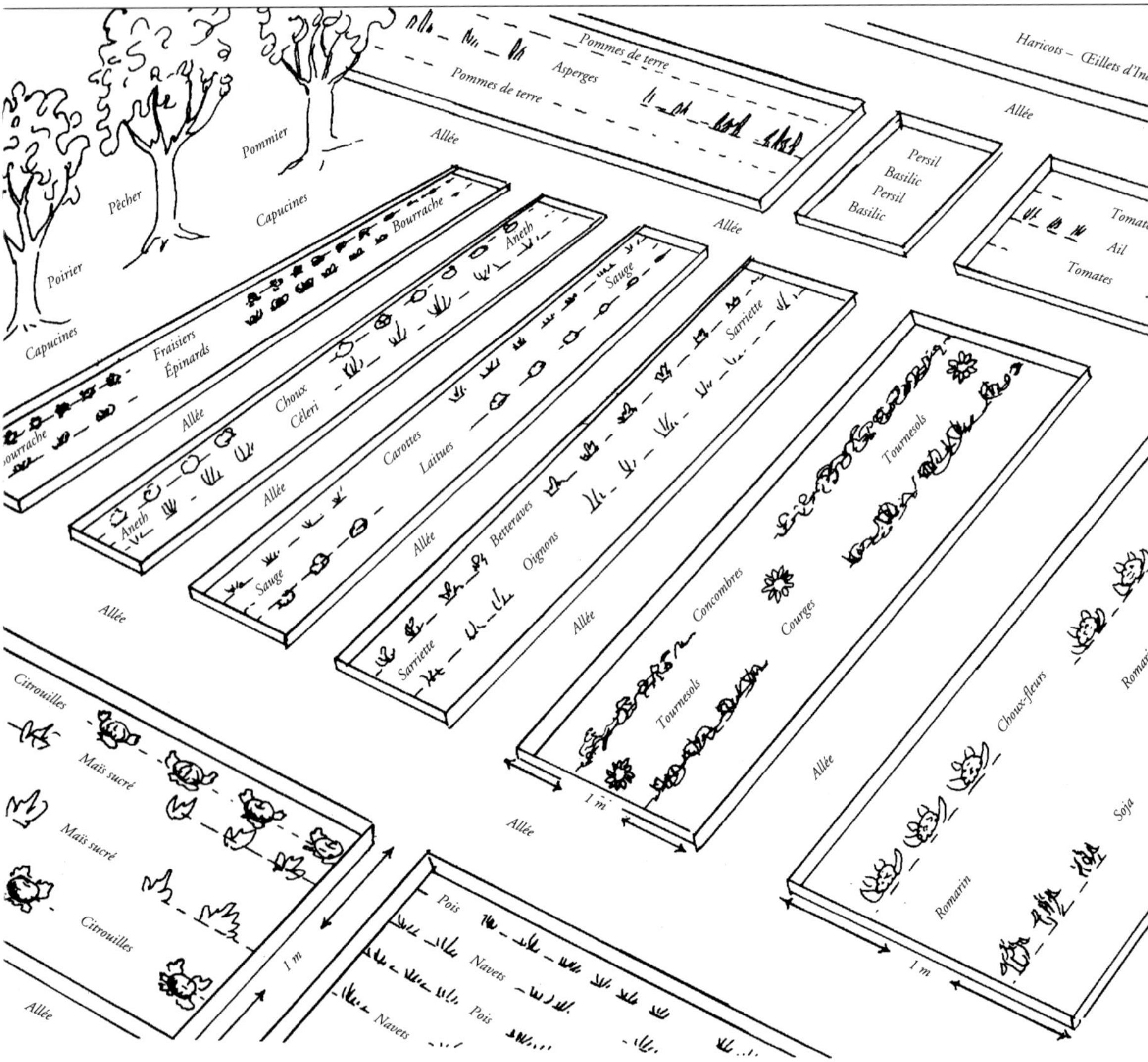

La méthode du jardin intensif à la française est un moyen idéal pour utiliser l'espace et mettre à profit le bon voisinage des plantes.

Jardin vertical — Si votre jardin est clôturé, vous pouvez en accroître la productivité tout en améliorant son apparence. De nombreuses plantes aiment grimper, comme les concombres, qui deviennent plus longs et plus droits s'ils sont appuyés contre une clôture. Les haricots rouges grimpent rapidement et sont délicieux en plus d'être jolis.

Les liserons et les haricots vont bien ensemble et les rosiers grimpants s'accommodent bien des courges. Lorsque les rosiers auront terminé leur floraison, les courges seront en fleurs et les fruits apparaîtront sans qu'aucun dommage ne soit fait aux rosiers. Certaines courges peuvent être vidées et séchées pour faire de jolies cabanes d'oiseaux.

Vous pouvez utiliser une technique orientale pour dissimuler l'écorce noire des pins en faisant grimper des clématites, particulièrement l'espèce virginiana, qui forme des grappes de fleurs duveteuses à l'automne.

À défaut de clôture, formez un cône avec 4 bâtons liés ensemble au sommet avec des fils de fer. Attachez lâchement les plantes aux bâtons. Lorsqu'elles atteindront le sommet des bâtons, pincez les bourgeons des plantes pour qu'elles s'étendent en largeur. Cette technique convient bien aux courges grimpantes. La structure sera bientôt couverte de masses de fleurs, de belles feuilles vertes et de courges.

Jusquiame *(Hyoscyamus niger)* — La jusquiame, cultivée de très longue date en Europe, servait autrefois pour soigner les malades. L'hoscyamine, qui dilate les pupilles, provient de la jusquiame noire.

Cette plante toxique est mortelle pour la sauvagine. Toutes les parties de la plante contiennent des alcaloïdes toxiques et même les porcs peuvent s'empoisonner en mangeant ses racines charnues.

K

Kirlian (technique de) — Cette technique photographique mise au point par Semyon Davidovich Kirlian et sa femme Valentina consiste à photographier l'aura des plantes, des animaux ou des humains.

Une expérience effectuée sur une feuille saine et sur une feuille malade, a donné deux photographies très différentes. Sur la première, on pouvait voir nettement les flux d'énergie, tandis qu'ils étaient presque imperceptibles sur la deuxième. Les feuilles, qui étaient identiques à l'œil nu, se sont révélées très différentes sur la pellicule, signalant ainsi la maladie d'une des feuilles avant même l'apparition de symptômes visibles.

Cette technique ouvre un champ d'exploration extraordinaire qui permettra peut-être de mieux comprendre le mystère du bon voisinage des plantes.

Les feuilles placées entre la pellicule et les électrodes de l'appareil montrent de petites flammes blanches, bleues, rouges ou jaunes qui surgissent de ce qui semble être les vaisseaux des feuilles. Cet effet se produit seulement si les feuilles sont en bonne santé ; il se déforme si la feuille est mutilée, et disparaît graduellement lorsque la feuille meurt. Selon Thelma Moss, de l'université de Californie, l'aura d'une feuille fraîchement cueillie est d'un rose soutenu et brillant qui perd graduellement de sa vivacité au fur et à mesure que la feuille sèche.

L

Lait — Les vaches et les chèvres donnent plus de lait et un lait plus riche lorsqu'elles sont nourries avec du foin d'ortie brûlante ou avec tout autre membre de la famille des Ombellifères. Lorsque nous avions des chèvres, nous leur donnions toujours des épluchures de carottes ; les chèvres aiment aussi les tailles de buisson de roses, lorsque les épines ne sont pas trop grosses.

Du lait écrémé peut être pulvérisé sur les plants de tabac et sur les autres plantes sujettes au virus de la mosaïque, ainsi que sur les tomates et les poivrons cultivés en serre. Les gens qui repiquent les plants dans les cultures commerciales de tomates et de poivrons trempent leurs mains dans du lait écrémé pour ne pas répandre le virus de la mosaïque.

Un mélange de lait et de sang pulvérisé dans les vergers empêchera la formation de champignons, tandis qu'un mélange de lait et de goudron éloignera les punaises des céréales.

Le lait aigre et le babeurre peuvent être pulvérisés sur les choux pour éloigner les piérides.

Laiteron des champs (*Sonchus arvensis*) — Cette plante qui pousse en sol humide possède des racines rampantes et profondes qui contiennent une substance laiteuse jaunâtre. Elle aide la pastèque, le melon, la citrouille et le concombre et, d'une façon moindre, l'oignon, la tomate et le maïs.

Un cousin éloigné, appelé *Cnicus benedictus,* est utilisé à des fins médicales et industrielles et constitue l'ingrédient de base de la Bénédictine et de certains toniques amers.

Laitue (*Lactuta sativa*) — Au printemps, je mets en réserve une provision de petits plants de laitue en couche froide. Lorsque je cueille une échalote ou un oignon, je comble habituellement l'espace laissé libre avec un de mes plants de laitue. Les laitues aident les échalotes et ces dernières éloignent les lapins.

La laitue pousse bien avec les fraises, les concombres, les carottes et les radis. Les radis qui ont poussé avec de la laitue en été sont particulièrement succulents.
La laitue a besoin de fraîcheur et d'humidité pour bien se développer. J'ai observé que la germination ne se faisait pas à des températures trop chaudes. Les laitues repiquées doivent pouvoir jouir d'un peu d'ombre.

Lapins et lièvres — Les oignons éloignent ces rongeurs et peuvent être plantés en rangs alternés avec des choux, de la laitue, des pois et des haricots.
Pour éloigner les lapins et les lièvres, on peut aussi enduire les troncs d'arbres avec du gras animal ou du sang séché. Essayez aussi de la poudre d'aloès sur les jeunes plants, de même que des cendres de bois, de la chaux ou du poivre de Cayenne lorsque les plants sont encore recouverts de rosée.

Laurier-sauce (*Lauris nobilis*) — Voir **Feuilles de laurier**.

Lavande (*Lavandula officinalis*) — La lavande est efficace pour éloigner les souris, et des sachets de lavande placés dans la lingerie éloigneront les mites. Des feuilles de lavande placées sous les tapis de laine auront le même effet.
La lavande se développe très lentement à partir de semis. Vendue en pied chez tous les horticulteurs et dans toutes les jardineries, la lavande officinale est cultivée dans la plupart des jardins. Les abeilles en raffolent.

Légumes et céréales résistant aux insectes — Chaque jardin a ses bons et ses mauvais insectes. Pour le jardinier, seuls quelques insectes sont vraiment destructeurs. Certains légumes semblent dotés d'une résistance naturelle aux insectes : les carottes, les betteraves, les endives (incluant la scarole et la chicorée), la ciboulette, le gombo, certains oignons, le persil, les piments et la rhubarbe. Dans de bonnes conditions, on pourra même ajouter la laitue à cette liste.
Certains légumes et herbes peuvent aider leurs voisins à mieux résister aux insectes. Les chercheurs ont fait beaucoup de recherches pour comprendre pourquoi certaines plantes attiraient les insectes. Ils en sont venus à une conclusion que tous les jardiniers connaissent depuis longtemps : les insectes préfèrent les plantes qui ont une forte concentration d'acides aminés, une telle concentration étant favorisée par une mauvaise alimentation. Aussi les cultures organiques faites dans des sols riches et équilibrés présentent-elles une concentration d'acides aminés inférieure à celles faites avec des produits chimiques. Ces légumes organiques sont donc moins intéressants pour les insectes.

Légumineuses — Les fermiers et les jardiniers ont appris depuis longtemps à pratiquer l'assolement, c'est-à-dire à opérer une rotation des cultures afin de profiter de l'accroissement de fertilité du sol que procurent les Légumineuses. Ces plantes, qui comprennent les pois, les fèves, les haricots, les trèfles, les arachides et la luzerne, ont des bactéries qui fixent l'azote dans les racines et qui combinent l'azote aux sucres pour former les protéines. Chez les Légumineuses, ces bactéries vivent sur les racines dans de petits renflements appelés nodosités.

Le trèfle et les autres Légumineuses peuvent servir d'engrais vert avant une culture de blé ou de maïs. En se décomposant, la Légumineuse enrichira le sol en azote sans qu'il soit nécessaire de recourir à un fertilisant du commerce.

La croissance et l'utilisation du trèfle illustrent bien les étapes du cycle de l'azote.

1. L'azote contenu dans l'air est transformé en protéines par les bactéries qui se trouvent dans les nodosités des racines du trèfle.
2. Après l'enfouissement, les protéines du trèfle se transforment en azote ammoniacal (ammoniaque) sous l'effet d'une bactérie du sol qui stimule l'ammonisation.
3. L'ammoniaque se transforme ensuite en nitrate grâce à une bactérie, le nitrobacter.
4. L'ammoniaque et le nitrate sont ensuite utilisés par les plantes pour former les protéines nécessaires à leur croissance.

Liliacées (*Liliaceae*) — Les oignons à fleurs font partie de la famille des Liliacées. Les légumes de cette famille (*Allium*) sont l'ail, la ciboulette, le poireau, l'oignon et l'échalote. Elle comprend également des fleurs ornementales, comme le lis, la tulipe, la jacinthe et le muguet, qui accompagnent bien les roses, car elles les protègent contre les aphidiens (pucerons) et autres insectes. Elles demandent les mêmes soins que les oignons et sont très faciles à cultiver. Les plantes de cette famille éloignent aussi les taupes.

Les oignons à fleurs demandent beaucoup de compost, mais pousseront bien dans un sol sec. Plusieurs variétés, comme l'*Allium giganteum,* peuvent atteindre 2 m de hauteur et porter des fleurs de 20 cm de diamètre. Les bulbes ne donnent pas seulement des fleurs bleues ou mauves, mais aussi des fleurs blanches, jaunes, roses ou écarlates. Les variétés les plus grosses devraient être réservées aux régions ventées. Les Liliacées résistent bien à l'hiver et peuvent rester vivaces plusieurs années.

Lin (*Linum usitatissimum*) — Le lin est un bon voisin pour les carottes et les pommes de terre, dont il améliore la croissance et la saveur. Le lin semé à proximité des pommes de terre les protégera contre les doryphores (voir le chapitre "Plantes toxiques").

La caméline cultivée (*Camelina sativa*) ou petit lin, que l'on trouve souvent dans les champs de lin, a un effet négatif sur le lin lui-même.

Liseron *(Convolvulus)* — En cultivant les liserons avec le maïs, les Amérindiens ont probablement été les premiers à profiter du bon voisinage des plantes. On croit également que les graines de liseron stimulent la germination des graines de melon.

Les graines de liseron germeront plus rapidement si l'on y verse de l'eau bouillante avant de les recouvrir de terre. Cela ne nuit pas aux graines, mais ramollit l'enveloppe afin qu'elles germent plus vite. Les autres graines très dures peuvent être traitées de la même façon.

Ces plantes grimpantes se reproduisent très bien.

Liseron sauvage – Liseron des haies – (*Calystegia sepium*)— Bien que le liseron sauvage soit, dit-on, bénéfique pour le maïs, si on le laisse monter en graine, il peut rapidement s'étendre et devenir indésirable. On peut le détruire en versant un peu de vinaigre blanc au centre de chaque plant.

Le liseron sauvage est bénéfique pour le maïs, ainsi que pour les vergers.

Livèche (*Levisticum officinale*) — La livèche plantée ici et là favorise la croissance et le développement de la saveur des autres plantes. On peut utiliser cette herbe pour remplacer le sel en cuisine. Elle est délicieuse saupoudrée sur les salades, de même que dans les biscuits au fromage. Elle peut remplacer le bouillon de viande dans les plats qui ont besoin d'être relevés et elle est excellente dans les soupes et les plats mijotés.

La livèche supporte bien l'hiver, mais ses racines doivent être protégées dans les climats très froids.

Lupin (*Lupinus perennis*) — Parfois appelé pois sauvage, le lupin a des fleurs bleues, roses ou blanches en forme de papillon qui rappellent son appartenance à la famille des Légumineuses.

Les fermiers croyaient autrefois que le lupin réduisait la fertilité des sols, d'où ce nom dérivé de *lupus* qui signifie loup en latin. En réalité, le lupin favorise la croissance de la plupart des cultures.

Les lupins poussent sur les talus, dans le gravier et aux endroits exposés au soleil. Ils aiment les sols pauvres où leurs racines plongent à des profondeurs étonnantes, laissant derrière elles des sols aérés. Ce sont des pionniers qui colonisent de nouvelles terres.

La fleur du lupin est de celles qui dorment la nuit. Certaines replient leurs folioles non seulement la nuit, mais aussi le jour, lorsqu'il y a un mouvement dans les feuilles. À cause de cette particularité, on surnomme souvent le lupin le cadran solaire. Parmi les nombreuses espèces de lupin, certaines contiennent un alcaloïde toxique tandis que chez d'autres, les graines sont comestibles.

Luzerne (*Medicago sativa*) —De toutes les Légumineuses, la luzerne est la plus efficace pour fixer l'azote. Un hectare de luzerne peut fixer plus de 200 kg d'azote par année. À cause de ses longues racines, la luzerne a besoin d'un sol profond exempt de couches dures ou rocheuses. Des recherches ont démontré que ses racines pouvaient plonger jusqu'à plus de 40 m et que leur profondeur moyenne était de 7 à 10 m.

C'est ce qui permet à la luzerne de se nourrir au sein de strates riches en minéraux et inexploitées. La luzerne est riche en fer et contient également du phosphore, du potassium, du magnésium et d'autres minéraux.

On peut faire germer des graines de luzerne dans sa cuisine ou la cultiver pour ses feuilles dans le jardin. Elle stimule et active la décomposition des ordures ménagères pour en obtenir du compost.

La luzerne se plaît dans les mêmes terrains que le pissenlit. Le pissenlit a aussi des racines profondes et sa présence indique que le sous-sol est facile à pénétrer. Dans les pâturages, la luzerne forme un écran protecteur pour les herbes à racines peu profondes et leur permet de mieux supporter la sécheresse.

Lychnide fleur de coucou (*Lychnis floscuculi*) — Les racines de tous les membres de la famille des Caryophyllacées contiennent de la saponine, une substance qui produit une mousse savonneuse lorsqu'elle est mélangée à l'eau. Avant l'invention du savon, les racines de lychnide et de saponaire étaient employées pour la lessive. Le silène muflier, un membre intéressant de cette famille, porte des fleurs qui ne s'ouvrent qu'en plein soleil, et la substance visqueuse de ses tiges constitue un piège pour les mouches.

M

Maïs (*Zea mays*) — Le maïs réservé à l'alimentation humaine est le maïs sucré ; il pousse bien avec les pommes de terre, les pois, les haricots, les concombres, les citrouilles et les courges. Des recherches ont démontré que le drageonnement des plants de maïs était aussi inutile que nuisible pour les épis. Les pois et les haricots aident le maïs en enrichissant le sol en azote.

Les melons, les courges, les citrouilles et les concombres apprécient l'ombre des plants de maïs. On pourra planter des haricots grimpants qui s'accrocheront aux tiges des plants de maïs. Ne plantez pas de tomates à proximité du maïs, car le même insecte s'attaque aux deux plantes.

Mante religieuse — Malgré son aspect inquiétant, la mante religieuse est l'un des insectes les plus utiles. Elle ne nuira à aucune des plantes de votre jardin, se nourrissant seulement des autres insectes. Jeune, elle mange les insectes les plus tendres, les aphidiens (pucerons), et devenue adulte elle tue et se nourrit de punaises, criquets, sauterelles, abeilles, guêpes, mouches, cafards, araignées et chenilles, ainsi que de beaucoup d'autres.

La longueur d'une mante religieuse adulte varie de 10 à 25 cm selon l'espèce, cependant, on peut facilement ne pas la voir, car sa forme et sa couleur se confondent avec la plante sur laquelle elle se pose.

Les mantes religieuses femelles déposent leurs œufs en tas en les collant aux arbres et aux buissons à l'aide d'une substance visqueuse qu'elles produisent elle-même. Les œufs demeurent là tout l'hiver, et à l'automne, si vous examinez avec attention les buissons épineux, la broussailles, les haies, les arbres et arbustes à baies, une fois que les feuilles sont tombées,

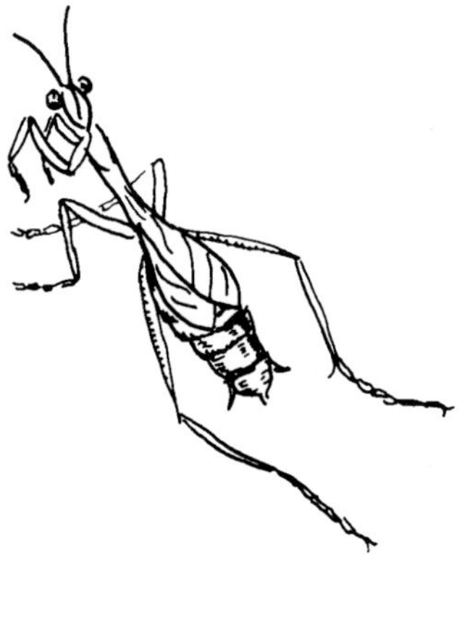

La mante religieuse tue certains "bons" insectes, mais protège le jardin de nombreux visiteurs indésirables.

il est possible que vous découvriez la mousse durcie de leurs nids. Vous pouvez en enlever pour les mettre dans votre jardin, mais ne les faites jamais disparaître totalement d'un secteur.

Pour une installation convenable, il faut environ un nid pour un arbuste déjà grand, ou bien quatre pour 1 000 m^2 non boisés. Mettez-les dans un endroit abrité situé entre 0,60 m et 1,20 m au-dessus du sol.

Dès le début du printemps, les mantes religieuses seront prêtes à vous venir en aide, en général de début mai à la fin juin, précisément au moment où une grande quantité d'insectes font leur apparition. Chaque mante religieuse est reliée à son œuf par un fil très fin qu'elle doit rompre. Après l'avoir fait, elle doit tomber puis grimper au feuillage environnant.

Les mantes religieuses ne sont pas de bons insectes volants, elles se déplacent très lentement et restent donc dans le secteur aussi longtemps qu'elles continuent à y trouver leur nourriture.

Une fois introduites dans un endroit, il est probable qu'elles s'y multiplient ; bien que beaucoup de nouvelles nées ne survivent pas, il y en aura suffisamment pour que l'espèce se perpétue.

Vous pouvez trouver des nids de mantes religieuses dans le commerce, ou par correspondance, généralement entre novembre et début mai.

Marjolaine (*Majorana hortensis*) — Cette petite plante facile à cultiver est l'une des fines herbes les plus anciennement connues. La marjolaine comprend trois espèces différentes qui sont membres de la famille des Labiacées.

Plante annuelle, elle est l'une des herbes aromatiques les plus utilisées. Cette herbe était connue des Grecs, qui lui ont donné son nom qui signifie "joie de la montagne". Ses qualités comme désinfectant en faisaient une herbe de valeur au Moyen âge.

Le souci officinal (voir **Souci**) est une plante vivace qui a beaucoup moins de saveur, mais qui est encore plus facile à cultiver.

L'origan (*Origanum vulgare*) – aussi appelé marjolaine sauvage – est une plante cultivée que l'on rencontre parfois échappée des cultures. Il a un parfum dont l'intensité varie selon l'endroit où il pousse. Cette herbe est employée dans les mets italiens (les pizzas), mexicains et espagnols. En plus d'être un stimulant, on croit que l'origan a aussi des propriétés médicinales, car il contient du *thymol*, un antiseptique puissant utilisé par voie interne ou externe. Toute la plante est couverte de glandes poilues contenant des huiles. L'arôme de l'origan, qui rappelle celui du thym, est très durable et reste intense même dans les tiges et les feuilles séchées.

Dans le jardin, la marjolaine a un effet bénéfique sur toutes les plantes voisines, dont elle favorise à la fois la croissance et le développement de la saveur.

Mauvaises herbes — On a déjà dit que les mauvaises herbes sont des plantes qui se trouvent au mauvais endroit. Je penche plutôt vers la définition qu'en donnait Ralph Waldo Emerson : "Les mauvaises herbes sont des plantes dont les vertus nous sont encore méconnues." Utilisées avec discernement, les mauvaises herbes peuvent aider les autres plantes. Bien sûr, on ne doit pas les laisser prendre le dessus, mais quelques touffes laissées ici et là peuvent avoir une influence bénéfique.

Ainsi, les fortes racines des mauvaises herbes percent le sous-sol en le brisant et rendent sa pénétration plus facile pour les plantes qui cherchent de la nourriture et de l'eau. Quelques mauvaises herbes seront utiles pour faire de l'ombre aux jeunes plants de légumes qui risqueraient de brûler sous le chaud soleil d'été. De plus, les racines des mauvaises herbes feront remonter l'humidité à un niveau accessible à ces jeunes plants.

Les herbes aux racines très profondes, comme l'amarante, le chénopode et le chardon, tirent des minéraux du sous-sol jusque dans leurs tiges et leurs feuilles. Lorsque ces mauvaises herbes sont enfouies, les minéraux qu'elles contenaient deviennent disponibles pour des plantes dont les racines sont moins profondes.

En outre, les mauvaises herbes semblent accumuler les éléments nutritifs qui sont particulièrement déficients dans le sol. Des mauvaises herbes comme le rumex et le plantain, qui se développent bien dans des sols acides, sont riches en minéraux alcalins comme le calcium et le magnésium. La fougère, qui pousse bien dans un sol pauvre en phosphore, contient un taux élevé de phosphore. En enfouissant ces mauvaises herbes, on rendra ces minéraux au sous-sol et ils deviendront disponibles pour d'autres cultures.

Les mauvaises herbes conditionnent aussi le sol. Leurs longues racines laissent des fibres organiques qui se décomposent et enrichissent le sol. De plus, elles laissent des canaux de drainage et d'aération. Le pissenlit laisse des canaux souterrains utilisés par les vers de terre, qui enrichiront le sol à leur tour. La texture du sol est améliorée par les mauvaises herbes, qui contribuent également à la multiplication des bactéries.

Il est utile de bien connaître les mauvaises herbes, car elles sont d'excellents baromètres du type de sol où elles poussent.

Les mauvaises herbes qui aiment les sols acides et qui indiquent une augmentation de l'acidité sont les patiences, les renouées et l'oseille.

Les mauvaises herbes qui indiquent la formation d'une croûte dure sont le thlaspi des champs, le liseron, la moutarde des champs, la camomille et le chiendent.

Les mauvaises herbes qu'on trouve généralement sont le mouron des oiseaux, la renoncule des champs ou bouton-d'or, le pissenlit, le chénopode, le plantain, l'ortie, la renouée, la laitue sauvage, la véronique des champs et les mauves.

Les sols sablonneux sont favorables aux laitues sauvages, à la linaire vulgaire, à l'aster éricoïde et à la plupart des verges d'or ou solidago.

Dans les sols alcalins, on trouve l'armoise tandis que les terrains secs accueillent le thlaspi des champs, le chardon et la camomille.

Si les mauvaises herbes poussent bien, les légumes pousseront probablement aussi bien. Laissez les mauvaises herbes croître au maximum et coupez-les avant qu'elles ne montent en graine. Laissez-les sécher quelques jours et enfouissez-les à la manière d'un engrais vert.

Vous les trouverez si utiles pour votre tas de compost que vous irez peut-être en cueillir en bordure des routes. Vous y trouverez des orties, des achillées millefeuille et des trèfles d'odeur ou mélilots. Ces herbes doivent être bien compostées afin de détruire leurs graines avant d'être mises dans le jardin.

Les mauvaises herbes ne sont pas nécessairement des ennemies. Avec du savoir-faire, elles peuvent devenir des alliées précieuses.

Mélilot (*Melilotus alba* et *M. officinalis*) — Sans être un véritable trèfle, le mélilot est quand même une Légumineuse. Les mélilots blancs ou jaunes vivent deux ans et leurs grosses racines plongent profondément dans le sol. À la fin de la deuxième année, ils se décomposent pour enrichir le sol en azote et en matières végétales.

Le foin abîmé ou mal ensilé du mélilot ne devrait jamais servir à nourrir les animaux. Ce foin contient de la coumarine, un anticoagulant, qui devient toxique à mesure que le mélilot se décompose et qui peut leur causer des hémorragies internes ou externes.

Mélisse ou citronnelle (*Melissa officinalis*) — La mélisse, souvent appelée herbe à abeilles, est connue depuis longtemps pour son arôme de citron et sa saveur de miel. *Melissa*, qui est le nom générique, signifie abeille en grec, et une vieille croyance voulait que les abeilles ne quittent pas les abords de la ruche lorsqu'il y a de la mélisse à proximité. Pline écrivait que "lorsque les abeilles s'éloignent, elles retrouvent le chemin du retour grâce à elle".

Une infusion de mélisse ou citronnelle calme le système nerveux et stimule le cœur. Son effet relaxant peut même soulager une migraine. Dans les pâturages, elle augmente la quantité de lait donné par les vaches et elle est excellente en infusion avec de la marjolaine pour les vaches qui ont mis bas.

Melon (*Cucurbitaceae*) — Une rotation des cultures est peut-être la meilleure arme contre les insectes indésirables, mais il est inutile de remplacer les melons par des courges ou des concombres, car ils appartiennent tous à la famille des Cucurbitacées.

Le choix du moment de la mise en terre est important. La plupart des Cucurbitacées ne sont plus vulnérables aux insectes perceurs lorsqu'ils ont passé le stade de jeune plant. Essayez donc de les planter plus tôt, ou plus tard.

Ne plantez pas de melons près des pommes de terre. Cependant, ils pousseront bien avec le maïs et les hélianthes. Les liserons stimulent, semble-t-il, la germination des graines de melon.

Du papier paraffiné épais placé sous les melons les protégera contre les vers. Les feuilles de melon sont riches en calcium et peuvent enrichir le compost.

Melon d'eau ou pastèque (*Citrullus vulgaris*) — Le melon d'eau peut être planté en rangs alternés avec des pommes de terre, particulièrement si ces dernières ont un paillis de paille. Le melon d'eau a besoin de beaucoup de soleil ; il ne faut donc pas le planter près de légumes qui projettent de l'ombre.

Menthe (*Mentha*) — La menthe fait bon ménage avec le chou et les tomates, dont elle favorise la croissance et le développement de la saveur. Les tomates et la menthe seront plus vigoureuses si elles sont à proximité d'orties brûlantes (*Urtica urens*). Les menthes pousseront bien sous un noyer grâce en particulier à son ombre.

La menthe éliminera le papillon blanc du chou en faisant fuir sa chenille. La menthe verte (*Mentha spicata*) éloignera les fourmis éleveuses d'aphidiens (pucerons) des plantes voisines.

La menthe éloigne aussi les mites des vêtements et les altises noires. Des feuilles de menthe placées sous la cage des lapins feront fuir les mouches, tandis que des feuilles séchées (ou de l'huile de menthe) tiendront les souris et les rats à l'écart.

La menthe verte éloigne les fourmis éleveuses d'aphidiens (pucerons) et peut-être aussi les rongeurs.

Menthe poivrée (*Mentha piperita*) — De toutes les herbes, la menthe poivrée est celle qui demande le plus d'humidité et d'humus. Elle profitera d'une petite quantité de fumier de poulet bien décomposé.

La menthe poivrée chasse les fourmis rouges des arbrisseaux et, plantée parmi les choux, elle éloignera le papillon blanc du chou. Si on la plante avec de la camomille, la menthe poivrée produira moins d'huile, mais la camomille en produira plus. La menthe produira plus d'huile si elle est plantée à proximité de l'ortie brûlante.

La menthe noire se distingue des autres par ses tiges violettes et ses feuilles d'un vert foncé. Elle donne un arbuste d'environ un mètre qui est couronné au milieu de l'été par de jolies fleurs de couleur lavande. Elle est largement utilisée à des fins commerciales et médicinales.

Micro-climat — On peut tirer avantage d'un micro-climat engendré par une caractéristique du terrain, comme un étang qui tempère l'air. On peut aussi le créer en variant les cultures, en ajoutant une haie ou en couvrant une clôture de plantes grimpantes. Une haie est un brise-vent permanent, mais un rang de maïs pourra rapidement servir aux mêmes fins en faisant de l'ombre et en limitant la circulation d'air sur les plantes plus fragiles. Il en va de même pour les plantes grimpantes comme les vignes ou les concombres, qui devront être bien arrosées pendant l'été, surtout si elles sont exposées au soleil d'ouest.

Si vous avez la chance d'avoir un étang sur votre terrain, vous pourrez sans doute faire pousser des plantes qui exigent beaucoup d'humidité, alors que vos voisins ne le pourront pas.

Mildiou (*Erysiphacea*) — Le mildiou est un champignon qui se nourrit de plantes vivantes. Lorsque les conditions d'humidité sont adéquates, le vent transporte ses sporanges (petites graines) qui collent aux feuilles des plantes. Le mycélium se répand ensuite pour couvrir les feuilles d'une moisissure blanche et duveteuse. Ce type de champignon ne se développe pas à l'intérieur de la plante, mais s'alimente à même sa sève, et la plante se couvre de moisissure en quelques jours. Apparaissent ensuite sur la moisissure des petits points noirs contenant des milliers de spores destinées à la reproduction.

Comme il est visible, le mildiou est plus facile à maîtriser que d'autres champignons. On peut le combattre en pulvérisant une infusion de prêle. Lorsque les prêles sont disponibles, on prépare l'extrait en recouvrant d'eau des plants fraîchement coupés et en les laissant fermenter pendant 10 jours. On dilue ensuite le liquide et on l'utilise en pulvérisation. La farine de graines de moutarde a été utilisée avec succès pour combattre le mildiou sur les Cucurbitacées.

O

Œillet d'Inde *(Tagetes)* — Ces jolies fleurs au parfum intense éloignent les nématodes qui s'attaquent aux pommes de terre, aux fraises, aux rosiers et à certaines plantes bulbeuses, surtout lorsqu'on les cultive pendant plusieurs saisons aux endroits où l'on soupçonne la présence de nématodes. Des expériences ont démontré que les œillets d'Inde peuvent éloigner les *pratylenchus pratentis* pendant trois ans et tenir en respect les autres nématodes pendant au moins une année sans nuire aux plantes.

Pour contrôler les nématodes, on peut aussi alterner les plants d'œillets d'Inde avec des plantes vulnérables. Pour diminuer la compétition, il est sage de planter les œillets d'Inde au moins deux semaines après les plants qu'ils doivent protéger.

Les œillets d'Inde éliminent les nématodes par une substance chimique que dégagent leurs racines et qui les tue dans le sol. Cependant, le processus est lent. La première année, les fleurs peuvent sembler inefficaces, mais leur effet se fera sentir au cours des années suivantes lorsque la population de nématodes aura commencé à diminuer.

Les tomates plantées en alternance avec des œillets d'Inde se développeront mieux et seront plus productives. Plantés avec des haricots, les œillets d'Inde éloigneront la coccinelle mexicaine des haricots. Les œillets d'Inde aident également à contrer les mauvaises herbes. Les plus vieux plants, dont les fleurs et les feuilles dégagent une forte odeur, sont les plus efficaces.

Oignon (*Allium cepa*) — Les oignons et tous les membres de la famille des choux font bon ménage. Ils aiment également les betteraves, les

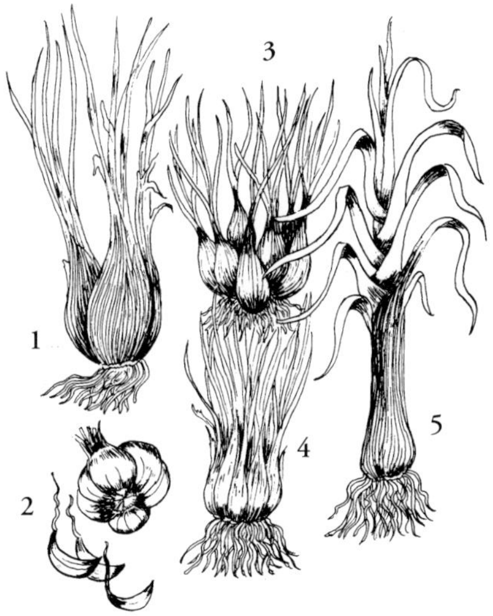

La famille des oignons est la meilleure amie du jardinier.

1. Ciboule
2. Ail
3. Echalote
4. Ciboulette
5. Poireau

fraises, les tomates, la laitue, la sarriette et la camomille (en petite quantité), mais détestent les pois et les haricots.

Comme les vers de l'oignon se déplacent d'un plant à l'autre lorsqu'ils sont en rang, répartissez vos oignons à travers le jardin.

Une substance toxique contenue dans les pigments de la pelure des oignons rouges et jaunes est apparemment associée avec la résistance aux maladies. Un biologiste russe a découvert qu'une solution faite de pelure d'oignon et d'eau, pulvérisée 3 fois par jour pendant 5 jours consécutifs, détruisait complètement les hémiptères, un parasite qui s'attaque à une centaine d'espèces de plantes.

Oiseaux — Insectivores, les oiseaux sont reconnus comme étant les meilleurs insecticides, particulièrement l'hirondelle, qui capture des insectes en vol, et ce, de manière presque incessante. Des cabanes bien conçues et placées loin des grands arbres attireront les hirondelles. De la nourriture et un bassin d'eau encourageront aussi les autres oiseaux à faire leur nid près du jardin.

Les oiseaux sont particulièrement attirés par les micocouliers, les sureaux, les sorbiers, les chèvrefeuilles, les cornouillers, les berbéris, les framboisiers, les viornes, les aubépines et les hélianthes. Les conifères et les buissons épineux leur fourniront des abris de choix pour la construction de leurs nids.

Les oiseaux peuvent cependant devenir trop nombreux et s'attaquer aux cultures. Voici un truc qui nous vient des Chinois : lorsque les fruits commencent à mûrir, suspendez une tranche d'oignon aux arbres. Les oiseaux détestent l'odeur des oignons et s'en tiendront loin. Des boîtes de lait vides suspendues à des bouts de ficelle pour qu'elles bougent au vent feront fuir certains oiseaux. Changez-les de place de temps en temps et ajoutez-y des rubans ou des bandes de tissu.

Si les corneilles s'attaquent au maïs ou aux melons d'eau, plantez plusieurs piquets et attachez des ficelles blanches entrecroisées au-dessus de votre jardin. Les oiseaux y verront un piège et ils éviteront le terrain.

Ombre — L'ombre joue parfois un rôle capital dans le bon voisinage des plantes. La nature n'aligne pas les plantes comme nous le faisons dans nos jardins. Plantez des radis en planche de 30 cm de largeur sans les éclaircir. Plantez des laitues à croissance rapide entre des choux, des brocolis, des choux de Bruxelles ou même des tomates, qui donneront de l'ombre aux jeunes plants pendant leur croissance. Les laitues seront récoltées avant que ces légumes à croissance lente aient besoin de l'espace. Vous obtiendrez ainsi deux cultures dans le même espace, tout en découvrant que les choux font assez d'ombre pour que les laitues restent craquantes même pendant les chaleurs d'été.

Si vous plantez des betteraves hâtives avec des pommes de terre tardives, ces dernières protégeront les betteraves du soleil et elles seront tendres et succulentes même pendant la canicule.

Plantez des melons entre les rangs d'oignons ; lorsque les oignons seront récoltés, les melons prendront l'espace libre. De plus, les oignons protégeront les tiges rampantes des melons contre les insectes.

Après avoir récolté les épis de maïs, laissez les tiges en place pour qu'elles fassent de l'ombre sur une culture de choux, de haricots, de pois ou de navets. A l'arrivée de l'automne, lorsque le soleil sera moins fort, vous pourrez enlever les tiges et les utiliser comme paillis.

Les menthes aiment l'ombre et peuvent être plantées sous les arbres. L'aspérule odorante, qui est un excellent couvre-sol, aime aussi l'ombre et retiendra l'humidité nécessaire aux plantes qui lui font de l'ombre. L'estragon et le cerfeuil aiment l'ombre partielle.

Les hirondelles éliminent des vergers et des jardins un nombre incalculable d'insectes nuisibles en les capturant en vol.

Origan (*Origanum vulgare*) — Semez avec le brocoli pour éloigner les papillons blancs du chou (voir **Marjolaine**).

Orme (*Ulmus*) — Les vignes qui grimpent aux arbres profitent à la fois de la circulation de l'air et de la lumière du soleil. C'est en frappant les feuilles, plus que les fruits eux-mêmes, que le soleil fait mûrir les fruits. Les ormes constituent un support idéal pour des vignes.

Ortie (*Urtica dioica*) — Les plantes qui poussent dans le voisinage de l'ortie dioïque ou grande ortie sont plus résistantes aux insectes. Elle aide les plantes à résister aux poux, aux limaces et aux escargots lorsque le temps est humide ; elle favorise la croissance de la menthe et des tomates et donne plus d'arôme aux herbes comme la valériane, l'angélique, la marjolaine, la sauge et la menthe poivrée. L'ortie ralentit la fermentation et garde les fruits exempts de moisissure, ce qui en facilite la conservation. Les fruits enveloppés dans du foin d'ortie mûrissent plus rapidement. L'ortie dioïque en solution peut stimuler la fermentation du compost ou du fumier.

On peut obtenir de bons résultats plus aisément en plaçant les orties, avant que leurs grains soient mûrs, en couches dans le tas de compost. La plante contient de l'acide carbonique et de l'ammoniaque qui sont sans doute responsables de l'activation du compost. Si l'espace le permet, il est préférable de cultiver les orties loin du jardin, car elles se répandent très vite.

Même si les orties irritent la peau, leurs jeunes feuilles sont comestibles. Le foin d'ortie est un bon aliment pour les animaux et un élément activant pour le compost.

Euell Gibbons rapporte que les feuilles d'ortie dioique mélangées à des feuilles de raifort font une délicieuse salade. Elles se mélangent aussi très bien avec de la laitue ou des épinards.

Comme les orties sont riches en minéraux et en fer, elles constituent un bon remède contre l'anémie en activant la circulation du sang et en agissant comme stimulant. Leurs feuilles, riches en protéines, sont également bonnes pour nourrir les animaux, une fois déchiquetées et séchées. La santé des chevaux en sera améliorée et les vaches donneront plus de lait et un lait plus riche. Lorsque de la poudre de feuilles d'ortie est ajoutée à la nourriture des poules, ces dernières pondent plus d'œufs et ceux-ci ont une meilleure valeur nutritive. Les poulets et les dindons alimentés aux orties se développeront plus rapidement et seront plus gras. Même le fumier provenant d'animaux nourris aux orties sera meilleur que les autres.

Portez des gants pour repiquer les jeunes plants, car les poils urticants des feuilles et des tiges font pénétrer sous l'épiderme des substances irritantes qui provoquent des démangeaisons. L'irritation peut être traitée avec du jus d'ortie, ou en frottant la peau avec des impatiens, de la rhubarbe ou n'importe quel membre de la famille de l'oseille.

P

Paillis — Un paillis est tout ce qui retarde la perte d'humidité, mais les paillis organiques, qui ajoutent des éléments nutritifs au sol, sont les plus utiles. Ils se composent d'écorce hachée, de gousses de sarrasin, d'épis de maïs, de branches, d'aiguilles de conifères, de gazon coupé, de foin, de houblon, de feuilles (surtout les feuilles de chêne, qui éloignent les insectes), d'engrais, de mousse de tourbe, d'aiguilles de pin (idéales pour augmenter la force des tiges et la saveur des fraises), de litière de poules, de foin salin, de sciure et de copeaux de bois, d'algues, d'orties, de paille ou de tiges de plants de tabac.

Paillis de sciure de bois — Il y a beaucoup de choses à dire sur les avantages et les inconvénients du paillis de sciure. Les paillis de ce type sont très inflammables, la sciure fraîche peut épuiser l'azote du sol, et il n'est pas bon de l'utiliser en été car les vers de terre l'éviteront.

En revanche, un paillis de sciure convient aux framboisiers et devrait être mis immédiatement après la transplantation des plants. Mélangé à de l'engrais animal, il constitue un paillis acceptable pour plusieurs plantes ou arbustes.

L'arbre dont provient la sciure est un élément important. La sciure de pin se décomposera très lentement si on ne l'expose pas d'abord aux intempéries jusqu'à ce qu'elle devienne grise. La sciure de bois dur pourrira plus rapidement que le pin, le sapin ou le thuya si elle est vieillie avant usage.

Il est bon de mélanger la sciure à d'autres éléments. Des études ont démontré que le tanin et la terpène contenus dans la sciure ne font que très peu de tort au sol. Les copeaux et la sciure utilisés comme litière pour les animaux font un excellent paillis.

Panais (*Pastinaca sativa*) — Le panais est un légume au goût particulier. Le panais est presque exempt d'insectes et de maladies. Avec son feuillage et ses racines, on peut fabriquer une pulvérisation efficace contre les insectes. Le panais supporte bien le gel. La germination des graines est lente et irrégulière.

Le panais cultivé est la même plante que l'on retrouve le long des routes et dans les lieux incultes. La racine, qui est douce et tendre chez la plante cultivée, est âcre et ligneuse chez la plante sauvage. Le panais sauvage est une mauvaise herbe difficile à éliminer et qui peut devenir envahissante.

Pastèque — Voir **Melon d'eau**.

Patate douce (*Ipomea batalas*) — Les patates douces ont généralement une grande valeur énergétique, qui n'est dépassée que par les pois et les haricots. Elles ont un ennemi en commun, une moisissure causée par un champignon, qui peut être maîtrisée en choisissant des graines saines ou en pratiquant la rotation des cultures.

Si des lapins ou des lièvres s'attaquent aux patates douces, pulvériser une émulsion de poisson.

Pavot et coquelicot (*Papaver*) — Les pavots et les pieds-d'alouette font bon ménage avec le blé d'hiver, mais ils détestent l'orge. Les champs de blé infestés de coquelicots donneront une piètre récolte et les grains seront petits.

On cultive les pavots pour leurs graines et leur huile, mais ils appauvrissent le sol, qui doit ensuite être régénéré. On peut tirer avantage de cette propriété pour étouffer les mauvaises herbes dont on ne peut se défaire autrement.

Les graines de pavot peuvent rester inactives dans le sol pendant plusieurs années, puis se mettre à germer avec une culture de céréales, plus particulièrement le blé d'hiver.

Perceurs — Des capucines plantées autour des arbres fruitiers éloigneront les insectes perceurs, tout comme le feront aussi l'ail et les autres membres de la famille des oignons.

Les pavots et les coquelicots peuvent devenir envahissants et inhibent la croissance de l'orge.

Persil (*Petroselinum hortense*) — Du persil mêlé à des graines de carotte éloignera les mouches de la carotte par son odeur caractéristique. Il protégera les roses contre les scarabées du rosier. Planté avec des tomates ou des asperges, elles en seront toutes deux plus vigoureuses.
On laisse parfois entrer les poules dans les enclos de persil où il y a profusion de lieuses du céleri – les larves du papillon du céleri.
Certaines espèces de persil, comme le persil à grosse racine, sont cultivées pour leurs racines que l'on fait cuire et que l'on mange comme du panais.

Pétunia (*Petunia*) — Ce membre de la famille des Solanacées doit son nom au mot sud-américain "petun", qui signifie tabac. Le tabac est en effet de la même famille. Les pétunias protègent les haricots contre les chrysomèles.

Peuplier *(Salicaceae)* — Arbres à croissance rapide et à vie relativement courte, les peupliers servent souvent à régénérer les forêts. Après un incendie de forêt, c'est souvent le premier arbre à pousser sur la terre dénudée. Ses nombreuses graines, semblables à celles du saule, se répandent vite et loin. Le peuplier d'Italie, qui ressemble à un point d'exclamation, est souvent utilisé comme écran pour protéger les autres arbres contre le vent.

Je lisais récemment dans une revue néo-zélandaise qu' "il semble exister une symbiose entre les peupliers et le gazon, ce qui permet d'avoir plus de gazon et en meilleure santé. La perte d'humidité est aussi moins importante grâce à la vitesse réduite des vents".

pH — Les experts en jardinage s'imaginent que tout le monde sait ce qu'est le pH. En réalité, c'est assez simple. Le pH indique simplement le degré d'acidité ou d'alcalinité d'une matière. On l'utilise en horticulture pour indiquer la condition du sol, une information capitale lorsqu'on sait que plusieurs plantes ne se développent bien qu'à l'intérieur de certains taux de pH.

L'acidité du sol peut être de deux types : active ou potentielle. Un sol acide est un sol où la concentration d'ions d'hydrogène (H+) est supérieure à la concentration d'hydroxile (OH–). Lorsque la concentration de H+ et de OH– sont égales, on dit que le sol est neutre. Lorsque la concentration de OH– est supérieure à la concentration de H+, le sol est alcalin ou basique.

L'acidité active représente l'excès d'ions H+ par rapport aux ions OH– contenus dans le sol. Elle s'exprime par une unité sur l'échelle de pH. Selon cette échelle, le chiffre 7 représente un sol neutre ; un nombre plus élevé indique un sol alcalin, et un nombre plus petit un sol acide. Il est rare de trouver un sol dont l'acidité dépasse 3,5 ou dont l'alcalinité soit supérieure à 8. Il faut cependant souligner que la progression est géométrique. L'acidité au pH 5 est 10 fois plus grande qu'au pH 6 ; au pH 4, elle sera 100 fois plus grande.

Que peut-on peut faire si des analyses montrent un écart trop grand dans un sens ou dans l'autre ? Pour réduire l'acidité, on ajoutera de la chaux, de préférence celle vendue à des fins agricoles. à mon avis, tous les sols – particulièrement les sols alcalins – profiteront de l'usage de compost et d'humus faits à partir de matières organiques bien décomposées. Des engrais verts enfouis seront également bénéfiques.

Phytolaque d'Amérique (*Phytolacca americana*) – Raisin d'Amérique — Les phytolaques poussent bien sous les pins écossais et certains autres arbres. Leurs baies et leurs racines sont toxiques, mais leurs petites pousses d'un vert rosé semblables à des asperges sont tout simplement délicieuses. C'est l'une des premières plantes à paraître au printemps et ses jeunes pousses doivent être cuites légèrement dans de l'eau qu'on changera plusieurs fois. Les baies et les racines contiennent du *phytolaccin,* une substance purgative et un narcotique léger qu'on utilise pour le traitement des rhumatismes.

Les Amérindiens utilisaient le jus des fruits comme teinture. Le nom de la plante, qui signifie "plante à laque" fait d'ailleurs allusion à la matière colorante contenue dans les baies.

Les racines et les baies des phytolaques sont toxiques, mais les jeunes pousses bouillies sont délicieuses.

Pied-d'alouette (*Delphinium consolida*) — Les alcaloïdes contenus dans cette plante – la *delcosine* et la *delsoline* – sont efficaces contre les aphidiens (pucerons) et les thrips. Les pieds-d'alouette vivaces sont nuisibles au bétail et peuvent même causer des empoisonnements. On estime cependant qu'ils améliorent la vigueur du blé d'hiver.

Piment du Chili *(Casicum frutescens, fasciculatum* et *longum)* — Les piments rouges forts comptent parmi les plantes les plus utiles et les plus savoureuses du potager.

Utilisez une solution de piment de Cayenne et de savon moulus pour pulvériser les plantes infestées par les aphidiens (pucerons). Faites sécher le piment de Cayenne et saupoudrez-en les plants de tomates infestés de chenilles.

Cependant, si vous voyez une longue chenille verte, la larve du sphynx, ne pulvérisez pas trop vite. Vérifiez si des guêpes parasites ont construit des cocons blancs faciles à repérer autour des chenilles. Si c'est le cas, attendez, car elles feront le travail pour vous.
Du piment rouge moulu placé autour des aubergines et frotté sur leurs feuilles éloignera les insectes indésirables. Un autre produit à pulvériser peut être fait à partir de gousses de piment moulu, d'oignon et d'ail. Couvrir la purée d'eau, laisser reposer 24 heures et égoutter. Ajouter assez d'eau pour obtenir 4 litres de liquide. Pulvériser plusieurs fois par jour sur les rosiers, les azalées, les chrysanthèmes et les haricots pour juguler les infestations. Ne jetez pas la bouillie qui reste au fond ; versez-la plutôt au pied des plantes infestées d'insectes.

Pin (*Pinus*) — Des branches de pin émondées sont idéales pour couvrir les pivoines en hiver. Retirez-les au printemps avant que les fleurs ne commencent à pousser.

Les aiguilles de pin font un bon paillis pour les azalées, les rhododendrons et les autres plantes qui aiment l'acidité. Elles augmentent aussi la vigueur et la saveur des fraises.

Les aiguilles de pin dégagent de la terpène, une substance qui nuit à la germination. Il n'est donc pas recommandé de placer le tas de compost près des pins.

Pissenlit (*Taraxacum officinale*) — Le pissenlit est considéré comme une mauvaise herbe dynamique, car il aime, tout comme le trèfle et la luzerne, les bons sols profonds. Les sols où poussent le pissenlit sont fréquentés par les vers de terre, pour lesquels cette plante est un producteur naturel d'humus. Il peut être fâcheux d'avoir des pissenlits sur sa pelouse, mais ils n'enlèvent rien au gazon, car leurs racines peuvent atteindre un mètre de profondeur. Ils tirent des minéraux – plus particulièrement du calcium – des couches profondes et contribuent ainsi à régénérer le sol. Lorsque les pissenlits meurent, les canaux laissés par leurs racines permettent aux vers de terre de pénétrer plus profondément dans le sol.
Les pissenlits dégagent un gaz, l'éthylène, qui limite la hauteur et la croissance des plantes voisines. Les fleurs et les fruits environnants atteindront leur maturité plus rapidement.

Les pissenlits ne font pas concurrence au gazon, car leurs racines n'occupent pas la même strate du sol. Ils tirent des minéraux du sous-sol et leurs racines laissent des canaux qui sont utilisés par les vers de terre. Ils sont aussi bénéfiques à la croissance de la luzerne.

Plantain (*Plantago*) — Le plantain lancéolé *(P. lanceolata)* était autrefois utilisé comme remède contre les meurtrissures et les contusions. Il produit un effet rafraîchissant et astringent lorsqu'on presse quelques feuilles sur une piqûre d'abeille.

Le plantain et le trèfle rouge poussent parfois ensemble, car des graines de plantain sont souvent mélangées accidentellement aux semences de gazon ou de trèfle. Si le plantain apparaît sur votre terrain, arrachez-le complètement.

Le plantain aide le trèfle rouge, mais c'est une mauvaise herbe dont il est difficile de se débarrasser.

Plantes (bordures de) — Du ricin planté autour du jardin éloignera les taupes, tandis que des bordures de jonquilles, de narcisses, de scilles et de jacinthes en grappes autour des plates-bandes éloigneront les souris. En petite quantité, l'hysope, la citronnelle et la valériane sont bénéfiques à tous les légumes. L'achillée millefeuille convient bien aux bordures des allées et poussera bien même si on marche dessus. Plantée en bordure d'un jardin d'herbes, elle stimulera la production d'huiles essentielles par les herbes.

Plantes (éléments chimiques des) — On comprend mieux les interactions des plantes lorsqu'on connaît les divers éléments qui les composent.

Certains éléments chimiques sont présents dans tous les protoplasmes végétaux et animaux. Les plus abondants sont, dans l'ordre, l'oxygène, le carbone, l'hydrogène et l'azote. Ces éléments constituent généralement entre 95 % et 98 % des protoplasmes vivants.

D'autres éléments chimiques sont sans doute toujours présents, en plus petite quantité (du moins dans les plantes vertes) : le soufre, le zinc, le bore, le manganèse, le phosphore, le calcium, le magnésium, le fer, le molybdène, le cuivre et le chlore. Chacun de ces éléments joue un rôle spécifique essentiel pour la survie des plantes vertes.

Des analyses chimiques indiquent souvent la présence d'autres éléments comme le nickel, l'or, l'étain ou le mercure, et certaines mauvaises herbes ont la propriété de capter beaucoup d'or. Ces éléments ne semblent toutefois pas nécessaires à la physiologie des plantes et peuvent même être toxiques. On les trouve dans les plantes parce qu'ils sont présents dans le sol et qu'elles les absorbent.

On a parfois utilisé des plantes pour détecter la présence d'uranium ou de sélénium dans le sol. Une méthode consiste à utiliser des plantes indicatrices, qui sont reconnues pour leur tolérance à de très fortes quantités de certains minéraux. Une autre méthode consiste à faire l'analyse chimique des espèces végétales trouvées dans une région donnée. Dans plusieurs cas, la prospection botanique s'est révélée très utile.

Dans le monde végétal, les excrétions des plantes viennent des éléments chimiques et servent de protection contre les maladies. Le sol réagit aux activités des plantes, qui en tirent les éléments essentiels à leur survie. Les plantes en bonne santé peuvent excréter de plus fortes quantités de ces substances qui peuvent être antibiotiques ou fongicides. Dans une culture mixte, ces substances sont souvent bénéfiques aux autres plantes, alors que dans une monoculture, leur accumulation peut être très nuisible.

Plantes (huiles contenues dans les) — Selon l'Institut de technologie du gaz de Chicago, il serait possible de produire du gaz naturel synthétique en quantités industrielles à partir des plantes. L'expérience a été faite en laboratoire selon un procédé semblable à celui utilisé pour convertir le charbon en gaz.

Les plantes sont moins coûteuses à produire que le charbon, et le gaz qu'on en tire est aussi bon que celui extrait du charbon. En outre, on peut utiliser n'importe quelle plante, même celles qui sont apparemment inutiles. Il n'est donc pas nécessaire d'utiliser des sols fertiles ; on pourrait cultiver des cactus ou d'autres plantes à cette fin dans les déserts. Des algues pourraient être plantées dans les lacs trop pollués pour d'autres usages.

Si des recherches plus poussées démontrent qu'un tel projet est réalisable, les plantes nous apporteront une source d'énergie inépuisable en captant l'énergie solaire par photosynthèse.

Les huiles des plantes sont connues depuis longtemps et l'on en extrait à partir des olives et du lin depuis des siècles. Elles sont cependant différentes des huiles essentielles (voir **Huiles essentielles**) qu'on trouve dans les herbes.

Les huiles extraites des hélianthes, du soja, de l'arachide et de nombreux végétaux sont idéales pour la cuisson et meilleures pour la santé que les huiles animales.

Plantes (minéraux contenus dans les) — De nombreuses mauvaises herbes semblent avoir la capacité d'enrichir le sol. Le datura planté à proximité des citrouilles améliorera à la fois leur santé et leur vigueur. Les meilleurs melons d'eau viennent d'endroits où les mauvaises herbes abondent. Les oignons qui poussent parmi les mauvaises herbes (sans toutefois être envahis) connaîtront une meilleure croissance que ceux plantés en rang dans un jardin.

C'est encore plus vrai lorsque les mauvaises herbes ont des racines profondes qui brisent le sous-sol et permettent aux légumes de se nourrir sur une plus grande zone. Les mauvaises herbes à racines profondes tirent du sous-sol des minéraux que les autres plantes ne pourraient rejoindre autrement. La haute teneur en minéraux des mauvaises herbes en fait un élément utile aux tas de compost (voir **Compost**).

Plantes (origine des) — Certaines plantes cultivées n'ont jamais été trouvées à l'état sauvage et d'autres n'ont aucune ressemblance avec les espèces sauvages connues.

Ce phénomène est sans doute dû à la très longue histoire de l'agriculture. Les espèces ont tellement évolué avec le temps qu'elles n'ont plus aucune ressemblance avec les espèces sauvages d'origine, ou, plus simplement, ces dernières se sont éteintes. L'absence d'ancêtres pour le maïs et la canne à sucre nous porte à croire que ces deux cultures remontent fort loin dans l'Antiquité.

Les botanistes en sont venus à certaines conclusions se rapportant aux régions géographiques et aux époques qui ont été témoins des premières cultures.

Aucune espèce importante n'est commune à l'ancien et au nouveau monde. En outre, beaucoup plus de plantes viennent de l'ancien monde que du nouveau.

Les plantes de l'ancien monde ont été cultivées pendant au moins 4 000 ans et probablement plus longtemps. Elles comprennent les amandes, les pommes, les abricots, les bananes, l'orge, le chou, les dattes, les aubergines, les figues, le lin, la vigne, le chanvre, les mangues, le millet, les olives, les pêches, les poires, le riz, le sorgho, le soja, le melon d'eau et le blé.

Les cultures qui ont au moins 2 000 ans, et peut-être plus, comprennent la luzerne, les asperges, les betteraves, les carottes, le céleri, les cerisiers, les châtaigniers, les agrumes, le coton, la laitue, la muscade, l'avoine, les pois, le poivre noir, les pruniers, le pavot, les radis, le seigle, la canne à sucre, le thé et le noyer.

Les plantes cultivées qui ont moins de 2 000 ans sont l'artichaut, le sarrasin, le café, les groseilles à grappes, les groseilles à maquereau, les melons, les gombos, le persil, le panais, les framboises, la rhubarbe et certaines espèces de fraises.

Les plantes du nouveau monde (d'origine inconnue mais qui datent d'au moins 2 000 ans et peut-être de plus de 4 000 ans) sont le cacao, le maïs, les haricots d'Espagne, le thé du Paraguay, la patate douce et le tabac.

Les plantes d'origine plus récente, dont certaines datent du début de l'ère chrétienne, comprennent l'avocat, le manioc, certaines variétés de coton, les arachides, les ananas, les pommes de terre, les citrouilles, les poivrons rouges, l'hévéa, les courges, les tomates et la vanille.

Plantes (suicide chez les) — Pourquoi la plupart des plantes annuelles meurent-elles à l'automne ? Larry D. Nooden et Suzan L. Schreyer, de l'université du Michigan, étudient un signal chimique de mort – peut-être une hormone qui se trouve dans les graines de la plante. On pense que les graines contenues dans les fruits mûrs, comme les gousses des fèves de soja, sécrètent une hormone qui fait jaunir et flétrir la plante avant même que les nuits soient assez froides pour les faire mourir.

Les jardiniers savent depuis longtemps que si l'on coupe les fleurs fanées avant qu'elles ne forment des graines, la plante continuera à produire des fleurs. Les pensées en sont un bon exemple. Parmi les légumes, le gombo produira du printemps jusqu'aux gelées si l'on retire ses cosses avant qu'elles ne durcissent.

Nooden a fait l'expérience avec des fèves de soja. Les gousses ont été enlevées sur un côté de la plante et laissées sur l'autre côté. Du côté où les gousses avaient été laissées, la plante a jauni et s'est flétrie ; de l'autre côté, elle est restée vigoureuse.

Poinsettia — Voir **Euphorbe**.

Poireau (*Allium porrum*) — Le poireau est un "gourmand" qui exige un sol nourri avec un engrais bien décomposé. Les poireaux sont généralement vendus dans les épiceries avec leurs racines. J'ai planté quelques poireaux achetés au magasin et ils ont bien survécu. Ils se sont propagés et je récolte maintenant mes propres poireaux.

Les poireaux font bon ménage avec le céleri et les oignons. Ils sont aussi bénéfiques aux carottes, dont ils améliorent la saveur tout en éloignant la mouche de la carotte.

Poirier (*Pyrus*) — Certains croient que les poiriers sont gênés par le gazon, mais un producteur de Californie s'est convaincu du contraire. Ses poiriers se portent très bien, il laisse pourtant plusieurs variétés de gazon et d'herbes pousser dans son verger.

Ce producteur utilise un pulvérisateur à base de *deryania* pour éliminer les carpocapses de la pomme et les enrouleurs des feuilles. Comme fertilisant, il utilise du fumier de poulet pour l'azote, des graines de coton, du compost, du sang séché et d'autres fumiers d'animaux (voir aussi le chapitre "Pollinisation des fruits et des noix").

Pois (*Pisum sativum*) — Pour une culture à grande échelle, traitez les pois et les haricots avec du Nitragen (ou un composé similaire), qui est un agent bactérien naturel. Il enrobe la graine et en stimule la germination. Cela permet à la plante de développer plus rapidement les nodules de ses racines, qui ont pour fonction de fixer l'azote de l'air et de le transformer en un composé assimilable.

Les pois poussent bien avec les carottes, les navets, les radis, les concombres, le maïs, les haricots et les pommes de terre, de même qu'avec plusieurs herbes aromatiques. Ils détestent cependant la compagnie des oignons, de l'ail et des glaïeuls.

On doit toujours enfouir les plants de pois ou les ajouter au tas de compost. Des cendres de bois saupoudrées à la base des plants de pois éloigneront les aphidiens (pucerons), tandis que le myristicin, un composé synthétique tiré du panais, détruira le puceron des pois.

Pois sauvage — Voir **Lupin**.

Poivron doux (*Capsicum frutescens,* var. *grossum*) — Les poivrons doux ont les mêmes besoins que le basilic et on peut les planter ensemble. Ils poussent également bien avec les gombos, qui les protégeront du vent.

Pollinisation — Voir le chapitre “Pollinisation des fruits et des noix”.

Pommes de terre (*Solanum tuberosum*) — Les pommes de terre font bon ménage avec les haricots, le maïs, le chou, le raifort (planté aux coins de l'enclos de pommes de terre), les œillets d'Inde et les aubergines (qui sont un leurre pour le doryphore de la pomme de terre).

Les pommes de terre ne poussent pas bien près des citrouilles, des tomates, des framboisiers, des courges, des concombres et des hélianthes. La proximité de ces plantes semble réduire la résistance des pommes de terre aux brunissures (*phytophthora infestans*).

Les haricots et les pommes de terre se rendent mutuellement service, puisque les pommes de terre seront protégées des doryphores et que les haricots le seront des coccinelles mexicaines.

Le raifort ou le lin plantés en rangs entre les pommes de terre protègent ces dernières contre les doryphores. Le lin favorisera en outre la croissance des pommes de terre et augmentera leur saveur.

La morelle, plante de la famille des Solanacées, attire les doryphores qui mangent ses graines et en meurent. La morelle est un membre de la même famille que la pomme de terre, mais ses feuilles, ses fleurs blanches et ses baies noires sont toxiques.

Les pommes de terre pousseront bien après une culture de seigle. Les choux poussent bien lorsqu'ils sont plantés en alternance avec les pommes de terre. La présence du chénopode dans un enclos de pommes de terre indique qu'elles doivent être déplacées.

Les doryphores de la pomme de terre sont plus attirés par les aubergines que par les pommes de terre. Une bordure d'aubergines peut donc servir de culture piège afin d'attraper ces insectes et les détruire.

On ne doit pas planter les pommes de terre près des tomates ou des pommiers, car elles seraient alors plus vulnérables au phytophthora.

Exposées à la lumière, les pommes de terre prennent une couleur verte et développent de la *solanine,* une substance toxique. On doit enlever toutes les parties vertes avant de manger une pomme de terre. Les pommes qui mûrissent ne devraient pas être entreposées au même endroit que les pommes de terre, car ces fruits dégagent un peu de gaz éthylène qui rendra les pommes de terre fades et difficiles à conserver. Les pommes perdent aussi de leur saveur en présence des pommes de terre.

Potassium — Certaines plantes indiquent un sol riche en potassium. Ce sont les guimauves officinales, les centaurées, les absinthes, les soudes, les pensées et les hélianthes. Le trèfle rouge indique au contraire une déficience en potassium. Une telle déficience peut être corrigée en augmentant l'acidité du sol.

Le tabac accumule du potassium dans ses feuilles et dans ses tiges. C'est donc une bonne plante à mettre dans le compost si elle n'a pas été traitée aux produits chimiques. Les légumes qui aiment le potassium sont le céleri-rave et le poireau.

Potentille (*Potentilla monspeliensis*) — Les potentilles sont mauvais signe dans les pâturages, car elles indiquent un sol trop acide. Elles étoufferont graduellement les autres herbes et trèfles. Elles sont très résistantes et survivent alors que les autres herbes sont brûlées par la sécheresse. On a observé que le noyer ralentissait la croissance de la potentille rampante.

Il est mauvais signe de trouver des potentilles sur son terrain. Cependant, les noyers ralentissent leur croissance.

Potiron (*Cucurbita maxima*) — Les potirons et citrouilles (*C. pepo*) poussent bien en présence de la datura (voir le chapitre “Plantes toxiques”). Les potirons font bon ménage avec le maïs, mais les pommes de terre et les potirons se nuisent mutuellement.

Au Moyen-Orient, on considère que les graines de potiron sont une inépuisable source de bienfaits. Même si on ne croit plus aux potions pour amants fatigués, il est vrai que les graines de potiron sont très riches en vitamines.

Certaines variétés ont des graines sans enveloppe. Ces graines nues sont dues à un caractère génétique. Ces variétés sont denses et exigent peu d’espace dans le jardin. Les graines sont cueillies, lavées et séchées avant d’être grillées et légèrement salées.

Pourpier (*Portulaca oleracea*) — Le pourpier aime les sols fertiles et on le trouve souvent dans les jardins. Même s’il est considéré comme une mauvaise herbe, c’est une plante utile qu’on cultive en Angleterre et en Hollande. Ses feuilles ont une saveur légèrement acide et peuvent être cuites comme des épinards. Cent grammes de pourpier contiennent 3,5 mg de fer, plus que dans toute autre plante, à l’exception du persil. C’est d’autant plus remarquable que le pourpier contient 92,5 % d’eau.

Prêle des champs (*Equisetum arvense*) — La prêle ou queue de cheval est le dernier descendant des arbres majestueux du Carbonifère et l’espèce la plus commune, la prêle des champs, pousse dans les endroits les plus divers.

C’est une herbe médicinale dont on n’a pas approfondi tous les usages. Elle contrôle le mildiou sur les roses, les légumes, les vignes et les fruits à noyaux (voir **Mildiou**). On a aussi découvert que les solutions de prêle avaient un effet tonifiant sur les cellules des plantes.

Les parties utilisées sont les feuilles séchées et les tiges des plantes stériles.

Faire bouillir 2 à 3 c. à café d’herbes écrasées dans une tasse d’eau pendant 20 mn ou faire tremper les feuilles dans l’eau pendant plusieurs heures ; les faire bouillir 10 mn et les laisser infuser 10 autres minutes.

La prêle des champs ressemble à un petit sapin. Ses tiges creuses, constituées de segments emboîtés l'un dans l'autre, atteignent de 30 cm à 1 m de hauteur. La plante ne donne pas de fleurs ou de graines, mais des cônes contenant des spores. Les spores sont transportées par le vent et donnent naissance à de nouvelles pousses vertes appelées gamétophytes. Les tiges vertes de la prêle contiennent un fort pourcentage de silice, un élément qui contrôle les maladies causées par les champignons. Lorsqu’on brûle les tiges doucement, le résidu de silice montre la structure originale des petites tiges.

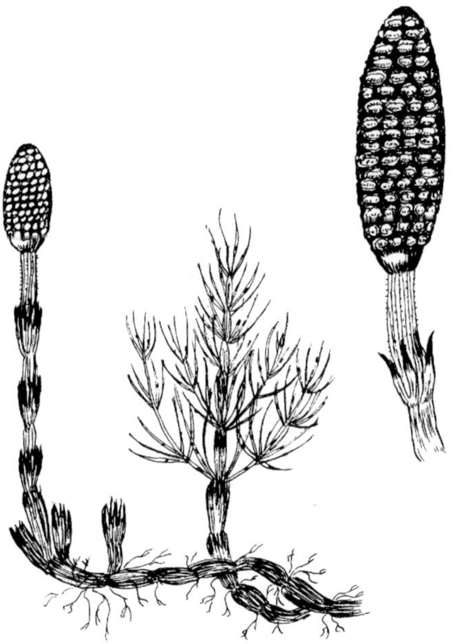

La prêle des champs fournit un bon pulvérisateur pour les plantes. La prêle contient beaucoup de silice et peut être utilisée pour récurer les casseroles.

La prêle peut arrêter les hémorragies externes, et les tisanes à base de prêle permettent de traiter les abcès, les brûlures, les coupures et les égratignures autant chez les humains que chez les animaux. Mettre une poignée de feuilles et de tiges séchées dans une casserole et ajouter juste assez de vinaigre pour couvrir.

Laisser mijoter pendant 20 mn au maximum, refroidir et égoutter. Conserver au réfrigérateur. Avant usage, mélanger une part d'infusion avec deux parts de lait de vache ou de chèvre. L'infusion de prêle n'est pas irritante ; elle est douce et agréable. Une bouteille en plastique comprimable en facilitera l'application.

Nelson Coon rapporte que la prêle contient des éléments inconnus qui sont toxiques pour les animaux et qu'il faut être prudent lorsqu'on l'utilise comme remède.

Les prêles ont encore un autre usage. Leur forte teneur en silice en fait des brosses récurantes idéales pour nettoyer les casseroles en camping.

Puceron (*Aphididea*) — Cet insecte est particulièrement nuisible aux haricots et il est recommandé d'utiliser un extrait d'ortie fermenté pour le maîtriser. Son ennemi naturel, la coccinelle, aidera aussi à s'en défaire.

Pour contrer le puceron noir, alterner les plants de haricots avec de l'ail ou placer quelques plants de capucines ou de menthe verte entre les rangs.

Pulvérisation — Lorsqu'on emploie des produits à pulvériser à base de plantes, on doit y ajouter un peu de savon pour que la substance adhère mieux. Le savon a des propriétés antiseptiques et il est bon d'arroser les plantes avec de l'eau légèrement savonneuse pour prévenir les maladies.

Pulvériser (composés organiques à) — Les fleurs de pyrèthre (*Chrysanthemum cinerariaefolium* ou *C. Roseum*) peuvent être séchées sur des journaux dans un endroit bien aéré. Réduire en poudre et mélanger à l'eau pour pulvériser.

Le tabac et son principal alcaloïde, la *nicotine,* sont utilisés comme insecticide depuis la fin du XVIIe siècle. En pulvérisation, ses effets se dissipent toutefois rapidement. Le sulfate de nicotine dilué dans beaucoup d'eau – savonneuse pour favoriser l'adhérence – a un effet plus durable. Ces deux substances sont très toxiques pour les mammifères et pour les insectes et doivent être manipulées avec prudence.

La plus amère de toutes les herbes, la *rue,* est excellente pour éloigner les insectes, particulièrement le scarabée qui s'attaque aux rosiers et aux framboisiers.

Les insecticides huileux bien utilisés sont efficaces, particulièrement dans les vergers, contre les cochenilles et plusieurs insectes suceurs et mangeurs de feuilles. L'huile forme une pellicule sur les œufs des insectes et les fait suffoquer. Appliquer au début du printemps sur les arbres sans feuilles (voir également **Bacille thuringiensis, Ciboulette, Ail, Sauterelle, Raifort, Prêle, Lavande, Muguet, Capucine, Panais, Rhubarbe, Sauge, Ortie, Tabac, Tomate**).

Pyrèthre (*Chrysanthemum cinerariaefolium*) — Les pyrèthres sont absolument exempts d'insectes et ils les éloignent des plantes voisines. On trouve peu d'insectes là où le pyrèthre ou la sauge sont utilisés comme couvre-sol. La poudre de pyrèthre, un insecticide sans danger, est faite à partir des fleurs séchées. Ses effets secondaires sont mineurs et disparaissent vite au soleil. On peut même le vaporiser avant la récolte.

Le pyrèthre était utilisé il y a près de 2 000 ans en Chine. Il est redevenu populaire au XIXe siècle comme ingrédient secret de l' "insecticide persan". En 1828, un commerçant arménien a introduit la poudre sur les marchés européens. En 1860, elle était déjà bien connue en Amérique du Nord. Les principes actifs de la pyrèthre sont les *esters,* le *pyrethrin* et le *cinerin.*

Certaines substances végétales non toxiques, comme l'*asarinin* (tiré de l'écorce d'un frêne), le *sesamin* (tiré de l'huile de sésame) et la *piperine* (du poivre noir) sont ajoutées au pyrèthre pour augmenter ses effets.

R

Racines — Pourquoi les racines poussent-elles vers le bas ? Des chercheurs danois pensent que la gibbérelline (hormone qui permet aux plantes de croître) joue un rôle dans la croissance des racines vers le bas.

Sur le haricot, ils ont observé que la croissance horizontale des racines entraînait l'accumulation de gibbérelline dans la partie supérieure de chaque racine. Ces cellules avaient alors tendance à s'allonger plus rapidement que celles du bas, ce qui incurvait les racines vers le bas. Les racines plongeant à la verticale, l'effet de la gibbérelline disparaissait graduellement et les cellules des deux côtés continuaient à croître au même rythme.

Les racines de certaines plantes, surtout celles des herbes et du gazon, atteignent des profondeurs étonnantes. Elles tirent du sol les éléments nutritifs qui manquent à la surface et permettent ainsi aux autres plantes de se nourrir. La longueur totale de racines d'un seul plant de seigle peut atteindre plus de 8 000 km.

Mais toutes les racines ne plongent pas dans le sol ; certaines sont aériennes, d'autres sont aquatiques.

Racines (maladies des) — Des pointes d'asperges broyées et trempées dans de l'eau offriront une protection aux légumes contre les nodosités des racines, les racines tronquées et les nématodes qui s'attaquent aux racines (*Pratylenchus pratentis*). Les œillets d'Inde sont aussi efficaces contre les nématodes.

Racines (substances qui se dégagent des) — Les racines de certaines cultures ou pâturages sont réputées exsuder plusieurs substances comme des acides aminés, des vitamines, du sucre, des tanins, des alcaloïdes, des phosphates et plusieurs autres substances non envore identifiées. Ces substances peuvent aider ou nuire à la croissance des plantes voisines. Des expériences faites avec de jeunes plants de pin blanc, par exemple, ont permis d'identifier plus de trente-cinq composés différents exsudés par les racines, dont des métabolites.

Racines (vers dans les) — Les asticots et les vers fil de fer qui s'attaquent aux racines peuvent être maîtrisés avec un paillis de feuilles de chêne.

Radis (*Raphanus sativus*) — Les radis profitent de la proximité de l'amarante, dont les racines ameublissent la terre, et sont protégés par les huiles qui se dégagent des capucines et des moutardes. N'alternez pas les radis avec des choux, des choux-fleurs, des choux de Bruxelles, des choux-raves, des brocolis ou des navets, car ils sont tous membres de la même famille.

Les radis hâtifs peuvent être semés avec les betteraves, les épinards, les carottes et les navets pour indiquer l'emplacement des rangs. Plantés avec des concombres, des courges ou des melons, ils éloigneront la chrysomèle du concombre ; en compagnie des tomates, ils feront fuir les tétranyques à deux points. Les radis poussent bien avec le chou-rave, les haricots et les haricots grimpants. La proximité de feuilles de laitue en été attendrira les radis. La poudre de tabac les protège contre les altises et le jus d'ail leur évitera plusieurs maladies. Les radis et l'hysope ne devraient jamais être plantés à proximité l'un de l'autre.

Radis sauvage (*Raphanus raphanistrum*) — Les radis sauvages s'étendent rapidement dans une terre épuisée par les cultures de graminées et pauvres en azote. Ils prolifèrent par temps humide, lorsque l'engrais est rare et que le potassium abonde. Les vaches aiment brouter les radis sauvages, qui produisent en outre du bon miel ainsi qu'une huile qu'on tire des graines.

Raifort (*Armoracia rusticana*) — Le raifort et les pommes de terre ont une relation symbiotique qui améliore la croissance des pommes de terre et les rend plus résistantes aux maladies. Le raifort devrait être planté aux coins du carré de pommes de terre et arraché à la fin de chaque saison pour éviter qu'il ne se propage. Le raifort ne semble pas protéger les pommes de terre contre les doryphores.

Renonculacées (*Ranunculaceae*) – Bouton-d'or — Le bouton-d'or est un membre de la famille des Renonculacées. Ses racines sécrètent une substance qui nuit aux trèfles en empêchant le développement de la bactérie qui fixe l'azote. Cette substance est si puissante qu'elle pourrait faire disparaître le trèfle complètement si le bouton-d'or envahissait un champ. Le bétail ne mangera pas de cette plante acide et caustique et l'on devrait prévenir les enfants que ses tiges et ses feuilles peuvent causer des ampoules.

L'aconit est encore plus dangereuse, car toutes ses parties sont toxiques. Les autres membres de cette famille qui comprend les pieds-d'alouette ou delphinium, les nigelles et les ancolies sont tous plus ou moins toxiques. Ces plantes sont très jolies, mais il faut les cultiver avec prudence.

Renouée (*Polygonum*) — Ces membres de la famille du blé noir (sarrasin) poussent surtout dans les sols acides. La renouée est souvent cultivée en bordure des jardins ou le long des allées, car elle supporte d'être piétinée. Toutes les renouées se caractérisent par des racines noueuses – ce qui leur a valu leur nom – d'où émergent les tiges.

On pense que les pâturages de renouée causent des problèmes aux moutons. Ces plantes nuisent aussi à la croissance des navets et sont très riches en silice.

Rhizobium — Ce sont ces bactéries qui forment des nodosités sur les racines des Légumineuses et leur permettent de transformer l'azote de l'air en protéines assimilables. Malheureusement, elles refusent leur aide à des plantes utiles comme le maïs et le blé.

Des chercheurs ont étudié une protéine des plantes appelée *lectin*. Cette protéine, qui fixe la saccharine à la surface des cellules, a été collée à des graines de soja au moyen d'une teinture phosphorescente. Plusieurs espèces de rhizobium ont été teintes avec ce mélange pour permettre d'observer le mariage de la *lectin* avec les cellules. On espère pouvoir développer avec le temps diverses relations symbiotiques entre plusieurs espèces de plantes.

Rhododendron — Voir **Azalée**.

Rhubarbe (*Rheum rhaponticum*) — Cette plante, décorative et très utile, protège l'ancolie contre les fourmis rouges.

Les feuilles de rhubarbe, qui contiennent de l'acide oxalique, peuvent être bouillies dans de l'eau qu'on vaporisera dans les trous de plantation avant d'y semer des choux, des giroflées ou d'autres graines. Cela éloignera les insectes mangeurs de racines.

La rhubarbe est un légume, mais on l'emploie surtout dans la préparation des desserts. Elle est également reconnue comme laxatif. C'est l'une des plus anciennes plantes potagères, et Marco Polo l'a observée en Chine il y a plusieurs siècles.

On fait de délicieuses tartes avec la rhubarbe mais les feuilles de cette plante sont très toxiques et peuvent parfois causer des irritations de la peau. Elles sont cependant utiles sur les tas de compost.

Ricin (*Ricinus communis*) — Des expériences ont démontré que le ricin planté autour du jardin éloigne taupes et moustiques.

Le ricin est cultivé à grande échelle pour l'huile qu'on tire de ses graines. Il faut cependant noter que toutes les parties de la plante sont toxiques, et plus particulièrement les graines, pour le bétail et les humains. Deux ou trois graines mangées par un enfant, et six graines seulement par un adulte, peuvent entraîner la mort. Les fruits contiennent une substance allergène qui peut entraîner de graves réactions chez ceux qui manipulent les résidus de ricin. Ce risque peut être évité en coupant les têtes des grains et en les détruisant avant qu'ils atteignent leur maturité.

Pour que les plants de ricin éloignent efficacement les taupes, plantez-les tous les deux mètres autour du jardin. On peut aussi l'utiliser comme compagnon d'autres cultures. La variété la plus grosse de ricin, la *Zansibarensis,* qui peut atteindre 2,5 m de hauteur, possède de larges feuilles et des graines multicolores. La variété *Sanguineus* atteindra 2 m et la *Bronze King,* 1,5 m.

Toutes les parties du ricin sont toxiques ; particulièrement les graines, qui sont mortelles, mais ces plantes éloignent les taupes et les insectes du jardin.

Riz sauvage (*Zizania aquatica* et *Z. palustris*) — Le riz sauvage peut être cultivé. Il poussera mieux dans des eaux calmes et pures de 30 cm à 2 m de profondeur, le long des berges des ruisseaux, des étangs, des lacs ou dans les terres basses. Le riz sauvage aime un peu de courant et ne poussera pas bien dans des eaux stagnantes. Un étang peu profond alimenté par un ruisseau permettra la culture de cette plante riche en vitamine B.

N'essayez pas de planter le produit que l'on trouve dans les épiceries, car seules les graines non écossées peuvent germer. Le riz doit être bien humide lorsqu'on le sème. Il peut être semé à la volée au-dessus de l'eau, à raison d'environ 10 litres à l'hectare. Les bonnes graines couleront rapidement. Si l'espace est réduit, semez une poignée de riz pour un carré de 2 m de côté. Le meilleur moment pour semer le riz sauvage est l'automne, juste avant les gelées.

Robinier (*Robinia*) — Ses fleurs ressemblent à celles du pois de senteur et ses cosses rappellent qu'il s'agit d'un membre de la famille des Légumineuses.

Le robinier faux-acacia (*R. pseudo-acacia)* a des fleurs blanches en forme de papillon, dont le nectar attire les abeilles et d'autres insectes.

Le robinier est une bonne plante de bordure, mais ses feuilles, ses racines et son écorce sont toxiques. Cependant, les cosses du févier à trois épines *(Gleditsia triacanthos)* contiennent une pulpe sucrée qui régalera le bétail… et les jeunes enfants qui oseront braver les épines pour les cueillir.

Le robinier faux-acacia, arbre de la famille des Légumineuses, est un bon voisin pour certains haricots. Ses feuilles, ses racines et son écorce contiennent des toxines dangereuses pour les humains.

Ronce (*Rubus allegheniensis*) — L'aronia et le sureau peuvent être utilisés pour éloigner les oiseaux des ronces à fruits noirs (les mûres). La ronce à fruits noirs est une plante qui prépare le sol pour la croissance des arbres (voir le chapitre "Pollinisation des fruits et des noix").

Rosier (*Rosa*) — Tous les membres de la famille des oignons sont bénéfiques aux rosiers et les protègent contre les taches noires, le mildiou et les aphidiens (pucerons). Pour combattre les taches noires, voir **Tomate.**

L'ail et les oignons sont particulièrement bénéfiques aux rosiers. En Bulgarie, où l'essence de rose est utilisée dans la fabrication des parfums, il est pratique courante d'alterner les oignons et les rosiers pour augmenter la quantité et la qualité des essences.

Les rosiers profitent aussi de la présence du persil, qui éloigne les chrysomèles du rosier. Les oignons font fuir le scarabée du rosier, tandis que le réséda odorant et le lupin enrichissent le sol en azote et attirent les vers de terre. Les œillets d'Inde sont utiles pour éloigner les nématodes, tandis que les géraniums combattront le scarabée.

Un tapis de plantes basses de la famille du pourpier gardera l'humidité du sol au pied des rosiers. Vaporiser une infusion de feuilles de sureau pour contrôler les dommages causés par les chenilles et la flétrissure.

Ne jamais planter les rosiers avec d'autres plantes à racines ligneuses, qui leur feraient concurrence pour se nourrir. (Voir **Églantier.**)

Rue (*Ruta graveolens*) — On sait que la rue n'aime pas le basilic. En revanche, l'auteur latin Pline écrivait que "la rue et le figuier s'entendent à merveille".

La rue plantée près des rosiers ou des framboisiers éloignera le scarabée. Elle peut être taillée et devenir une haie magnifique, mais il ne faut pas être allergique car son feuillage peut causer une dermatite au moment de la floraison. L'intensité de l'irritation semble s'aggraver au soleil. Si vous transpirez et que vous manipulez de la rue, vous risquez d'être atteint. Si cela se produit, lavez-vous avec du savon.

La rue peut pousser aussi bien avec les légumes qu'avec les fleurs. Elle protégera certains arbres et arbustes. Elle est idéale près des tas de fumier et autour des étables, car elle éloigne la mouche domestique et le taon.

Un auteur de l'Antiquité affirmait que "la rue fait fuir les puces". On ne peut cependant l'utiliser que pour les coussins des chiens, car les chats ne l'aiment pas. Tout ce qui est frotté avec une feuille de rue gardera les chats à l'écart – c'est bon à savoir si l'on veut protéger ses meubles, ou ses tentures.

Rumex (*Rumex crispus*) — Le rumex sert en pharmacie et comme aliment. Autrefois, il avait la réputation de purifier et d'éclaircir le sang au printemps. Rien ne prouve le bien-fondé de cette croyance, mais sa forte teneur en vitamine C était sans doute la bienvenue après un régime d'hiver. Les feuilles du rumex sont également plus riches en vitamine A que les carottes.

Le rumex est excellent pour calmer l'irritation causée par l'ortie brûlante. Broyez ses feuilles juteuses et appliquez sur la région irritée.

Rutabaga — Voir **Navet.**

S

Salsifis (*Tragopogon porrifolius*) — Pour avoir cette saveur différente et délicate, les salsifis ont besoin d'un sol humide et frais pendant les quatre mois qui précèdent leur récolte.

Le salsifis pousse bien avec la moutarde ou le melon d'eau. Plantez les melons d'eau, qui exigent de la chaleur, plusieurs semaines après les salsifis, qui cherchent une température fraîche. Laissez les melons combler le milieu des rangs avant que la chaleur arrive. Les tiges de melon agiront comme un paillis vivant tout en laissant les salsifis prendre de l'air et de la lumière.

N'utilisez jamais de graines de salsifis qui auraient plus d'un an.

Santoline (*Santolina chamaecyparissus*) — Cette plante du sud de l'Europe est excellente pour éloigner les lépidoptères. Son nom vient du latin *sanctum linum* qui signifie "lin sanctifié". La plante se portera mieux si on la taille dès que les fleurs tombent.

Saponaire (*Saponaria officinalis*) – Herbe-à-savon — Les saponaires ont des fruits qui contiennent une substance savonneuse appelée *saponine.* Les fruits des roses trémières, des œillets, des Labiées, des tomates, des pommes de terre et des pensées ont cette propriété. Ces plantes sont importantes parce qu'elles créent, en se décomposant, un milieu favorable à la croissance des plantes qui leur succéderont.

Commercialement, la saponine est employée comme agent moussant dans les boissons et dans les extincteurs chimiques. On en fait aussi un détergent pour les tissus délicats.

Sarrasin — Voir **Blé noir**.

Sarriette des jardins (*Satureja hortensis*) – Savourée — En Allemagne, on l'appelle "herbe aux haricots" parce qu'elle pousse bien avec les haricots. La sarriette et les oignons ont une influence mutuelle bénéfique réciproque.

Sassafras (*Sassafras albidum*) — Des pièges enduits d'huile de sassafras contrôleront les carpocapses de la pomme. Voici comment faire. Remplir un petit récipient aux deux tiers avec de la sciure additionnée d'une cuillerée à café d'huile de sassafras et d'une cuillerée à soupe de vinaigre. Ajouter assez de colle pour saturer le mélange. Après un jour ou deux, lorsque le mélange est sec, le suspendre dans un pot en verre partiellement rempli d'eau. Ce piège fonctionne très bien dans les arbres fruitiers.

On peut se procurer des feuilles séchées de sassafras dans les herboristeries. Et pourquoi ne pas en tenter la culture à l'intérieur, sur le rebord d'une fenêtre ensoleillée ?

Sauge (*Salvia officinalis*) — La sauge protège les choux et les membres de leur famille contre le papillon blanc du chou tout en les rendant plus savoureux.

La sauge pousse également bien avec les carottes, les protégeant contre la mouche de la carotte. La sauge et le romarin se rendront mutuellement service. Ne plantez pas la sauge avec les concombres, qui n'aiment pas les herbes aromatiques en général et la sauge en particulier.

À l'origine, la sauge était utilisée comme remède dans les farces et les viandes pour favoriser la digestion. C'est sans doute pour cette raison qu'elle est surtout présente dans nos recettes à base de porc. Nous avons pris goût à cette saveur et oublié qu'il s'agissait d'un médicament.

Pour faire une infusion de sauge, verser un litre d'eau bouillante sur 15 g de feuilles de sauge fraîches, 30 g de sucre, le jus d'un demi-citron et une cuillerée à café de zeste de citron râpé. Laisser infuser pendant 1/2 heure et passer avant de boire. Cette infusion est excellente pour les humains et les plantes. Les plantes doivent cependant la consommer froide.

Saule (*Salix*) — Les racines dures et fibreuses du saule sont utiles pour retenir le sol des talus et limiter l'érosion. La nature semble les avoir conçus spécialement à cet usage, car la moindre branche touchant le sol prendra racine si la terre est assez humide. Le vent brise souvent des branches de saule que les rivières emportent et déposent sur les rives où elles s'enracinent.

Pendant des milliers d'années, les sucs et résines tirés de l'écorce et des feuilles de saule ont permis de soulager les rhumatismes, les névralgies ou la fièvre. En 1820, la salicine, principe actif de l'écorce de saule, a été identifiée et on créa en 1899 un dérivé synthétique qui a donné naissance à l'aspirine.

Sauterelle (*Tettigoniifae* et *Locustidae*) — Les sauterelles sont difficiles à maîtriser, surtout lorsqu'elles viennent des champs avoisinants, mais cette pulvérisation peut vous y aider. Moudre ensemble 2 à 4 piments forts, un poivron vert et un petit oignon. Ajouter un litre d'eau. Laisser reposer 24 heures et passer. Ce mélange est également efficace contre les aphidiens (pucerons).

Pendant la période d'infestation des sauterelles, le labourage après récolte empêchera les sauterelles de pondre leurs œufs, tandis que le labourage de printemps, avant les semences, empêchera les sauterelles d'émerger des œufs toujours présents. Des extraits de *sapindus saponaria* sont efficaces contre les sauterelles, alors que la poudre ou l'extrait de *Sabidilla* est aussi efficace contre plusieurs autres insectes.

Les sauterelles peuvent être attirées par le piège suivant. Remplir des pots de 2 litres avec 10 % de mélasse et 90 % d'eau et mettre les pots aux endroits où les sauterelles sont nombreuses. Les sauterelles mangent à peu près de tout. Il y a toutefois sur le marché des variétés de maïs et de blé qui résistent aux sauterelles.

Des poulets peuvent être gardés dans les vergers, car ils mangeront les sauterelles et autres insectes tout en engraissant le sol. Les poulets devront être déplacés après quelques jours.

Les oiseaux mangent beaucoup de sauterelles et, chose étonnante, les chats aussi. Mais je crois que ces derniers le font surtout pour le sport.

Scille officinale (*Urginea maritima*) — La scille servait à des fins médicales il y a 4 000 ans et des documents égyptiens décrivent un médicament fait à partir de bulbes de scille pour soigner les maladies de cœur. Les Grecs et les Romains utilisaient aussi la scille comme plante médicinale et ornementale.

De nombreuses substances ont été isolées du bulbe de la scille, qui peut peser jusqu'à 2 kg.

La scille appartient à la famille des Liliacées.

Séchage des herbes — Les tiges des herbes doivent être coupées, lavées et attachées en paquets lâches pour pouvoir s'égoutter et sécher. Les mettre dans un grand sac en papier kraft préalablement étiqueté. Fermer l'ouverture du sac sur les tiges et suspendre le sac avec les herbes à l'intérieur dans un endroit bien aéré. Séchées de cette façon, les herbes ne perdent pas leurs huiles naturelles, ce qui serait le cas si on les faisait sécher dans des boîtes en carton.

Pour les herbes à graines, laisser la plante atteindre sa maturité afin que les graines se détachent de l'ombelle sur une légère pression, c'est-à-dire lorsqu'elles perdent leur couleur verte, mais avant qu'elles tombent d'elles-mêmes. Couper les têtes par un matin sec et les étendre au soleil sur un papier kraft pour le reste de la journée en les retournant de temps en temps. Répéter pendant plusieurs jours en les rentrant la nuit jusqu'à ce qu'elles soient bien sèches. Les graines peuvent être conservées dans des bouteilles en verre opaque ou dans des bouteilles transparentes qu'on gardera dans un endroit sombre.

Seigle (*Secale cereale*) — Le seigle est une excellente culture pour étouffer la stellaire (mouron des oiseaux) et les mauvaises herbes basses qui survi-

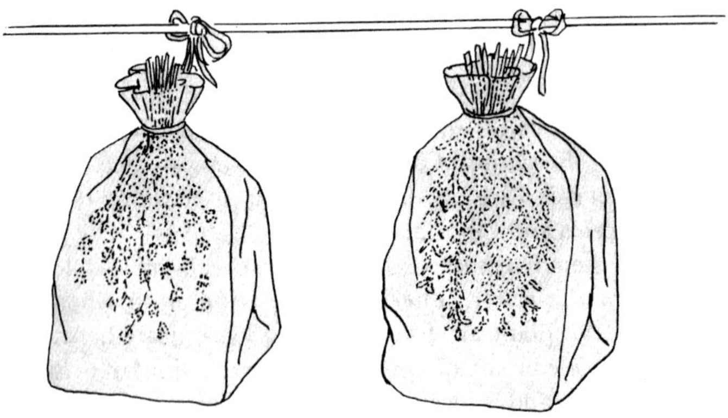

Faire sécher les herbes dans des sacs en papier dans un endroit bien aéré.

vent à l'hiver. Cultivé deux fois de suite, il étouffera même le chiendent. Une culture de couverture consécutive aux semailles réduira les taches noires sur les fraises et les racines roses sur les oignons.

Le seigle profitera du bleuet dans la mesure où la proportion reste de 100 pour 1, tandis que quelques pensées l'aideront tout en voyant leur germination stimulée par la proximité du seigle. Le seigle nuit cependant au coquelicot en retardant sa germination et sa croissance.

De la farine de seigle saupoudrée sur des plants de chou mouillés de rosée détruira la piéride du chou et les lépidoptères. La poudre de diatomées sert d'insecticide pour le seigle entreposé sans être dommageable pour les animaux à sang chaud.

Sel (*Chlorure de sodium*) — Le sel a un effet nocif sur toutes les plantes et ne devrait pas être utilisé, sauf si on laisse ensuite le sol se reposer un certain temps. Il est utile pour détruire le chardon des champs ou le chiendent et donne les meilleurs résultats s'il est mis immédiatement après que les herbes aient été coupées. Appliquer plusieurs fois lorsque le temps est sec. Le sel détruit aussi les limaces.

Sésame (*Sesamum orientale*) — Le sésame est une herbe tropicale cultivée principalemcnt pour l'huile qu'on tire de ses graines. Elle est utilisée en cuisine comme huile de salade ou pour la cuisson, tandis que ses graines délicieuses parfument le pain, les bonbons et les biscuits.

Le sésame est très sensible à l'exsudation des racines du sorgho (*Andropogon sorghum*) et ses graines ne mûriront pas bien dans son entourage. Le *Sesamin* est un dérivé de l'huile de sésame qui sert à accroître les effets du pyrèthre.

Silice — L'acide silicique est un minéral qu'on trouve dans les plantes comme l'ortie dioïque et le chiendent, mais il est particulièrement abondant dans la prêle (*Equisetum arvense*) et la renouée des oiseaux (*Polygonum aviculare*). C'est la silice contenue dans la prêle qui l'a rendue utile en médecine pendant des siècles.

L'acide silicique renforce les tissus, spécialement ceux des poumons, et accroît la résistance aux maladies. On rapporte qu'il a un effet bénéfique sur les inflammations des gencives, de la bouche et de la peau en général.

Une infusion de prêle est efficace contre le mildiou ou tout autre champignon trouvé sur les fruits, la vigne, les légumes et les rosiers. Elle agit rapidement et sans déranger le sol.

Selon Beatrice Trum Hunter, la silice sous forme d'aérogel est le plus efficace des insecticides.

La prêle est parfois recommandée comme diurétique. Les plantes riches en silice sont aussi utiles pour les tas de compost.

Soja — Voir **Fèves de soja**.

Sorgho (*Andropogon sorghum, S. vulgare* ou *Holcus sorghum*) — Le sorgho ou gros mil est principalement cultivé pour le sirop qu'on obtient en pressant ses tiges et qui peut remplacer le sucre. Pour en tirer le maximum de sucre, le sorgho doit être planté dans un sol qui n'est pas trop fertile. Les grosses tiges sont plus pauvres en sucre que les petites qui ont poussé lentement et qui n'ont pas atteint plus de 15 mm de diamètre.

L'exsudation des racines du sorgho semble être toxique pour le sésame et le blé. Les grains de sorgho peuvent être protégés contre les insectes par de la poudre de diatomées.

Plusieurs variétés de sorgho résistant aux insectes ont été développées.

Souchet (*Cyperus*) — Le souchet est au moins aussi vieux que la civilisation, puisqu'une variété de souchet, d'où provient le papyrus, était connue par les Égyptiens il y a plus de 5 000 ans. Le nom scientifique du souchet alimentaire, *Cyperus esculentus,* signifie souchet comestible. La noix du souchet, qui est en réalité un tubercule, peut être emplovée dans la préparation de plusieurs mets lorsqu'on désire obtenir une saveur différente et exotique. Réfléchissez bien avant de cultiver cette plante, car elle peut devenir envahissante.

Souci (*Calendula*) — Le souci officinal (*Calendula officinalis*) planté à proximité des conifères éloignera les chiens. Ses fleurs séchées étaient employées par nos grands-mères pour donner plus de saveur aux soupes.

Souris — On peut éloigner les souris et les rats avec des feuilles de menthe fraîches ou séchées, de l'huile de menthe et du camphre. La naphtaline éloigne aussi les lapins et les souris, mais ne devrait pas être employée à proximité des cultures alimentaires.

La scille officinale, la lavande, l'absinthe, la camomille *arvensis* et l'euphorbe éloignent les souris tandis que les pois vivaces sont utiles contre les souris des champs, et les feuilles de sureau nain contre les souris des greniers.

Si les souris aiment trop votre jardin,
éloignez-les en plantant des bulbes de jonquille, de narcisse, de scille ou de muscari.

Sureau (*Sambucus*) — Les sureaux adorent l'humidité et sont utiles près des tas de compost qui s'égouttent mal. En plus d'absorber l'excès d'humidité, ils stimulent la fermentation du compost. Les sureaux sont aussi reconnus pour fournir un humus très riche autour de leurs racines. (Voir **Taches de rousseur**.)

Symbiose — La symbiose est l'étroite association de deux organismes distincts. À titre d'exemple, prenons le lichen qui est deux plantes à la fois : un champignon et une algue vivant ensemble et profitant l'un de l'autre.

L'antibiose est le contraire de la symbiose. Une telle association, comme dans les cas de parasitisme, est désavantageuse pour l'un des organismes. Le gui, qui est le parasite de nombreux arbres, en est un bon exemple.

T

Tabac (*Nicotiana tabacum*) — Depuis la fin du XVIIe siècle, on utilise le tabac et son principal alcaloïde, la nicotine, comme insecticide. À l'état pur, cet alcaloïde se présente sous la forme d'un liquide incolore et à peu près inodore. C'est toutefois un poison violent pour les insectes et très toxique pour les animaux. Il est très volatil et s'évapore presque immédiatement de la plante sur laquelle il a été pulvérisé ou saupoudré. Il est utile contre les insectes à corps mou, comme les aphidiens (pucerons), la mouche blanche, les cicadelles, les mouches de la carotte et les thrips. Des feuilles de tabac séchées et broyées ajoutées à une solution de bentonite peuvent être pulvérisées sur les pommiers pour éloigner les pyrales des pommes.

Le tabac aime être fertilisé par un compost fait à partir de ses propres feuilles et il préfère pousser au même endroit année après année. Les feuilles de tabac sont toxiques à cause de la nicotine qu'elles contiennent.

Taches de rousseur — Je ne déteste pas les taches de rousseur. Ma mère m'a toujours dit qu'elles étaient les traces laissées par les baisers des anges. Certaines personnes ont reçu plus de baisers qu'elles n'auraient voulu. Si les taches de rousseur vous ennuient, des fleurs de sureau ajoutées à un bain facial à la vapeur nettoieront et adouciront la peau tout en réduisant les taches de rousseur et les problèmes de pigmentation, surtout si elles sont mélangées à du petit lait et du yogourt. Un tel masque facial tonifie la peau en plus de l'adoucir. L'eau de persil est également efficace, semble-t-il, pour faire disparaître les taches de rousseur et les grains de beauté.

Les feuilles broyées ou le jus frais pressé de l'*Alchemilla vulgaris* peuvent traiter les inflammations cutanées, l'acné et les taches de rousseur. Les fleurs de tilleul, en usage externe, sont excellentes contre les taches de rousseur, les rides et les impuretés de la peau. Elles stimulent également la croissance des cheveux.

Les personnes qui jardinent beaucoup sont vulnérables aux coups de soleil. L'aloès est excellent pour soulager les insolations.

Tanaisie (*Tanacetum vulgare*) — La tanaisie peut être dangereuse en infusion (voir le chapitre "Plantes toxiques"). Plantée sous les arbres fruitiers, elle éloignera les insectes perceurs. Elle est aussi une bonne compagne pour les rosiers, les framboisiers et la vigne. Elle éloigne les insectes volants, les chrysomèles rayés du concombre, les punaises de la courge, les mouches et les fourmis. Ses feuilles séchées protègent les lainages et les fourrures dans les armoires et les penderies.

Le feuillage de la tanaisie, qui ressemble à celui des fougères, est couronné de fleurs en boutons au parfum agréable. Même si ses racines sont parfois utilisées, c'est le haut de la plante qui a le plus d'importance.

La tanaisie, un substitut du poivre, était largement utilisée au Moyen Âge et était associée au culte de la Vierge Marie.

La tanaisie contient des huiles volatiles, de la cire, de la stéarine, de la chlorophylle, des résines amères, des matières colorantes jaunes, du tanin, de l'acide gallique, de l'acide tanacétique (qui est cristallisable), de la chaux, du baryte et de l'oxyde de plomb. À cause de sa teneur en potassium, la tanaisie est utile dans le tas de compost.

Plantez la tanaisie dans les vergers et les jardins pour éloigner les insectes volants et les perceurs. Les infusions de tanaisie peuvent être dangereuses pour les humains et pour le bétail.

Taupes (*Gryllidae*) — Les taupes sont souvent considérées comme des nuisances parce qu'elles mangent des animaux utiles comme les vers de terre. Cependant, elles mangent aussi les scarabées. Les taupes seront éloignées par certaines plantes, dont une variété d'euphorbe – *Euphorbia lathyrus* –, les bulbes de jonquille et les plants de ricin.

Teignes et mites — Si les teignes et les mites s'attaquent aux arbres fruitiers, suspendez-y des petits récipients remplis d'un mélange de 250 ml de mélasse et de 375 ml d'eau. Retirez les insectes de temps à autre ou fabriquez un nouveau mélange.

Tétranyques *(Acarina)* — Les tétranyques peuvent parfois être enlevés des plantes avec un jet d'eau énergique. Une fois délogés, ils retournent rarement sur la plante. Un solution d'huile à 3 %, de la poudre de pyrèthre ou un mélange d'oignons et de piments forts peuvent être pulvérisés sur les plantes pour éloigner les tétranyques. J'ai aussi observé que l'ail faisait fuir les tétranyques des tomates et que les coccinelles étaient leurs ennemis naturels. Les tétranyques, aussi appelés "araignées rouges" peuvent apparaître soudainement par une chaude journée d'été.

Thlaspi des champs (*Thlaspi arvense*) — Comme la bourse-à-pasteur, cette plante abonde dans les champs de céréales. Sa graine contient 20 % d'huile et si elle est broyée avec le grain, elle gâtera la farine.

Thym (*Thymus vulgaris*) — Le thym sert depuis longtemps à des fins culinaires et médicinales. Son huile est encore utilisée comme sirop contre le rhume alors que le thymol a des propriétés antibactériennes. En cuisine, le thym sert à aromatiser les volailles, les vinaigrettes et la plus grande partie de la cuisine méridionale. Le thym citronné donne une tisane délicieuse.

Cette herbe fait fuir la piéryde du chou et elle est bénéfique partout dans le jardin, car elle accentue la saveur des autres herbes et plantes.

Tomate (*Lycopersicon esculentum*) — Les tomates protègent les asperges contre les criocères. Les tomates et les membres de la famille des choux ne s'aiment pas et devraient être plantés loin les uns des autres. Les tomates protègent les groseilles contre les insectes.

Les tomates aiment la compagnie de la ciboulette, de l'oignon, du persil, des œillets d'Inde, des capucines et des carottes. Depuis quelques années, je plante des bulbes d'ail entre mes plants de tomates pour les protéger contre les tétranyques. Même si elles ne contiennent aucun élément fongicide, les tomates protègent les rosiers contre les taches noires.

Le principe actif des tomates est la *solanine,* un alcaloïde volatil qui a déjà été utilisé comme insecticide. Pour protéger les rosiers, préparer la solution suivante. Extraire le jus des feuilles des plants de tomates et y ajouter 4 à 5 litres d'eau et une cuillerée à soupe de fécule de maïs. Arroser ou pulvériser les rosiers qui ne peuvent être plantés près des tomates. Conserver au réfrigérateur.

Contrairement à la plupart des légumes, les tomates préfèrent pousser au même endroit année après année. Toutefois, si les plants sont infestés par une maladie, il faut les déplacer. La proximité de l'ortie dioïque améliore la conservation des tomates et l'amarante en petite quantité leur est aussi bénéfique. Comme les tomates sont gourmandes, il faut leur donner beaucoup de compost ou de fumier décomposé. Des paillis et de l'eau maintiendront l'humidité du sol tout en prévenant la flétrissure des feuilles et des fleurs. Ne jamais arroser les tomates par le haut, mais imprégner le sol profondément. Les tomates sont gênées par le voisinage du chou-rave et du fenouil.

On doit éviter de planter les tomates avec le maïs, car les mêmes vers s'attaquent aux deux plantes. Les tomates rendent aussi les pommes de terre plantées à proximité plus vulnérables aux brunissures.

Les fumeurs doivent se laver les mains avant de toucher aux plants de tomates, car ces derniers sont vulnérables aux maladies transmises par le tabac (mosaïque du tabac).

Topinambour (*Helianthus tuberosus*) — En Italie, on l'appelle *girasole*, ce qui signifie "qui se tourne vers le soleil". Il fait partie de la famille des tournesols.

Ils ne font pas bon ménage avec le maïs. Leurs racines sont comestibles et leurs fleurs ressemblent à celles du tournesol, mais sont plus petites.

Le principe actif de la racine du topinambour est l'*inuline,* un polysaccharide sans saveur et blanc qui peut être converti en fructose. Cela présente un intérêt particulier pour les diabétiques, car la fructose est très nutritive tout en étant le plus sucré des substituts du sucre. Dans la plupart des fruits, la fructose est accompagnée de la dextrose, mais elle se trouve seule dans le topinambour. Les topinambours ont une grande valeur nutritive et sont riches en vitamines. Ils peuvent être cuits ou mangés crus en salades.

Tournesol — Voir **Hélianthe**.

Trèfle (*Trifolium*) — Du trèfle planté entre des rangs de vigne ajoutera de l'azote au sol. Il en va de même dans les vergers ou avec d'autres herbes. Le trèfle déteste la jusquiame et tous les membres de la famille des Renonculacées (bouton-d'or), qui sécrètent une substance inhibant la bactérie qui fixe l'azote. C'est si vrai que les trèfles disparaîtront des champs à mesure que les Renonculacées s'étendront. Le trèfle a un effet stimulant sur la morelle noire (*Solanum nigrum*).

Triticale (*Triticale*) — Le Centre international du blé et du maïs du Mexique a produit cette céréale hybride en croisant du blé et du seigle. Le triticale combine la productivité du blé et la résistance aux maladies et à la sécheresse du seigle. En nourrissant l'embryon et en provoquant chimiquement la duplication des chromosomes, on a réussi à donner à l'hybride les qualités de ses deux parents. La farine de triticale est de meilleure qualité que la farine de seigle.

Le triticale est un hybride du blé et du seigle dont le rendement est deux à trois fois supérieur à celui des plantes mères. Même s'il a été développé au Mexique, il peut pousser partout où pousse le blé.

Le mot triticale vient des noms scientifiques du blé et du seigle *triticum* et *secale.* Son contenu protéinique et le degré d'efficacité de ses protéines sont supérieurs à ceux du blé ou du maïs et se comparent à ceux des fèves de soja. Il contient aussi plus de lysine et de méthionine que le blé. Le triticale a un rendement deux à trois fois supérieur à celui du blé ou du seigle, et on peut le cultiver partout où pousse le blé. Les céréales s'améliorent constamment avec le développement de nouvelles variétés.

Tulipe (*Tulipa*) — Entre 1634 et 1637, les tulipes étaient tellement à la mode en Hollande qu'on a parlé de "tulipomanie" et que les bulbes se sont vendus à des prix exorbitants. La tulipe tire son nom d'un mot turc qui signifie "turban".

Même si les tulipes adorent le soleil, elles poussent mieux dans le nord que dans le sud, car leurs bulbes ont besoin d'une période de froid. Mais les souris aiment les bulbes, aussi est-il sage de les planter dans une petite cage en grillage placée dans le sol et recouverte de terre. Des bulbes de scille peuvent aussi être plantés avec les tulipes, car ils éloignent les souris. Ne jamais planter de tulipes près du blé, car elles nuisent à sa croissance.

V

Vache — Les vaches donneront plus de lait et un lait de meilleure qualité si elles sont nourries au foin d'ortie. On croit aussi que la marjolaine donnée en pâture aux vaches prévient les avortements. Une tisane faite de citronnelle et de marjolaine peut être donnée aux vaches après la mise bas.

Le pied-d'alouette est une plante toxique pour les vaches.

Valériane (*Valeriana officinalis*) — Cette herbe procure de la vigueur à tous les légumes du jardin. Elle est riche en phosphore et stimule l'activité du sol. Elle attire les vers de terre, ce qui en fait une plante idéale pour les tas de compost.

Le joueur de pipeau de la légende aurait, a-t-on dit, utilisé de la valériane pour faire fuir les rats, et certains jardiniers disent qu'elle attire les chats, qui aiment se frotter contre ses feuilles. Un document de 1820 rapporte : "Il est bien connu que les chats affectionnent la racine de valériane ; les rats en sont aussi friands et les exterminateurs l'utilisent pour les regrouper."

La valériane a été largement utilisée comme plante médicinale. Ses racines à l'odeur étrange étaient infusées. Comme l'huile de valériane a un effet sur le système nerveux central, on ne doit pas abuser de la tisane, même si on lui a fait la réputation d'augmenter les capacités intellectuelles.

La tisane froide se prépare de la façon suivante. Faire tremper une cuillerée à café de valériane dans 225 ml d'eau froide. Couvrir et laisser reposer au frais pendant 12 à 24 heures. Passer et boire une heure avant le coucher.

Varech — Le varech contient de 20 % à 25 % de chlorure de potassium, du sel, du carbonate de sodium, du bore et d'autres éléments. Les gens qui vivent près de la mer peuvent utiliser le varech comme paillis ou dans les tas de compost. Il fait un excellent paillis autour des arbres fruitiers. En outre, le varech en décomposition attire moins les souris que la paille.

Il est préférable de hacher le varech, ne serait-ce que pour l'apparence. On en profitera pour en rincer le sel, mais il peut en rester un peu sans que cela présente d'inconvénient.

Les algues sont aussi employées sous forme de fertilisant liquide appliqué directement sur les feuilles des plantes et des arbres.

On a découvert que l'usage des algues comme fertilisant rendait les tomates plus résistantes au gel, accentuait le goût sucré de certains fruits et améliorait la résistance aux maladies et aux insectes. Comme les betteraves et les panais réagissent mal à une déficience en bore dans le sol, un paillis de varech haché sera excellent pour eux.

Le varech favorise la transformation de certains éléments, les rendant assimilables par les plantes. Il accélère la germination des graines et favorise le développement des fleurs et des fruits, donc le rendement général des cultures.

À défaut de varech ou d'algues, on peut utiliser des émulsions de poisson ou des plantes d'eau douce. Même si elles ne sont pas aussi riches que les algues, elle font un bon paillis et enrichissent le compost. J'ai pris l'habitude de rapporter des plantes aquatiques chaque fois que nous allons à la pêche.

Ver fil de fer ou taupin (*Agriotes lineatus*) — Les vers fil de fer sont des larves d'insectes (taupins) qui percent la racine des plantes pour se nourrir et pour y déposer leurs œufs. Ces larves bien connues des agriculteurs font des ravages sur les racines de certaines plantes cultivées. Lorsque des matières organiques sont mélangées au sol, elles encouragent la formation de champignons utiles et de nématodes qui se nourrissent des insectes parasites tels que le ver fil de fer. Ces champignons se développent sur les matières végétales en décomposition et tuent les larves. On peut réduire les larves de taupin en mettant une bonne quantité de fumier de basse-cour sur le sol avant de labourer.

Vesce (*Vicia sativa*) — La vesce est une plante vivace à croissance lente qui fait bon ménage avec l'avoine et le seigle. Par leur croissance rapide, l'avoine et le seigle donneront de l'ombre à la vesce. Dans ce cas, la vesce doit être semée d'une façon plus clairsemée, sinon elle risque d'étouffer les autres. La vesce constitue l'un des meilleurs engrais verts. Comme c'est une Légumineuse, elle enrichira le sol en azote et en humus.

Vesse-de-loup (*Fungi*) — Les vesses-de-loup peuvent atteindre jusqu'à 60 cm de diamètre. Leurs spores poudreuses permettent d'arrêter les hémorragies externes. Cette poudre est cependant explosive et on doit la conserver dans un récipient hermétiquement fermé loin du feu.

Vigne (*Vitis*) — Voir le chapitre "Pollinisation des fruits et des noix".

Y

Yucca (*Yucca*) — Cette plante porte plusieurs noms, mais son plus joli est *candelabre de dios* ou "chandelle du seigneur". Le type le plus robuste, le *Yucca filamentosa,* poussera dans le nord s'il est protégé en hiver.

Les yuccas font d'excellentes plantes de rocaille et demandent les mêmes soins que les autres plantes utilisées à cet effet. De grandes tulipes et des jonquilles plantées autour des yuccas ajouteront de la couleur.

Il n'est possible de planter des yuccas à l'extérieur que dans les régions les plus chaudes. Et encore faut-il leur fournir une protection toute spéciale pour l'hiver. Si vous désirez tenter l'expérience, renseignez-vous d'abord chez votre pépiniériste qui saura vous conseiller les variétés les plus rustiques. Il pourra aussi vous dire si le climat de votre région est assez clément pour le yucca.

POLLINISATION DES FRUITS ET DES NOIX

La pollinisation des arbres fruitiers, des arbres à fruits secs (noix), des vignes et des ronces à petits fruits est vraiment une question de bon voisinage.

Le jardinier qui a un petit terrain est plus limité dans le choix et l'emplacement des arbres que celui qui possède de vastes espaces.

Rares sont ceux qui peuvent planter plus de deux ou trois espèces d'arbres. Pour avoir du succès, il faut tenir compte des espèces qui peuvent se féconder elles-mêmes et des agents qui favorisent la pollinisation.

Comme les arbres fruitiers ont une plus longue vie que les légumes, le choix de leur emplacement est plus important. Leur utilité peut souvent être accrue en considérant l'aspect décoratif et l'ombre qu'ils procurent.

Les pommiers, les pruniers, les cerisiers et les poiriers en fleurs sont si beaux qu'on peut les utiliser comme arbres d'ornement. Le noyer tout comme le pommier et le poirier donneront de l'ombre.

Si le terrain n'est pas assez grand pour plusieurs arbres, faites une liste des arbres fruitiers et des arbres à fruits secs qui poussent sur les terrains voisins. Plusieurs d'entre eux pourront être de bons pollinisateurs pour les arbres que vous voulez planter.

Les arbres fruitiers et les arbres à fruits secs pousseront mieux s'ils sont plantés en groupes de deux ou trois de la même espèce. Pour certaines variétés, c'est même impératif, car ils porteront peu de fruits sans agent de pollinisation. Cependant, aussi importante que puisse être la pollinisation, elle n'est qu'un élément d'un tout.

Les arbres en bonne santé profitent mieux d'un bon voisinage que les arbres malades. Ils produiront aussi plus de pollen. Ceci s'applique à tous les arbres, grands ou petits.

Après avoir défini l'emplacement du verger, la première année sera consacrée à la préparation du sol. Si possible, choisir un terrain en pente, bien aéré et bien drainé. Il n'y a rien qu'un arbre déteste plus qu'une croûte dure et un sous-sol détrempé.

Cultivez une plante qui nourrira le sol, par exemple du seigle, de la vesce ou des fèves de soja, et enfouissez avec un fumier bien décomposé.

Laissez la décomposition se faire, car les arbres n'aiment pas les fumiers non décomposés ou les matières organiques autour de leurs racines. Dans les forêts, les matières organiques se déposent sur le sol et seul l'humus décomposé accède aux racines.

Les arbres sont plantés à l'automne, mais il est possible de les planter au printemps. On prendra soin, toutefois, de ne pas planter trop tard à l'automne, car le gel risquerait de compromettre le succès de la plantation. Les arbres seront plantés lorsque le sol sera prêt à les recevoir. Un sol qui absorbe rapidement l'eau est idéal. Pour faire un test de drainage, creusez un trou de 25 cm de profondeur dans le sol et remplissez-le d'eau. Si le sol absorbe toute l'eau en 8 heures ou moins, le drainage est satisfaisant. Si l'eau reste plus longtemps, le drainage est insuffisant. Pour prévenir le pourrissement des racines, ajoutez des pierres ou des pierres concassées. Il est également recommandé de mélanger du compost au sol.

Pour les ronces à petits fruits, l'engrais doit être enfoui 30 cm plus profondément que les trous destinés aux arbrisseaux. Pour les arbres, la préparation du sol doit se faire à une profondeur de 60 cm à 1 m de plus que la profondeur des trous.

Peu de temps avant de planter, remplir le trou d'eau et laisser l'eau s'égoutter complètement. Cela empêchera le sol d'absorber l'eau de l'arbre ou de l'arbrisseau fraîchement planté.

Un paillis autour des nouveaux arbres favorisera leur croissance en gardant l'humidité et en enrichissant le sol en se décomposant.

La pollinisation est surtout assurée par les abeilles, les bourdons et autres insectes utiles. N'utilisez donc jamais d'insecticides pendant la floraison.

Arbres et arbustes fruitiers

Abricotiers — Tous les abricotiers se fécondent d'eux-mêmes. Une pollinisation croisée leur permettra toutefois de porter plus de fruits. Renseignez-vous cependant auprès de votre pépiniériste afin de savoir si les abricotiers sont adaptés à votre région.

Cerisiers — Toutes les cerises acides viennent de variétés qui se fécondent d'elles-mêmes et qui ne posent aucun problème de pollinisation. Les bonnes variétés sont les *Montmorency* et *Meteor.* Un cerisier peut être planté seul et il produira des fruits à partir de son propre pollen.
Les cerisiers produisant des cerises sucrées résistent mal au climat du nord.

Figuier — On considère souvent les figues comme un fruit méridional ou tropical, mais certaines variétés peuvent pousser plus au nord.

Dans les figuiers, la fleur se forme à l'intérieur du fruit. Le phytolaque pousse bien en compagnie du figuier.

Fraisiers — La plupart des fraisiers actuellement vendus se fécondent d'eux-mêmes. Les meilleures variétés varient d'une région à l'autre et il est recommandé de consulter un spécialiste.
Les fraisiers profiteront de la proximité de quelques plants de bourrache, laquelle attire les abeilles.

Certains producteurs plantent des fraisiers entre les arbres fruitiers. Les fraisiers peuvent produire pendant plusieurs années avant que les arbres aient besoin de l'espace. La vente des fraises permettra de financer une partie des frais engagés pour démarrer le verger. La culture intensive des fraises est bénéfique pour les jeunes arbres fruitiers. Comme les fraisiers ne portent des fruits que dans de bonnes conditions d'humidité, ils seront un bon indicateur de la qualité du sol pour les arbres fruitiers.

Framboisiers — Les framboisiers aiment un sol à peu près neutre (pH 6,5 à pH 7) et se fécondent d'eux-mêmes. Ne plantez pas de framboisiers près des pommes de terre, car ils rendent les pommes de terre vulnérables aux brunissures.

Mûres de ronce — Certaines variétés exigent une pollinisation croisée. Même les variétés qui se fécondent d'elles-mêmes profiteront de la pollinisation des insectes.

Les fleurs de cet arbuste sont très attirantes pour leur principal agent de pollinisation, les abeilles. Si la variété exige une pollinisation croisée, assurez-vous d'avoir plusieurs pollinisateurs en plaçant des ruches à proximité.

Ne jamais planter près des framboisiers, mais dans un sol moyennement acide (pH 5 à pH 5,75).

Nectarines — Les nectarines se fécondent d'elles-mêmes. Elles favorisent la pollinisation des pêchers et les pêchers accroissent leur rendement.

Informez-vous auprès de votre pépiniériste si vous désirez tenter la culture de variétés adaptées à votre climat et à votre sol.

Pêchers — La plupart des pêchers se fécondent d'eux-mêmes. Les pêchers aiment un sol neutre dont le pH varie entre 6,5 et 7.

Poiriers — La plupart des poiriers ont besoin de la proximité d'autres variétés pour donner des fruits. Certaines variétés exigent une pollinisation croisée.

Si vous demeurez dans une région où les tavelures du fruit sont fréquentes, il serait bon d'acheter des variétés résistantes.

Pommier — Tous les pommiers ont besoin d'un agent de pollinisation à l'exception des *Golden Delicious.* Cette variété se fécondera d'elle-même et portera des fruits même si l'arbre est planté seul.

Si vous n'avez de l'espace que pour un seul arbre, vous pouvez choisir votre arbre préféré et assurer sa pollinisation. Greffez-y une branche d'un bon agent de pollinisation. Les pommiers aiment un sol à peu près neutre dont le pH se situe entre 6,5 et 7.

Pommier sauvage — Les pommiers sauvages sont souvent plantés pour leur beauté. Ces pommiers se fécondent d'eux-mêmes.

Pruniers — Presque tous les pruniers ont besoin d'un agent de pollinisation. Les pruniers aiment un sol modérément acide dont le pH varie entre 5 et 5,75.

Vigne — La vigne donnera beaucoup de raisins même si elle est plantée seule. Les vignes aiment un sol modérément acide (pH 5 à pH 5,75) et ont besoin, plus que tout autre fruitier, d'une bonne circulation d'air pour prévenir les maladies apportées par les champignons comme le mildiou.

Plantez des légumes avec les vignes pour en améliorer le rendement. L'euphorbe petit-cyprès est nuisible aux vignes et doit être gardé à distance. Pour éloigner le scarabée du rosier, enlevez les herbes autour des plants de vigne, car sa larve se nourrit des racines des herbes.

Les vignes profiteront de la présence de légumes mélangés avec 15 % de plants de moutarde (les couper avant qu'ils ne montent en graine).

Culture des arbres fruitiers

Le docteur Ehrenfried E. Pfeiffer recommande de mélanger les espèces dans un verger pour contrer les insectes nuisibles. Il prétend que des capucines plantées entre des arbres fruitiers transmettront leur parfum aux arbres, qui deviendront repoussant pour les insectes. Cette technique est particulièrement efficace avec les pommiers pour éloigner les pucerons lanigères du pommier. Si on ne peut planter de capucines, on pourra enduire les arbres avec du jus extrait des capucines.

Le docteur Pfeiffer conseille également de planter des orties dioïques, de la ciboulette, de l'ail (contre les perceurs), des tanaisies, du raifort et de l'armoise dans les vergers. Les couvre-sol vivaces bénéfiques sont le trèfle, la luzerne et les herbes de pâturage. Les cultures temporaires qui seront enfouies comme engrais vert comprennent le trèfle géant, le trèfle rouge et le trèfle incarnat. Le sarrasin peut aussi être utile si le sol est léger et sablonneux.

Même si le mélange de trèfle rouge et de moutarde est idéal, le docteur Pfeiffer prévient que la moutarde, bien qu'elle adoucisse le sol, se répand très vite et qu'il ne faut pas la laisser monter en graine. Le foin de luzerne haché est réputé pour être un paillis bénéfique. On recommande aussi pour tous les arbres fruitiers une pâte faite d'une quantité égale de fumier de vache, de poudre de diatomées et d'argile additionnée d'une infusion de prêle. Ce mélange sera appliqué à la brosse ou en pulvérisation dans les grands vergers.

Plusieurs excellentes préparations pour arbres fruitiers sont disponibles sur le marché. On recommande un engrais de vache pour le sol et du silice pour le feuillage.

Voici le rappel de quelques conseils utiles pour la culture des arbres :

Des œillets d'Inde plantés près des pommiers aideront les arbres utilisés pour les greffes et l'écussonnage.

La moutarde des champs aide les vignes et les arbres fruitiers, mais il faut la couper avant qu'elle ne monte en graine.

Le pissenlit à proximité des fruits et des fleurs accélérera leur maturation.

La ciboulette améliore la santé des pommiers et les protège contre la gale.

Pulvériser une infusion de ciboulette pour prévenir la gale du pommier et le mildiou poudreux ou duveteux sur les groseilles à maquereau.

Au cours de leur maturation, les pommes dégagent un peu de gaz éthylène qui pourra limiter la croissance des plantes voisines, mais qui accélérera la maturation de leurs fleurs et fruits.

Si vous devez remplacer un vieil arbre, ne le faites pas par un arbre de la même espèce. Un jeune plant d'une espèce différente poussera beaucoup mieux.

N'entreposez pas les pommes avec les carottes, car ces dernières prendraient une saveur amère. N'entreposez pas les pommes avec les pommes de terre, car toutes deux auraient un arrière-goût.

PLANTES TOXIQUES

Les hommes dominent les plantes et les bêtes parce qu'ils ont (ou devraient avoir) la capacité de distinguer le bon du mauvais. Ils devraient apprendre à distinguer, comme les bêtes, ce qui est comestible de ce qui est toxique.

Il est impossible d'éliminer toutes les plantes non comestibles, toxiques ou vénéneuses. Certaines sont très utiles en pharmacie ou sont employées comme insecticide naturel dans le jardin.

Les enfants doivent apprendre très tôt quelles plantes ils peuvent toucher sans danger et lesquelles sont comestibles, même s'ils devront attendre d'être assez âgés pour comprendre. Les plus petits doivent être surveillés de la même façon qu'on veille à les protéger des produits domestiques dangereux. Qu'elles se trouvent dans votre jardin ou dans les champs avoisinants, il faut savoir reconnaître les plantes toxiques.

Depuis la nuit des temps, les humains vivent près de centaines de plantes qui peuvent causer des irritations, des maladies ou même la mort. Les plantes très toxiques sont rares. La plupart le sont modérément et causent des maladies ou des irritations. Certaines causent des dermatites, des rhumes des foins ou d'autres maladies, par une réaction allergique plutôt que par la toxicité de la plante elle-même.

Des douzaines de ces plantes sont très estimées pour leur beauté et très utilisées par les paysagistes. Beaucoup d'adultes et la plupart des enfants ne réalisent pas la toxicité de ces plantes. Qui sait, par exemple, que les jonquilles sont dangereuses ? Les graines de ricin sont très attrayantes pour les enfants et les plus petits les porteront à leur bouche. Pour ce poison, il n'existe pas encore d'antidote.

Même des enfants plus âgés pourront vouloir manger ce qui se trouve à l'intérieur d'un noyau de pêche. Étant enfant, j'ai mangé cette graine qui ressemble à une amande en ignorant complètement qu'elle contenait du cyanure et que si j'en mangeais plusieurs, cela pouvait me tuer. Heureusement, la saveur amère m'arrêta dès la première bouchée. Les parents ne peuvent penser à tout lorsqu'il s'agit de prévenir les dangers et, fort heureusement, beaucoup de plantes toxiques ont un goût désagréable.

Ma mère ne connaissait pas la toxicité du contenu des noyaux de pêches (et j'ai gardé le secret sur mon expérience), et pourtant, elle ignorait très peu de choses. Elle était une habile herboriste qui préparait des pommades et des toniques à partir des plantes qu'elle ramassait.

J'utilise encore aujourd'hui plusieurs de ses recettes pour leurs vertus thérapeutiques ou insecticides. Jusqu'à récemment, je n'avais jamais pensé que les plantes toxiques pouvaient faire bon ménage avec d'autres plantes et je les gardais éloignées des fleurs, des légumes et des fruits.

Même si j'ai appris à connaître les plantes dès ma plus tendre enfance, j'avais encore beaucoup à apprendre – par exemple que certaines plantes non toxiques peuvent le devenir au voisinage de plantes toxiques. Les plantes toxiques absorbent le sélénium du sol, ce que les plantes non toxiques ne peuvent généralement pas faire. En séchant et en se décomposant, les plantes toxiques laissent du sélénium qui est assimilable par les autres plantes.

Je n'ai aucun diplôme en botanique et je ne suis pas une experte en plantes toxiques. Je ne prétends pas non plus toutes les traiter dans ce court chapitre. Je décris ici celles qui sont les plus courantes dans les jardins et les potagers ou qui sont amenées par le vent comme des mauvaises herbes. J'ai identifié par un D les plantes qui peuvent causer des dermatites, les susceptibilités variant naturellement d'une personne à une autre.

La ciguë maculée ou ciguë d'Europe ressemble au persil, aux carottes sauvages ou au panais lorsqu'elle est jeune. C'est sans doute la plante la plus toxique de nos régions.

Nom scientifique	Nom usuel	Partie toxique de la plante
Aconitum spp.	Aconit napel ou casque de Jupiter	Toutes les parties, et spécialement les racines et les graines, qui sont très toxiques. Symptômes : maux d'estomac et agitation nerveuse.
Aesculus spp.	Marronnier d'Inde	Feuilles et fruits.
Ailanthus altissima	Ailante ou vernis du Japon	Feuilles et fruits ; D.
Amaryllis belladonna	Belladone ou morelle furieuse	Bulbes.
Arisaema triphyllum	Oignon sauvage	Toutes les parties, plus spécialement les racines qui contiennent une substance causant une grave irritation et des brûlures sur la langue et dans la bouche.
Asclepias spp	Asclépiade	Feuilles et tiges.
Asparagus officinalis	Asperge	Les pointes contiennent une substance qui peut causer une irritation rénale si on en mange en grande quantité ; jeunes pousses ; D.
Brunsvigia rosea		Bulbes.
Bruxus sempervirens	Buis	Feuilles ; D.
Cephalanthus occidentalis	Céphalanthe occidental	Feuilles.
Cestrum spp.	Jasmin de nuit	Pousses feuillues.
Cicuta	Ciguë	Toutes les parties sont mortelles et causent des convulsions violentes et douloureuses.
Convallaria majalis	Muguet	Feuilles et fleurs très toxiques.
Cypripedium spp.	Sabot de Vénus	Tiges chevelues et feuilles ; D.
Daphne spp.	Daphné	Écorce, feuilles et fruits sont mortels. Quelques baies peuvent tuer un enfant.

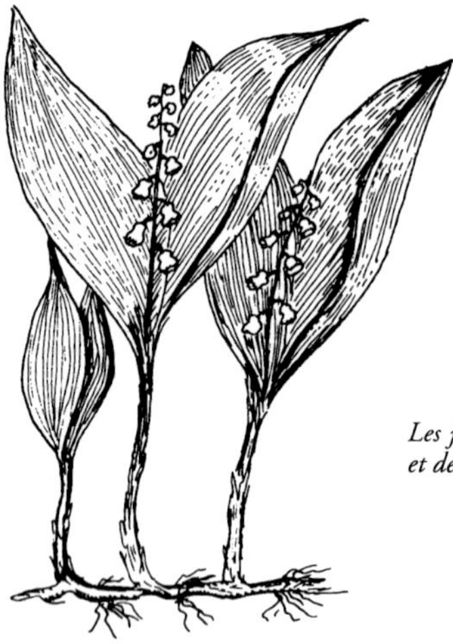

Les jolis muguets ont des feuilles et des fleurs vénéneuses.

Nom scientifique	Nom usuel	Partie toxique de la plante
Datura spp.	Datura	Toutes les parties causent une soif anormale, des troubles de vision, le délire, l'incohérence, le coma et même la mort.
Delphinium spp.	Pied-d'alouette	Les jeunes plants et les graines causent des maux d'estomac ; peut être mortelle.
Dicentra spp.	Dicentra, cœur-de-Marie cœur-de-Jeannette	Feuilles et tubercules peuvent être toxiques si ingérés en grande quantité, mortel pour le bétail.
Dieffenbachia seguine	Dieffenbachia	Tiges et feuilles causent une grande irritation et brûlent la langue et la bouche. Peut entraîner la mort si la base de la langue enfle assez pour boucher la gorge.
Digitalis purpurea	Digitale pourpre	Feuilles causent des maux d'estomac et la confusion mentale ; peut être mortelle si ingérée en grande quantité.

La digitaline contenue dans la digitale pourpre est un puissant stimulant cardiaque. Peut être mortelle si les feuilles sont ingérées.

NOM SCIENTIFIQUE	NOM USUEL	PARTIE TOXIQUE DE LA PLANTE
Echium vulgare	Vipérine vulgaire	Feuilles et tiges ; D.
Euonymus europaeus	Fusain	Feuilles et fruits.
Eupatorium rugosum	Eupatoire rugueux	Feuilles et tiges.
Euphorbia spp.	Euphorbe, poinsettia	Sève laiteuse ; D. Les feuilles peuvent tuer un enfant.
Ficus spp.	Figuier	Sève laiteuse ; D.
Gelseminium sempervirens	Faux-jasmin	Fleurs et feuilles ; racines ; D.
Ginkgo biloba	Ginkgo, arbre aux 40 écus	Jus du fruit ; D.
Gloriosa spp.	Gloriosa	Toutes les parties.
Hedera helix	Lierre	Feuilles et baies.
Heracleum lanatum	Berce très grande	Feuilles et racines légèrement toxiques ; dangereux pour le bétail.
Hyacinthus	Jacinthe	Bulbes causent des nausées et des vomissements et peuvent être mortels.
Hydrangea macrophylla	Hortensia	Feuilles.
Hypericum perforatum	Millepertuis	Toutes les parties lorsque ingérées ; D.

Nom scientifique	Nom usuel	Partie toxique de la plante
Ilex aquifolium	Houx à feuilles épineuses	Baies.
Impatiens spp.	Impatiens, balsamine	Jeunes tiges et feuilles.
Iris spp.	Iris	Rhizomes ; D. Si ingéré, cause de légers maux d'estomac.
Jasminium	Jasmin	Baies mortelles.
Juglans spp.	Noyer	Jus vert de la coquille ; D.
Lantana spp.	Lantanier ou lantana	Feuillage et baies vertes peuvent causer la mort.
Ligustrum spp.	Troène	Feuilles et baies.
Linum usitatissimum	Lin	Toute la plante, spécialement les cosses immatures.
Lobelia spp.	Lobélie	Feuilles, tiges et fruits ; D.
Lupinus spp.	Lupin	Feuilles, cosses et plus spécialement les graines.
Malus	Pomme	Pépins contiennent du cyanure.
Narcissus spp.	Jonquille, narcisse	Bulbes causent la nausée, des vomissements et peuvent être mortels.
Nepeta hederacea	Lierre terrestre	Feuilles et tiges.
Nerium oleander	Laurier-rose	Toutes les parties sont très toxiques, affectant le cœur.
Nicotiana spp.	Tabac	Feuillage.
Oxalis cernua	Oxalis, oxalide	Feuilles.
Papaver somniferum	Pavot à opium	Graines des cosses non mûries très toxiques.
Pastinaca sativa	Panais	Cheveux des tiges et feuilles ; D.
Philodendron spp.	Philodendron	Tiges et feuilles.
Primula spp.	Primevère	Feuilles et tiges ; D.
Prunus spp.	Prunier, pêcher, cerisier	Graines et feuilles ; les graines contiennent du cyanure.
Quercus	Chêne	Feuillage et glands. Il en faut une grande quantité pour intoxiquer.

Nom scientifique	Nom usuel	Partie toxique de la plante
Ranunculus spp.	Renoncule, bouton-d'or	Feuilles ; D. Si ingéré, le jus irritant peut causer des troubles digestifs.
Rhamnus spp.	Nerprun	Sève et fruits ; D.
Rheum rhaponticum	Rhubarbe	Feuilles ; D. Une grande quantité de feuilles crues ou cuites (contiennent de l'oxalide) peut causer des convulsions, le coma, suivi de la mort.
Rhododendron spp.	Rhododendron, azalée	Feuilles et toutes les parties peuvent être mortelles.
Rhus diversiloba	Sumac	Feuilles.
Ricinus communis	Ricin	Graines mortelles.
Robina pseudo-acacia	Robinier faux-acacia	Jeunes pousses, écorce et graines.
Rumex acetosa	Rumex petite-oseille	Feuilles.
Sambucus canadensis	Sureau du Canada	Pousses, feuilles et écorce. Des enfants ont été empoisonnés en utilisant les tiges de sureau comme sarbacane.
Saponaria	Saponaire	Graines.

Toutes les parties du magnifique rhododendron sont très toxiques si ingérées.

Nom scientifique	Nom usuel	Partie toxique de la plante
Senecio	Séneçon	Feuilles et tiges.
Solanum dulcamara	Morelle douce-amère	Feuilles et baies.
Solanum nigrum	Morelle noire	Baies non mûres et feuilles.
Solanum pseudo-capsicum	Cerise d'amour ou de Jérusalem	Fruits.
Solanum tuberosum	Pomme de terre	Partie verte des tubercules.
Tanacetum vulgare	Tanaisie vulgaire	Feuilles.
Taxus baccata	If	Feuillage, écorce et graines mortelles ; feuillage plus toxique que les baies.
Urtica spp.	Ortie	Feuilles ; D.

PREMIERS SOINS

Si la personne intoxiquée est consciente, provoquer le vomissement en lui faisant boire un verre d'eau chaude additionnée d'une cuillerée à soupe de sel.

Ne jamais essayer de faire boire une personne inconsciente.

Garder le malade au chaud et l'observer attentivement. Lui faire la respiration artificielle au besoin. Appeler immédiatement un médecin ou un centre anti-poison ou conduire le malade à l'hôpital.

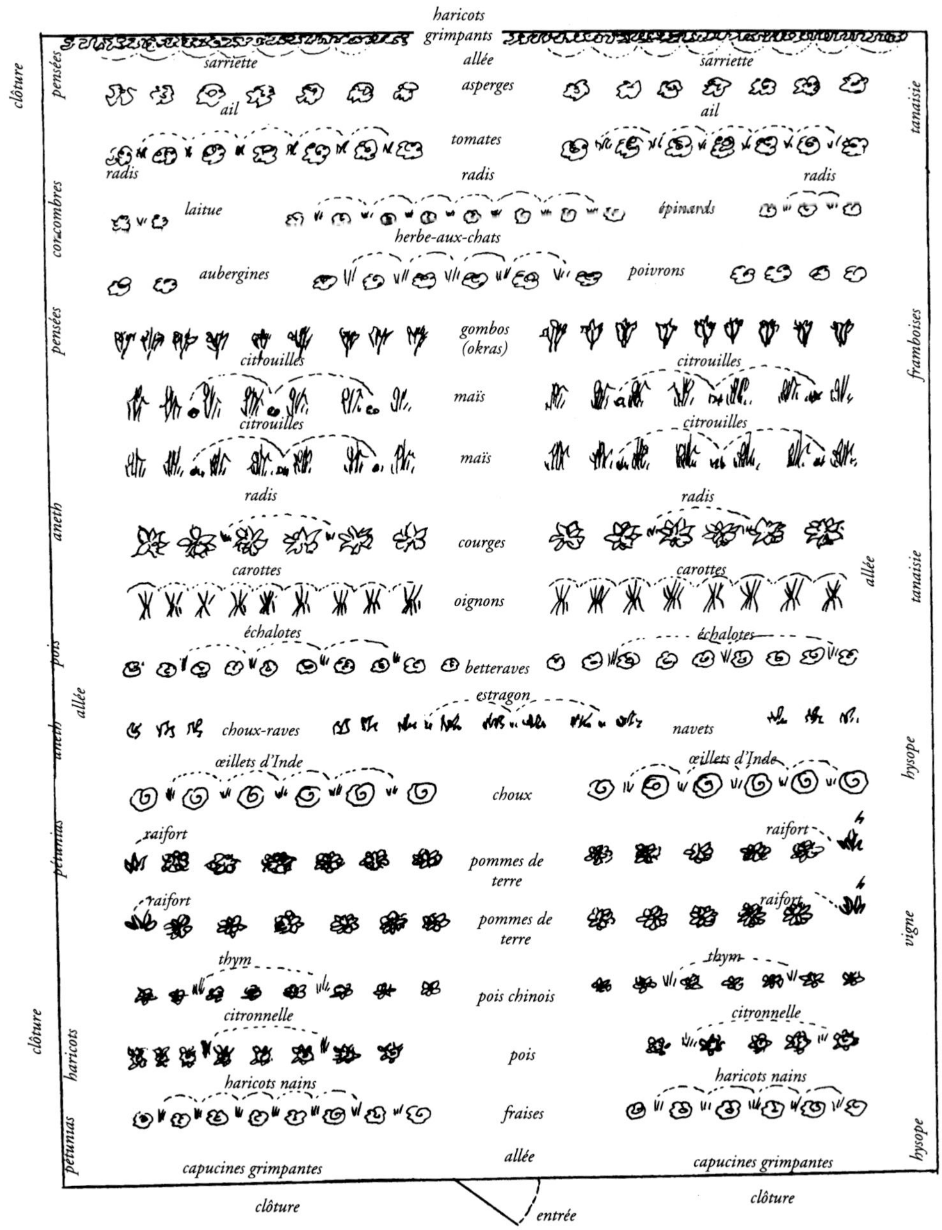

Ce modèle de jardin est semblable au mien (en plus petit) et l'allée qui en fait le tour facilite grandement l'entretien. La clôture est utilisée pour les plantes grimpantes comme les concombres, les pois, les vignes et les haricots.

Index

B

N

TABLE DES MATIERES

Achevé d'imprimer en mai 1997
sur les presses de Borel & Feraud
à Gignac-la-Nerthe

Dépôt légal 2ème trimestre 1997
Imprimé en France